Troyes

1893

Lalore, Charles (éd.)

Inventaires des principales églises de Troyes

Tome 1

COLLECTION

DE

DOCUMENTS INÉDITS

RELATIFS À LA

VILLE DE TROYES

ET A LA CHAMPAGNE MÉRIDIONALE

PUBLIÉS PAR LA

SOCIÉTÉ ACADÉMIQUE DE L'AUBE

INVENTAIRES

DES

PRINCIPALES ÉGLISES DE TROYES

VOLUME I

TROYES

IMPRIMERIE & LITHOGRAPHIE DUFOUR-BOUQUOT

Rue Notre-Dame, 41 et 43

1893

DOCUMENTS INÉDITS

PUBLIÉS

PAR LA SOCIÉTÉ ACADÉMIQUE DE L'AUBE

COLLECTION

DE

DOCUMENTS INÉDITS

RELATIFS A LA

VILLE DE TROYES

ET A LA CHAMPAGNE MÉRIDIONALE

PUBLIÉS PAR LA

SOCIÉTÉ ACADÉMIQUE DE L'AUBE

INVENTAIRES

DES

PRINCIPALES ÉGLISES DE TROYES

VOLUME I

TROYES

IMPRIMERIE & LITHOGRAPHIE DUFOUR-BOUQUOT
Rue Notre-Dame, 41 et 43

1893

INVENTAIRES

DES

PRINCIPALES ÉGLISES DE TROYES

PAR

M. L'ABBÉ CHARLES LALORE

MEMBRE RÉSIDANT DE LA SOCIÉTÉ ACADÉMIQUE DE L'AUBE

INTRODUCTION

PAR

M. L'ABBÉ NIORÉ

MEMBRE RÉSIDANT DE LA SOCIÉTÉ ACADÉMIQUE DE L'AUBE

INTRODUCTION

Quelques mois avant de mourir, M. l'abbé Lalore avait entrepris la publication des principaux inventaires des églises de la ville de Troyes. Ce fut le dernier travail auquel il consacra son infatigable activité. A sa mort, l'impression de cet ouvrage était presque terminée ; il ne restait plus qu'à rédiger l'introduction et les tables, dont il n'avait pas eu le temps de s'occuper, et l'on a essayé de faire, le moins mal possible, ce qu'il eût fait lui-même avec moins de peine et plus de succès.

Les inventaires contenus dans ce volume proviennent de presque toutes les églises, maisons religieuses et hôpitaux de la ville de Troyes. La Cathédrale, la collégiale de Saint-Etienne, les églises de Saint-Jean, de Sainte-Madeleine, de Saint-Pantaléon, de Saint-Remy ; les abbayes de Saint-Loup et de Notre-Dame-aux-Nonnains, le prieuré de Notre-Dame-en-l'Isle, le couvent des Cordeliers ; l'Hôtel-Dieu-le-Comte, les hôpitaux du Saint-Esprit, de Saint-Nicolas, de Saint-Bernard, y sont représentés par un ou même plusieurs inventaires. Pour ne publier que des documents inédits, M. Lalore n'a pas voulu reproduire les curieux inventaires de la collégiale de Saint-Urbain, dont l'un est de 1277 et l'autre de 1468, parce qu'il les avait déjà donnés dans sa *Collection des principaux Cartulaires du diocèse de Troyes*, t. V, p. 293-298 et 331-351 [1].

---

[1] Outre les inventaires de Saint-Urbain, M. Lalore a publié : *Le Trésor de Clairvaux du XII⁰ au XVIII⁰ siècle*, Paris, Thorin,

Les procès-verbaux des visites faites par le Chapitre de la Cathédrale dans les églises soumises à sa juridiction nous ont fourni de brefs inventaires des églises de Saint-Remy, Saint-Frobert, Sainte-Madeleine, Saint-Denis, Saint-Nizier et Saint-Aventin. Nous y avons ajouté des procès-verbaux de visites épiscopales dans les abbayes de Montier-la-Celle et de Saint-Martin-ès-Aires, et dans le prieuré de Saint-Quentin.

De toutes les églises paroissiales de Troyes, Saint-Nicolas est la seule sur laquelle les Archives de l'Aube ne nous aient fourni aucun document.

Hors de Troyes, l'abbaye de Larrivour et la collégiale de Lirey sont seules représentées dans notre collection par de véritables inventaires. Pour toutes les autres abbayes du diocèse, si nombreuses, et quelques-unes si riches, ces documents ont disparu.

Nous croyons que, sauf l'inventaire de Saint-Etienne, rédigé au commencement du xviiiº siècle par le chanoine Hugot et imprimé par M. l'abbé Coffinet dans les *Annales archéologiques*, en 1860 [1], aucune des pièces qui paraissent aujourd'hui n'avait encore été publiée dans son entier. Quelques fragments de l'inventaire de Sainte-Madeleine, de 1595, avaient été cités par M. Alexandre Assier, dans un Mémoire lu au Congrès archéologique de Troyes, en 1853 [2]. M. Le Brun-

---

1875, in-8°; — *Inventaire des reliques, pierreries, joyaux précieux et argenterie de l'église cathédrale de Langres, en 1709*, Troyes, L. Lacroix, 1881, in-8°; — enfin, deux inventaires de l'église de Chaource, de 1503 et de 1635, dans l'*Etat de la paroisse de Chaource avant la Révolution*, Arcis-sur-Aube, Frémont, 1884, in-8°.

[1] *Annales archéol.*, 1860, t. XX, p. 5-20, et 80-97. Le texte, en beaucoup de points de détail, diffère de celui que nous publions, les Archives de l'Aube possédant plusieurs copies, avec variantes, de l'inventaire du chanoine Hugot.

[2] *Congrès archéol. de France*, séances tenues à Troyes en 1853. Paris, Derache, 1854, in-8°, p. 427-430.

Dalbanne, en 1864, avait publié quelques articles de l'inventaire de la Cathédrale, de 1611 [1]. M. Lalore lui-même avait donné, en 1866, un catalogue des reliques de la Cathédrale, dressé en 1700 par le chanoine Hugot, de Saint-Etienne [2]. Enfin, les treize premiers numéros de l'inventaire de Notre-Dame-aux-Nonnains, de 1664, avaient été insérés par M. Lalore dans ses *Documents sur l'abbaye de Notre-Dame-aux-Nonnains* [3].

Au point de vue de l'ordre chronologique, nos inventaires se classent de la manière suivante :

XIIIe siècle : Inventaire de Saint-Urbain (1277).

XIVe siècle : Inventaires de Saint-Etienne (1319) et de Notre-Dame-aux-Nonnains (1343).

XVe siècle : Inventaires de la chapelle de Champigny, à la Cathédrale (1402), de la collégiale de Lirey (1418), de Saint-Pierre (1429) et de Saint-Urbain (1468). — Visites épiscopales à Montier-la-Celle, à Saint-Martin-ès-Aires et à Saint-Quentin (1499).

XVIe siècle : Catalogue des reliques de Saint-Etienne (xvie siècle). — Inventaires de l'Hôtel-Dieu-le-Comte (1514), de Notre-Dame-en-l'Isle (1523), des Cordeliers (1527, 1556 et 1572). de Sainte-Madeleine (1535 et 1595), de l'hôpital du Saint-Esprit (1536), de Notre-Dame-aux-Nonnains (1538), de Saint-Loup (1544, 1545 et fin du xvie siècle), de Lirey (1re moitié du xvie siècle et 1552), de Saint-Jean (1re moitié du xvie siècle et 1562),

---

[1] *Mém. de la Société Acad. de l'Aube*, t. XXVIII, 1864 : *Le Trésor de la Cathédrale de Troyes*, par M. Le Brun-Dalbanne, p. 35-37. La transcription, très défectueuse, rend parfois le texte inintelligible.

[2] *Revue catholique de Troyes*, n° du 19 mai 1866.

[3] Troyes, Dufour-Bouquot, 1874, in-8°, p. 217-219. — Dans cette première publication, M. Lalore a rendu à une sœur de l'abbesse Claude de Choiseul son vrai nom de marquise de Raffetot, au lieu de celui de marquise de Rais, que porte le manuscrit des Archives de l'Aube.

de l'hôpital Saint-Bernard (1563), de l'hôpital Saint-Nicolas (1566). — Visites capitulaires à Saint-Remy, Saint-Frobert, Sainte-Madeleine, Saint-Denis, Saint-Nizier et Saint-Aventin (1526-1527).

XVIIe siècle : Inventaires des Cordeliers (1610-1632), de Saint-Pierre (1611), de l'Hôtel-Dieu-Saint-Nicolas (1620), de Saint-Pantaléon (1670 à 1685), de l'abbaye de Larrivour (1662), de Saint-Loup (1651 et 1662), de Notre-Dame-aux-Nonnains (1664), de Saint-Remy (1665-1672).

XVIIIe siècle : Inventaires de Saint-Etienne, de Saint-Pierre et de Saint-Remy (vers 1700), de la chapelle Saint-Nicolas à la Cathédrale (1734).

Tous les siècles, à partir du XIIIe, fournissent donc leur contingent à nos inventaires; mais le XVIe et le XVIIe siècle sont, comme on pouvait s'y attendre, les plus fertiles en documents de ce genre.

§ I.

De la confection des Inventaires.

I. — Un inventaire est la nomenclature détaillée de tous les objets mobiliers d'une église : reliquaires, vases sacrés, ornements, linges, tentures, tapisseries, tableaux et statues, livres liturgiques, ustensiles, etc.

Dans les premiers siècles de l'Eglise, l'inventaire s'appelait *Brevis* ou *Commemoratorium.* « Apud Optatum Milevitanum, dit Baronius, *brevis* dicitur charta illa in qua conscripta essent bona ecclesiastica, quam nos usitatius dicere solemus *inventarium.* Alio nomine idem Optatus vocat *commemoratorium* [1]. » Macri dit de même : « *Brevis* est mobilium et stabilium inventarium.

---

[1] Baron., *Annal. eccles.,* ad ann. 142, n. 10.

Commemoratorium est inventarium in quo posteris de supellectilibus Ecclesiæ commemoratur[1]. »

II. — Les plus anciennes mentions que l'on trouve d'un inventaire, dans l'Eglise primitive, se rapportent au commencement du iv° siècle. Dans son traité *De schismate Donatistarum*, S. Optat de Milève raconte que Mensurius, évêque de Carthage, cité au tribunal de Maxence, en 311, rédigea un inventaire des ornements et des vases d'or et d'argent de son église, et le confia à une chrétienne âgée, afin qu'elle le remît, après la persécution, à l'évêque qui le remplacerait sur le siège de Carthage. Cet inventaire fut, en effet, remis à Cécilien, successeur de Mensurius ; mais les ecclésiastiques à qui le trésor de l'église avait été confié refusèrent de le rendre, et ce fut une des causes qui amenèrent le schisme des Donatistes[2].

---

[1] Macri, *Hierolexicon*, v° Brevis et v° Commemoratorium. — Cfr. Ducange, *Glossarium*, iisdem verbis ; — Goussainville : « Brevis dicitur inventarium, rotulus, gallice rôle, nempe chartula summarium quarumcumque rerum continens. Græcis Πιττάκιον, pittacium. » S. *Greg. Papæ I Opera*, 1675, t. II, col. 510 ; — Epist. l. II, ep. 41, al. 42, nota. Migne, Patr. lat., t. LXXVII, col. 638) ; — Sirmond : « Breves dicebant quos vulgus rotulos et inventaria vocat. Hinc *inbreviare*, hoc est in breves seu pittacia referre et describere. » *(Sirmondi Opera*, t. III, 1696, Caroli Calvi Capitula, col. 67 et 68, note) ; — Baluze, *Servati Lupi Ferrariensis Opera*, Epist. I. Migne, Patr. lat., t. CXIX, col. 435, note *a*.

[2] « Mensurius... non leves patiebatur angustias : erant enim Ecclesiæ ex auro et argento quamplurima ornamenta, quæ nec defodere terræ, nec secum portare poterat. Quæ, quasi fidelibus, senioribus commendavit, *commemoratorio* facto, quod cuidam aniculæ dedisse dicitur : ita ut, si ipse non rediret, reddita pace christianis, anicula illi daret quem in episcopali cathedra sedentem inveniret... *Brevis* auri et argenti sedenti Cæciliano, sicuti delegatum a Mensurio fuerat, traditur, adhibitis testibus. Convocantur supra memorati seniores, qui faucibus avaritiæ commendatam ebiberant prædam. Cum reddere cogerentur, subduxerunt communioni pedem. » S. Opt. Milev., *De schismate Donatistarum*, lib. I, n. 17 et 18. Migne, Patrol. lat., t. XI, col. 918-919.

Quelques années auparavant, en 3o3, pendant la persécution de Dioclétien, un notaire public avait fait, au nom de l'empereur, un inventaire des vases sacrés et des objets mobiliers trouvés chez les chrétiens de l'église de Cirta (aujourd'hui Constantine), en Afrique. S. Augustin, dans son traité *Contra Cresconium Donatistam,* a reproduit un jugement rendu par le consulaire Zénophile, en 32o, contre l'évêque traditeur Silvain de Cirta, dans lequel se trouve relaté le commencement de cet inventaire [1].

Dans un appel au Saint-Siège, écrit par Etienne, évêque de Larisse, en Thessalie, et lu le 7 décembre 531 à la première session du troisième concile tenu à Rome sous le pape Boniface II, il est fait mention d'un inventaire des vases sacrés et de tout le mobilier de l'église de Larisse : *Factus est brevis de sacris vasis. atque rebus ecclesiasticis* [2].

Cet exemple nous montre que les églises d'Orient avaient, comme les églises latines, les inventaires de leurs trésors. Ces inventaires portaient le nom de Βρέβια. Dans le roman de Girart de Roussillon, on voit l'empereur de Constantinople mander l'évêque grec qui

---

[1] « Scribente Victore Aufidii in *breve* sic : Calices duo aurei; item calices sex argentei, etc. » S. Aug., *Contra Cresconium Donatistam,* lib. III, c. 29. Migne, Patr. lat., t. XLIII, col. 513. — Cfr. *Gesta apud Zenophilum consularem,* Migne, *Ibid.,* col. 794, où ce curieux inventaire est reproduit en entier : « Calices duo aurei; item calices sex argentei; urceola sex argentea; cucumellum argenteum; lucernæ argenteæ septem ; cereofala duo, candelæ breves æneæ cum lucernis suis septem; item lucernæ æneæ undecim, cum catenis suis; tunicæ muliebres octoginta duæ; mafortea triginta et octo; tunicæ viriles sexdecim; caligæ viriles, paria tredecim; caligæ muliebres, paria quadraginta septem; coplæ rusticanæ decem et novem. »

[2] *Sacrosancta Concilia,* curante N. Coleti, Venetiis, 1728, t. V, col. 838.

garde les reliques et lit les brefs[1]. Un certain nombre
de ces inventaires sont parvenus jusqu'à nous; tels
sont, en particulier, ceux des monastères du mont
Athos[2]. En 1872-73, M. Constant Sathas a publié,
dans le t. I de sa *Bibliotheca græca medii ævi* (Venetiis,
3 vol. in-8°), l'inventaire du trésor sacré (ἱερῶν κειμηλίων)
du monastère fondé en 1077 à Rhodosto, l'ancienne
Rhœdestus, par Michel Attaliote. M. Miller, qui en a
donné l'analyse dans le *Journal des Savants*, dit que
lui-même a rapporté une copie de l'inventaire du trésor
du monastère de Strumpitza, au mont Athos[3].

III. — L'usage ne tarda pas à devenir une loi positive
dans l'église d'Occident. Au vIᵉ siècle, la Règle de saint
Benoît prescrivit de tenir un inventaire détaillé des
objets mobiliers confiés aux divers officiers des monastères bénédictins, afin que rien ne pût se perdre quand
un religieux en remplacerait un autre dans sa charge[4].
Les moines du Mont-Cassin, expliquant sur ce point la
Règle de S. Benoît, disent que tout religieux en charge
est tenu de faire, dans le mois qui suit sa nomination,
l'inventaire de tout ce qui lui est confié ; ils ajoutent que
l'abbé doit avoir un inventaire général de tous les biens
meubles et immeubles du monastère, et que cet inventaire doit être représenté au visiteur[5].

---

[1] *Girart de Roussillon*, tr. P. Meyer, dans la *Revue de Gascogne*,
1869, t. X, p. 486-487. — Cfr. Riant, *Exuviæ sacræ Constantinopolitanæ*, t. 1, p. CC.

[2] Montfaucon, *Palæogr. græca*, p. 441 et suiv.: Joannis Comneni
Descriptio montis Atho.

[3] *Journal des Savants*, 1874, p. 271-272.

[4] « Ex quibus (rebus) abbas *brevem* teneat : ut, dum sibi *in ipsa*
assignata fratres vicissim succedunt, sciat quid dat aut quid
recipit. » S. Bened. *Regula*, c. 32. Migne, Patr. lat., t. LXVI,
col. 545-546.

[5] *Ibid.*, col. 551.

Un disciple de S. Benoît, le pape saint Grégoire-le-Grand, étendit cette sage discipline à toutes les églises. Dès la première année de son Pontificat, en 590, il rappelait très énergiquement à Honoré. archidiacre de Salone (aujourd'hui Spalatro, en Dalmatie), cette rigoureuse obligation de sa charge : « Nous voulons que tu saches, lui écrivait-il, que nous te demanderons un compte très exact de toutes choses, car tout le mobilier sacré[1] de l'église de Salone, et celui qu'on y a transporté de diverses églises, doivent être gardés avec le plus grand soin et la plus grande fidélité. S'il en périssait la moindre partie, par la négligence ou l'improbité de qui que ce soit, la faute en retomberait sur toi, puisque ta charge d'archidiacre t'astreint rigoureusement à conserver tous les biens de l'église[2]. »

Dans une autre lettre, adressée à Théodore, évêque de Lilibée (aujourd'hui Marsalla, en Sicile), S. Grégoire parle également de l'inventaire du mobilier d'un évêque nommé Paul; les objets appartenant à cet évêque devaient être déposés dans le trésor (*cimiliarchium*) de l'église; l'inventaire devait être placé dans les archives, et un exemplaire envoyé à Rome[3].

Enfin, une lettre du même Pontife, écrite en 592 à Félix, évêque de Siponte (aujourd'hui Manfredonia, en Italie), lui prescrivait de dresser, par-devant deux notaires du Saint-Siège, un inventaire exact et détaillé de tout ce qui appartenait à son église, et de lui en transmettre

---

[1] *Cimelia.* — Cimelia hic sunt vasa, ornamenta, resque ecclesiæ, quarum cura penes archidiaconum erat. — Pour plus de détails sur le sens du mot *cimelia,* on peut voir dans l'édition de S. Grégoire-le-Grand, publiée à Paris en 1675, une note fort intéressante de Goussainville (t. II, col. 374). — Cfr. etiam Macri, *Hierolexicon,* v° Cemelium.

[2] S. Greg. M., *Epist.,* l. I, ep. 20, alias 10. Migne, Patr. lat., t. LXXVII, col. 466.

[3] Id., *Epist.,* l. III, ep. 50, alias 49. Migne, col. 646.

sans retard un exemplaire revêtu de sa signature. Cette lettre mérite d'être lue dans son entier [1].

Les prescriptions du Saint-Siège, au sujet des inventaires, devaient être exécutées dans toute l'Eglise. Nous les voyons rappelées, pour l'Eglise Gallicane, par le concile tenu, au mois d'avril 853, dans le monastère de Saint-Médard de Soissons, où Charles-le-Chauve fit adopter le capitulaire suivant : « Ut Missi nostri per civitates, et singula monasteria tam canonicorum quam monachorum sive sanctimonialium, una cum Episcopo parrochiæ uniuscujusque in qua consistunt, cum consilio etiam et consensu ipsius qui monasterium retinet (quem volumus et expresse præcipimus ut præsens sit)... ecclesiæ luminaria et ornatum debitum ordinent, et *thesaurum ac vestimenta, seu libros, diligenter inbrevient, et breves nobis reportent.* Inbrevient etiam quid unusquisque ecclesiarum prælatus, quando prælationem ecclesiæ suscepit, ibi invenerit, et quid modo exinde ibi minus sit, vel quid et quantum sit superadditum. Quid etiam Nortmannis per nostram commendationem, sive sine nostra commendatione,

---

[1] « Gregorius Felici episcopo Sipontino. — Propositi nostri sollicitudo nos vehementer astringit ut ita rerum ecclesiasticarum, Deo auxiliante, debeamus providere cautelam, *quatenus in eis nulla possit ex neglectu evenire jactura.* Proinde fraternitas tua una cum Bonifacio, necnon et Pantaleone latore præsentium, Sedis nostræ notariis, res ecclesiarum, quæ apud Sipontinam noscuntur esse ecclesiam, curet subtiliter singulas quasque describere, ut tam ministeria ecclesiarum quam etiam usuale argenteum, vel quidquid aliud est, idem *brevis* a vobis conscriptus, veraciter rerum facta inspectione, contineat. Nec quamdam ad hoc moram vel excusationem fraternitas tua tentet adducere; sed, omni excusatione cessante, hæc quæ a nobis injuncta sunt, modis omnibus implere festina, eumdemque nobis *brevem* manu tua subscriptum per antedictum Pantaleonem transmitte, quatenus quid de hoc fieri salubriter debeat, divina possimus gratia suffragante disponere. » — S. Greg. M., *Epist.*, l. III, ep. 42, alias 41. Migne, col. 638.

datum sit, quidve relictum, vel quid a quoquam ibi in eleemosyna datum [1]. »

Au commencement du xiii⁰ siècle, les Décrétales de Grégoire IX rappelèrent aux archidiacres, en citant la lettre de saint Grégoire-le-Grand à Honoré de Salone, qu'ils sont tenus de veiller soigneusement à la garde des vases sacrés et du mobilier de leur église [2]. Sous l'autorité de l'archidiacre, le sacriste et le custode avaient le soin des vases, ornements, linges, ustensiles, en un mot, de tout le trésor de l'église [3].

Au xiv⁰ siècle, Benoît XII, dans sa Constitution *Summi Magistri* du 20 juin 1336, *pro bono regimine monachorum nigrorum ordinis S. Benedicti,* établit les règles les plus précises et les plus sévères pour la confection des inventaires dans les cathédrales et dans toutes les églises bénédictines. Il prescrit que, désormais, les prélats et les supérieurs religieux seront tenus, à leur entrée en fonctions, de dresser, en présence d'un ou deux notaires publics et de plusieurs témoins ecclé-siastiques ou religieux, un inventaire en double exem-plaire de tous les biens meubles et immeubles de leurs églises et monastères. Il énumère tout ce que cet inven-taire doit relater, et il signale en particulier *vasella aurea vel argentea..., vasa, ornamenta, supellectilia, et similia.* L'inventaire doit être lu au chapitre de la cathédrale ou du monastère; un exemplaire est déposé au trésor, et l'autre reste aux mains du prélat ou du supérieur. En cas de translation du prélat ou du supé-rieur à une autre église ou à un autre monastère, il doit représenter, dans un délai de six mois au plus tard, tout

---

[1] Sirmondi *Opera,* 1696, t. III, *Caroli Calvi Capitula,* col. 65-67).

[2] Decretal. l. I, tit. XXIII, *De officio archidiaconi,* c. 3, où ce texte, un peu différent dans la forme, bien que le même au fond, est attribué par erreur au pape Grégoire III.

[3] Decretal. l. I, tit. XXVI, *De officio sacristæ,* et tit. XXVII, *De officio custodis.*

ce qui est contenu dans l'inventaire ; et si, ayant reçu
les choses en bon état, il les a laissées dépérir, on devra
procéder contre lui selon le droit et les ordonnances du
Saint-Siège [1].

Les visites épiscopales étaient un des moyens les plus
efficaces d'assurer la tenue exacte des inventaires dans
les églises paroissiales et dans les monastères. L'évêque
était obligé, en effet, d'après le droit canonique, de visiter
les églises de son diocèse : « Episcopus, ratione episcopalis juridictionis, tenetur Ecclesiam visitare [2]. » En
1499, l'évêque de Troyes, Jacques Raguier, s'acquittait
consciencieusement de ce devoir. Le Chapitre de la
Cathédrale, de son côté, visitait avec une régularité
parfaite les églises soumises à sa juridiction [3]. Il en était
de même dans les ordres mendiants, comme on le voit
par les inventaires si régulièrement dressés chez les
Cordeliers de Troyes, à partir de 1527.

Le Concile de Trente rappela énergiquement aux
évêques l'obligation de visiter les églises de leurs
diocèses. Après avoir, dans sa septième session, tenue
en 1547, prescrit la visite annuelle de tous les bénéfices
à charge d'âmes et de toutes les églises même exemptes,
il renouvela cette recommandation, en 1563, dans la
session vingt-quatrième : « Episcopi propriam diœcesim
per seipsos aut, si legitime impediti fuerint, per suum
vicarium generalem aut visitatorem, si quotannis totam
propter ejus latitudinem visitare non poterunt, saltem
majorem ejus partem, ita tamen ut tota biennio com-

---

[1] Bullarium Romanum, 1741, t. III, pars II, p. 229-230.

[2] Decretal. l. III, tit. XXXIX, *De censibus*, cap. 21.

[3] Le 18 juillet 1482, le Chapitre prescrivait la visite des églises
paroissiales qui dépendaient de lui (Arch. de l'Aube, G. 1289, fol.
168, r°). Il est probable qu'on en trouverait des exemples antérieurs
à cette époque, si l'on parcourait les Registres des délibérations du
Chapitre. Nous publions plus loin les procès-verbaux des visites
capitulaires faites en 1526-1527.

pleatur, visitare non prætermittant. » En imposant ce devoir aux évêques, le Concile n'en déchargea pas les chapitres, les archidiacres, doyens et autres, qui avaient le droit de visite dans certaines églises; il maintint pour eux l'obligation d'accomplir cette visite, mais en exigeant le consentement préalable de l'évêque[1].

La manière dont la visite devait être faite fut officiellement déterminée par Clément VIII, dans le Pontifical romain, en 1596. Parmi les divers objets dont l'évêque doit s'occuper, le Pontifical indique en second lieu celui-ci : « Ut sciat et videat qualiter ecclesia ipsa spiritualiter et temporaliter gubernetur, quomodo se habeat in ornamentis, qualiter ibi ecclesiastica sacramenta ministrantur et divina officia peraguntur; » et, pour se rendre compte de l'état temporel de l'église, l'évêque doit visiter successivement la sainte Eucharistie, les fonts baptismaux, les saintes huiles, les saintes reliques, les autels, les chapelles, les tableaux et statues, la sacristie, etc.[2] Ainsi que l'explique Monacelli, dans son *Formularium legale practicum fori ecclesiastici*, l'évêque doit s'assurer, entre autres choses, s'il y a un inventaire des biens et du mobilier de l'église, et un catalogue de toutes les reliques : « An adsit inventarium bonorum et sacrarum supellectilium? An adsit catalogus omnium reliquiarum?[3] »

Dans l'Edit publié en 1680 par le cardinal Orsini, depuis pape sous le nom de Benoît XIII, pour la visite pastorale de son diocèse de Césène, on retrouve, plus détaillées encore, les mêmes prescriptions. Ainsi, l'une des questions auxquelles doit répondre le Chapitre de la

---

[1] Conc. Trid., Sess. VII, De ref., c. 7 et 8 ; — Sess. XXIV, De ref., c. 3.

[2] Pontif. Rom., *Ordo ad visit. parochias.* — Cfr. Ferraris, *Prompta Biblioth. canonica*, vᵒ Visitare. Edit. Migne, t. VII, col. 1244.

[3] Apud Ferraris, *ibid.*, col. 1256 et 1257.

Cathédrale est celle-ci : « Y a-t-il un inventaire distinct des biens fonds, meubles, cens et autres comptes du Chapitre, comme aussi de tous les ornements sacrés et du mobilier de l'église? » Et le cardinal ajoute : « Faire cet inventaire dans la forme voulue, et l'exhiber. » Un peu plus loin, pour toutes les églises paroissiales et conventuelles, on trouve les questions et prescriptions suivantes : « Y a-t-il dans l'église des reliques des saints? Combien et quelles sont-elles? En produire le catalogue exact... Existe-t-il un inventaire des biens fonds, des revenus et du mobilier de l'église? S'il n'y en a pas, en faire un selon la forme prescrite. En produire la copie légalisée et authentique pour la déposer aux archives de l'évêché. » Même obligation pour tous les bénéfices, pour les séminaires, les monastères de religieuses, les hôpitaux, confréries et autres lieux pies. Tous ces inventaires doivent être déposés et conservés dans les archives de l'évêché; et, pour qu'ils soient faits convenablement, le cardinal Orsini prescrit, en terminant son édit, la méthode qu'il faut observer[1].

Plus tard, en 1724, le même cardinal, devenu archevêque de Bénévent, publia sous une autre forme une *Methodus visitationis*, dont une seconde édition fut donnée à Rome en 1726, deuxième année de son pontificat. Il y renouvelle partout, pour les chapitres, les paroisses, les bénéfices simples, les hôpitaux, les monastères de religieuses, les séminaires, les confréries, l'obligation de tenir un inventaire exact de tous les biens meubles et immeubles[2].

A l'époque même où le cardinal Orsini publiait sa première Méthode, Mgr François Bouthillier, évêque de Troyes, à peine monté sur le siège épiscopal (1679), adressait à tous ses curés un questionnaire très détaillé,

---

[1] *Traité de la Visite pastorale selon la méthode de Benoît XIII*, par Mgr Barbier de Montault. Paris, Palmé, 1877, in-8°, p. 4-65.

[2] *Ibid.*, p. 70-93.

comprenant 44 questions relatives à l'église, 10 relatives au clergé et 17 concernant l'état de la paroisse [1].

Quelques années plus tard, il prescrivait la confection d'un inventaire dans toutes les églises du diocèse. Voici, en effet, comment s'expriment, à ce sujet, les *Statuts* imprimés en 1688 : « Nous ordonnons que les curés et marguilliers feront un inventaire de tous les titres concernant les biens de leurs fabriques ; qu'ils feront faire dans six mois les copies desdits inventaires et titres, pour remettre les dites copies ou même les originaux dans le trésor de notre palais épiscopal, dans un an au plus tard, pour y avoir recours en cas de besoin. — Nous leur ordonnons pareillement d'y joindre un inventaire de tous les meubles appartenant à leur église... Tous les papiers concernant le bien de l'église, l'inventaire des meubles et immeubles, et autres papiers qui demeureront au trésor de l'église, seront mis dans un coffre à deux serrures et deux clefs, l'une desquelles demeurera entre les mains du curé, et l'autre de l'ancien ou principal des marguilliers ; et on ne tirera rien dudit coffre sans y laisser un récépissé valable [2]. » — Lorsque la visite épiscopale avait lieu, le curé devait faire préparer à la sacristie les ornements, linges, livres, vases sacrés et argenterie, avec le mémoire ou inventaire, et l'évêque, de son côté, devait, non-seulement visiter le mobilier, mais aussi se faire représenter l'inventaire, ainsi que tous les documents relatifs aux saintes reliques exposées sur l'autel [3].

Avant même que cette Ordonnance épiscopale eût été publiée, les curés et marguilliers du diocèse de Troyes veillaient à ce que l'inventaire du mobilier fût soigneusement tenu et révisé. En 1670, dans la convention

---

[1] Arch. de l'Aube, G. 528.

[2] Lalore, *Ancienne Discipline du diocèse de Troyes*, t. III, p. 290.

[3] Id., *ibid.*, p. 216, 226 et 227.

passée entre Pierre Challetas, sonneur et sacristain, et les marguilliers de Saint-Pantaléon, nous lisons : « Sera tenu (ledit sonneur) de garder les ornements, linge et argenterie, qui lui seront donnés par inventaire, qui sera signé des parties et attaché à ces présentes pour y avoir recours, pour après en demeurer responsable en cas qu'il en arrivât perte [1]. » En 1683, dans une nouvelle convention signée entre les marguilliers de la même paroisse et le même sonneur, on retrouve cette clause formulée de la même façon [2].

Un peu plus tard, dans le Règlement général de l'église et sacristie de Saint-Remy, arrêté par M. Lefebvre, curé de la paroisse, et par les marguilliers, le dimanche 7 avril 1715, et approuvé par Mgr Denis-François Bouthillier de Chavigny, évêque de Troyes, le 16 mai de la même année, on lit : « Le sacristain sera chargé des reliques, vases sacrés, linges, ornements, missels et autres ustensiles servant à l'autel et aux offices divins, dont il lui sera donné un inventaire et état par écrit, en entrant en exercice, ledit état fait double entre lui et messieurs les marguilliers en charge ; et venant à sortir, sera tenu de représenter le tout par compte suivant ledit état, dont il demeurera responsable. — Arrivant le cas qu'il se fasse ensuite quelque augmentation ou diminution de linge, ornements ou choses semblables, son état en sera en même temps chargé ou déchargé. — Sera pareillement tenu de représenter le tout en bon ordre et suffisant état, ensemble son registre-journal de l'acquit des fondations, toutes les fois que monsieur le curé et messieurs les marguilliers en charge jugeront à propos de faire la visite de la sacristie, de laquelle visite le sacristain sera averti deux jours devant [3]. »

---

[1] Arch. de l'Aube, 19 G., 2, *Reg.*, fol. 145, r°.

[2] *Ibid.*, fol. 166, r°.

[3] Arch. de l'Aube, 20 G., 132, *Reg.*, fol. 2.

IV. — Du reste, la législation civile était venue en aide, sur ce point, à la législation ecclésiastique. Nous l'avons vu, dès le ixᵉ siècle, par les Capitulaires de Charles-le-Chauve.

En 1535, un arrêt donné aux Grands-Jours de Troyes prescrivit un inventaire général des quatre hôpitaux confiés aux administrateurs laïques élus par les habitants.

En 1551, le 11 mars, Henri II donna à Reims des lettres-patentes, par lesquelles il exigea une « cotisation de vingt livres par clochier, le fort portant le faible, sur les fabriques et joyaux de chacun clochier du diocèse de Troyes. » En exécution de ces lettres-patentes, un grand nombre d'inventaires furent rédigés, en 1551 et 1552, dans les paroisses du diocèse, et il en reste beaucoup aux Archives de l'Aube, dans le fonds de l'Evêché [1].

Au mois de mai 1579, l'Edit de Blois, rendu par Henri III, prescrivit aux évêques, conformément au décret du Concile de Trente, « de visiter tous les ans les lieux de leurs diocèses; et si, pour la plus grande étendue d'iceux, ladite visitation dedans le temps ne peut être accomplie, seront tenus d'icelle parachever dedans deux ans. » Et il leur enjoignit de pourvoir, « en faisant leur visitation, à ce que les églises soient fournies de livres, croix, calices, cloches et ornements nécessaires pour la célébration du service divin [2]. » Il prescrivit, en outre, de dresser de nouveaux terriers des fiefs et censives des églises, et de déposer aux greffes des juridictions royales un bon et loyal inventaire de

---

[1] Arch. de l'Aube, G. 536, 537, etc., jusqu'à G. 904. — V. aussi G. 1601.

[2] Lacombe, *Recueil de Jurisprud. canonique et bénéficiale.* Paris, 1771, 2ᵉ partie, *Lois canoniques et bénéficiales*, Ord. de Blois, art. 32, p. 94; — art. 52, p. 95.

tous les titres, enseignements et revenus des hôpitaux
et Maisons-Dieu[1].

L'année suivante, sur la demande de l'Assemblée
générale du clergé, Henri III publia l'Edit de Melun
(février 1580), dont l'article 3 renouvelait les prescriptions de l'Edit de Blois, et dont l'article 9 ordonne
aux marguilliers des églises « de faire bon et fidèle
inventaire de tous et chacuns les titres et enseignements
des fabriques, et de rendre bon et loyal compte par
chacun an de leur administration par-devant qui il
appartiendra[2]. » Cette obligation fut étendue aux
abbayes et autres monastères, ainsi qu'à tous les
hôpitaux, par une Ordonnance de Louis XIII, au mois
de janvier 1629[3].

Aussi vit-on le Parlement de Paris imposer à un
grand nombre de Fabriques des Règlements concernant
l'administration des églises, où nous lisons invaria-
blement les articles suivants : « Il sera fait un état ou
inventaire, si fait n'a été, de tous les ornements, linges,
vases sacrés, argenterie, cuivre et autres ustensiles
servant à la sacristie, dont il y aura deux doubles,
signés du clerc de l'œuvre et du sacristain, ensemble
des curé et marguilliers, dont l'un sera déposé dans
l'armoire du bureau destinée aux titres de la Fabrique,
et l'autre double remis ès mains du clerc de l'œuvre et
du sacristain. Et en sera fait tous les ans un récolement, qui sera signé de même et déposé, à l'effet d'être
statué, par délibération du Bureau, sur les nouveaux
ornements, linges, vases et ustensiles, qu'il faudrait
acheter, changer ou raccommoder, dont sera fait
mention sur le récolement pour en charger ou déchar-
ger le clerc de l'œuvre et sacristain. Et seront tenus

---

[1] *Ibid.*, art. 54 et 66, p. 96.

[2] *Ibid.*, Edit de Melun, art. 3 et 9, p. 97.

[3] *Ibid.*, Ord. de Louis XIII, art. 34 et 41, p. 110 et 111.

les dits clerc de l'œuvre et sacristain, s'il se trouve quelques-uns desdits ornements, linges, vases sacrés et ustensiles, qui, pendant le cours de l'année, ne puissent être d'usage par vétusté ou autrement, d'en donner avis au Bureau pour y être statué, sans qu'il puisse en ordonner sans délibération du Bureau, ni prêter aucun ornement sans la permission des marguilliers.

« ... Il sera fait aussi, si fait n'a été, un état ou inventaire de tous les meubles et ustensiles, soit du Bureau de l'œuvre, soit de la chambre du prédicateur et de celle des enfants de chœur, et généralement de tout ce qui appartient à la Fabrique et ne fait point partie de la sacristie ; lequel sera signé au Bureau par les curé et marguilliers, et en sera fait pareillement un récolement tous les ans ; lesquels état et récolement seront déposés dans l'armoire des titres de la Fabrique. »

Un règlement de ce genre fut imposé, en 1721, à la Fabrique de Saint-Paterne d'Orléans ; en 1734, à celle de Saint-Leu-Saint-Gilles de Paris ; en 1737, à celle de Saint-Jean-en-Grève ; en 1739, à celle de Saint-Germain-en-Laye ; en 1747, à celle de Saint-Louis de Versailles ; en 1749, à celle de Saint-Louis-en-l'Ile de Paris ; en 1752, à celle de Saint-Pierre-le-Marché de Bourges ; en 1756, à celle de Morangis ; en 1762, à celle de Notre-Dame de Nantilly, de Saint-Pierre et Saint-Nicolas de Saumur, etc. [1].

V. — On ne peut disconvenir que cette mesure d'ordre était excellente. Aussi fut-elle de nouveau imposée aux Fabriques, après la Révolution, par le Décret du 30 décembre 1809, dont l'art. 55 est ainsi

---

[1] Gohard, *Traité des bénéfices ecclésiastiques*, t. V, p. 496, 553-555, 566-567, 573, 605-607, 617 ; — Jousse, *Traité du gouvern. spirituel et temporel des paroisses.* Paris, 1773, p. 108, 364-369, 394-400, 414, 429, 447.

conçu : « Il sera fait incessamment et sans frais deux inventaires : l'un, des ornements, linges, vases sacrés, argenterie, ustensiles, et en général de tout le mobilier de l'église ; l'autre, des titres, papiers et renseignements... — Un double de l'inventaire du mobilier sera remis au curé ou desservant. — Il sera fait tous les ans un récolement desdits inventaires, afin d'y porter les additions, réformes et autres changements ; ces inventaires et récolements seront signés par le curé ou desservant, et par le président du Bureau. »

Le Décret de 1809 fut officiellement communiqué aux Fabriques du diocèse de Troyes par Mgr de Boulogne, les 10-25 septembre 1810[1].

Depuis cette époque, nos évêques ont souvent rappelé l'obligation pour les Fabriques d'avoir un inventaire. Mgr Debelay, dans le *Dispositif de la Visite pastorale* qu'il adressa au clergé, le 2 février 1845, et dans le Règlement dont il l'accompagna, prescrivit aux curés de lui présenter, en même temps que les vases sacrés, linges et ornements, l'inventaire du mobilier et des titres[2]. Mgr Cœur conserva cette mention dans la formule imprimée des procès-verbaux de visites épiscopales.

Le 23 mars 1863, Mgr Ravinet, annonçant au clergé l'impression de nouvelles formules de Budget, en profita « pour rappeler que chaque Fabrique doit avoir l'inventaire exact de tout ce qui lui appartient, et que le récolement doit en être fait tous les ans, » et il ordonna aux Fabriques qui ne seraient pas en règle à cet égard, de remplir promptement ce que prescrit la loi sous ce rapport[3]. Il renouvela cette ordonnance au Synode diocésain

---

[1] Lalore, *Ancienne et nouvelle discipline du diocèse de Troyes*, t. IV, p. 371.

[2] Mgr Debelay, *Mandements*, n°s 6 et 7.

[3] Mgr Ravinet, *Mandements*, n. 16.

de 1873 : « Inventarium describatur omnino fidele et completum omnium ecclesiæ bonorum sive mobilium, sive immobilium[1]. » A la suite de ce Décret, il fit insérer, dans le questionnaire pour la visite canonique des paroisses, cette mention expresse : « Existe-t-il un inventaire du mobilier de l'église et des papiers de la Fabrique, signé au moins par le trésorier conjointement avec le curé? Quelle est la date du dernier récolement?[2] »

Enfin, le 26 janvier 1883, Mgr Cortet rappela de nouveau aux Fabriques l'article 55 du décret de 1809, qui prescrit la confection de l'inventaire et le récolement annuel du mobilier des églises[3].

VI. — A partir du xiiie siècle, il se fit de nombreux inventaires. A mesure que les trésors des églises s'enrichissaient de reliques, de vases sacrés et d'ornements précieux, il devenait plus indispensable d'en dresser le catalogue, pour en assurer la conservation : « quatenus in eis nulla possit ex neglectu evenire jactura[1]. » Il fallait aussi, de temps à autre, en faire le récolement d'après le précédent inventaire pour constater que rien n'avait disparu, pour ajouter les objets nouveaux, et pour s'assurer si rien n'avait besoin de réparation. « Inbrevient quid prælatus ibi invenerit, quid exinde ibi minus sit, vel quid et quantum sit superadditum.[5] »

Quelquefois, comme à Saint-Urbain en 1277, cet inventaire est dressé aussitôt après la fondation de l'église ou du monastère, et le Chapitre ou les religieux jurent sur le saint Évangile de ne rien aliéner ni mettre en gage de ce que l'église possède ou possèdera, si ce n'est dans

---

[1] Synodus Trecensis I, Decret. **X**, De piis operibus, *De Fabrica.*

[2] Mgr Ravinet, *Mandements*, n. 109.

[3] Mgr Cortet, *Mandements*, n. 52, p. 24.

[4] S. Greg. M., *Epist.* l. III, ep. 42. Migne, t. LXXVII, col. 638.

[5] Caroli Calvi *Capitula*, apud Sirmondum, 1696, t. III, col. 67.

les cas prévus par le droit canonique[1]. On trouve également-
ment un inventaire de la chapelle de Champigny à la
Cathédrale de Troyes, qui fut dressé en 1402, lors de la
fondation de cette chapelle, par les exécuteurs testamentaires du chanoine de ce nom[2].

L'inventaire de la Cathédrale, en 1429, fut fait à la suite
de la consécration solennelle de l'église par l'évêque
Jean Léguisé. Le 7 juillet, Jeanne d'Arc et Charles VII
entraient à Troyes ; le 9, la Cathédrale était dédiée aux
saints apôtres Pierre et Paul ; et, le 20 octobre, avait lieu
l'inventaire de tout le mobilier de la nouvelle église. —
Quelques années auparavant, le 27 août 1421, le Chapitre avait décidé qu'il serait fait un inventaire de tous
les livres de l'église, et que les livres de dévotion seraient
enchaînés dans le chœur[3].

D'autres fois, comme à Saint-Étienne en 1319, le
Chapitre demandait à son trésorier de lui représenter
tous les objets mobiliers qui lui avaient été confiés. Dans
ce cas, l'inventaire était fait par le trésorier ou son représentant, d'une part, et par plusieurs chanoines, représentant le doyen et le Chapitre, d'autre part[4]. De même,
en 1584, le Chapitre de la Cathédrale prie le grand archidiacre, M. Dehault, de faire faire l'inventaire de tous
les reliquaires et joyaux, et d'acheter du linge pour faire
des nappes, aubes et amicts ; ce que le grand archidiacre
s'empressa d'exécuter, ainsi qu'on le voit par le registre
des délibérations du Chapitre[5].

---

[1] Lalore, *Chartes de Saint-Urbain*, in-8°, 1880, p. 293.

[2] V. infra, p. 278.

[3] Arch. de l'Aube, G. 1275.

[4] V. infra, p. 1. — Avant cet inventaire de 1319, il y en avait eu
un autre, qui est plusieurs fois désigné sous le nom de *vetus inventarium* (n. 7, 26, 30, 36, 87, 115), mais qui ne fut cependant rédigé que postérieurement à la mort de la comtesse Agnès, femme
de Thibaut IV, morte en 1231, puisqu'il mentionne une croix laissée par elle (n. 30).

[5] Arch. de l'Aube, reg. G. 1289, fol. 317 r° et 326 v°.

A la Cathédrale, où les deux marguilliers-prêtres chargés de la garde du trésor étaient nommés par l'évèque,
ce dernier demeurait responsable de leur gestion à l'égard
du Chapitre. Aussi voit-on le Chapitre demander à l'é-
vêque de faire dresser un inventaire du trésor, et même
l'y obliger par sentence du bailliage, comme il le fit en
1611 pour l'évêque René de Breslay [1].

A la Cathédrale encore, on voit dresser un inventaire,
en 1682, à la suite d'un différend survenu entre les deux
marguilliers-prêtres. L'un d'eux, Nicolas Macey, en avait
fait seul les fonctions, depuis le mois de juillet 1681 jusqu'au mois de juillet 1682. Il fut décidé en conséquence,
le 25 juin 1682, par sentence arbitrale de M. Chevillard,
chanoine de la Cathédrale, vice-gérant de l'officialité, qu'il
aurait seul les aumônes et charités perçues par lui pendant sa gestion ; que le sieur Pion, autre marguillier-
prêtre, ferait seul les fonctions et aurait seul les aumônes
et charités pendant toute l'année à courir du 1er juillet
1682 au 1er juillet 1683 ; et qu'ensuite les deux marguilliers se partageraient les fonctions et les aumônes. A la
suite de cette décision, Nicolas Macey adressa, le 4 juillet
1682, une requête au Chapitre, pour être déchargé de la
responsabilité du trésor, sacristie et custoderie, ledit sieur
Pion s'étant déjà emparé de toutes les clefs ; et il termine
ainsi sa requête : « Ce considéré, Messieurs, il vous plaise
« de députer quelques-uns de Messieurs du Chapitre,
« pour, en leur présence, être procédé à un inventaire du
« trésor, reliques, ornements, parements, linges et autres
« ustensiles à l'usage de votre église, pour en charger qui
« vous trouverez bon, et ledit suppliant être déchargé.
« Et ferez justice [2]. »

Assez souvent, l'inventaire ou le récolement se faisait
quand de nouveaux custodes ou marguilliers entraient en
charge, tant pour constater que tous les objets consignés

---

[1] V. infra, p. 81.

[2] Arch. de l'Aube, *liasse* G. 2598.

à l'inventaire précédent se trouvaient réellement au trésor qui leur était confié, que pour leur faire prendre l'engagement de représenter, toutes et quantes fois qu'ils en
seraient requis, les objets remis à leur garde. C'est ainsi
qu'en 1429, à la Cathédrale, l'inventaire fut fait à la fois
par les deux marguilliers-prêtres en charge, et par le
chanoine qui venait de remplir les mêmes fonctions [1].
C'est ainsi encore qu'à Sainte-Madeleine, en 1595, l'inventaire eut lieu à la requête des marguilliers, en présence
du nouveau sacriste et d'un avocat qui représentait les
héritiers du sacriste précédent [2]. De même à Saint-
Urbain en 1468 [3], et à Saint-Jean en 1562 et en 1573 [4].

Ce qui se pratiquait dans les cathédrales, les collégiales et les églises paroissiales, se pratiquait également
dans les monastères. A Notre-Dame-aux-Nonnains, en
1343, Pétronille de Saint-Phal succède à Isabelle de
Saint-Phal dans la charge de trésorière, et l'on dresse
immédiatement l'inventaire du trésor [5]. A l'Hôtel-Dieu-
le-Comte, en 1514, l'abbé Forjot fit faire l'inventaire du
mobilier, après la mort de sœur Jaquette, qui en avait
eu la charge pendant 33 ans [6]. En 1523, à Notre-Dame-
en-l'Isle, le prieur Nicole Jehançon étant décédé, le bailli
de Troyes ordonne, à la requête du procureur du roi, de
faire l'inventaire de tous les biens meubles, lettres et
titres du prieuré [7]. On peut voir également les inventaires
de l'hôpital Saint-Bernard, en 1563, et de l'hôpital Saint-
Nicolas, en 1566, faits l'un et l'autre à la requête du
maître spirituel de ces hôpitaux [8].

---

[1] V. infra, p. 71.

[2] *Ibid.*, p. 181.

[3] Lalore, *Chartes de Saint-Urbain*, p. 331.

[4] V. infra, p. 155 et 296, note 1.

[5] *Ibid.*, p. 118.

[6] *Ibid.* p. 312.

[7] *Ibid.*, p. 162.

[8] *Ibid.*, p. 227 et 209.

Quelquefois, cet inventaire se faisait d'office, comme on vient de le voir pour Notre-Dame-en-l'Isle, à la requête du procureur du roi, et par commission du bailli, afin de prévenir tout détournement après décès ; et le mobilier inventorié était alors confié à la garde d'un sergent royal au bailliage[1].

Des catalogues ou inventaires de reliques nous sont aussi parvenus sous forme de pancartes, destinées à être affichées dans les églises pour faire connaître aux fidèles les reliques qu'ils pouvaient vénérer et aussi les indulgences qu'ils pouvaient gagner. On en trouve encore beaucoup dans les églises d'Italie. A la sacristie de Saint-Nizier, à Troyes, on voit un catalogue de ce genre, dressé en 1664 par l'archidiacre Denise. Nous publions à l'Appendice un de ces catalogues, où sont énumérées toutes les reliques de la collégiale de Saint-Etienne [2].

Certaines situations d'un caractère particulier donnaient lieu parfois à la confection d'un inventaire. Ainsi, le monastère de Notre-Dame-aux-Nonnains avait, dans sa dépendance, l'église paroissiale de Saint-Jacques, dont tout le mobilier lui appartenait. Par transaction faite au xvie siècle « entre les religieuses, l'abbesse et couvent ou leurs prédécesseresses, et les paroissiens de ladicte église et parroisse, » il fut « par exprès dict et accordé que les dictes religieuses, abbesse et couvent, ou leurs successeresses en ladicte abbaye, pourroient faire ou faire faire, toutes et quanteffoys que bon leur sembleroit, inventaire de tous et chacuns les joyaulx, ornemens, vestemens, livres et autres choses appartenant à ladicte église et parroisse [3]. » Conformément à cette transaction, un inventaire fut fait au nom de l'abbesse Marie du Moustier, et à la requête du procureur des religieuses, en présence des marguilliers, le 13 juin 1538.

---

[1] *Ibid.*, p. 162.

[2] *Ibid.*, p. 272.

[3] Arch. de l'Aube, 22 H, carton I, fol. 1, v°.

Vers le même temps fut dressé un inventaire de tous
les biens meubles et immeubles des quatre hôpitaux de
Troyes, l'Hôtel-Dieu-le-Comte, Saint-Nicolas, Saint-
Bernard et Saint-Esprit. Par arrêt donné le 28 septembre
1535 aux Grands Jours de Troyes[1], il avait été décidé
que désormais le temporel de ces hôpitaux serait admi-
nistré par quatre bourgeois, élus par les habitants de la
ville en assemblée générale, lesquels devraient faire,
aussitôt après leur entrée en fonctions, bon et loyal inventaire de tous les titres et meubles appartenant aux
quatre hôpitaux. En suite de cet arrêt, quatre administrateurs laïques furent élus le mercredi de la Pentecôte,
7 juin 1536, et sans aucun retard ils procédèrent, le 13
juin et le 12 juillet, dans les hôpitaux de Saint-Nicolas
et du Saint-Esprit, à l'inventaire prescrit[2]. Le récolement paraît en avoir été fait exactement : ainsi l'on
trouve, aux Archives de l'Aube, un inventaire fait en
1563 de l'hôpital du Saint-Esprit[3], et un autre de l'hôpital Saint-Bernard[4] ; en 1566, un inventaire de l'hôpital Saint-Nicolas[5] ; en 1620, un autre inventaire du
même hôpital[6].

Des circonstances exceptionnelles obligeaient quelquefois à rédiger un inventaire. Les chanoines de Lirey et
les religieux de Saint-Loup obéirent à une nécessité de
ce genre, quand ils firent dresser, les premiers en 1418,
les seconds en 1544, la liste de leurs reliquaires, joyaux
et ornements, avant de les mettre en lieu sûr pour les

---

[1] Les Grands Jours de 1535, présidés par François de Montho-
lon, qui fut depuis garde des sceaux, s'ouvrirent le 28 août et ne
se terminèrent qu'à la fin de décembre.

[2] V. infra, p. 217. — Voir aussi, pour l'hôpital Saint-Nicolas,
Arch. de l'Aube, reg. 43 H, 62, fol. 1, v°.

[3] Arch. de l'Aube, reg. 44 H, 7.

[4] V. infra, p. 227.

[5] Ibid., p. 209.

[6] Arch. de l'Aube, reg. 43 H, 65. — V. infra, p. 311.

soustraire à la rapacité des gens de guerre[1]. Il en fut de
même en 1551 et 1552, lorsque toutes les églises de
France durent rédiger leur inventaire pour obéir aux
ordres du roi et payer l'impôt de guerre qu'il exigeait[2].

Les visites faites par l'évêque ou par le doyen du Chapitre de la Cathédrale, dans les églises soumises à leur
juridiction, étaient aussi une occasion pour dresser un
inventaire ou pour faire le récolement du mobilier[3]. C'est
ainsi que Jacques Raguier, évêque de Troyes, se fit présenter, le 12 avril 1499, l'inventaire de l'abbaye de Montiéramey : « Reliquiarum et vestium exhibitum fuit dicto
Reverendo inventarium quod erat apud thesaurarium
monasterii[4]. » Le peu de renseignements que nous avons
pu trouver sur les reliques et le mobilier de Saint-Martin-
ès-Aires, de Montier-la-Celle, de Saint-Quentin (1499),
nous ont été fournis par le Registre des visites épiscopales de Jacques Raguier. Il en est de même des inventaires des églises de Saint-Remy, Saint-Frobert, Sainte-
Madeleine, Saint-Denis, Saint-Nizier et Saint-Aventin
(1526-1527), que nous trouvons consignés dans le Registre des visites faites par le doyen et le Chapitre de la
Cathédrale, qui avaient juridiction sur ces églises. Dans
la visite de Sainte-Madeleine du 18 décembre 1526, nous
lisons que les marguilliers avaient un inventaire en règle
des reliques, vases sacrés et calices[5]. Au contraire, dans
la visite de Lirey, faite par Jean Collet, official et vicaire

---

[1] V. infra, p. 263 et 92.

[2] V. infra, *Inv. de Lirey*, p. 267. — Cfr. Arch. de l'Aube, G. 536-
G. 904.

[3] Après la mort de Fulbert de Chartres, en 1029, l'évêque Thierry
vint à l'abbaye de Saint-Père de Chartres pour faire sa visite, et il
prescrivit de dresser un inventaire des vases d'or et d'argent, et
des autres ornements de l'église (Guérard, *Cartul. de Saint-Père*,
I, p. 119-121).

[4] Arch. de l'Aube, G. 1344, *Reg.*, fol. 358, v°.

[5] V. infra, p. 308.

général de Troyes, dans la première moitié du XVIᵉ siècle, nous voyons qu'un inventaire, fait dix ans auparavant, a été perdu, et que le doyen reçoit l'ordre d'en faire un nouveau, dont il devra transmettre le double à l'official[1].

Dans les maisons religieuses, comme le couvent des Cordeliers, l'inventaire était dressé par les soins du visiteur. On le vérifiait aux visites suivantes, en retranchant ce qui avait disparu et en ajoutant les acquisitions nouvelles. C'est ainsi que l'inventaire établi par le P. Bonaventure du Bien, custode de Champagne, en 1527, fut révisé en 1547 par le père François Hance[2], en 1556 par le P. Ambroise Milley[3], tous deux également custodes de Champagne, puis revu et complété en 1572, 1600, 1610, 1617, 1627 et 1632, par les gardiens successifs du couvent[4].

De même, l'inventaire de l'abbaye de Larrivour fut fait en 1662 par dom Claude de la Rue, vicaire général de l'Ordre de Citeaux en la province de Picardie, et commissaire député par l'abbé de Clairvaux, supérieur immédiat de ladite abbaye[5].

L'inventaire était fait, d'habitude, en double exemplaire. Nous avons vu S. Grégoire-le-Grand le prescrire aux évêques de Lilibée et de Siponto, l'un de ces exemplaires devant être envoyé à Rome, et l'autre déposé dans les archives de l'église[6]. Les Capitulaires de Charles-le-Chauve faisaient une obligation de transmettre un inventaire au roi[7]. Benoît XII ordonne également de faire l'inventaire en double, de remettre un exemplaire au

---

[1] *Ibid.*, p. 265.

[2] V. infra, p. 166 et 172.

[3] *Ibid.*, p. 300.

[4] *Ibid*, p. 300-307.

[5] *Ibid.*, p. 252.

[6] V. supra, p. VIII.

[7] *Ibid.*, p. IX.

prélat ou supérieur qui a la charge des biens, meubles et immeubles, et de déposer l'autre au trésor[1]. Enfin, dans le diocèse de Troyes, Jean Collet, official, se fait donner le double de l'inventaire de Lirey, et Mgr François Bouthillier prescrit, pour assurer la conservation de l'inventaire, de le déposer dans un coffre à deux clefs, dont l'une était confiée au curé et l'autre au premier marguillier. Quand l'évêque faisait sa visite, on devait lui représenter cet inventaire[2].

Au XVIIe et au XVIIIe siècle, on se complut à décrire en détail la richesse des trésors des églises et des monastères. En 1662, le P. Cousinet, religieux de Saint-Loup, complétant un inventaire commencé dès 1651[3], consigna sur un registre les renseignements les plus précis sur les reliquaires, vases sacrés, ustensiles, ornements, linges d'église et livres liturgiques de cette riche abbaye[4]. En 1664, l'abbesse de Notre-Dame-aux-Nonnains, Claude de Choiseul, fit dresser un inventaire très complet des reliques, argenterie et ornements de l'église du monastère[5]. Le chanoine Hugot, de Saint-Etienne, fit de même, vers 1700, pour le trésor de sa collégiale[6]. De même, le chanoine Parchappe pour le trésor de la Cathédrale, en 1700[7]. Ces inventaires détaillés furent régulièrement tenus à jour jusqu'à la fin du XVIIIe siècle.

Ainsi rédigés de siècle en siècle, ces inventaires permettent de suivre l'histoire des reliques, des reliquaires, des vases sacrés et des ustensiles liturgiques, depuis

---

[1] V. supra, p. X.

[2] *Ibid.*, p. XIV.

[3] V. infra, p. 287.

[4] *Ibid.*, p. 102 et 290.

[5] *Ibid.*, p. 141.

[6] *Ibid.*, p. 43.

[7] *Ibid.*, p. 279.

l'origine jusqu'à nos jours, ou du moins jusqu'à la Révolution.

VII. — Avant de terminer cet article, disons comment on procédait à la confection des inventaires, toutes les fois du moins qu'il y avait à sauvegarder, en les faisant, soit l'intérêt des particuliers, soit l'intérêt des églises.

Dans le premier inventaire de Saint-Urbain, en 1277, il n'y a pas d'intervention de notaire. Le doyen de Saint-Urbain et Jean Garsie, chanoine de la Cathédrale, d'une part, le Chapitre de Saint-Urbain, d'autre part, apposent leurs sceaux au bas de la pièce et lui donnent ainsi toute garantie d'authenticité[1].

Mais, plus tard, on recourt toujours au ministère d'un ou de plusieurs notaires, comme nous l'avons vu faire, dès le vi⁰ siècle, par le pape S. Grégoire, et comme le prescrivit Benoît XII, en 1336[2]. Ainsi, l'inventaire de Saint-Étienne, en 1319, est fait « in presentia domini Corbelli, clerici et curie Trecensis tabellionis[3]. » Celui de Notre-Dame-aux-Nonnains, en 1343, est rédigé par « Johannes de Leodio, alias de Sancto Andrea, clericus Leodiensis, publicus Apostolica et Imperiali auctoritate notarius[4]. » Celui de la Cathédrale est fait, en 1429, « coram Johanne le Jay, presbytero canonico Trecensi, et Henrico Doreti, clerico Trecensis diocesis, publicis Apostolica auctoritate notariis curieque Trecensis tabellionibus, » à ce délégués par l'official de Troyes[5]. Enfin, celui de Saint-Urbain, en 1468, est dressé « in mei Francisci Becelli, clerici, publici auctoritate Apostolica notarii, curieque Trecensis tabellionis presencia[6]. »

---

[1] Lalore, *Chartes de Saint-Urbain*, p. 293.

[2] V. supra, p. VIII et X.

[3] V. infra, p. I.

[4] Arch. de l'Aube, 22 H., cart. I.

[5] V. infra, p. 71.

[6] Lalore, *Chartes de Saint-Urbain*, p. 350.

On remarquera que, dans ces quatre formules, tous les notaires sont clercs. Sauf Jean de Liège, tous sont notaires ou tabellions de l'officialité de Troyes. Jean de Liège est notaire apostolique et impérial ; Jean le Jay, Henri Doré et François Bécel sont seulement notaires apostoliques ; ces deux titres, qui donnaient le droit d'exercer en tous lieux, étaient concédés, au xive et au xve siècle, avec une grande facilité[1]. Un des plus anciens exemples d'un notaire impérial, exerçant ses fonctions près l'officialité de Troyes, est celui de Felisetus de Faiciis, en 1325[2]. Un peu plus tard, en 1351, un autre tabellion de l'officialité, Johannes Bartholomei de Amancia, est, en même temps, notaire apostolique et impérial[3].

Au xvie siècle, ce sont les notaires royaux ès bailliage et prévôté de Troyes qui remplacent les clercs, tabellions de l'officialité, notaires apostoliques et impériaux. On les voit instrumenter pour la confection des inventaires de Notre-Dame-en-l'Isle en 1523[4], des hôpitaux de Troyes en 1536 et en 1563[5], de Notre-Dame-aux-Nonnains en 1538[6], de Sainte-Madeleine en 1595[7], de la Cathédrale en 1611[8].

Assez souvent, les notaires se faisaient assister par

---

[1] En 1436, l'inventaire de Saint-Martin de Montpezat (Tarn-et-Garonne) est fait par Jean de Lalo, « publicus apostolica, imperiali ubique terra, et regia in regno Franciæ, notarius. » *Revue des Soc. sav.*, VIe série, t. 3, 1876, p. 580.)

[2] Fournier, *Les officialités au moyen-âge*, 1880, p. 56.

[3] Lalore, *Chartes de Saint-Urbain*, p. 321.

[4] V. infra, p. 162.

[5] *Ibid.*, p. 217 et 227.

[6] *Ibid.*, p. 140.

[7] *Ibid.*, p. 181.

[8] *Ibid.*, p. 80.

un orfèvre pour la description et l'estimation des reliquaires, vases sacrés et autres objets précieux qu'ils
avaient à inventorier. En 1319, Laurent, orfèvre, assiste
ainsi à l'inventaire du trésor de Saint-Etienne[1]. En
1611, Jacques Roize ou Roaize, orfèvre et lapidaire du
roi, demeurant à Troyes, prend part à l'inventaire du
trésor de la Cathédrale [2].

Souvent aussi, pour estimer les objets portés à l'inventaire, les notaires recouraient à des priseurs jurés,
comme à Notre-Dame-en-l'Isle en 1523[3], et dans les
hôpitaux du Saint-Esprit et de Saint-Bernard en 1563[4].

Les poids dont on se servait pour peser les vases
sacrés, les reliquaires, et quelquefois les ustensiles de
l'église, sont la livre, le marc, l'once, le gros ou tréseau
(tresellus) et l'esterlin *(stellingus)*.

Le marc, ou demi-livre, pesait huit onces. — L'once,
huitième du marc et seizième de la livre, pesait huit
gros. — Le tréseau était la même chose que le gros :
« On achète, disent les Dictionnaires de Furetière et de
Trévoux, la menue marchandise, comme le fil, la soie,
au tréseau; on en prend un gros. » D'après Richelet,
tréseau (trézeau) est un terme de mercier : acheter un
tréseau de soie. Il y avait 8 tréseaux dans une once, 64
dans un marc, 128 dans une livre. — Le gros, ou tréseau,
pesait 3 deniers, et c'est probablement de là que venait
le mot tréseau *(tres denarii)*. — L'esterlin, ou estelin,
était, d'après Richelet, un poids d'orfèvre valant la
vingtième partie d'une once. Il y avait donc 2 esterlins
et demi dans un gros ou tréseau, 20 dans une once, 160
dans un marc et 320 dans une livre.

On trouve le tréseau, en 1343, dans l'inventaire de

---

[1] V. infra, p. 4.

[2] *Ibid.*, p. 81.

[3] *Ibid.*, p. 162.

[4] *Ibid.*, p. 227. — Cfr. Archives de l'Aube, reg. 44 H, 7.

Notre-Dame-aux-Nonnains (n. 985-1014)[1]; — dans la première moitié du xvi⁰ siècle, à Saint-Jean (n. 1266-1290); — en 1611, dans l'inventaire de Saint-Pierre (n. 648-694); — en 1620, dans l'inventaire de l'hôpital Saint-Nicolas (n. 2853), — et en 1662, dans celui de Saint-Loup (n. 841-864).

Le gros et le tréseau sont employés l'un pour l'autre dans ce dernier inventaire (n. 831-857).

Le *stellingus* ne se trouve qu'une fois, en 1343, dans l'inventaire de Notre-Dame-aux-Nonnains (n. 988).

Une seule fois aussi, en 1664, à Notre-Dame-aux-Nonnains, on trouve le grain : « Un bassin de vermeil doré, pesant 6 marcs 6 grains (n. 1201). » Le grain, le plus petit des anciens poids, était la 72⁰ partie du gros. Il pesait, par conséquent, environ 5 centigrammes. Il est peu probable que, sur un poids de 6 marcs (ou 3 livres), on ait fait attention à 6 grains; on a sans doute écrit par erreur 6 grains, au lieu de 6 gros, soit environ 22 grammes.

Si l'on voulait réduire au poids actuel le poids des objets précieux, tel qu'il est indiqué par les inventaires, on le pourrait aisément au moyen du tableau suivant :

La livre ancienne pesait 489 gr. 152 [2].

Le marc pesait donc 244 gr. 576.

L'once, 30 gr. 572.

Le gros ou tréseau, 3 gr. 8215.

L'esterlin, 1 gr. 528.

Le denier, 1 gr. 274.

Le grain, o gr. o53.

L'estimation des objets inventoriés est toujours faite par livres, sous et deniers tournois. La valeur de la livre est très différente suivant les époques, et, pour évaluer

---

[1] Dans les comptes de la Cathédrale, 1379-1380, on lit : « Pour X trésels de soie. »

[2] *Instructions sur les nouvelles mesures.*

en monnaie d'aujourd'hui la valeur qui est indiquée dans les inventaires, il faut se reporter au *Tableau du pouvoir de l'argent depuis le VIIIe siècle jusqu'au XIXe*, dressé par M. Leber[1].

Au moyen de ce même tableau, on peut également évaluer le prix intrinsèque, abstraction faite du travail artistique, des objets précieux dont le poids est marqué dans les inventaires. M. Leber indique, en effet, le prix moyen du marc d'argent fin à chaque époque.

§ II.

Formation, conservation et dispersion des Trésors des Eglises et Monastères.

L'inventaire avait pour objet la description de tous les objets renfermés au trésor ou à la sacristie, et de ceux qui restaient habituellement dans l'église.

I. — Toutes les églises importantes de Troyes avaient un trésor, c'est-à-dire des reliquaires, des vases sacrés et des ustensiles liturgiques de plus ou moins grande valeur. Un grand nombre de ces objets étaient dus à la piété des comtes de Champagne, des évêques de Troyes, des chanoines, des abbés et des simples fidèles, qui voulaient contribuer de leurs deniers à l'honneur des saints et à la splendeur du culte divin. Dans les églises paroissiales, comme à Saint-Jean et surtout à Sainte-Madeleine, les curés et les marguilliers se faisaient aussi un devoir d'entretenir et d'accroître le nombre et la richesse des objets qui servaient aux cérémonies liturgiques.

---

[1] Leber, *Essai sur l'appréciation de la fortune privée au moyen-âge*, 1847, p. 103.

Le plus précieux trésor de la ville était assurément celui de la collégiale Saint-Etienne, enrichi par les comtes de Champagne avec une infatigable générosité. Henri le Libéral, fondateur de cette église en 1157, l'avait comblée de reliques, et plusieurs autres seigneurs avaient suivi son exemple, ainsi que l'atteste le catalogue que nous publions dans l'Appendice [1]. Telle était la libéralité du comte Henri, que la chronique d'Albéric de Trois-Fontaines, écrite dans la première moitié du XIIIe siècle, a pu dire qu'il n'avait peut-être jamais existé un prince d'une si grande générosité [2].

Pour avoir une idée exacte de la richesse du trésor de Saint-Etienne, il faut lire l'inventaire de 1319. Il y a près de 250 reliquaires et joyaux d'or et d'argent, en particulier deux calices d'or et trois d'argent doré, un grand texte d'or, quatre croix, un ciboire et plus de dix reliquaires en or, etc. Les pierreries, les perles, les camées, les émaux, y sont prodigués avec une magnificence presque incroyable. Le nombre et la richesse des ornements sont dans la même proportion. Il fallut treize vacations pour en dresser le catalogue complet. Après avoir lu cet inventaire et celui que dressa le chanoine Hugot au commencement du XVIIIe siècle, on comprend que dom Martène ait pu dire : « Pour les richesses, il y a peu de trésors en France, je ne dirai pas qui surpassent, mais qui égalent celui de la collégiale de Saint-Etienne de Troyes, ou qui en approchent. On n'y voit qu'or et que pierreries, qu'agates, rubis, topazes d'une grosseur merveilleuse, et taillées avec tant d'adresse qu'il est difficile de l'exprimer. On y voit plusieurs textes cou-

---

[1] V. infra, p. 272.

[2] « Ecclesiam in honore B. protomartyris Stephani exstruxit, ditavit prædiis, holosericis ornavit, thesauris honoravit. Fateor me non vidisse, legisse autem non memini tantæ liberalitatis extitisse principem. » Apud D. Bouquet, *Rerum Gallic. Scriptores*, t. XIII, p. 707.

verts d'or et enrichis de pierres précieuses de diverses couleurs, mais si bien placées qu'on dirait que ces couleurs ont été mises exprès pour l'ornement de l'ouvrage. On y voit des croix d'or ornées de même manière, etc... Cette église n'est pas seulement riche en or et en pierres précieuses, elle l'est encore en manuscrits... [1]. »

Nous ne disons rien des magnifiques mausolées, en orfèvrerie émaillée, d'Henri-le-Libéral et de Thibaut III, comtes de Champagne, qui étaient placés dans le chœur de la collégiale. Ils ont été souvent décrits, et d'ailleurs, malgré leur richesse et leur beauté, ils ne faisaient pas partie, à proprement parler, du trésor de Saint-Etienne [2].

La Cathédrale, Saint-Urbain, les abbayes de Saint-Loup et de Notre-Dame-aux-Nonnains n'égalaient pas, il est vrai, la richesse du trésor de Saint-Etienne. Cependant, la Cathédrale, grâce aux comtes de Champagne et à ses évêques, spécialement Garnier de Traînel, aumônier général de la quatrième croisade, qui l'enrichit de reliques et de reliquaires, de pierres gravées antiques, de coffrets et vases précieux, après la prise de Constantinople par les croisés (1204) ; Saint-Urbain, grâce à Urbain IV et au cardinal Ancher, ses fondateurs ; Saint-Loup, grâce à la générosité de ses abbés [3] ; Notre-Dame-aux-Nonnains, grâce aux comtes de Champagne et à

---

[1] Martène et Durand, *Voyage littéraire de deux religieux Bénédictins*. Paris, 1717, t. I, p. 90.

[2] Voir Grosley, *Mém. hist.*, t. II, p. 403-409 ; — Arnaud, *Voy. archéol.*, p. 29-33 ; — D'Arbois de Jubainville, *Hist. des Comtes de Champagne*, t. III, p. 311-324 ; — Coffinet, *Trésor de Saint-Etienne de Troyes*, dans les *Annales archéolog.*, 1860, t. XX, p. 86-97 ; — Lalore, *Obituaires du diocèse de Troyes*, p. 296-314 ; — Notice sur le Musée de Troyes, *Introd.*, par M. Julien Gréau, p. XL-XLII.

[3] Garnier de Traînel fut aussi un des bienfaiteurs de Saint-Loup. Dans l'Obituaire de l'abbaye, on lit : « Monseignor Garnier de Trignel, qui grand bien fit à l'église de ceians. » (Lalore, *Obituaires*, p. 383.)

ses nobles abbesses, possédaient des trésors d'une beauté remarquable.

Parlant de ces divers trésors, Martène disait de la Cathédrale qu'elle est « l'une des plus belles du royaume, soit pour la grandeur, la largeur, l'élévation et les ouvertures, soit pour les ornements et les sacrées reliques qu'on y conserve[1]. » — A Saint-Loup, « le grand autel, lorsqu'on découvre les châsses de saint Loup, de saint Camélien, de saint Vinebaud, etc., est d'une magnificence achevée. Mais ce qui en fait le plus bel ornement, c'est le chef de saint Loup. Il est d'une grandeur surprenante, d'une matière très riche, d'un travail immense. Les ornements qui sont dessus ne cèdent rien au reste, et l'on estime un seul rubis plus de vingt mille livres. Les émaux qui sont autour sont d'une beauté et d'un prix qui ne se peuvent payer. On nous dit que M. le cardinal de Bouillon, l'ayant vu, avoua qu'il n'avait rien vu de si beau en Italie. On ajouta que deux cent mille livres ne le paieraient pas[2]. »

II. — Nous avons pensé qu'il serait à propos de réunir, dans un même article, les noms des bienfaiteurs des trésors de nos églises, tels qu'ils nous sont fournis par les inventaires :

Bienfaiteurs de Saint-Etienne. — *Henri le Libéral*, comte de Champagne (1127-1181). Outre de nombreuses et très précieuses reliques, il a donné à Saint-Etienne : le Psautier écrit en lettres d'or sur vélin, qui est aujourd'hui au trésor de la Cathédrale de Troyes[3] ; — une tenture de soie, avec figures en or, *de*

---

[1] Martène et Durand, *Voyage litt.*, t. I, p. 88.

[2] *Ibid.*, p. 91-92. — Vingt mille livres de cette époque valent 55.000 francs de notre monnaie actuelle. Deux cent mille livres vaudraient 550.000 francs.

[3] V. infra, n. 218. — Cfr. n. 466.

opere sarraceno[1]; — une tunique noire, rayée de bleu[2], et une dalmatique bleue, rayée de blanc[3]. Le même comte laissa au trésor son chapeau et ses aumônières[4].

La comtesse Agnès de Beaujeu, femme de Thibaut IV le Chansonnier, morte en 1231. Elle a donné une croix d'argent doré, remplie de reliques[5].

Blanche et Jeanne, sa fille, comtesses de Champagne et reines de Navarre. Un certain nombre d'ornements de Saint-Etienne portent les armes de France, Navarre, Champagne et Angleterre[6]. Ils furent sans doute donnés par Blanche, veuve du comte Henri III de Champagne, reine de Navarre, mariée en secondes noces à Edmond de Lancastre, frère du roi d'Angleterre (1275), et par Jeanne de Navarre, sa fille, qui épousa en 1284 Philippe-le-Bel, roi de France. — D'autres, qui portent les armes de France, Champagne et Navarre[7], durent être donnés par Jeanne de Navarre.

Un membre de la famille *des Grès (de Gressibus)* paraît avoir donné une chape qui porte ses armes[8]. Peut-être était-ce Adam des Grès, dont le nom se trouve, de 1263 à 1270, parmi les huit clercs de Thibaut V, comte de Champagne[9].

Erard de Jaucourt (de Janicuria), chanoine de Saint-Etienne, diacre, laissa tous ses biens meubles à sa

---

[1] N. 235.

[2] N. 276.

[3] N. 277.

[4] N. 43, 468, 2359-2362.

[5] N. 30.

[6] N. 300, 309.

[7] N. 263, 399.

[8] N. 398.

[9] D'Arbois de Jubainville, *Hist. des Comtes de Champagne,* t. IV, p. 533 et 540.

collégiale. L'inventaire de 1319 signale deux étoles, trois manipules et une touaille *ad duo fronteria*[1].

Maître Jean de Montmaur (Magister Johannes de Montemauri), dont le trésor possède un anneau d'or, avec saphir[2].

Etienne du Port (Stephanus de Portu), doyen de Saint-Etienne, dont les exécuteurs testamentaires ont acheté pour l'église deux bassins d'argent[3]. — Etienne du Port ne figure pas dans la liste des doyens de Saint-Etienne donnée par le *Gallia christiana*. Peut-être est-il le même qu'Etienne de Luxeuil *(Stephanus de Luxovio)*, que le *Gallia* mentionne en 1280 et 1286, et qui figure dans les *Obituaires* de M. Lalore et dans le *Cartulaire de Saint-Urbain*, comme doyen de Saint-Etienne. Vers 1299, on trouve un Etienne du Port trésorier de Saint-Urbain : est-ce lui qui serait devenu doyen de Saint-Etienne ? Nous n'avons rien trouvé qui nous permette de l'affirmer[4].

Pierre de Reims (Petrus de Remis), dont le trésor possède une mître[5]. — Ce Pierre de Reims était-il notre Pierre de Celle, qui fut abbé de Saint-Remi de Reims, de 1162 à 1180, et qui mourut évêque de Chartres en 1187? Ou bien était-ce Pierre I Barbet, archevêque de Reims de 1274 à 1298, dont le nom se trouve dans l'Obituaire du Paraclet[6]? On voit, en novembre 1222, un Petrus de Remis, qui fut nommé, par l'évêque Hervée,

---

[1] N. 342 et 346. — Cfr. Lalore, *Obituaires,* p. 264.

[2] N. 37.

[3] N. 54.

[4] Lalore, *Cartul. de Saint-Urbain*, p. 313-314, donation d'Adeline Châtelaine, de Fontvannes, sœur d'Etienne du Port; — *Obituaires*, p. 357.

[5] N. 337.

[6] Lalore, *Obituaires*, p. 471.

curé de Faux-Fresnay, près de Pleurs, dans l'ancien diocèse de Troyes[1].

Messire de Saint-Just (Dominus de Sancto Justo), qui a donné une petite croix d'or enrichie de pierreries, un calice d'argent doré, deux chandeliers, un bassin et peut-être deux burettes d'argent[2]. — Ce bienfaiteur était probablement Philippe de Saint-Just, qui figure dans l'Obituaire de Saint-Etienne rédigé à la fin du XIIIe siècle [3].

Bienfaiteurs de la Cathédrale. — *La reine.* Une chasuble, avec tunique et dalmatique, à fond bleu avec oiseaux d'or, porte le nom de chasuble de la reine [4]. Peut-être était-ce un don de Jeanne, reine de France et de Navarre, fille du comte Henri III de Champagne, qui épousa Philippe-le-Bel en 1284.

Pierre d'Arcis, évêque de Troyes (1377-1395), donna à la Cathédrale une statue de saint Etienne en argent[5]. Il avait été trésorier de Saint-Etienne[6], et il avait, comme on le voit par son testament, une dévotion particulière au saint martyr [7].

Nicolas de Baye et *Guillaume de Creney,* chanoines de la Cathédrale, donnèrent deux volumes contenant les Préfaces et plusieurs oraisons notées [8]. — Guillaume de

---

[1] Ecclesia de Follis, juxta Plaiotrum (Lalore, *Cart. de Montié-ramey,* p. 307).

[2] N. 50-53, 56.

[3] Lalore, *Obituaires,* p. 229.

[4] N. 584.

[5] N. 526.

[6] Camuzat, *Promptuarium,* fol. 227, r°.

[7] *Ibid.,* fol. 221, v°. — Cfr. Lalore, *Obituaires,* p. 167 et 173.

[8] N. 646.

Creney, chanoine dès 1368[1], exécuteur testamentaire du doyen Adam de Brillecourt en 1372[2], était parent de l'évêque Pierre d'Arcis, et fut, en 1395, l'un de ses exécuteurs testamentaires[3]. Il est connu pour avoir été arrêté et mis à la question, avec trois autres ecclésiastiques, par Jean de Rienval, prévôt de Troyes, que le Parlement condamna, pour ce fait, à faire amende honorable en pleine Cathédrale[4]. On le voit nommé par le chapitre, en 1375, pendant la vacance du siège, garde du sceau de l'officialité[5]. En 1384, il est scelleur de l'Evêché et curé de Barbuise[6]. Ce fut probablement lui qui devint sous-doyen de Saint-Etienne[7]. Il vivait encore en 1407[8], mais il paraît être mort en 1408[9].

La comtesse *de Lauconno* a donné une chasuble blanche, avec tunique et dalmatique[10].

Jean de Champigny, chanoine de Troyes, de Reims et de Cambrai, curé de Saint-Remy, mort le 25 février 1399[11], a donné une chasuble rouge diaprée d'or, avec la tunique et la dalmatique, et un Graduel neuf en deux volumes[12]. En outre, il a fondé la chapelle dont nous donnons l'inventaire en appendice[13].

---

[1] Lalore, *Cartul. de Saint-Pierre*, p. 223. — Cfr. Arch. de l'Aube, G. 1821.

[2] Lalore, *Obituaires*, p. 196.

[3] Camuzat, *Promptuarium*, fol. 227 et 228, r°. — Lalore, *Obituaires*, p. 174 et 175.

[4] Courtalon, *Topogr.*, t. I, p. 380.

[5] Arch. de l'Aube, G. 1274.

[6] *Ibid.*, G. 267.

[7] Lalore, *Obituaires*, p. 250.

[8] Arch. de l'Aube, G. 1199.

[9] *Ibid.*, G. 2330.

[10] N. 575.

[11] Lalore, *Obituaires*, p. 93-94.

[12] N. 596 et 636.

[13] P. 278.

Jean Léguisé, évêque de Troyes (1426-1450), donna un livre *De miraculis beatæ Mariæ*[1].

Louis Raguier, évêque de Troyes (1450-1483), donna une statue de saint Pierre en argent doré[2] et un bas de retable[3].

Guillaume Parvi, évêque de Troyes (1518-1527), fut un des plus insignes bienfaiteurs du trésor de la Cathédrale. Il donna : un gros calice avec sa patène et sa petite cuiller, deux grosses burettes et une boîte aux pains, deux grands chandeliers, le tout en vermeil[4]; — un parement et un retable d'autel[5]; — quatre chapes[6].

Odard Hennequin, évêque de Troyes (1527-1544), donna un parement d'autel et un retable de velours noir, avec l'histoire de Lazare en broderie, ainsi qu'un ornement complet de velours noir[7].

René de Breslay, évêque de Troyes (1604-1641), donna un parement d'autel, un retable, un ornement complet de velours noir et quatre chapes de brocart d'argent[8].

La famille Molé (xviᵉ siècle) a donné un calice d'argent doré, avec la patène et les burettes[9].

M. Dominique Cornu, chanoine de la Cathédrale, mort le 13 novembre 1627, a donné une chape à fond d'or[10].

---

[1] N. 645.

[2] N. 681.— Cfr. Lalore, *Obituaires*, p. 46 et 186-187, au sujet des joyaux, ornements et tapisseries légués à la Cathédrale par Louis Raguier.

[3] N. 2397.

[4] N. 2433, 2434, 659, 661.

[5] N. 2397.

[6] N. 2458, 2460, 2466.

[7] N. 2408 et 2417.

[8] N. 2409, 2418, 2456.

[9] N. 648.

[10] N. 2471.

M. Claude Vestier, mort le 24 février 1653, après avoir été chanoine de la Cathédrale pendant 65 ans et doyen du Chapitre pendant 53, donna une chape de velours rouge [1].

M. de Praslin, soit le maréchal, mort en 1626, soit son fils, Roger de Choiseul, mort en 1641, a donné un poêle de velours noir [2].

M. Henri de Guénégaud, beau-frère de Roger de Choiseul-Praslin, a donné quatre chapes de damas vert [3].

M. Edme Maillet, chanoine de Saint-Etienne et de Saint-Urbain, puis de Saint-Pierre, mort le 18 août 1662, a donné une chasuble de tabis violet [4].

M. Claude Edmé, chanoine de la chapelle de Notre-Dame à la Cathédrale, a donné, le 22 février 1736, une croix qui avait appartenu à saint François de Sales [5].

Bienfaiteurs de Saint-Loup. — La liste des bienfaiteurs de Saint-Loup est assez longue, et nous la donnons, pour plus de clarté, en suivant l'ordre alphabétique :

Pierre Andoillette, abbé de Saint-Loup (1454-1486; — mort en 1491), fit faire les quatre petites cloches qu'on appelait vulgairement les Andoillettes [6].

Robert Angenoust, probablement celui qui fut élu

---

[1] N. 2467. — Claude Vestier fut un bienfaiteur insigne de la Cathédrale. On voit, par son épitaphe, qu'il avait donné de magnifiques ornements et enrichi la châsse de sainte Mâthie d'une statue en argent de sainte Geneviève (Lalore, *Obituaires,* p. 93). Cette statue est mentionnée dans l'inventaire de 1700, n. 2437.

[2] N. 2493.

[3] N. 2478. — V. Lalore, *Obituaires,* p. 37.

[4] N. 2416. — V. Lalore, *Obituaires,* p. 41.

[5] N. 2495.

[6] N. 889. — Cfr. Lalore, *Obituaires,* p. 391-392.

maire de Troyes le 7 septembre 1564 [1], donna des mantelets avec courtines pour l'autel [2].

M. d'Aumont, probablement le marquis César d'Aumont, petit-fils du célèbre maréchal Jean d'Aumont, donna un flambeau avec mouchettes, d'argent bruni, et une lampe d'argent ciselé [3].

Le R. P. Barbier, religieux de Saint-Loup, fit faire en 1636 un soleil ou ostensoir en vermeil [4].

Mgr Bellemanière, prieur claustral de Saint-Loup en 1533, donna quatre chapes en damas [5].

La famille Berthier a donné, à la fin du xvie siècle, une chasuble et deux tuniques [6].

Le R. P. Bouillerot, religieux de Saint-Loup, décédé avant 1662, donna un petit calice antique en vermeil et des burettes en argent bruni [7].

Jean de Chailley, abbé de Saint-Loup, mort le 9 octobre 1365, fit faire en 1359 la châsse de saint Loup [8].

Le R. P. Chenuot, religieux de Saint-Loup, fit faire en 1641 un ciboire pour donner la communion à l'autel de saint Loup [9].

---

[1] Boutiot, *Hist. de Troyes*, t. III, p. 585.

[2] N. 807.

[3] N. 851 et 856. — César d'Aumont mourut en 1661, et M. d'Aumont, bienfaiteur de Saint-Loup, était mort avant l'inventaire de 1662.

[4] N. 879.

[5] N. 790 et 809. — Cfr. Cousinet, *Thesaurus antiq. Sancti Lupi*, t. III, fol. 142, r°. Cet ouvrage fait partie des mss. de la Bibliothèque de Troyes.

[6] N. 795. — Jean Berthier, marguillier de Saint-Loup en 1502, a donné les deux belles colonnes de cuivre qui soutenaient les custodes du maître-autel. (Cousinet, *ibid.*, fol. 129, v°.)

[7] N. 844 et 849. — Cfr. n. 2502.

[8] N. 823. — Cfr. Lalore, *Obituaires*, p. 391.

[9] N. 834. — C'est le P. Chenuot qui a dépouillé le texte, donné par le comte Henri le Libéral, de sa magnifique couverture. (Harmand, *Catal. des mss. de la Bibl. de Troyes*, p. 927.)

Jacques Clérey, à la fin du xvi⁰ siècle, donna deux chapes de damas rouge [1].

Le R. P. Jean Daniel, prieur claustral de Saint-Loup, mort avant 1583, donna son calice d'argent [2].

Le R. P. Charles Faure, abbé de Sainte-Geneviève et premier supérieur général des chanoines réguliers de la Congrégation de France, à laquelle s'était rattachée l'abbaye de Saint-Loup, laissa en mourant (1644) un petit calice, dont on fit un ciboire en 1662 [3].

Nicolas Forjot, abbé de Saint-Loup (1485-1513; mort en 1514), fut le plus insigne bienfaiteur de son abbaye. Le magnifique chef-reliquaire de saint Loup, les châsses de saint Camélien et de saint Evode, un aigle et neuf chandeliers, sans parler des ornements, attestèrent son inépuisable libéralité [4].

Claude Gaillard, chanoine de Saint-Etienne, donna en 1500 un calice en vermeil [5].

François Gouault, frère d'un religieux de Saint-Loup qui était en 1662 prieur de Laines-aux-Bois, donna une statue en argent de la Sainte-Vierge, pour mettre sur la châsse de saint Vinebaud, faite en 1180 par l'abbé Guitère [6].

---

[1] N. 793. — Jacques Clérey était probablement de la même famille que Denis Clérey, sieur de Vaubercey, maire de Troyes et député aux Etats-Généraux d'Orléans en 1560. (Boutiot, *Hist. de Troyes,* t. III, p. 465-469).

[2] N. 777.

[3] N. 818.

[4] N. 785, 791, 796, 803, 805, 824, 833, 877, 878, 884. — Cfr. Lalore, *Obituaires,* p. 393; et surtout Cousinet, *ubi supra,* fol. 114-139, particulièrement les ch. VI et VII, *De sacris supellectilibus* et *De lipsanothecis.*

[5] N. 840. — Est-ce le même qui mourut le 12 avril 1548 (v. st.), et dont la pierre tombale est au Musée de Troyes? Cfr. Lalore, *Mélanges liturgiques,* 2⁰ série, p. 98.

[6] N. 831. — En 1700, un François Gouault était marguillier-prêtre de la Cathédrale (p. 279).

Guitère, abbé de Saint-Loup pendant quarante-quatre ans (1153-1197), fit faire, en 1180, la châsse de saint Vinebaud [1].

Odard Hennequin, évêque de Troyes, premier abbé commendataire de Saint-Loup, mort le 13 novembre 1544 à 60 ans, donna une chape en drap d'or et un parement de velours noir [2].

Henri le Libéral, comte de Champagne, donna, en 1166, à l'occasion de la naissance de son fils Henri, né le 29 juillet, fête de saint Loup, un texte magnifique sur lequel était représenté le jeune Henri offrant ce texte au saint évêque de Troyes [3].

Catherine Huyard (xvie siècle), veuve de Jacques Perricard, marguillier de Saint-Loup, donna en 1526 un ornement complet de damas blanc [4].

Nicolas Jeuffron (xvie siècle) a donné deux tapis de damas rouge [5].

La famille Mauroy (xvie siècle) a donné un ornement de damas blanc [6].

Messire Jean Mercier avait donné, avant 1544, une chape veloutée [7]. C'est peut-être le chanoine de Saint-Etienne à la succession duquel Pierre d'Arcis, évêque de Troyes, avait acheté le volume des Décrétales, comme il le déclare dans son testament du 18 avril 1395 [8].

---

[1] N. 831.

[2] N. 788 et 814.

[3] N. 836. — C'est par erreur que M. Harmand a dit que ce texte avait été donné en 1153, Henri II n'étant né qu'en 1166 (*Notice sur la Bibliothèque de Troyes,* 1844, p. 37).

[4] N. 808. — Cfr. Lalore, *Obituaires,* p. 404 ; — et surtout Cousinet, *Thesaurus antiq. S. Lupi,* t. III, fol. 141, vo.

[5] N. 780.

[6] N. 810.

[7] N. 729 et 795.

[8] Lalore, *Obituaires,* p. 170, 251, 268.

Aristide Rémond de Modène, septième abbé commendataire de Saint-Loup, où il introduisit, en 1636, la réforme de la Congrégation de France (mort en 1646), laissa toute sa chapelle en vermeil, une chasuble et trois chapes de tabis, un poêle de velours noir et un retable [1].

Mme Louise Molé avait donné deux chapes de soie, avant 1544 [2].

Le R. P. de Montroquon, religieux de Saint–Loup, fit faire en 1652 un bâton de chantre [3].

Jacques Muette, abbé de Saint-Loup, fit refaire, vers l'an 1331, un texte couvert d'argent [4].

Les religieuses de *Notre–Dame-des-Prés*, à leur sortie de Saint-Quentin (26 octobre 1662), donnèrent un bassin à burettes, en argent bruni, et une chasuble de taffetas [5].

Etienne de Noyers, chanoine régulier de Saint-Loup, donna en 1136 le reliquaire du chef de Saint-Loup [6].

Jean Persin, abbé de Saint-Loup (1373-1411), fit faire en 1410 la châsse de sainte Barbe, en vermeil, et légua une statue, aussi en vermeil, de la Vierge-Mère [7].

Le R. P. Peschart, religieux de Saint-Loup et prieur de Bucey, a donné 554 livres, en 1662, pour faire deux chandeliers d'argent bruni [8].

Nicolas Pinette et sa femme ont donné un calice en

---

[1] N. 845, 897, 2513 et 2514.

[2] N. 730 et 792.

[3] N. 862.

[4] N. 837.

[5] N. 896 et 899. — Cfr. Boutiot, *Hist. de Troyes*, t. IV, p. 489.

[6] N. 825.

[7] N. 835 et 865.

[8] N. 852.

faveur de leur fils, Jean Pinette, religieux de Saint-Loup [1].

Nicolas Prunel, dernier abbé régulier de Saint-Loup (1513-1533), fut, comme Nicolas Forjot, son prédécesseur, l'un des principaux bienfaiteurs de l'abbaye, ainsi que le dit l'*Obituaire :* « Eidem monasterio non mediocriter cum temporalibus tum spiritualibus profuit [2]. » Il fit faire un tabernacle en bronze doré suspendu sur le maître-autel, une croix de procession en argent, le chef-reliquaire de saint Vinebaud en argent, les statues en bronze doré de saint Blaise et de saint Achace, et donna sa mître et plusieurs ornements [3].

Jean Richer (xvie siècle), peut-être celui qui fut maire de Troyes en 1513 [4], donna un ornement complet en velours violet [5].

Jean de la Salle, bourgeois de Reims, donna, en 1647, un grand calice en vermeil [6].

Jacques Salmon (xvie siècle) a donné deux chapes [7].

Mme de Vienne, la lieutenante, la mère, — probablement femme de M. de Vienne qui était, en 1638, lieutenant particulier [8], — donna un bassin à burettes, le 1er janvier 1662 [9].

---

[1] N. 2502. — La famille Pinette était des plus notables de Troyes. — En 1562, Claude Pinette fut élu maire de la ville. (Boutiot, *Hist. de Troyes*, t. III, p. 521.)

[2] Lalore, *Obituaires*, p. 390.

[3] N. 734, 778, 784, 787, 789, 796, 804, 817, 821, 832, 866 et 867. — Cfr. Cousinet, *Thesaurus antiq. S. Lupi*, t. III, fol. 139-142.

[4] Boutiot, *Hist. de Troyes*, t. III, p. 273.

[5] N. 794.

[6] N. 839. — Jean de la Salle devait être un parent du B. Jean-Baptiste de la Salle, fondateur des Frères des Ecoles chrétiennes, qui naquit à Reims en 1651.

[7] N. 795.

[8] Boutiot, *Hist. de Troyes*, t. IV, p. 366.

[9] N. 849.

Bienfaiteurs de Notre-Dame-aux-Nonnains.
— Dans l'inventaire de 1343, aucun bienfaiteur n'est
nommé. Celui de 1538 ne mentionne que feu Jean Dorigny, dont les armes sont sur deux petits potets d'argent [1].

Dans l'inventaire de 1664, au contraire, on trouve les
noms d'un grand nombre de personnes, en tête desquelles sont l'abbesse Claude de Choiseul et ses sœurs,
qui ont enrichi l'église d'ornements et d'objets mobiliers,
principalement à l'occasion de vêtures ou de professions.
En voici la liste par ordre alphabétique :

M. Belot, oncle des sœurs Anne Belot de Sainte-
Scolastique et Catherine Belot de l'Assomption, a donné
une petite châsse d'argent pour enfermer une côte de
saint Laurent, et quatre vases en argent à côtes de
melon [2].

Les parents de sœur Anne Belot ont donné, pour sa
profession, deux petits chandeliers de vermeil [3].

Les parents de sœur Catherine Belot ont donné, pour
sa profession, une grande croix de vermeil [4].

Sœur Jeanne Boissonnot. A sa profession, on donna
un bassin de vermeil [5].

Mme Bouthillier a donné un devant d'autel en satin
blanc [6].

---

[1] N. 1112. — Ce Jean Dorigny est probablement celui qui est
nommé en 1513 dans l'*Histoire de Troyes* de M. Boutiot (t. III,
p. 275).

[2] N. 1192 et 1205.

[3] N. 1198.

[4] N. 1199.

[5] N. 1201.

[6] N. 1247. — Cette dame Bouthillier était peut-être Anne
Phelypeaux, veuve en 1652 de Léon Bouthillier de Chavigny,
ministre et secrétaire d'Etat, mère de François Bouthillier, évêque
de Troyes, morte en 1694; — ou bien Elisabeth Bossuet, mariée
en 1658 à Armand-Léon Bouthillier de Chavigny, mère de notre
évêque Denis-François Bouthillier.

Claude de Choiseul-Praslin, abbesse et réformatrice de Notre-Dame-aux-Nonnains (1618-1667), fut d'une générosité sans bornes pour l'église de son monastère. Elle lui donna six grands chandeliers, deux calices, un ciboire, un ostensoir, le tout en vermeil; sept vases en argent, ainsi que de magnifiques ornements en drap d'or, en toile d'argent, en brocart d'or et d'argent, etc. [1]

Sœur Marie Clausier a donné une petite châsse en argent [2].

Sœur Claude Collinet a fait et donné trois voiles de calice [3].

Mme Donballe a donné un devant d'autel et un pavillon de taffetas, pour la profession de sa fille, sœur Anne Donballe [4].

Mme de Drubec a donné deux encensoirs avec navette et cuiller, pour la profession de sa fille [5].

Le maréchal et la maréchale d'Etampes (Catherine-Blanche de Choiseul, sœur de l'abbesse Claude de Choiseul) ont donné, pour la vêture de leurs filles, un ornement complet de brocart d'or et d'argent et un pavillon de brocart de soie [6]; — pour la profession, les

---

[1] N. 1197, 1200, 1204, 1226, 1227, 1230, 1231, 1238, 1242. — Claude de Choiseul était fille de Charles de Choiseul-Praslin, maréchal de France en 1619, mort en 1626.

[2] N. 1193.

[3] N. 1232.

[4] N. 1237.

[5] N. 1207. — Madeleine de Choiseul, comtesse de Drubec, parente de l'abbesse de Notre-Dame-aux-Nonnains, était fille de Ferri II de Choiseul, comte du Plessis, et sœur de César de Choiseul, maréchal de France, et de Gilbert de Choiseul, abbé de Saint-Martin-ès-Aires et évêque de Comminges. Elle avait épousé, en 1620, le comte Jean de Drubec; veuve avant 1645, elle mourut en 1678.

[6] N. 1226 et 1234.

deux chandeliers de l'élévation, en argent[1] ; — plus, divers ornements très riches [2].

Les sœurs d'Etampes ont donné une moyenne lampe en argent [3].

Mme de Fleurigny a donné, pour la vêture de sa fille, sœur Emée de Jésus, une chasuble en toile d'argent[4] ; et, pour la profession, le grand reliquaire d'argent où était le crâne de sainte Tanche [5].

Sœur Marie Forest. On a donné, à sa profession, une petite lampe d'argent [6].

M. Grassin a donné, pour la vêture de sa fille, sœur Apolline Grassin, une chasuble et un devant d'autel[7].

M. Le Jeune a donné, pour la profession de sa fille, sœur Marie Le Jeune, un ornement de damas [8].

Sœur Madeleine Malier. A sa profession, on a donné un gros bénitier avec coquille et aspersoir, en argent. Elle-même a donné un devant d'autel [9].

Mme de Mare, à sa vêture, a donné un pavillon de damas violet [10].

---

[1] N. 1211.

[2] N. 1227, 1235, 1243. — Le maréchal Jacques d'Etampes, connu sous le nom de maréchal de la Ferté-Imbaut (1651), mourut en 1668. La maréchale mourut en 1673. Ils avaient trois filles religieuses.

[3] N. 1213.— Scolastique-Marie et Françoise-Angélique d'Etampes. La première était prieure en 1680. (Arch. de l'Aube, E. 1023.)

[4] N. 1221.

[5] N. 1194.

[6] N. 1214. — Il y avait, en 1663, un chanoine de la Cathédrale nommé Gabriel Forest (Lalore, *Obituaires*, p. 143).

[7] N. 1226.

[8] N. 1237.

[9] N. 1209 et 1247.

[10] N. 1239.

*M*ᵐᵉ *Marchant* a donné, pour la profession des sœurs Marie et Françoise Clausier, ses filles, un ornement de toile d'argent[1].

*M*ᵐᵉ *Mégard* a donné à sœur Anne Barad, sa petite-fille, une petite croix et deux chandeliers d'argent[2].

*M*ᵐᵉ *Paillot* a donné, pour la profession de sœur Marie Paillot, sa fille, un ornement de damas violet[3].

Sœur Agnès Perricard. A sa profession, on a donné quatre corbeilles d'argent[4].

*M*ᵐᵉ *du Plessis-Praslin*, sœur de l'abbesse Claude de Choiseul, a donné six vases et deux caisses en argent; quatre vases et quatre chandeliers, façon d'agate, enchâssés en vermeil; deux ornements, l'un de velours vert, l'autre de velours noir[5].

*M*ᵐᵉ *de Pouilly* a donné, pour la profession de sœur Jeanne Denis, deux tuniques de brocart rouge[6].

*M*ᵐᵉ *la maréchale de Praslin* (probablement Claude de Cazillac, femme du maréchal Charles de Choiseul-Praslin, mère de l'abbesse Claude de Choiseul) a donné plusieurs beaux ornements[7].

*M*ᵐᵉ *la marquise de Praslin* a donné un ornement en brocart d'or et d'argent[8].

*M*ᵐᵉ *la marquise de Raffetot* (Françoise de Choiseul, sœur de l'abbesse de Notre-Dame-aux-Nonnains,

---

[1] N. 1229.

[2] N. 1217.

[3] N. 1240.

[4] N. 1216.

[5] N. 1204, 1206, 1218, 1236, 1242.

[6] N. 1220.

[7] N. 1222, 1231, 1233, 1246.

[8] N. 1228. — La marquise de Praslin était probablement Charlotte d'Hautefort, femme de François de Choiseul, marquis de Praslin (1653), belle-sœur de l'abbesse Claude de Choiseul, morte en 1712.

mariée en 1629 au marquis de Raffetot, morte en 1686) a donné un ornement de brocart rouge [1].

Mme la marquise de Retz, sœur de l'abbesse (la même, croyons-nous, que la précédente ; ce nom de Retz est une erreur) a donné, pour la profession de sa fille, deux grandes statues d'argent, l'une de la Sainte Vierge, l'autre de saint Benoît [2].

Mme Rolin a donné, pour la profession de sœur Jeanne de la Croix, sa fille, une grosse croix-reliquaire [3].

Le comte et la comtesse de Sessac ont donné : le comte, un ornement en toile d'argent ; la comtesse, une chasuble et un devant d'autel de brocart à fleurs d'or [4].

On voit combien la famille de l'abbesse de Notre-Dame-aux-Nonnains contribua, par ses largesses, à enrichir la sacristie et le trésor de l'abbaye.

Bienfaiteurs de Saint-Jean, *d'après l'inventaire de 1562*. — *Claude Berthier* a donné un missel en papier [5].

Nicolas Dorigny, curé de Saint-Jean (1483-1511), ou *Pierre Dorigny*, son neveu (1511-1532), a donné une chape en drap d'or [6].

Les Griveaux, famille célèbre d'orfèvres troyens, avaient une messe quotidienne fondée à Saint-Jean [7].

---

[1] N. 1220.

[2] N. 1186.

[3] N. 1196.

[4] N. 1223 et 1241. — M. et Mme de Sessac étaient parents de l'abbesse Claude de Choiseul, dont la mère, Claude de Cazillac, était fille de François, baron de Cazillac et de Sessac.

[5] N. 1347. — Claude Berthier était défunt quand l'inventaire de 1562 fut rédigé, le 9 octobre. On trouve, en avril 1562, un Claude Berthier, notaire à Troyes (Boutiot, *Hist. de Troyes*, t. III, p. 511).

[6] N. 1308.

[7] N. 2620 et 2657. — M. Natalis Rondot compte 19 orfèvres du nom de Griveau. (*Les Orfèvres de Troyes*, 1892, p. 10.)

Nicolas Hennequin a donné une chasuble[1].

J. de la Ruelle a donné deux chasubles et un gros missel en parchemin[2].

Ajoutons trois grandes pièces de tapisserie venues des Chatorups[3]. — D'après M. Alph. Roserot, les Chattonru étaient seigneurs de Chaudrey[4]. D'après MM. Boutiot et Socard, le fief de Chatonrupt ou de Pelletrat était situé dans la commune de Champ-sur-Barse[5]. En 1479, sous Louis XI, Jean de Chatonru fut un des trois gros marchands de Troyes qui furent désignés pour aller coloniser la ville d'Arras, dont le roi avait voulu expulser tous les habitants en les remplaçant par 3000 ménagers venus du dehors[6].

Bienfaiteurs de Notre-Dame-en-l'Isle. — *Jean Persin*, drapier de Troyes, et *Thévenette*, sa femme, ont donné, le 8 février 1486, du consentement de *Nicolas Mauroy*, leur gendre, trois belles tapisseries représentant la généalogie de la Sainte Vierge[7].

Bienfaiteurs de l'église des Cordeliers. — *Mme de Bussy* a donné, d'après l'inventaire de 1527, un grand tapis pour le maître-autel[8].

---

[1] N. 1322. — Il s'agit probablement de Nicolas Hennequin le Jeune, doyen de Saint-Urbain, mort le 24 décembre 1590. Cfr. Lalore, *Obituaires*, p. 358.

[2] N. 1323, 1364 et 2621. — Il y avait à Saint-Jean une messe fondée, dite messe de La Ruelle (n. 2658).

[3] N. 1298.

[4] Roserot, *Armorial du dép. de l'Aube*, p. 53.

[5] Boutiot et Socard, *Dict. topogr. du dép. de l'Aube*, p. 41.

[6] Boutiot, *Hist. de Troyes*, t. III, p. 125. — Il y avait une Marguerite de Chatonrupt à Notre-Dame-aux-Nonnains en 1680. (Arch. de l'Aube, E. 1023.)

[7] P. 162-163.

[8] N. 1462.

Nicolas Camuzat, l'auteur du *Promptuarium*, a donné une coupe d'argent doré, avec le porte-Dieu [1].

Les Jacquiers avaient donné des ornements de damas et des ornements simples [2].

M. Mauroy a donné des ornements noirs pour la grande chapelle du Nom de Jésus [3].

Claude Vestier, doyen du Chapitre de la Cathédrale, mort en 1653, a donné des mantelets de damas blanc [4].

En outre, les Cordeliers eux-mêmes laissaient fréquemment à l'église du couvent des vases sacrés ou des ornements qui étaient à leur usage. Dans les divers inventaires que nous avons publiés, nous trouvons les noms des Pères Bertier, Bollat, Coradin, Durand, Filloména, Gombault, Gromard, Jacquelet, Magistry, Mailliet, Milley, Morelli, Noël, Périn, Perrinot et Rogier. Un calice venait du P. Jean Morelli, né à Troyes, religieux éminent, mort en 1559, qui fut pour le couvent des Cordeliers ce que Nicolas Forjot avait été pour l'abbaye de Saint-Loup. Un autre calice provenait du P. Jean Gombault, gardien de Troyes en 1535 et en 1555. Une statue de saint François d'Assise, en cuivre doré, avait été donnée par le P. Noël, mort en 1518 [5].

---

[1] N. 2806.

[2] N. 2753 et 2754.

[3] N. 2804. — Deux religieux du nom de Mauroy, les PP. Henry et Claude, moururent à Troyes : le premier en 1570, le second en 1574. — Jacques de Mauroy, seigneur de Plyvot, mort en 1561, était inhumé dans la chapelle du Saint Nom de Jésus, chez les Cordeliers. (Lalore, *Obituaires*, p. 411-412).

[4] N. 2723.

[5] Sur les religieux Cordeliers mentionnés ici, on peut voir le volume manuscrit de Sémillard, qui est aux Archives de l'Aube, E. 1024. — Ce fut le P. Coradin qui, en 1617, apporta de Paris à Troyes des cheveux de sainte Madeleine, donnés à l'église Sainte-Madeleine par Honoré de Mauroy. (*Mém. de la Soc. Acad. de l'Aube*, t. XVI, 1851, p. 7-24).

Bienfaiteurs de Sainte-Madeleine. — Les bienfaiteurs nommés dans l'inventaire de 1535 sont :

Maitre Simon Liboron, mort avant 1535, qui a donné des chapes de damas figuré d'or [1].

Jean de Pleurre, qui a légué, vers 1538, un calice d'argent, un missel en parchemin, une paix d'ivoire, un corporalier et un volet, trois chasubles et deux chandeliers de cuivre [2].

Les héritiers de messire Jean Savin, qui ont donné deux petits chandeliers de cuivre [3].

La veuve de Pierre de Villeprouvée, qui a donné, en 1534, deux burettes d'argent [4].

L'inventaire de 1595 mentionne encore d'autres bienfaiteurs :

Messire Nicole Carré a légué, en 1594, deux bréviaires [5].

---

[1] N. 1527. — Il s'agit sans doute de Simon Liboron, élu président de l'échevinage de Troyes en 1489, puis procureur du roi au bailliage de Troyes, député aux Etats Généraux de 1506, bailli de l'Evêché, et donateur du vitrail de saint Louis à Sainte-Madeleine. Cfr. Boutiot, *Hist. de Troyes*, t. III, p. 190, 239 et 263. — Arch. de l'Aube, G. 496-498. — A. Babeau, *Etude sur les portraits de deux députés de Troyes*, dans l'*Annuaire de l'Aube*, 1877.

[2] N. 1552 et 1553. — Peut-être un descendant de Jean de Pleurre, le poète troyen du XIVe siècle. En tout cas, de la même famille que Jacques de Pleurre, l'un des quatre notables qui portaient, le 22 avril 1521, le dais sous lequel François Ier fit son entrée à Troyes (A. Babeau, *Les Rois de France à Troyes*, 1880, p. 31, note 5). L'orfèvre troyen Pierre II Chevry, qui vivait au milieu du XVIe siècle, avait épousé Claude de Pleurre (N. Rondot, *Les Orfèvres de Troyes*, p. 91).

[3] N. 1517. — Un Savin était notaire de la prévôté de Troyes en 1483 (Boutiot, *Hist. de Troyes*, t. III, p. 153).

[4] N. 1493.

[5] N. 1734. — Nicole Carré est peut-être le même que Nicolas Carru, chanoine de la Cathédrale et curé de Saint-Remy, qui mourut le 14 mars 1594. Cfr. Lalore, *Obituaires*, p. 105.

Mme la conseillère Guichard a donné une petite croix d'or pour l'Enfant Jésus que porte Notre-Dame de la Recouvrance[1].

M. de Mesgrigny a donné un missel à fermoirs d'argent émaillé[2].

Philippe Ravault a donné un calice en vermeil[3].

Bienfaiteurs de Saint-Pantaléon. — Le seul qui soit nommé dans l'inventaire est M. *Sorel* (mort avant 1670), lequel a donné plusieurs ornements marqués de ses armes[4].

Bienfaiteurs de Saint-Remy. — En 1534, dans la visite faite à Saint-Remy par les délégués du Chapitre de la Cathédrale, on voit que *Nicolas Coiffart*, exécutant les dernières volontés de sa défunte épouse, avait donné, peu d'années auparavant, deux chasubles de velours violet[5]. Nicolas Coiffart était seigneur de Saint-Benoît-sur-Seine et l'un des quatre premiers administrateurs laïques des hôpitaux de Troyes[6].

D'autres bienfaiteurs, parmi lesquels nous aimons à signaler notre illustre sculpteur Girardon, sont nommés dans l'inventaire dressé en 1701.

Michel le Claude, en 1672, a donné deux soutanes noires et quatre purificatoires[7].

---

[1] N. 1658. — La conseillère Guichard était peut-être la mère de Guichard du Vouldy, conseiller du roi, mort le 28 février 1664. Cfr. Lalore, *Obituaires*, p. 411.

[2] N. 1593.

[3] N. 1582. — Il était sans doute parent de Louise Ravault, femme de Jean Bazin, député aux Etats-Généraux de 1614.

[4] N. 1745, 1746, 1749. — Cfr. Courtalon, t. II, p. 319.

[5] N. 1973.

[6] P. 217.

[7] N. 2041.

M. Drouot a donné un seau de mette (étain)[1].

Girardon a donné, en 1700, un ange d'argent, posé sur un pied d'ébène où étaient des reliques[2].

M. Lorey, avocat, faisant une fondation à Saint-Remy, a donné une chasuble et deux nappes d'autel[3].

Le Père Pierre Mercier, Général des Mathurins, a donné une petite croix d'or[4].

Bienfaiteurs des Hôpitaux. — A l'Hôtel-Dieu-le-Comte, en 1514, nous retrouvons l'inépuisable générosité de Nicolas Forjot, abbé de Saint-Loup, qui fut 34 ans prieur de l'Hôtel-Dieu (1480-1514)[5]. Il a donné de nombreux ornements, un grand calice doré, deux colonnes torses en cuivre pour le maître-autel, un aigle et un lampier de cuivre, et, en outre, il a fait faire, par le célèbre orfèvre troyen, Jean Papillon, une statue de la Sainte-Vierge et deux burettes en argent[6].

A l'hôpital du Saint-Esprit, en 1536, nous voyons que la feue dame de Bussy[7] a donné un corporalier de satin bleu et une chasuble d'ostadine noire[8].

A l'hôpital Saint-Nicolas, deux maîtres spirituels, qu'on trouve vivants en 1566, ont laissé : l'un, maître Jean Brodard, deux coupes, une écuelle et une aiguière

---

[1] N. 2046. — En 1670, il y avait un Drouot, juge des manufactures à Troyes. (Boutiot, *Hist. de Troyes*, IV, 520.)

[2] N. 1978.

[3] N. 2032.

[4] N. 1978. — Cfr. Courtalon, t. II, p. 224.

[5] Lalore, *Obituaires*, p. 393.

[6] N. 2858, 2859, 2861, 2875, 2884, 2909, 2910, 2964.

[7] Sans doute la même qui est mentionnée en 1527 comme ayant donné un grand tapis pour le maître-autel des Cordeliers (n. 1462).

[8] N. 1896 et 1924.

d'argent[1]; l'autre, maître Jean Febvre (ou Lefebvre), une paix d'argent émaillée[2].

Bienfaiteurs de Lirey. — Le grand bienfaiteur de Lirey est Geoffroy de Charny, fondateur de la collégiale en 1353. — Il a donné le Saint-Suaire, une croix-reliquaire en argent doré et le reliquaire en vermeil des cheveux de la Sainte Vierge[3].

III. — Pour mettre en sûreté toutes leurs richesses, les églises étaient obligées d'avoir un ou même plusieurs trésors. On en constate l'existence, sous le nom de *Cimiliarchium*, dès le temps de saint Grégoire-le-Grand[4].

Avant 1319, il y avait, à Saint-Etienne, le grand trésor, le trésor de Saint-Maurice et le petit trésor; mais, en 1319, les reliques et les joyaux précédemment déposés dans le trésor de Saint-Maurice avaient été remis au grand trésor, qui comprend ainsi les 136 premiers numéros de l'inventaire. Le petit trésor comprend les n°s 137 à 223. D'autres objets précieux, mais surtout les ornements et les parements, étaient entre les mains des clercs du trésor. Enfin, une partie des livres liturgiques restaient au chœur, les autres étant déposés au trésor. — Dans le grand trésor, il y avait un autel de S. Jacques. — En 1700, les trois trésors étaient réunis en un seul, qu'on appelait la chapelle du trésor; les reliquaires et les vases sacrés y étaient déposés, soit dans des armoires, soit sur l'autel.

A Notre-Dame-aux-Nonnains, en 1343, il y avait deux trésors: le trésor du haut, où étaient les ornements, vases sacrés et ustensiles liturgiques, et le trésor du

---

[1] N. 2854-2856. — Cfr. p. 209 et 310.

[2] N. 2857. — Cfr. p. 209 et 309.

[3] N. 2226-2228, 2241.

[4] V. supra, p. VIII. — Cfr. Macri, *Hierolexicon*, v° Cemelium.

bas, où se trouvaient les reliques. En outre, plusieurs objets mobiliers se trouvaient dans l'église, et divers parements étaient « in aula veteri monasterii. » En 1538, les ornements et les vases sacrés de l'église paroissiale de Saint-Jacques-aux-Nonnains étaient réunis à la sacristie ou revestière, appelée chapelle Saint-Nicolas, sauf le mobilier des chapelles, qui restait dans l'église. Il en était de même, en 1664, pour les reliquaires, l'argenterie et les ornements du monastère.

A la Cathédrale, en 1429, il y avait également le trésor du haut, où étaient renfermés les reliquaires, et le trésor du bas, où étaient les textes, deux croix, l'une d'or et l'autre d'argent, un calice d'argent pour tous les jours, et les ustensiles liturgiques. Le trésor du bas était, comme aujourd'hui, « juxta vestiarium ecclesiæ », auprès de la sacristie, où devaient être les ornements sacrés et les parements d'autel. Enfin, les livres, assez nombreux, étaient, les uns au chœur, les autres à la sacristie, et la plupart enchaînés. — En 1611, tous les reliquaires et vases liturgiques paraissent réunis dans le même trésor.

A Saint-Urbain, en 1277, plusieurs calices, une croix d'or et divers autres objets étaient dans un coffre déposé au trésor de Saint-Etienne, et dont les chanoines Feliseus et Jacques avaient les clefs[1]. En 1468, il semble n'y avoir eu d'autre trésor que la sacristie ou revestière, où se trouvaient les parements, ornements, vases sacrés, ustensiles et livres liturgiques. Certains livres seulement étaient au chœur, et dans un coffre, sous le jubé de l'église, il y avait des nappes, des aubes et des amicts[2].

A Notre-Dame-en-l'Isle, il y avait à la fois sacristie et trésor. Dans la sacristie étaient les ornements ; les reliquaires étaient au trésor, qui se trouvait à l'extrémité du dortoir.

---

[1] Lalore, *Cartul. de Saint-Urbain*, p. 295.

[2] Id., *Ibid.*, p. 331-348.

A Sainte-Madeleine, en 1535 et 1595; à Saint-Loup, en 1544 et 1662; à Saint-Jean, dans la première moitié du XVIe siècle, on trouve également trésor et sacristie. En outre, à Sainte-Madeleine, il y avait des coffres remplis d'ornements et de linge dans toutes les parties de l'église. A Saint-Pantaléon, il y avait, en 1612, une tour dite du Trésor [1].

Les Cordeliers, au contraire, les petits hôpitaux et les églises paroissiales de moindre importance, n'avaient pas de trésor, mais seulement une sacristie.

Les reliquaires, les vases sacrés, et même les ornements, étaient placés dans des armoires et rangés avec un ordre parfait. Il y avait des armoires à Saint-Etienne, en 1319, car on trouve un petit coffret, quatre pixides, deux chandeliers, le tout d'ivoire, et six pierres d'autel, « in summitate armaliorum magni thesauri. » A Notre-Dame-aux-Nonnains, en 1538, on voit à la sacristie deux grandes armoires de bois, fermant à clef, l'une à quatre étages et deux guichets, l'autre à trois étages et quatre guichets, qui renferment les ornements, les reliquaires et les vases sacrés. De même, à Notre-Dame-en-l'Isle, en 1523, il y a à la sacristie une armoire à deux guichets fermant à clef, où sont les ornements, le calice, la croix, les burettes et l'encensoir. A Sainte-Madeleine, en 1535, les reliquaires et vases sacrés sont dans un meuble spécial, les corporaliers et coussins sont dans une armoire au trésor. A l'hôpital Saint-Nicolas, une grande armoire à deux vantaux et à quatre étages, d'environ sept pieds de haut, contient tous les ornements; une autre, à deux guichets en bas et à deux vantaux en haut, renferme les reliquaires.

Mais nulle part, l'ordre et le rangement parfait du mobilier dans les armoires n'a été mieux indiqué que dans l'inventaire de Saint-Etienne, rédigé vers 1700. La place de

---

[1] A. Babeau, *L'Église Saint-Pantaléon de Troyes*, dans *l'Annuaire de l'Aube* de 1881, p. 51.

chaque objet est indiquée avec précision ; les grands reliquaires étaient posés sur les tablettes, et les petits y étaient accrochés. Tous les joyaux occupaient cinq armoires. — Un peu plus tard, il y eut un remaniement du trésor, mais il se fit avec la même régularité.

En bien des endroits, surtout au xvıe siècle, on plaçait les ornements et les livres liturgiques dans toutes sortes de meubles. A la cathédrale, tout le mobilier de la chapelle de Champigny était enfermé dans « ung grant estuy de chasne ferré à neuf ». A Sainte-Madeleine, en 1535, il y avait, sur le bureau des marguilliers, une layette et un coffret de bois. Dans la même église, en 1595, il y a un coffre de bois pour les livres, un coffre près du grand autel pour les ornements et parements de cet autel, et huit ou dix autres coffres pour le linge, les coussins, les corporaliers, etc.[1] Les bancs, les marches, les chaises à dossier, les pupitres, servaient au même usage. On avait utilisé même les autels ; en 1536, à l'hôpital du Saint-Esprit, l'autel Saint-Sébastien faisait une armoire à deux guichets ; en 1538, à Notre-Dame-aux-Nonnains, l'autel de bois placé sous les orgues faisait deux guichets qui fermaient à clef ; en 1566, à l'hôpital Saint-Nicolas, les deux autels de bois appuyés contre la cloison qui séparait l'église et la nef, s'ouvraient également à deux guichets.

IV. — Le trésor des églises ne pouvait être laissé sans gardien responsable[2]. Nous avons vu plus haut saint

---

[1] On conserve, dans l'église de Mussy, un coffre ferré du xiii° siècle, qui a été décrit et reproduit dans le *Portefeuille archéolog.* de Gaussen, ch. 9, *Ferronnerie, Serrurerie*, pl. 3.

[2] Sur l'office du Trésorier et du Sacristain, voir Gohard, *Traité des bénéfices ecclésiastiques*, t. I, p. 533-540. — Cfr. Bona, *Rer. liturg.*, l. I, c. 25, § 3, cum notis Rob. Sala, Turin, 1749, t. II, p. 302-303 ; — Ducange, *Gloss.*, v° Sacrista ; — Macri, *Hierolexicon*, Cemelium et Thesaurarius.

Grégoire-le-Grand rappeler, en termes sévères, cette responsabilité à l'archidiacre de Salone, et les Décrétales de Grégoire IX inscrivirent cette prescription pontificale parmi les devoirs des trésoriers. Benoît XII n'est pas moins formel. Saint Isidore de Séville, dans une lettre à l'évêque Leudefrède, indique ainsi les fonctions du trésorier : « Ad eum (thesaurarium) pertinent ornamenta et vestimenta altaris ; quidquid in usu templi est sub ejus ordinatione existit ; vela et ornamenta basilicarum quæ in urbe sunt, et non habent presbyterum, ipse custodit[1] ». Le même saint Isidore, dans son traité *De ecclesiasticis officiis,* a un court chapitre intitulé *de custodibus sacrorum,* où nous lisons : » Custodes sacrarii levitæ sunt. Ipsis enim jussum est custodire tabernaculum et omnia vasa templi[2]. »

Dans la liste des grands officiers de la cour et de l'église de Constantinople, on trouve le grand trésorier : « magnus scevophylax, seu vasis custos, sua in potestate habet Ecclesiæ vasa, seu supellectilem[3].

A la Cathédrale de Troyes, on trouve dès 991 (9 avril) un *archiclavus* ou trésorier, nommé Hadricus, qui signe une charte du B. Manassès, évêque de Troyes, en faveur de Montiérender[4] ; mais cette dignité ayant été réunie à celle de l'évêque, ce fut celui-ci qui eut désormais la charge du trésor. Il en résulta plus d'un conflit entre les évêques et le Chapitre. En 1184, la question « de custodia

---

[1] S. Isid. Hispal., *Epistolæ, Leudefredo episcopo.* Migne, Patr. lat., t. LXXXIII, col. 897.

[2] Id. *De eccl. off.,* l. II, c. 9. Migne, *Ibid.,* col. 790.

[3] Georgius Codinus Curopalata, *De officiis magnæ ecclesiæ et aulæ Constantinop.,* Parisiis, Cramoisy, 1625, c. 1, p. 2 ; — cum Gretseri *Comment.,* l. I, c. 5, p. 148.

[4] Lalore, *Cartul. de Montiérender,* p. 143. — L'évêque de Troyes, Mainard (1034-1049), avait été auparavant trésorier, *archiclavis,* de la Cathédrale de Sens. (Des Guerrois, *Saincteté chrestienne,* fol. 259, vᵒ, et 260, rᵒ).

thesauri » était pendante ; l'évêque Manassès prétendait
avoir le droit, que le Chapitre lui contestait, d'avoir seul
la garde et la surveillance du trésor, et, pour affirmer
son droit, il avait fait transporter le trésor hors de l'é-
glise. Mais il finit par abandonner ses prétentions, et, en
1188, il se reconnut obligé de rendre à l'église un calice
d'or et la table d'argent qui se mettait sur l'autel [1]. En
1304, Guichard, évêque de Troyes, dut également
promettre au Chapitre de lui payer 191 livres en com-
pensation d'une croix d'or, perdue par la négligence des
marguilliers qu'il avait commis à la garde du trésor [2].
En 1611, il fallut que le bailliage de Troyes intervînt entre
l'évêque René de Breslay et le Chapitre de la Cathédrale,
pour obliger l'évêque à faire inventaire et estimation du
trésor, en présence des délégués du Chapitre [3].

Bien que l'évêque eût sa part dans la garde du trésor,
il y avait cependant un chanoine trésorier, comme on le
voit par l'épitaphe de Robert de Plaisance, « trésouriers
et chenoignes de l'église Saint Père de Troyes », mort le
16 novembre 1312 [4].

Les évêques ne pouvaient pas, évidemment, veiller
eux-mêmes à la garde du trésor, et ils nommaient deux
marguilliers-prêtres pour les remplacer, tout en restant,
à leur défaut, personnellement responsables. Fondés,
d'après Courtalon, en 1171 et 1178, ces marguilliers
apparaissent en 1188, lors du conflit entre l'évêque
Manassès et le Chapitre. On les retrouve en 1304 dans
l'affaire de l'évêque Guichard. Vers le milieu du XIV*
siècle, dans la liste des charges de l'évêque envers le
Chapitre, on lit l'article suivant: « Sunt in ecclesia
Trecensi duo matricularii presbiteri, et sunt de colla-

---

[1] Lalore, *Cartul. de Saint-Pierre*, p. 53 et 64.

[2] Id., *Ibid.*, p. 220.

[3] V. infra, p. 81.

[4] Lalore, *Obituaires*, p. 69.

tione episcopi, et debent custodire thesaurum ecclesiæ, periculo eorumdem [1] ». Ils figurent, en effet, dans l'inventaire de 1429, comme ayant la garde de tout le mobilier de la Cathédrale [2].

Les marguilliers-prêtres de la cathédrale étaient directement responsables de la perte ou de la détérioration des objets confiés à leurs soins. Par ce motif, ils devaient donner caution à l'évêque, lorsqu'ils entraient en charge. Les marguilliers-prêtres nommés par l'évêque Manassès l'avaient fait, car, en 1188, Manassès s'engageait à restituer les gages qu'ils avaient donnés pour servir de caution, quand on leur avait confié la garde du trésor [3]. Les marguilliers-prêtres de Saint-Urbain étaient tenus à la même obligation; en 1468, ils promettent solidairement de garder tous les objets du trésor « in suis periculo et fortuna, » et deux marchands de Troyes, Claude Voye et Etienne Ladvocat, se portent garants pour eux, chacun jusqu'à concurrence de cent livres tournois [4].

A la Cathédrale et dans les deux collégiales de Saint-Etienne et de Saint-Urbain, les marguilliers-prêtres

---

[1] Lalore, *Cartul. de Saint-Pierre*, p. 208.

[2] V. infra, p. 71.

[3] Lalore, *Cartul. de Saint-Pierre*, p. 64.

[4] Id., *Cartul. de Saint-Urbain*, p. 350 et 351. — Il en était de même partout. Ainsi, dans un inventaire de Saint-Alban de Namur, daté de 1218, on lit : « Quæ sequuntur remanent in custodia custodis, et sub periculo ejus. » Riant, *Exuviæ sacræ Constantinopolitanæ*, t. II, p. 107. — A Saint-Maurice de Salins, en 1577, François de Gilley, prêtre marguillier, reçoit le mobilier de l'église, à charge d'en rendre compte au Chapitre, « tant par luy que sa plaige (caution), quant requis en sera. » *Revue des Soc. Sav.*, VIe série, t. 3, 1876, p. 143).— Des vols ayant été commis dans une église collégiale de Caen, un arrêt du Parlement de Paris, en date du 22 juillet 1672, déclara le trésorier responsable, et les sacristes, appelés *coustres*, furent également condamnés. Durand de Maillane, *Dict. de droit canon.*, Lyon, 1776, t. V, p. 446.) — On pourrait aisément multiplier les exemples.

étaient, pour ainsi dire, les vicaires du trésorier, qu'ils suppléaient dans l'exercice de sa charge; ils étaient responsables envers lui, comme lui-même l'était envers le Chapitre.

A Saint-Etienne, ils portaient le nom de clercs ou chanoines du trésor. Ils y furent fondés par le comte Henri le Libéral, en 1176 [1]. La comtesse Marie et son jeune fils Henri II confirmèrent cette fondation en 1186 [2]. Peu de temps après, en 1188, le comte Henri II confirma de nouveau aux gardiens du trésor les mêmes revenus, jusqu'à ce que chacun d'eux pût jouir d'une prébende entière [3]. Ces clercs du trésor, ainsi que les nomme notre inventaire de 1319, étaient primitivement à la nomination du trésorier, et furent plus tard nommés par le Chapitre, et même, au xviiie siècle, étant devenus membres du Chapitre, ils furent nommés par le roi comme les autres chanoines [4].

Le plus ancien trésorier de Saint-Etienne dont nous ayons retrouvé le nom est Simon de la Roche (*Simon de Rupe*), en 1177 [5]. Il fut probablement l'un des deux premiers, et de la fondation même du comte Henri. Après lui, nous trouvons, en 1186 et 1187, comme gardiens du trésor, Eudes, clerc de la comtesse et du jeune comte, et son parent, Eudes de Luyères [6]; — en 1191, Nicolas [7]; — puis Artaud, qui intervint comme

---

[1] Bibl. nat., *Cartul. de Saint-Etienne*, fol. 5, v°. — Cfr. d'Arbois de Jubainville, *Hist. des ducs et des comtes de Champagne*, t. III, p. 372.

[2] *Ibid.*, fol. 26, r°. — Cfr. d'Arbois, p. 386 et 472.

[3] *Ibid.*, fol. 6, v°. — D'Arbois, p. 391 et 474.

[4] Courtalon, *Topog. histor.*, t. II, p. 145 et 147.

[5] Lalore, *Cartul. de Saint-Loup*, p. 86.

[6] *Cartul. de Saint-Etienne*, fol. 26, r°. — Cfr. d'Arbois, *ubi supra*, p. 386 et 472.

[7] Lalore, *Cartul. de Saint-Loup*, p. 148.

arbitre, en décembre 1220, entre le Chapitre et l'évêque Hervée [1], le même probablement que nous retrouvons, en 1233, sous le nom d'Ertaud [2]. — Dans l'Obituaire de Saint-Etienne, de la fin du XIIIe siècle, on trouve Pierre de Vitry, chanoine, sous-diacre, et Jean de Vitry, diacre, tous deux trésoriers de Saint-Etienne [3].

Nous avons pu déchiffrer le nom du trésorier, qui était en charge lors de l'inventaire de 1319-1320 [4]; c'était Jean d'Argillières, que nous voyons encore figurer en cette qualité, à la fin de janvier 1326 (v. st.), dans une sentence d'arbitrage rendue, le 13 juin 1328, entre Jean d'Aubigny, évêque de Troyes, et Isabelle de Saint-Phal, abbesse de Notre-Dame-aux-Nonnains [5]. Il se fit remplacer, pour l'inventaire du trésor, par le cellérier du Chapitre, et, dans les nombreuses séances qui eurent lieu à cette occasion, on ne le voit pas paraître une seule fois. Les deux clercs du trésor qui le suppléaient dans sa charge se nommaient Adenet et Pierre Beloce [6]. Ils ne paraissent à l'inventaire qu'à partir du 11 avril 1320, et ils semblent n'avoir été dépositaires que de quelques livres liturgiques, de quelques reliquaires et de tous les ornements, le trésor proprement dit restant à la charge personnelle du trésorier. On pourrait même croire, en voyant quelle part les deux clercs du trésor prennent à l'inventaire, qu'ils avaient en commun la garde des *pallii*, mais que l'un, Adenet, était spécialement chargé

---

[1] Lalore, *Cartul. de Saint-Pierre*, p. 155.

[2] Id., *Cartul. de Saint-Loup*, p. 292.

[3] Id., *Obituaires*, p. 226 et 228.

[4] Le mauvais état du parchemin avait empêché M. Lalore de lire ce nom; mais il y a certainement : *ex parte venerabilis viri..... Argille... ejusdem ecclesie thesaurarii.*

[5] Camuzat, *Promptuarium*, fol. 197 vo-200.

[6] Pierre Beloce ou Belocier mourut le 4 juillet 1336; il était alors chanoine de la chapelle Notre-Dame, à la Cathédrale. (Lalore, *Obituaires*, p. 35.)

des chasubles et des parements d'autel, et l'autre, Pierre
Beloce, des chapes et des livres liturgiques.

A Saint-Urbain, le trésorier était l'un des douze chanoines fondés dans cette collégiale par le pape Urbain IV ;
d'après la bulle de Clément IV, en 1265, il était à la
nomination du doyen. Le premier fut probablement le
chanoine Felisius, petit-neveu d'Urbain IV[1], dont on
trouve le nom dans une pièce de 1264 et dans l'inventaire de 1277[2]. Un de ses successeurs fut Etienne du
Port[3], le même peut-être que l'inventaire (n. 54) désigne
comme ayant été doyen de Saint-Etienne. Un autre, Guy
du Bois, fonda en février 1371, dans l'église de Saint-
Urbain, la chapelle dite des Quatre-Saints[4].

A l'abbaye de Saint-Loup, nous trouvons un trésorier, Raginarius archiclavis, dès 890 ou 891[5]. En
1189, le trésorier se nommait Nicolas[6] ; en 1282, Hugo[7] ;
en 1295, Jean de Troyes, *Johannes de Trecis*[8]. Dans les
Constitutions rédigées au Chapitre des 6-8 mars 1487
(v. st.), par l'abbé Forjot, il y a un chapitre *De officio
thesaurarii*[9].

A Notre-Dame-aux-Nonnains, une sœur était chargée
de la garde du trésor. En mars 1282 *(v. st.)*, on trouve
une trésorière nommée Gila[10]. En 1343, Isabelle de

---

[1] *Congrès scientifique de France*, 1864, p. 604.

[2] Lalore, *Cartul. de Saint-Urbain*, p. 249 et 295.

[3] Id., *Ibid.*, p. 313.

[4] Id., *Ibid.*, p. LXXXIX ; — *Obituaires*, p. 196.

[5] Id., *Cartul. de Saint-Loup*, p. 2. — Cfr. Camuzat, *Promptuarium*,
fol. 296, r°.

[6] Id., *Ibid.*, p. 139.

[7] Id., *Ibid.*, p. 299.

[8] Alph. Roserot, *Les Abbayes du département de l'Aube*, 2e partie,
1890, p. 11. — Dès 1282, Jean de Troyes était cellérier de Saint-
Loup. (Lalore, *ubi supra*, p. 299.)

[9] Cousinet, *Thes. antiq. S. Lupi*, t. III, fol. 120 et 121.

[10] Lalore, *Cartul. de Saint-Urbain*, p. 304.

Saint-Phal, trésorière, étant décédée, on choisit Pétronille de Saint-Phal pour la remplacer, et ce fut elle qui
fit faire l'inventaire du trésor [1].

A l'abbaye de Montiéramey, on trouve comme sacristes,
en 1110, Arnaldus [2], et, de 1178 à 1187, Gunterius [3].
Dans toutes les abbayes, l'*officium thesaurariæ* est noté
parmi les charges du monastère [4]. A Larrivour, en
1662, on ne voit plus qu'un sacriste [5].

Les marguilliers-prêtres, qui suppléaient le trésorier,
se faisaient quelquefois suppléer eux-mêmes. En 1611,
lorsqu'eut lieu l'inventaire de la Cathédrale, l'ouverture
du trésor fut faite par Jehan Verrey, prêtre, custode de
l'église, commis par les marguilliers. Plus tard, en 1700,
on trouve que toutes les chapes étaient à la charge du
cloîtrier, dont la fonction était de convoquer le Chapitre
et d'accompagner en chape le doyen, lorsqu'il officiait. —
Le sonneur avait aussi la charge de quelques objets.

Dans les églises paroissiales, un prêtre était ordinairement custode ou sacriste [6]. A Saint-Jean, ces fonctions
étaient remplies, en 1562, par Pierre Dorigny ; en 1573,
par Nicole Jobert, prêtre. A Sainte-Madeleine, en 1526,
Simon Cossart était chargé du trésor par les mar-

---

[1] V. infra, p 118.

[2] Lalore, *Cartul. de Montiéramey*, p. 32.

[3] Id., *Ibid*, p. 107, 110 et 170.

[4] Id., *Cartul. de Montier-la-Celle*, p. xxiv; — *Cartul. de Saint-Loup*, p. 302.

[5] V. infra, p. 252 et 262.

[6] Le curé n'avait pas le droit d'être seul dépositaire des reliques,
ornements, vases sacrés. En 1538, le curé de la Madeleine de
Paris, ayant eu cette prétention, en fut débouté par un arrêt du
Parlement, en date du 8 juillet, qui ordonna que le curé et les
marguilliers auraient conjointement cette charge, « d'où vient
qu'ils ont un homme ecclésiastique, à qui ils donnent ce soin,
appelé vulgairement *clerc de l'œuvre*. » (*Les définitions du droit
canon, conformément aux libertés de l'Eglise gallicane*, par
M. F. C. D. M. Paris, 1700, in-folio, p. 451.)

guilliers ; en 1595, c'était Pierre Doré, prêtre, qui était
sacriste et custode, en remplacement de feu maître Jean
Gobry. Il y avait également un sacristain à Saint-Remy,
en 1715. Quelquefois, comme à Saint-Pantaléon, en
1660, c'était au sonneur qu'était confiée la garde des
ornements et de l'argenterie. D'autres fois, le sonneur
avait seulement la charge de certaines parties du mobilier, par exemple, les tapisseries et les parements d'autel,
comme à Saint-Jean en 1562.

Le linge était aussi, dans certaines églises, remis entre
les mains d'une femme qui en avait soin ; en 1563, la
chandelière de Saint-Jean, la veuve Nicole Guéritte, fut
ainsi chargée du linge de la sacristie. On voit même, à
Saint-Urbain, en 1468, plusieurs reliques « qui sont en la
garde de la bonne femme des dites reliques [1]. »

On remettait aussi aux prêtres qui avaient coutume
de dire la messe dans une église les ornements, linges,
calices, missels, chandeliers et burettes, dont ils avaiént
besoin ; il en était ainsi à Saint-Jean en 1562.

Le sacristain et le sonneur, chargés des ornements et
de l'argenterie, étaient responsables à l'égard des marguilliers, comme on le voit à Saint-Pantaléon, en 1670,
et à Saint-Remy, en 1715 [2].

Dans les hôpitaux, la garde de la sacristie était naturellement confiée aux maîtres spirituels. Chez les Cordeliers, en 1556, on voit aussi un religieux sacriste.

Notons ici que, lors de la restauration du culte en
France, la charge de trésorier fut immédiatement rétablie
à la Cathédrale de Troyes. Nicolas Rebours, prêtre, fut
investi de ces fonctions, le 16 avril 1803, par Mᵍʳ de la
Tour du Pin. Il devait veiller à la conservation du
mobilier de la Cathédrale, « ærarii ecclesiæ cathedralis
omniumque ipsius bonorum mobilium custos, servator

---

[1] Lalore, *Cartul. de Saint-Urbain*, p. 345.

[2] Archives de l'Aube, 19 G., 2, *Reg.*, fol. 145, r°; — 20 G., 132,
Reg., fol. 2.

et rector, » et il avait le droit de porter l'habit de chœur
des chanoines et d'occuper la stalle qui suit immédiatement celle du dernier chanoine [1]. Mgr de la Tour du
Pin se proposait de faire un règlement spécial pour la
charge de trésorier [2]; nous ne croyons pas qu'il ait réalisé
cette intention. — Mgr de Boulogne, son successeur,
établit dans le Chapitre de la Cathédrale, le 27 décembre 1810, entre autres dignités ou offices, un
chanoine trésorier dont il dit : « Thesaurarii tandem
erit ut ecclesiæ ærarii custodiam habeat, ornamenta
servet, sacrario invigilet, omnibusque præsit qui in eo
munia gerant aliqua [3] ».

La responsabilité de tous les objets confiés à la garde
du trésorier retombait, après sa mort, sur ses héritiers,
comme on le voit à Sainte-Madeleine, en 1595.

Quand certains objets étaient retirés du Trésor, on
donnait décharge au trésorier, afin qu'il ne fût exposé à
aucune réclamation. C'est par ce motif que, comme nous
l'avons vu plus haut, les Capitulaires de Charles-le-
Chauve recommandaient de noter dans le récolement
de l'inventaire, « quid Nortmannis per nostram commendationem, vel sine nostra commendatione, datum sit [4].
De même, Philippe VI de Valois, ayant envoyé au Pape
des reliques et un magnifique camée de la Sainte-Chapelle, par le trésorier, Simon de Braelle, prescrivit à la
Chambre des Comptes d'effacer ce camée de l'inventaire,
« par quoy aucune chose ne puist désormais estre
« demandée audit trésorier, à ses hoirs ou à ses suc-
« cesseurs ou dit office de trésorier (21 juin 1343) [5] ».

---

[1] Secrétariat de l'Evêché, *Actes épiscopaux*, t. I, p. 74. — Lalore,
Nouvelle Discipline du diocèse de Troyes, t. IV, p. 275.

[2] *Actes épiscopaux*, t. I, p. 75.

[3] Lalore, *ubi supra*, p. 374.

[4] V. supra, p. ix.

[5] Douet d'Arcq, *Inv. de la Sainte-Chapelle*, dans la *Revue
archéol.*, t. V, p. 186. — Cfr. Riant, *Exuviæ sacræ Cp.*, t. II, p. 161.

Outre la responsabilité personnelle imposée aux trésoriers et à leurs suppléants, les Chapitres et couvents devaient, pour mieux assurer la conservation des richesses qui leur étaient données, prendre l'engagement de ne rien aliéner, ni mettre en gage de ce que l'église possède ou possèdera, si ce n'est dans les cas prévus par le droit. Le Chapitre de Saint-Urbain dut le jurer sur l'Evangile, en 1277 [1]. En 1166, lorsque le comte Henri-le-Libéral donna un texte, revêtu d'une riche couverture, à l'abbaye de Saint-Loup, il exigea qu'il fût défendu, sous peine d'anathème, d'aliéner ce précieux volume, à quelque époque, de quelque manière et pour quelque motif que ce fût [2]. A Saint-Martin-ès-Aires, un religieux, frère Jean Villain, fit don à l'abbaye, en 1584, d'un calice d'argent doré; mais il y mit pour condition que l'abbé ni les religieux ne pourraient le vendre ou l'engager, « pour quelque subside ou emprunt qui pourrait advenir [3] ».

Pour rendre la surveillance des trésoriers plus facile et plus efficace, on les faisait loger, assez ordinairement, dans une chambre contiguë au trésor. Il en était ainsi à Saint-Etienne [4]. En 1448, le Chapitre de la Cathédrale eut l'intention de faire bâtir une chambre proche du trésor, au-dessus de l'autel de Champigny (cette chapelle faisait pendant à la chapelle actuelle du Sacré-Cœur), pour y loger les marguilliers-prêtres; mais ce projet n'eut pas de suite [5].

---

[1] Lalore, *Cartul. de Saint-Urbain*, p. 293.

[2] « Id conditionis interponi voluit et sub anathematis sententia prohiberi, ne cuiquam, quocumque tempore, quocumque pacto, quacumque causa, liceat ipsum alienare. » Note de l'abbé Guitère, à la fin du volume. (Apud Harmand, *Notice sur la Bibl. de Troyes*, 1844, p. 37.)

[3] Defer, *Hist. de l'abbaye de Saint-Martin-ès-Aires*, dans les *Mém. de la Soc. Acad. de l'Aube*, 1875, p. 70.

[4] Des Guerrois, *Saincteté chrestienne*, fol. 296, v°.

[5] Arch. de l'Aube, G. 1275.

En 1478, il y eut procès entre le Chapitre et les marguilliers-prêtres, au sujet de l'obligation imposée à ces derniers de coucher à proximité du trésor; et, devant maître Robert Tullée, chantre de Saint-Honoré de Paris, juge désigné par le Pape, les marguilliers reconnurent qu'ils étaient tenus de passer la nuit, « in camera thesauro contigua ». D'autres sentences furent rendues dans le même sens, le 21 août 1599 et le 21 octobre 1600. L'officialité de Troyes prononça, de même, contre Jacques André et Jean Paget, marguilliers-prêtres de la Cathédrale ; et, sur appel, l'official métropolitain de Sens les condamna, le 13 janvier 1615, « ad assidue commorandum et pernoctandum, seu personam idoneam commorari et pernoctare faciendum in camera thesauro dictæ ecclesiæ contigua, prout solitum est ab antiquo, qui sacra et cætera ornamenta in eo deposita fideliter et judicialiter custodiat[1] ».

Le custode de la Cathédrale demeurait donc au-dessus de la sacristie, ayant vue sur le chœur et en communication directe avec le Trésor. Dans l'ancien escalier, aujourd'hui disparu, qui menait à la chambre du custode, plusieurs gardiens du trésor avaient inscrit leurs noms ; les plus anciens étaient, d'après Arnaud : Meony et Henry, 1570; Pierre Aubry, 1594; Joannes Mergey, 1603; Lopin, 1622 et 1625; maistre Sébastien de Saint-Mards, custos, 1611 ; Pierre Guillaume, custos, natif d'Herbice, 1625[2].

V. — On voit que rien n'avait été négligé pour assurer la conservation des trésors de nos églises.

Malgré toutes ces précautions, ou plutôt parce qu'elles n'avaient pas toujours été prises, les objets les plus précieux subissaient de regrettables dégradations ou parfois même se perdaient entièrement. Dans l'inven-

---

[1] Arch. de l'Aube, G. 1304, fol. 1068 et 1069.

[2] Arnaud, *Voy. archéol.*, p. 184.

taire de Saint-Etienne, en 1319-1320, on trouve souvent la mention : « deficiunt reliquiæ, gemmæ, pelles, camæi, esmaillia, aurum et argentum. » Quelquefois, le nombre de pierreries qui manquent est très considérable ; ainsi, un grand autel portatif de marbre, qui était enrichi d'or, de pierreries et d'émaux tout autour, a perdu cinquante-deux pierres précieuses, sept perles, neuf émaux et une partie notable d'or. Quelquefois même, il ne reste presque pas une seule pierre précieuse ; ainsi, le *Psalterium Comitis* était privé de toutes ses pierreries, à l'exception d'un seul petit rubis. Certaines pièces d'orfèvrerie sont gravement endommagées ; sur une table émaillée, deux images en argent n'avaient plus de tête ; deux reliquaires, en forme de poisson, n'avaient plus de queue ; des reliquaires en cristal étaient en partie brisés ; un Epistolier et un Evangéliaire n'ont plus les loquets d'argent qui servaient à les fermer, et souvent l'inventaire indique que diverses pièces ont besoin de réparation.

A Saint-Pierre, en 1429, on signale l'absence d'un beau *flabellum* ou éventail pour chasser les mouches. De même, une tunique rouge à larges orfrois. Chez les Cordeliers, en 1627, un petit tableau de cuivre, enchâssé en ébène, est noté comme perdu.

En faisant le récolement du trésor, on remarquait les objets manquants ou détériorés, et l'on s'occupait de les remplacer ou de les faire réparer. On en trouve plus d'une fois la preuve en marge des inventaires, où est inscrite la mention : « Fuit reparatus. » Les visites épiscopales ou capitulaires avaient le même avantage. C'est ainsi que, le 8 janvier 1536 (v. st.), les délégués du Chapitre de la Cathédrale, en visitant l'hôpital Saint-Nicolas, apprirent qu'un calice avait été remis en gage, pour 27 livres tournois, à Jean Pillaveine, vicaire de la Cathédrale, curé de Saint-Léger près Troyes, et prescrivirent de le retirer [1].

---

[1] Arch. de l'Aube, G. 1345, fol. 36, r°.

VI. — Malheureusement, quelle que fût la sollicitude des trésoriers et des sacristes, les trésors des églises et des couvents eurent à subir, dans le cours des siècles, les vicissitudes les plus diverses.

Le grand incendie qui dévora, en 1188, une moitié de la ville de Troyes, fut particulièrement désastreux pour la Cathédrale, Notre-Dame-aux-Nonnains et l'église encore toute neuve de Saint-Etienne, qui furent réduites en cendres et perdirent la plus grande partie de leurs richesses. Bientôt relevées de leurs ruines, ces trois églises ne tardèrent pas à voir leurs trésors se reformer avec une magnificence plus grande qu'auparavant; mais un violent ouragan, en 1228, détruisit encore une partie des objets précieux de la Cathédrale, en particulier la châsse de sainte Hélène. Le grand incendie de 1700 causa une panique effroyable; on craignit que la Cathédrale ne fût tout entière la proie des flammes, et l'on transporta en toute hâte, au couvent de la Congrégation, le Saint-Sacrement, avec les reliquaires, l'argenterie et tous les ornements.

D'autres causes que les incendies contribuèrent à diminuer la richesse de nos trésors. Quelquefois, dans les besoins pressants de l'Etat, on faisait main-basse sur les objets les plus précieux, soit pour les mettre en gage, soit même pour les vendre. Déjà, nous avons vu, dans les Capitulaires de Charles-le-Chauve, le roi abandonner aux Normands une partie des trésors des églises et des monastères[1]. En 1223, Thibaut IV, comte de Champagne, emprunta la table et la croix d'or de Saint-Etienne, pour les mettre en gage entre les mains de l'abbé de Saint-Denis, qui lui avança 2.000 livres parisis; il est vrai que, les temps étant devenus meilleurs, il les retira et les restitua[2]. En 1360 et 1361, pour payer la

---

[1] V. supra, p. IX.

[2] D'Arbois de Jubainville, *Hist. des Comtes de Champagne*, t. IV, p. 841, et t. V, p. 198 et 230.

rançon du roi Jean II le Bon, la Cathédrale vendit plusieurs reliquaires ; et la table d'or de Saint-Etienne, évaluée mille florins d'or, fut enlevée par le sire Robert de Fiennes, connétable de France, et par Jean de Châlons, gouverneur de Champagne[1]. De même, en 1525, pour la rançon de François I[er][2], la Cathédrale dut se défaire encore d'une partie de ses reliquaires, et Saint-Etienne dut vendre le calice et la patène d'or de S. Martin[3]. En 1551, Henri II exigea une cotisation de vingt livres, l'un portant l'autre, sur les joyaux de chaque église du diocèse de Troyes. Sous Charles IX, les chanoines de Saint-Urbain, obligés de payer au roi une taxe de plus de 600 livres, et n'ayant pas les ressources nécessaires, durent vendre une partie des objets précieux du trésor, pour la somme de 572 livres[4]. A la même époque, en 1576, le Chapitre de la Cathédrale décida de vendre les chàsses précieuses pour le service du roi, et de les remplacer par des châsses de bois. Les joyaux et les pierres précieuses furent proposés à un lapidaire de Paris et vendus au duc de

---

[1] Cette table d'or, couverte de bas-reliefs et enrichie de pierreries, servait de parement au maître-autel. Il est assez étrange qu'elle ne soit pas mentionnée dans l'inventaire de 1319.

[2] François Ier avait déjà pillé la basilique de Saint-Martin de Tours, en 1522, pour soutenir la guerre. (Lecoy de la Marche, *Saint Martin*, 1881, p. 453.)

[3] « On y voit (à Saint-Etienne) une patène faite sur le modèle de l'ancienne patène de S. Martin, qui était creuse et d'or, laquelle fut vendue avec son calice d'or, pour la rançon de François Ier. » (Martène et Durand, *Voyage littéraire*, t. I, p. 90.)

[4] « Charles IX fit fondre jusqu'aux chàsses et aux reliquaires, pour subvenir aux frais des guerres de religion qui ensanglantaient le pays. J'ai la preuve de ce fait curieux et peu connu dans une lettre originale, signée de Charles IX, au gouverneur de la Normandie. » (Leber, *Essai sur l'appréc. de la fortune privée au moyen-âge*, p. 28.)

Piney, en 1581-1582[1]. Sous Louis XIV, Louvois fit
étendre aux églises l'édit de décembre 1689, qui prescrivait aux particuliers d'envoyer leur argenterie à la
Monnaie, et il expédia, le 22 février 1690, une circulaire
aux évêques, pour les inviter à faire convertir en espèces
« l'argenterie superflue des églises ». Un de ses motifs
était « que l'on éviterait, par ce moyen, plusieurs sacri-
lèges qui arrivent souvent dans les églises par l'espé-
rance qu'ont les voleurs qui y entrent d'y trouver de
l'argenterie[2] ». A cette époque, les communautés de
métiers furent obligées de venir en aide au roi ; la
communauté des imprimeurs de Troyes, taxée à 1.200
livres de contribution, dut vendre, en 1694, toute
l'argenterie de la chapelle qu'elle avait à Saint-Jacques-
aux-Nonnains : calice, burettes, bassin, boîte à mettre
le pain à chanter, garniture d'argent d'une statue de
saint François. Elle vendit même le missel et le canon
de la messe[3].

En 1759, pour subvenir aux dépenses de la guerre de
Sept-Ans, Louis XV provoqua également la fonte de
l'argenterie, mais en ne demandant cependant que des
offrandes volontaires. C'est alors que fut portée à la
Monnaie la table d'or de Sens, ainsi qu'un grand candé-
labre en argent donné par Anne d'Autriche à Notre-
Dame de Paris, et les beaux chandeliers en argent exé-
cutés pour la même église par l'illustre orfèvre Ballin.

Les guerres, surtout la guerre de Cent-Ans et les
guerres du XVIᵉ siècle, mirent souvent les églises dans
la nécessité de déplacer leurs trésors, pour les sous-

---

[1] Arch. de l'Aube, G. 1287, 1288 et 1289. — Les reliques restaient
ainsi sans reliquaires, et l'on voit, par les comptes de la Cathédrale
de 1588-89, que le Chapitre fit faire, pour les mettre, une petite
châsse d'argent.

[2] C. Rousset, *Hist. de Louvois*, t. IV, p. 377-379.

[3] A. Babeau, *Imprimeurs, libraires et relieurs troyens d'autrefois*,
dans l'*Annuaire de l'Aube* de 1884, p. 23.

traire à des déprédations inévitables. En 1418, sous
Charles VI, deux ans avant le malheureux traité de
Troyes, le Chapitre de Lirey confia ses reliquaires à
Humbert de la Roche, seigneur de Lirey, qui les mit en
sûreté dans son château de Montfort[1]. En 1544, les
troupes de Charles-Quint ayant envahi la Champagne
et s'étant emparées de Saint-Dizier, le trésor de la
Cathédrale fut envoyé à Sens[2], et des commissaires du
Chapitre se rendirent à Sainte-Syre, le 1er juillet 1544,
pour enlever la châsse de la sainte[3]. La même année,
les religieux de Saint-Loup, avec la permission de
l'évêque Odard Hennequin, leur premier abbé commendataire, firent transporter leurs reliquaires, vases sacrés,
ornements et titres, dans le même lieu de sûreté où le
Chapitre de Saint-Euverte d'Orléans avait transporté
son trésor[4]. En 1576, le Chapitre de la Cathédrale dut
prendre une précaution semblable sous Charles IX, à
cause des guerres de religion[5], et, deux ans plus tard,
sous l'épiscopat de Claude de Bauffremont, on retira
d'un caveau de la tour de la Cathédrale les châsses des
saints, qui y avaient été cachées pour les soustraire aux
fureurs des Calvinistes[6]. On comprend que, dans ces
déménagements presque toujours précipités, les joyaux
et les ornements devaient facilement se perdre ou s'en-
dommager[7].

---

[1] V. infra, p. 263 et 264.

[2] Arch. de l'Aube, G. 1598. — Le trésor, emmené le 6 juillet, ne
fut ramené à Troyes que le 18 septembre. (Boutiot, *Hist. de
Troyes*, t. III, p. 389.)

[3] *Ibid.*, G. 1283.

[4] V. infra, p. 92-94.

[5] Arch. de l'Aube, G. 1288.

[6] Arnaud, *Voy. archéol.*, p. 153.

[7] A Clairvaux, en septembre 1635, à cause des troubles et
dangers de la guerre, les reliquaires furent cachés « en un lieu
d'asseurance » jusqu'en mars 1640, et l'humidité du lieu où ils
étaient enfermés réduisit en poussière les écriteaux des reliques.
(Lalore, *Trésor de Clairvaux*, p. 104. — Id., *Mélanges liturgiques*,
2e série, p. 84.)

Les vols non plus n'étaient pas absolument rares. Une note de l'inventaire de Sainte-Madeleine, en 1535, signale le vol d'un bassin d'airain (n° 1503). Au mois de janvier 1552, on vola la coupe de l'église Saint-Nicolas avec les hosties qu'elle contenait. L'un des voleurs, l'orfèvre Eutrope Griveau, ayant été découvert, fit amende honorable, une torche à la main, devant la Cathédrale, et subit ensuite le supplice du feu sur le marché au blé[1]. Dans la nuit du 1er janvier 1557, un voleur prit, dans l'église Saint-Aventin, des calices, une croix d'argent, des chapes, et divers autres objets[2]. Mais on connaît surtout le vol célèbre dont fut victime le trésor de Saint-Urbain, en 1565. Le 12 janvier, une bande de voleurs, ayant pour chef l'orfèvre Colin Simonnet, enleva une croix-reliquaire d'or, une autre croix très-belle, un calice et une coupe d'argent. Un mois plus tard, tous les reliquaires d'argent furent volés, les reliques seules furent laissées sur le maître autel. Ce ne fut que neuf ans plus tard, en 1574, que les voleurs furent découverts, grâce à l'orfèvre Jean Breyer, et condamnés au dernier supplice[3]. N'oublions pas de rappeler le vol considérable qui fut commis à Saint-Etienne, en 1582, sur le magnifique mausolée du comte Henri[4].

Les églises faisaient aussi des cadeaux avec les objets précieux qu'elles possédaient. Peu de temps après que la collégiale de Saint-Etienne avait perdu sa table d'or pour la rançon du roi Jean, Charles V, passant à Troyes en 1367, admira la beauté de la croix d'or donnée par le comte Henri 1er, qui faisait alors la principale

---

[1] Duhalle, t. II, p. 428 et 429.

[2] Em. Socard, *L'église Saint-Aventin de Troyes.* Troyes, Bouquot, 1858, in-8°, p. 7.

[3] Courtalon, *Topogr. histor.*, t. II, p. 162. — Duhalle, t. II, p. 331. — *Journal* de Poncelet Meusnier, bourgeois de Troyes, Bibl. nat., collect. de Champagne, vol. 61, fol. 88, r°.

[4] Lalore, *Obituaires*, p. 310.

richesse de l'église. Le Chapitre n'osa pas la lui refuser, et le roi la fit mettre au trésor de la Sainte-Chapelle[1], en la payant deux mille écus d'or.

La nécessité obligeait souvent les églises à vendre une partie de leurs joyaux. Quelquefois, en marge des inventaires on rencontre la mention : « Venditus ». Rappelons, pour ne citer qu'un fait célèbre entre tous, qu'en 1778, le Chapitre de la Cathédrale fit vendre, au prix de 1200 livres, pour payer ses dettes, le remarquable tombeau en bronze de l'évêque Hervée.

D'autres fois, on faisait fondre plusieurs objets d'argenterie, pour en faire d'autres. Ainsi, à Saint-Pierre, l'inventaire de 1611 indique deux calices d'argent (n⁰ 652 et 655), qui ont été fondus pour aider à faire deux petits encensoirs d'argent. Chez les Cordeliers, une note ajoutée à l'inventaire de 1527 nous apprend que l'argent d'une châsse a été appliqué à la grande croix (n⁰ 1411). Une autre note de l'inventaire de 1627 indique trois boîtes d'argent qui ont servi à faire une petite croix (n⁰ˢ 2782 et 2807). Il y a, dans l'inventaire de Saint-Jean de 1562, trois tasses d'argent qui, d'après une note, furent converties, trois ans plus tard, en six coupes d'argent doré, probablement pour servir à la postcommunion des fidèles (n⁰ˢ 2607 et 2611). Dans l'inventaire de Sainte-Madeleine, en 1535, nous voyons qu'un grand calice d'argent a été converti, en 1554, en deux tasses à postcommunier (n⁰ 1500) ; dans celui de 1595, il est dit que les marguilliers ont remis, en 1559, quatre calices d'argent à l'orfèvre Alain Lespeuvrier, de Troyes, pour faire une statue d'argent de saint Quirin (n⁰ 1556). A Saint-Etienne, l'inventaire de 1700 indique un soleil d'argent (n⁰ 489), qui fut fondu pour contribuer à faire la lampe d'argent du maître-autel. A Saint-Pierre, quand le Chapitre fit faire, en 1772, un nouveau reliquaire pour la relique de

---

[1] Courtalon, *Topogr. histor.*, t. II, p. 149.

la vraie croix, on retira du trésor une couronne d'or, qui fut fondue pour servir au reliquaire[1].

VII. — La Révolution française vint détruire entièrement, ou peu s'en faut, tous les trésors des églises de France. A peine si de rares épaves ont échappé à ce désastre universel.

Nous ne voulons pas refaire jour par jour cette douloureuse histoire. Qu'il suffise de dire que toute l'argenterie des églises fut portée à l'hôtel des Monnaies[2], conformément à la délibération prise le 29 septembre 1789 par l'Assemblée nationale, et que les objets les plus précieux de nos divers trésors, ayant été transportés à la Cathédrale en 1792, y furent brisés et brûlés dans les nuits des 22 et 23 janvier 1794[3]. Beaucoup de reliques, en particulier celles de sainte Mâthie et de sainte Hélène, furent jetées au feu. Les autres, mises pêle-mêle dans une balle, furent transportées à la maison commune. Cinq caisses de débris d'or, d'argent et de cuivre, envoyées à la Convention, contenaient : la première, 21 marcs 2 onces d'or ; la seconde, 512 marcs 3 onces d'argent doré ; la troisième, 402 marcs d'argent ; la quatrième, 620 livres de cuivre doré ; la cinquième, 870 livres de cuivre ordinaire [4].

---

[1] Secrétariat de l'Évêché, *Reg. du Chapitre*, 1769-1781, p. 69.

[2] Arch. de l'Aube, 1 Q, 336, *Invent. du mobilier des églises dans l'arrond. du district de Troyes*.

[3] Babeau, *Hist. de Troyes pendant la Révolution*, t. I, p. 398, 404, 429, et surtout t. II, p. 134, 236-245. — Cfr. Coffinet, *Origine des parcelles de la vraie Croix au trésor de la Cathédrale de Troyes*, dans les *Mém. de la Soc. Acad. de l'Aube*, t. XIX, 1855, p. 212.

[4] *Délib. municip. du 5 pluviôse an II*. — A cette date, voici l'Etat des métaux qui avaient été déjà envoyés à la Monnaie par le Directoire du district de Troyes, provenant tant des églises et maisons religieuses que d'émigrés et de confiscations :

Les seuls objets épargnés furent, d'après la déclaration même du principal coupable, l'orfèvre Rondot fils : un certain nombre de pierres précieuses, les seize émaux de la châsse de Saint-Loup, deux vases de bronze émaillé en bleu, un enfant doré, une statuette de Saint-Loup en cuivre doré, haute de 13 à 14 pouces, trois aumônières des comtes de Champagne, un coffret d'ivoire, le psautier du comte Henri, et quelques autres fragments des reliquaires brisés. Ainsi, de toutes les merveilles dont pouvaient s'enorgueillir les églises de Troyes, voilà ce qui restait : deux objets du trésor de Saint-Etienne, deux du trésor de Saint-Loup, un du trésor de la Cathédrale, des pierres précieuses, toutes choses qui, n'ayant sur le moment aucune valeur matérielle ou vénale, durent à cet unique motif de n'être pas détruites ou vendues.

Déposés au trésor de la maison commune, ces débris y restèrent oubliés pendant près de deux ans ; mais, le 20 ventôse an IV (10 mars 1796), sur l'ordre du ministre des finances, un nouvel inventaire en fut dressé par les orfèvres Guillaume, Vandenbosche, Clausel et Ryembault[1]. A la suite de cet inventaire, les objets sauvés du

---

Or......................		5 onces.	
Vermeil................	580 marcs,	7 onces,	6 gros.
Argenterie.............	2383 marcs,	7 onces,	1 gros.
Cuivre... 11971 livres.	»	»	»
Galon..................	2061 marcs.	»	»
Cloches.. 2930 livres.	»	»	»

Il reste encore au dépôt du district environ 60.000 livres de cloches, plus de 100.000 livres de fers, plus de 36.000 livres de plomb, et plus de 10.000 livres d'étain. *(Journal du dép. de l'Aube, du 4 pluviôse an II, 23 janvier 1794).*

Le marc de France était de huit onces ; il équivalait à 245 gr. 50, soit presque une demi-livre.

[1] Cet inventaire a été publié par M. Julien Gréau, *Notice sur les collections du Musée de Troyes,* Introd., p. XXXIII-XXXVI. — V. *Arch. de l'Aube,* 1 Q, 336, *Invent. du mobilier des églises dans l'arrond. du district de Troyes.*

désastre furent remis à l'administration du département, qui les fit déposer dans les bâtiments de Notre-Dame-aux-Nonnains. Ils y restèrent jusqu'à la nomination de M. Bruslé de Valsuzenay à la Préfecture de l'Aube.

Grâce au nouveau Préfet, le Trésor de la Cathédrale rentra en possession, le 12 août 1807, de ces précieuses reliques du passé. L'orfèvre Clausel, qui en fit l'évaluation, n'y attachait pas grande valeur ; il estima 9 francs le coffret d'ivoire qui est encore aujourd'hui au trésor de la Cathédrale, 15 francs les nombreux émaux provenant des tombeaux des comtes de Champagne, 48 francs les seize magnifiques émaux qui représentent la vie de saint Loup. Les pierres gravées lui semblèrent avoir un peu plus de valeur, mais il ne jugea pas même à propos d'estimer le Psautier du comte Henri, ni les aumônières des comtes de Champagne [1].

Depuis ce temps, plusieurs objets inscrits à l'inventaire du 20 ventôse an IV ont encore disparu. En particulier, un bas-relief de l'ancien chef de saint Loup fut donné, le 28 avril 1812, à l'orfèvre Cardinaël, en paiement du travail qu'il avait fait pour orner trois évangéliaires, le premier de pierres gravées, le second de plaques de vermeil enrichies de cabochons, le troisième d'un encadrement d'argent. Ainsi encore, en 1820, un grand nombre de camées, cornalines gravées et pierres précieuses, furent vendus la somme de dix mille francs, et s'en allèrent en grande partie, dit-on, enrichir le musée impérial de l'Ermitage, à Saint-Pétersbourg [2].

Heureusement, la Fabrique avait fait garnir un texte, en 1812, d'un encadrement de vermeil dans lequel on enchâssa 52 pierres gravées, et d'un losange central orné de 18 autres intailles ; dans ce losange, 10 pierres, dont quatre sont gravées, forment un cercle autour

---

[1] Le Brun-Dalbanne, *Les pierres gravées du trésor de la Cathédrale de Troyes*. Paris, Rapilly, 1880, in-8°, p. 23-24.

[2] Id., *Ibid.*, p. 25-26.

de deux émaux cloisonnés, extrèmement remarquables, représentant l'ange et l'aigle symboliques. Grâce à cet emploi, 73 intailles[1] et une cornaline sculptée échappèrent à la vente faite en 1820. Quatre autres ont trouvé place sur la couverture d'un second texte[2], deux ou trois autres n'ont pas été employées, et c'est tout ce qui reste aujourd'hui, en fait de pierres gravées, au trésor de la Cathédrale, avec une douzaine de fragments de très petite dimension. D'après M. Le Brun-Dalbanne, qui a fait le compte exact des pierres gravées ou sculptées du trésor de Saint-Etienne, mentionnées par le chanoine Hugot dans son inventaire de 1704, ces pierres étaient au nombre de 180 ; il y en avait environ 120 au trésor de Saint-Pierre, et le comte de Caylus estimait à 300, en 1760, le nombre des pierres taillées en creux ou en relief dans les deux trésors[3]. Il y a donc plus de 200 pierres gravées ou sculptées qui ont disparu, soit dans la tourmente révolutionnaire, soit dans la vente faite en 1820[4].

En somme, de toutes les richesses qui composaient, en 1789, les trésors de nos églises, il reste actuellement au trésor de la Cathédrale :

1° Le Psautier du comte Henri[5], écrit en lettres d'or

---

[1] Sur ces 73 pierres gravées, il y a 63 cornalines, 5 pierres vertes, 4 bleues et une violette.

[2] La plus grosse, placée en haut de l'encadrement, à gauche, est une améthyste ; les trois autres, deux vertes et une blanche, sont dans le cercle qui est au milieu du losange central, et où sont renfermés deux autres émaux cloisonnés, le lion et le bœuf.

[3] Caylus, *Rec. d'Antiq. grecques et romaines*, t. V, p. 143.

[4] Le Brun-Dalbanne, *ubi supra*, p. 9.

[5] Ce Psautier, petit in-4° sur vélin, est du ixe siècle. M. Harmand l'a décrit avec soin dans son *Cat. des mss. de la Bibl. de Troyes*, p. 1012-1014. M. Gaussen a reproduit, dans son *Portefeuille archéol.* (ch. 3, *Peintures diverses*, pl. 4), une miniature curieuse, représentant David et le prophète Nathan, qui se trouve au fol. 41, v°. On peut voir une bonne description de cette miniature dans le *Catal. des mss.* de M. Harmand. — La riche couverture du Psautier a été arrachée pendant la Révolution, et il n'en reste plus même un débris.

sur vélin ; deux anciens Evangéliaires [1], et un Pontifical de Saint-Loup [2] ;

2° Les trois aumônières des comtes de Champagne [3] ;

3° Quatre émaux cloisonnés, de toute beauté, représentant les quatre animaux évangéliques, placés sur la couverture des deux textes ;

4° Quatre-vingt-cinq fragments d'émaux, dont un cloisonné et les autres champlevés, sur plaques de cuivre doré, provenant, pour la plupart, des tombeaux des comtes de Champagne. Quelques-unes de ces plaques, qui sont rectangulaires, garnissaient les plates-bandes du tombeau du comte Henri. Parmi les autres, qui ornaient le monument de Thibaut III, une partie sont en forme de segments de cercle et garnissaient la plate-bande des

---

[1] L'un de ces Évangéliaires, in-folio sur vélin, est de la fin du IXe ou du commencement du Xe siècle. L'autre, in-4° sur vélin, est du Xe siècle. Ils sont décrits par M. Harmand (*Catal. des mss.*, p. 1014-1015). Le premier, sur lequel prêtaient serment l'évêque, le doyen et les chanoines, lors de leur installation, est revêtu d'une couverture en étoffe ancienne, fort usée, où l'on voit des lions et des griffons. Le dessin de cette étoffe, jaune sur fond clair, a été reproduit par M. Gaussen *(Portef. archéol.*, ch. 4, *Textrine*, pl. 8); et M. d'Arbois de Jubainville, qui attribue le manuscrit au XIIe siècle, pense que l'on peut dater la couverture de la même époque. (*Ibid.*, p. 3).

[2] Ce Pontifical, du XIIe siècle, in-folio sur vélin, avait servi aux évêques de Troyes pendant 400 ans au moins avant d'appartenir à l'abbaye de Saint-Loup (Harmand, *Catal. des mss.*, p. 1015). Il a été acheté par Michel Sémilliard, le 10 décembre 1791, lors de la destruction de l'abbaye.

[3] Arnaud, *Voy. arch.*, a décrit et reproduit ces aumônières (p. 35-36). — Le Brun-Dalbanne, *Le trésor de la Cath. de Troyes*, § 6, *Aumônières des comtes de Champagne*, dans les *Mém. de la Soc. Acad. de l'Aube*, t. XXVIII, 1864, p. 67-76. — M. Gaussen a reproduit l'aumônière à médaillons octogones dans son *Portef. archéol.*, ch. 4, *Textrine*, pl. 12; et M. d'Arbois de Jubainville, qui en a fait la description, pense que, malgré la tradition qui la fait remonter aux comtes de Champagne, elle pourrait bien n'être pas antérieure au XIVe siècle (*Ibid.*, p. 4).

arcades en plein cintre qui étaient figurées sur les quatre faces du tombeau; une autre partie, de forme circulaire ou demi-circulaire, représentant des scènes de l'Ancien et du Nouveau Testament, des prophètes et des apôtres, étaient alternées, sur les plates-bandes du monument, avec des ornements ciselés[1]. — On peut ajouter à ces plaques une baguette de cuivre émaillé et un certain

---

[1] Le Brun-Dalbanne, *Essai sur le symbolisme de quelques émaux du Trésor de la Cathédrale de Troyes. (Mém. de la Soc. Acad. de l'Aube*, t. XXVI, 1862, p. 253-273.)

Il décrit : 1° les 4 émaux cloisonnés, représentant les attributs des quatre Evangélistes;

2° Une plaque de cuivre cloisonné, représentant des entre-lacs fleuronnés;

3° 3 plaques d'émail champlevé, provenant probablement des tombeaux des comtes de Champagne;

4° Un émail champlevé représentant S. Pierre portant les clefs de la main droite et un livre de la main gauche.

5° Enfin, 4 émaux champlevés sur plaques en demi-cercle, qu'il explique en disant que le premier représente Elie et la veuve de Sarepta; le second, l'immolation de l'agneau pascal et l'inscription du *Tau* sur les portes des Hébreux; le troisième, le miracle de l'eau jaillissant du rocher dans le désert; et le quatrième, Dieu chassant Adam et Eve du Paradis terrestre.

Cette dernière plaque est expliquée tout autrement par M. Didron, qui y voit la Terre personnifiée, tenant une bêche de la main gauche, et embrassant de la main droite deux jeunes enfants, symbole de sa fécondité. (*Ann. archéol.*, 1858, t. XVIII, p. 239.) M. Le Brun-Dalbanne s'est rallié à cette dernière interprétation, en 1864, dans sa notice sur le *Trésor de la Cath. de Troyes. (Mém. de la Soc. Acad. de l'Aube*, t. XXVIII, 1864, p. 46.)

Dans cette dernière notice, sous ce titre : *Emaux détachés* (p. 43-48), sont brièvement décrits un plus grand nombre d'émaux que dans l'*Essai* de 1862.

Plusieurs de ces émaux ont été reproduits par M. Gaussen, dans le *Portef. archéol.*, chap. *Emaux*. Ce sont : Melchisédech et deux Evangélistes (pl. 17, n. 2-4); des rinceaux et des palmettes (pl. 17, n. 5 et 6; pl. 17 *bis*, n. 1-9); saint Pierre (pl. 19, n° 1); et six émaux en demi-cercle, représentant des scènes de l'Ancien-Testament (pl. 19, n. 2-7).

nombre d'émaux qui ont été appliqués sur la châsse de saint Bernard ;

5⁰ Les deux coffrets en ivoire rapportés de Constantinople par le chapelain de Garnier de Traînel, en 1209 ; un troisième, en émail de Limoges[1]; et un autre en bois, recouvert d'étain travaillé, donné, dit-on, par la reine Blanche de Castille au comte Thibaut IV ;

6⁰ Les pierres gravées dont nous avons parlé plus haut ;

7⁰ Un certain nombre de pierres précieuses ;

8⁰ Les seize émaux de l'ancien chef de Saint-Loup[2];

9⁰ Une petite statuette de saint Loup, en cuivre doré.

La Bibliothèque de Troyes possède, en outre, deux manuscrits précieux, qui sont deux monuments historiques : l'un est l'Evangéliaire de Notre-Dame-aux-Nonnains, du XIIᵉ siècle, sur lequel les évêques de Troyes prêtaient serment lors de leur prise de possession[3]; — l'autre est le texte des évangiles qui fut offert à l'abbaye de Saint-Loup par Henri-le-Libéral, en souvenir de la naissance

---

[1] M. Le Brun-Dalbanne a décrit ces coffrets dans le *Portef. archéol.* de Gaussen, ch. 12, *Mobilier civil et religieux*, p. 3-16, et il a reproduit cette description dans son *Trésor de la Cath. de Troyes*, § 5, *Coffrets* (ubi supra, p. 58-67). — M. Gaussen a reproduit celui de ces coffrets qui est garni d'ivoire (ch. 5, *Sculpture sur bois et sur ivoire*, pl. 7), et une des faces, en émail champlevé de Limoges, d'un autre coffret, où sont représentées les vertus de douceur, *mansuetudo*, de tempérance, *sobrietas*, d'économie, *parsymonia*, et de charité, *caritas. (Ibid., Emaux*, pl. 17, n⁰ 1.) — Il n'a pas reproduit le coffret d'ivoire teint en pourpre, où est représentée une chasse de l'empereur de Constantinople, sans doute parce qu'il avait été minutieusement décrit et reproduit en grandeur naturelle par Arnaud, *Voy. archéol.*, p. 184-185.

[2] Le Brun-Dalbanne, *Notice sur la châsse de saint Loup de Troyes*, Paris, Impr. impér., 1863.

[3] Harmand, *Catal. des mss.*, n. 2251, p. 913. — Il reste une des couvertures, datant certainement du XIVᵉ siècle, qu'on peut admirer dans une des vitrines de la Bibliothèque de Troyes.

de son fils Henri II. Ce texte, petit in-folio sur vélin, a malheureusement perdu sa splendide couverture, où l'on voyait le jeune prince offrir un livre à saint Loup. Cette couverture, enlevée en 1641 par les religieux pour orner un évangéliaire imprimé, a dû être détruite à la Révolution. Le texte a été donné à la Bibliothèque de Troyes par M. l'abbé Coffinet, chanoine [1].

§ III.

Reliques.

I. — De toutes les richesses des églises, celles qu'appréciait le plus la dévotion des fidèles étaient assurément les saintes reliques. Il nous est impossible d'entrer ici dans aucun détail à ce sujet ; mais, pour s'en faire une juste idée, il faut lire les chroniqueurs du moyen-âge, et voir quelle place tenaient les saintes reliques dans la vie individuelle et sociale de cette époque.

Dans les anciens inventaires, les reliques portent souvent le nom de *sanctuaria, sainctuaires,* pour rappeler que ce sont les restes précieux des saints [2].

D'autres fois, le nom de *sanctuaria* désignait, non les reliques, mais les reliquaires [3].

Le nom même de *reliquaires* servait aussi, surtout

---

[1] Voir *Catal. des mss. de la Bibl. de Troyes*, n° 2275, p. 926-927. — Cfr. Harmand, *Notice sur la Bibl. de Troyes*, 1844, p. 36-38.

[2] V. infra, *Inv. de N.-D.-aux-Nonnains*, en 1343, n. 999 et 1033. — Cfr. Ducange, v° *Sanctuaria*. — S. Grégoire le Grand employait déjà ce mot pour désigner les saintes reliques : « Sanctuaria suscepta, écrivait-il à Castorius, évêque de Rimini, cum reverentia collocabis. » (*Epist.* l. II, ep. 12, alias 9. Migne, Patr. lat., t. LXXVII, col. 549).

[3] *Inv. de Saint-Loup*, en 1555, p. 95.

du xve au xviie siècle, à désigner les saintes reliques. A Lirey, en 1418, on trouve « ung vaissel d'argent, ouquel a reliquaire de sainct Laurent (n. 2232). » En 1514 à l'Hôtel-Dieu-le-Comte, en 1523 à Notre-Dame-en-l'Isle, le mot *reliquaire* est couramment employé au sens de relique [1]. Il en est encore de même dans l'inventaire de Saint-Pierre en 1611 et en 1700 [2].

Souvent, du reste, ce mot recevait, dans la même phrase ou à quelques lignes de distance, la double acception de relique et de reliquaire. On en trouve des exemples dans les inventaires de Lirey en 1418, de l'Hôtel-Dieu en 1514, de Notre-Dame-aux-Nonnains en 1538, de Saint-Pierre en 1611 [3].

II. — Le diocèse, et particulièrement la ville de Troyes, possédaient un trésor de reliques d'une richesse inouïe. Dans sa relation en vers du passage de Charles VIII à Troyes, en 1486, le papetier N. Lebé, notre compatriote, disait avec raison que « Troyes est de corps saints adornée, » et il énumérait les insignes reliques des saintes Hélène, Mâthie, Hoïlde, Maure, Savine et Syre, « et plusieurs aultres qu'à Troyes on honore. [4] »

Au commencement du xviie siècle, un autre faiseur de vers, Pierre Grognet, prêtre, né à Toucy (diocèse

---

[1] N. 2892-2894 ; — 1387-1392. — On en pourrait citer beaucoup d'autres exemples dans nos inventaires du xvie siècle.

[2] N. 691 et 697 ; — 2443.

[3] N. 2232 et 2234 ; — 2892-2904 ; — 1107 ; — 691.

[4] Apud Grosley, *Mém. hist. et crit. pour l'hist. de Troyes*, 1812, t. II, p. 606-607.— Cette longue pièce de vers de Lebé a été analysée dans le *Cérémonial françois*, par Godefroy (Paris, Cramoisy, 1649, in-folio, t. I, p. 675-680), à qui notre Camuzat l'avait communiquée. — V. aussi Assier, *Entrée du roy Charles VIII en la ville de Troyes*, dans le *Bibliophile du dép. de l'Aube*, XIIe liv., 1874

d'Auxerre), célébrait également les nombreuses reliques honorées dans les églises de Troyes [1].

Nous aurions aimé à donner ici, dans un tableau d'ensemble, la liste de toutes les reliques de Notre Seigneur, de la Sainte Vierge, des Patriarches et des Prophètes, des Apôtres et autres personnages évangéliques, des saints du diocèse de Troyes, et de tous les autres saints et saintes qui figurent dans nos inventaires. Mais cette liste a des dimensions telles que, pour ne pas allonger outre mesure cette introduction, nous avons dû renoncer à la publier [2]. Il sera, du reste, facile d'y suppléer en parcourant la table, où tous les noms de saints sont

---

[1] A Sainct Pierre est le corps, comme l'on voict,
De saincte Helaine, à qui Dieu bien prevoit.
Le corps aussi est de saincte Mastie
En cedit lieu, si qu'on ne s'en oublie.
A Sainct Estienne est le corps sainct Oylde ;
Et les abbés, dans la cité non vuyde
De maints corps saincts, sont saincts Loup et Martin.
. . . .
Autour de Troys sont beaux faubourgs, et riches,
Forts et puissants, et n'y sont les gens chiches.
Plusieurs corps saincts là sont, faisant miracles
Aux oraisons des malades et oracles.
Et memement madame saincte Cyre
Est pres de là, qui tant faict, par vrai dire,
Signes patents qu'on voit, ung chacun jour,
Miracles faits, dont ont en doulx séjour
Gens graveleux, rompus et de la pierre,
Qui de maints lieux y vont pour la requerre.
Brief ung chacun y trouve allegement,
Comme l'on voit. Qui le dit point ne ment.

(Pierre Grognet, *La louange et description de plusieurs bonnes villes et cités du noble royaume de France*, 1533 ; — reproduit en partie dans *l'Annuaire de l'Aube*, 1852, p. 10 et 11).

[2] Elle comprendrait environ 450 indications de reliques. Sur ce nombre, plus de soixante se rapportent à Notre Seigneur et à la Sainte Vierge ; les autres, près de 400, proviennent de plus de deux cents saints et saintes.

imprimés en un caractère spécial, qui permet de les reconnaître au premier coup d'œil[1].

On pourra s'étonner de ne trouver, dans cette liste, aucune relique de plusieurs de nos saints, en particulier de saint Parres et de saint Victor. — Les reliques de saint Parres étaient en si grande vénération au xe siècle que l'archevêque de Cologne, S. Brunon, ne voulut pas d'autre récompense pour avoir rétabli l'évêque de Troyes, Ansegise, sur son siège épiscopal. Il emporta donc à Cologne, en 960, et ensuite à Sœst, en Westphalie (963), une partie considérable de ces saintes reliques[2]. Le reste, et notamment le chef, demeura dans l'église de Saint-Parres-aux-Tertres, près Troyes. — Les reliques de saint Victor, très célèbres aussi au moyen-âge, étaient conservées dans l'abbaye de Montiéramey. — Il est étonnant que nos églises de Troyes n'aient pas essayé de s'enrichir de quelqu'une de ces reliques précieuses.

L'absence de toute relique de saint Bernard nous surprend aussi. Il est difficile de s'expliquer comment les comtes de Champagne et les évêques de Troyes, en relations si fréquentes avec Clairvaux, ne cherchèrent pas à en obtenir quelques parcelles. Il y avait pourtant une chapelle de Saint-Bernard dans la collégiale de Saint-Etienne, au commencement du xvie siècle, et, le 19 juin 1512, les religieux de Clairvaux accordèrent la

---

[1] De cette liste générale, nous détachons seulement les noms des Saints du diocèse, afin qu'il soit plus facile de les retrouver à la table des matières. Ce sont les saints Adérald, Amateur, Aventin, Berchaire, Blier, Bobin. Camélien, Flavit, Frobert, Leuçon, Liébault, Loup, Lupien, Melain, Paul, Phal, Potentien, Prudence, Robert de Molesmes, Savinien de Sens, Savinien de Troyes, Sérotin, Thibault, Urse, Vinebaud, — et les saintes Hélène, Hoïlde, Jule, Màthie, Maure, Savine, Syre et Tanche.

[2] Rotgerus, *Vita S. Brunonis*, apud Surium, die 11 octobris. — Cfr. Camuzat, *Promptuarium*, fol. 434-435; Lalore, *Probationes cultus sanctorum diœcesis Trecensis*, p. 8.

participation à tous leurs biens spirituels aux fidèles qui visiteraient cette chapelle [1].

Beaucoup de reliques s'égaraient ou disparaissaient, sans laisser de traces, dans le cours des siècles; on le voit par la comparaison des inventaires du xive, du xvie et du xviiie siècle : les derniers ont perdu beaucoup plus de reliques qu'ils n'en mentionnent de nouvelles.

Il est bon de noter aussi que souvent des noms de saints se déformaient en passant d'un inventaire dans un autre. Ainsi, l'inventaire de Saint-Etienne, en 1319, signale des reliques de saint Athanase, martyr, de saint Bénigne, de saint Colomban, de saint Nicodème, lesquels deviennent, dans la pancarte du xvie siècle, saint Anastase, sainte Bénigne, sainte Colombe et sainte Nicomède [2].

III. — De toutes nos églises, la plus riche en reliques était **Saint-Etienne**. Outre de nombreuses et très précieuses reliques de Notre Seigneur, de la Sainte Vierge, des Patriarches et des Prophètes, elle possédait : les *corps* de S. Altin, de S. Aventin, de Ste Hoïlde et de Ste Phanabarie, l'une des onze mille vierges; — des fragments du *chef* de Ste Catherine, de S. Etienne, de Ste Jule, de S. Loup de Sens, de Ste Marguerite et de S. Maurice; — le *cœur* de S. Démétrius, martyr; — une *épaule* de S. Paul, des fragments de l'épaule de S. Etienne; — un *bras* de S. Jean-Baptiste, de S. Jacques le Mineur, de S. Athanase martyr, de S. Lucinien, de S. Nivard de Reims, et des fragments du bras du prophète Elisée, de S. Etienne, de S. Etienne pape et martyr, de S. Laurent, de S. Maurice, de S. Pancrace, de S. Savinien, de S. Sixte et de S. Vincent; — une *côte*

---

[1] Arch. de l'Aube, *Saint-Etienne*, 6 G, I. — Lalore, *Probat. cultus*, p. 29.

[2] V. infra, n. 2347 et 2348.

d'un saint Innocent avec la chair et la peau, une de
S. Thomas, un fragment d'une côte du saint vieillard
Siméon, et une de Ste Hoïlde ; — un *doigt* de S. Clément
Romain ; — une *jointure* ou *phalange* de Ste Madeleine,
de Ste Marie Egyptienne et de S. Thomas ; — deux
grands *ossements* de S. Félix pape, un de S. Pantaléon
et de S. Urbain ; — une *dent* de Ste Madeleine, trois de
S. André, une de S. Barthélemy, de S. Chéron, de
S. Etienne, de Ste Geneviève, de S. Gilles, deux de
S. Lazare, une de S. Léger, de S. Médard, de Ste Patralie
et de S. Sylvestre ; — du *sang* de S. Etienne ; — un
morceau du *vêtement* et des *cheveux* de S. Jean-
Baptiste, des vêtements et des cheveux de Ste Madeleine, des cheveux de Ste Cécile et de Ste Marguerite ;
— des reliques et de l'or des saints Rois Mages ; — un
morceau de la croix de S. André ; — du voile de
Ste Agathe ; — de la chemise de S. Maurice ; — l'autel
portatif et la chasuble de S. Martin ; — le bâton, l'anneau
et des vêtements de S. Thomas de Cantorbéry ; — un
morceau du cilice de S. Thibault ; — etc., etc.

A Saint-Pierre, les reliques les plus notables
étaient, outre la vraie croix, les saintes épines, et
quelques autres souvenirs de Notre Seigneur et de la
Sainte Vierge : *de scutella Domini;* — un vase de porphyre qui aurait servi à la dernière Cène ; — un pouce et
une partie du cilice de S. Jean-Baptiste ; — les *corps* des
saints Camélien, Paul, Prudence et Urse, évêques de
Troyes, de S. Savinien, de Ste Hélène et de Ste Mâthie ;
— les *chefs* de S. Philippe, apôtre, et de S. Savinien ; —
une *côte* de S. Adérald, de S. Altin, de S. Laurent et de
S. Robert de Molesmes ; — un morceau du *bras* de
S. Georges ; — le *pied* de Ste Marguerite ; — une *dent* de
S. Pierre et une de S. Blaise ; — des *cheveux* de
S. André ; — un os de la tempe de Ste Hélène, mère de
Constantin ; — le rochet de S. Thomas de Cantorbéry.
— Une belle tapisserie de la Cathédrale, avec inscriptions

grecques, était d'un tissu d'or qui passait pour avoir été offert par les Mages à N. S. Jésus-Christ.

A Saint-Loup : les *corps* de S. Loup, de S. Camélien[1], de S. Evode, de S. Vinebaud; — les *chefs* de S. Loup, de S. Camélien, de S. Vincent, de S. Vinebaud, de Ste Vivance; — les deux *bras* de S. Loup, et des fragments notables des bras de S. Laurent, de S. Memmie et de S. Pantaléon; — une *côte* de S. Savinien de Sens; — le *gosier* de S. Blaise; — la ceinture de crin de S. Léger; — les vêtements pontificaux et l'autel de S. Loup.

A Notre-Dame-aux-Nonnains : du sang de Jésus-Christ; — un morceau de la ceinture de la Sainte Vierge; — les *chefs* de Ste Tanche, de Ste Varane et d'une des onze mille vierges; — une *côte* de S. Laurent et un fragment de côte de S. Guillaume; — un fragment du *bras* de S. Liébault; — quelques reliques de S. Benoît et de Ste Scolastique.

Nos inventaires signalent également de belles reliques dans les autres monastères. **A Saint-Martin-ès-Aires** : le bras de S. Jacques le Majeur; la majeure partie du corps de Ste Maure. — **A Notre-Dame-en-l'Isle** : du bras de S. Blaise, et un ossement, probablement du bras, de Ste Catherine. — **A Montier-la-Celle** : les corps de S. Bobain et de S. Melain, évêques de Troyes; de S. Frobert, de S. Phal et de Ste Savine. — **A Lirey** : un morceau considérable de la vraie Croix; la représentation du Saint Suaire; des cheveux et de la chemise de la Sainte Vierge; du doigt de S. Jean-Baptiste; d'une côte de Ste Anne; une dent de S. Pierre; du bras de S. Marc, de S. Etienne et de Ste Syre. — **A Larrivour** : une dent de S. Pierre; du bras droit

---

[1] Saint-Pierre et Saint-Loup croyaient posséder le corps de S. Camélien. Les deux églises en avaient sans doute des fragments assez considérables pour être vénérés sous ce nom.

de S. Paul; l'occiput de Ste Agnès; un ossement de
Ste Barbe et trois de Ste Syre; un bras de Ste Justine et
les deux bras de Ste Marguerite. — **Au Petit-Larrivour** : reliquiæ lacrymarum B. Mariæ virginis, quæ
induraverunt in lapide; le chef de S. Alexandre martyr,
et celui de S. Martin, compagnon de S. Irénée; un bras
de Ste Jeanne; un ossement de S. Sylvestre.

L'Hôtel - Dieu - le - Comte possédait le chef de
S. Barthélemy et celui de Ste Marguerite; du bras de
S. Barthélemy, de S. Jacques, de S. Jean, de Ste Barbe,
de S. Denis et de S. Hilaire.

Les églises paroissiales de Troyes avaient aussi un
certain nombre de reliques importantes. **Saint-Aventin** :
du bras de S. Aventin et de S. Avertin; une côte de
S. Aventin et une de S. Vincent; une jointure de S. Sébastien. — **Saint-Denis** : du lait de la Sainte Vierge;
morceaux des pierres de la lapidation de S. Etienne; des
cheveux de S. Denis; une côte de S. Louis; une de
S. Vincent; une dent et un fragment d'une côte de
S. Laurent; du chef de Ste Mâthie; du bras de S.
Vinebaud. — **Saint-Jean** : du chef de S. Jean-Baptiste;
une côte de Ste Madeleine. — **Sainte-Madeleine** : une
épine de la sainte Couronne; la coiffe et le couvre-chef
de Ste Madeleine; de la poitrine d'un saint Innocent; un
ossement de S. Thomas et un bras de S. Blaise. —
Saint-Nizier : des reliques de S. Jean-Baptiste; un
fragment de la mâchoire de Ste Madeleine; un os du chef
de Ste Marguerite; un fragment de l'os squammeux ou
pétreux de Ste Agnès; une côte de Ste Syre; un os du
bras de S. Nizier, un du bras de Ste Tanche et un du
bras de S. Georges; un fragment du tibia de Ste Tanche;
trois ossements de Ste Barbe, de Ste Geneviève et de
S. Sébastien. — **Saint-Remy** : une dent de S. Jean-
Baptiste et un ossement de S. Roch.

Dans presque toutes les églises, il y avait au moins
quelques parcelles de la vraie Croix.

Enfin, un très grand nombre de reliques n'ont aucune désignation spéciale, et souvent même les inventaires ne font pas connaître les saints de qui elles provenaient. A Saint-Etienne et à Saint-Pierre, on avait réuni beaucoup de ces reliques dans une châsse qu'on appelait la châsse de Tous les Saints (n. 439 et 690).

On pourrait classer les reliques d'après leur nature, c'est-à-dire indiquer les corps entiers, les chefs, les bras, les côtes, les dents, les cheveux, etc., que possédaient nos églises; mais, après l'énumération que nous venons de faire, cette classification nous paraît inutile. Rien, d'ailleurs, ne sera plus facile que de la faire soi-même; il suffira de recourir à la table, où seront groupées toutes ces indications.

IV. — Parmi les saints dont les églises de Troyes possédaient les reliques, beaucoup opéraient de nombreux miracles. Telles étaient, en particulier, Ste Hélène et Ste Màthie.

Quelques-uns de ces saints étaient invoqués dans certaines maladies ou dans certains dangers particuliers.

S. Blaise était invoqué, dans l'église du prieuré de Saint-Jean-du-Châtel ou de Saint-Blaise, à Troyes, par les personnes qui avaient quelque objet arrêté dans le gosier[1]. Une portion du gosier du saint martyr était vénérée à Saint-Loup (n. 866).

S. Démétrius, dont le cœur, conservé à Saint-Etienne, jetait de l'huile, guérissait avec cette huile les maladies d'yeux (n. 2333)[2].

Ste Hoïlde était spécialement invoquée, et sa châsse

---

[1] Des Guerrois, *Saincteté chrestienne*, fol. 356. — Cfr. Du Broc de Segange, *Les Saints Patrons des Corporations et Protecteurs spécialement invoqués dans les maladies.* Paris, Bloud et Barral, t. I, p. 103-109.

[2] S. Démétrius n'est pas mentionné, du moins à ce titre, par M. Du Broc de Segange.

était portée solennellement en procession, dans les temps de grande sécheresse[1].

Ste Jule préservait à Jouarre, où reposait son corps, du mal contagieux. — A Troyes, c'était « une merveille expérimentée ordinairement, dit Des Guerrois, que ceux qui ont des fièvres s'allent à sa chapelle recommander à Dieu par les mérites de Ste Jule, y font leurs prières de grande ferveur d'esprit, et avec un saint mouvement de foy et dévotion, beuvent de l'eau du puits, d'où ils trouvent soulagement et guérison[2]. »

Les reliques de S. Loup étaient portées solennellement en procession, avec celles de Ste Hélène et de Ste Hoïlde, dans les grands incendies, qui souvent s'arrêtaient, comme en 1524 et 1530, devant la châsse du saint évêque[3].

La chasuble de S. Martin, dont il se servait pour chanter la messe, et que l'on vénérait à Saint-Etienne, guérissait de la fièvre (n. 2352)[4].

Au prieuré de Saint-Quentin, les reliques de S. Quentin, de S. Laurent et de S. Gengoul, attiraient en pèlerinage un nombreux concours de fidèles (n. 2132).

Ste Syre guérissait principalement les malades atteints de la gravelle, de la pierre et de la colique néphrétique[5]. Gaspard de Coligny, parent de l'amiral, fut guéri de la pierre, en 1539, par l'intercession de la sainte. Courtalon a cité, au sujet de ce pouvoir miraculeux de Ste Syre, quelques vers trouvés dans un vieux manuscrit par le bénédictin dom Hugues Ménard; nous les reproduisons,

---

[1] Des Guerrois, *ubi supra*, fol. 93 et 94.

[2] Id., *Ibid.*, fol. 44 et 45.

[3] Id., *Ibid.*, fol. 418 et 419.

[4] N'est pas mentionné par M. Du Broc de Segange.

[5] Des Guerrois, fol. 169. — Courtalon, t. II, p. 53. — Pierre Grognet, *supra*, p. LXXXIX.

pour en rectifier le texte, d'après la leçon plus correcte donnée par les Bollandistes :

> Regia Campanis celebrata est Syria terris,
> Cujus quisque piam percipit æger opem.
> Linquit arenosos per te gravis hernia renes,
> Sanatur meritis fractio quæque tuis.
> Talibus, oro, meum serves cruciatibus alvum ;
> Credimus, es tanti vera medela mali.
> Ora pro nobis summum, pia Syria, regem,
> Ut scrupulo curet viscera nostra gravi [1].

Ste Tanche était invoquée contre l'hémorrhagie et le flux de sang [2].

Bien qu'il n'y ait, dans nos inventaires, aucune relique de S. Gond, ni de S. Lyé, nous ajouterons un mot sur le pouvoir spécial de ces deux saints.

S. Gond, à Saint-Pierre-en-Oye, préservait du mal contagieux, qui n'atteignit jamais personne dans le monastère, bien que les religieux entendissent souvent en confession des pèlerins ayant la peste [3].

S. Lyé. « Anciennement, dit Courtalon, on portait à son tombeau les enfants mort-nés, pour obtenir qu'ils donnassent quelques signes de vie et qu'on pût leur administrer le baptême. Mais M. Bossuet, l'un de nos derniers évêques, a supprimé cet usage comme illusoire et superstitieux [4] ».

Ajoutons encore qu'il y avait, à Saint-Aventin, des reliques de *S. Avertin* (n. 2111 et 2113), lequel était invoqué pour les jeunes gens et les jeunes filles à marier.

---

[1] *Acta Sanctorum*, t. II Junii, p. 63. — Du Broc de Segange, *ubi supra*, t. I, p. 441-442. — Par ces vers, ainsi que par ceux de Pierre Grognet cités plus haut, on voit que Ste Syre guérissait aussi des fractures.

[2] Du Broc de Segange, t. II, p. 338-339.

[3] Des Guerrois, fol. 185.

[4] Courtalon, t. II, p. 47. — N'est pas mentionné par M. Du Broc de Segange.

Ne serait-ce pas ce S. Avertin, — dont le nom, estropié par le peuple, a été transformé en Evertin, — qu'on invoquait à la Cathédrale de Troyes sous le nom de saint Eternon? Grosley dit que, sur l'autel de la seconde chapelle collatérale de la nef, du côté de l'Epître (après la chapelle des fonts), on voyait une statue du xvᵉ siècle, de grandeur naturelle, représentant un évêque assis et mariant deux personnages figurés en petit à ses pieds. Cet évêque, appelé par le peuple saint Eternon, était invoqué par les jeunes filles qui voulaient se marier. Sa statue fut enlevée en 1782 [1].

V. — Il serait impossible de dire comment toutes les reliques énumérées dans nos inventaires sont arrivées dans les églises de Troyes. On ne connaît d'une manière précise l'origine que d'un petit nombre d'entre elles ; pour la plupart, on ne peut faire que des conjectures plus ou moins fondées, et il en reste beaucoup au sujet desquelles tout renseignement et même tout indice font absolument défaut.

Les plus anciennes reliques dont nous connaissions la provenance sont celles de S. Nizier (n. 2097), apportées à Troyes par notre évêque Gallomagne, qui, ayant assisté au concile de Mâcon en 582, les avait obtenues de S. Priscus, archevêque de Lyon [2].

Quatre siècles plus tard, nous voyons S. Adérald, dans

---

[1] Grosley, *Mém. histor.*, t. II, p. 276-277. — Cfr. Arnaud, *Voy. archéol.*, p. 150-151. — Pour terminer cet article, notons que M. Du Broc de Segange, dans sa Préface, dit que le rhume avait reçu, dans le langage populaire, le nom de *mal de saint Aventin*. Cependant, il n'est pas question de S. Aventin dans le cours de l'ouvrage. Nous sommes porté à croire qu'il y a là une erreur de typographie, et qu'il faut lire *saint Quentin*, car ce saint était invoqué contre le rhume, et l'on appelait la toux *mal de saint Quentin*. (Du Broc de Segange, t. II, p. 399.)

[2] Des Guerrois, fol. 120, rᵒ; — Catalogue des reliques de Saint-Nizier, rédigé en 1664, affiché dans la sacristie de cette église.

son pèlerinage en Terre-Sainte (fin du xe siècle), recueillir
beaucoup de saintes reliques, les unes rachetées aux
infidèles, les autres données par les chrétiens, en particulier un morceau considérable de la pierre du Saint-
Sépulcre. A son retour à Troyes, il fonda, à Samblières
(aujourd'hui Villacerf), un monastère de l'ordre de Cluny,
auquel il donna le nom de Saint-Sépulcre, et où il déposa
les reliques qu'il avait rapportées. Il est très vraisemblable que S. Adérald, chanoine et archidiacre de Troyes,
laissa une partie de ces reliques à la Cathédrale.

Comment l'Eglise de Troyes a-t-elle été mise en possession de reliques précieuses de S. Martin ? A Saint-
Martin-ès-Aires, on vénérait encore, du temps de Des
Guerrois (1637), une dent de ce saint, qui semble être la
plus ancienne relique de l'abbaye, et qui lui aurait même
donné son nom [1]. A Saint-Etienne, les inventaires du
xIV^e au xVIII^e siècle mentionnent un autel portatif et
une chasuble du saint évêque[2]. Enfin, d'après Camuzat,
Des Guerrois et dom Martène, le calice et la patène d'or
de S. Martin étaient encore à Saint-Etienne au xVI^e
siècle, époque où ils furent vendus pour la rançon de
François Ier [3]. — On sait que le corps de S. Martin était
à Saint-Martin de Tours. Il y avait de ses ornements à
Marmoutier. Au témoignage de Guibert de Gemblours,
les ornements dont il se servait avaient été déposés
dans une cachette près de son tombeau [4]. — Or, les
comtes de Champagne avaient longtemps possédé, en
qualité de comtes de Blois, la ville de Tours, et, lorsqu'ils

---

[1] Des Guerrois, fol. 85, r°.

[2] N. 58 et 285, 2344 et 2352, 488 et 2372.

[3] Camuzat, *Promptuarium*, fol. 329 ; — Des Guerrois, *Ephemeris
sanctorum ecclesiæ Trecensis*, fol. 51 ; — Martène et Durand, *Voy.
litt.*, t. I, p. 90.

[4] Sacras vestes, quibus in celebratione sacramentorum utebatur,
in loco secreto et paucis cognito juxta mausoleum ejus scimus
esse reconditas. *(De vita et miraculis sancti Martini.)*

la cédèrent en 1044 à Geoffroy-Martel, comte d'Anjou, ils se réservèrent encore l'abbaye de Marmoutier [1]. Ils avaient, du reste, une dévotion spéciale à S. Martin; et, quand on voit Eudes Ier fonder une abbaye en son honneur à Epernay, en 1032, et Thibaut Ier la favoriser de tout son pouvoir en 1074 et s'y faire enterrer en 1089 [2], on ne peut guère douter qu'ils n'aient eu à cœur de posséder quelques reliques du saint évêque, dont le comte Henri le Libéral enrichit plus tard sa collégiale de Saint-Etienne. C'est le sentiment de dom Martène [3].

D'après le catalogue des reliques de Saint-Etienne, du XVIe siècle, les reliques de la collégiale lui avaient été données par le comte Henri, son fondateur, et par plusieurs autres seigneurs. Mais cet inventaire, pas plus que ceux de 1319 et de 1700, ne fait connaître la provenance exacte d'aucune de ces reliques.

Heureusement, une charte d'Henri le Libéral, du 23 octobre 1161, nous apprend qu'il avait obtenu de l'abbaye de Rebais [4] un morceau du Saint-Suaire (n. 9 et 111), un fragment du bras du prophète Elisée (n. 202), une dent de S. Lazare (n. 24 ou 157), et deux dents de Ste Geneviève (n. 164), toutes reliques qui figurent en 1319 dans l'inventaire de Saint-Etienne [5].

De même, par une autre charte du comte Henri, nous apprenons qu'en 1167 il reçut, des moines de Saint-Pierre-le-Vif de Sens, des reliques de S. Potentien et de S. Altin, que le même inventaire de 1319 mentionne sous les

---

[1] D'Arbois de Jubainville, *Hist. des Comtes de Champagne*, t. I, p. 368 et 406.

[2] Id., *Ibid.*, p. 315, 407 et 420.

[3] Martène, *Voy. litt.*, t. I, p. 90.

[4] *Resbacum*, dans le diocèse de Meaux.

[5] *Gallia christiana*, t. VIII, col. 1683. — Cfr. d'Arbois de Jubainville, t. III, p. 181 et 344.

n. 115 et 137[1]. — Il peut être utile de noter, à ce propos, qu'Eudes 1er de Champagne avait été quelque temps maître de Sens (1031-1034), et que ses successeurs avaient conservé un droit de gîte dans l'abbaye de Saint-Pierre-le-Vif[2].

Enfin, la Chronique d'Albéric de Trois-Fontaines, écrite avant 1241, raconte que ce fut le même Henri le Libéral qui, à la suite d'une vision, fit rechercher et placer à Saint-Etienne le corps de Ste Hoïlde[3].

Il est certain que les comtes de Champagne, si souvent pèlerins de Terre-Sainte, depuis Hugues 1er jusqu'à Thibaut V, envoyèrent ou rapportèrent d'Orient à Troyes d'autres reliques ; mais aucun manuscrit de l'époque ne nous en a conservé le souvenir. Il en est de même pour les reliques qui durent être rapportées par les seigneurs champenois qui accompagnaient nos comtes en pèlerinage ou à la croisade[4].

Cependant, comme nous le verrons plus loin, une très ancienne inscription, gravée sur le reliquaire du chef de S. Philippe, à la Cathédrale, nous apprend qu'Henri le

---

[1] Quantin, *Cartul. de l'Yonne*, t. II, p. 193-194. — Cfr. Assier, *Archives curieuses de la Champagne*, p. 120 ; — D'Arbois, t. III, p. 181 et 353.

[2] D'Arbois, t. I, p. 310-314 ; — t. II, p. 34.

[3] Apud D. Bouquet, *Rerum Gallic. Scriptores*, t. XIII, p. 707. — Cfr. Des Guerrois, *Saincteté chrestienne*, fol. 93, r° ; — D'Arbois, t. III, p. 182. — Albéric donne à Ste Hoïlde le nom d'Hilda, et dit que cette sainte vierge était une suivante de l'impératrice sainte Hélène.

[4] On conservait à Notre-Dame de Pampelune, au siècle dernier, deux épines de la sainte couronne, dont l'une avait été, disait-on, rapportée d'Orient par Thibaut IV, comte de Champagne et roi de Navarre, et dont l'autre avait été donnée par Thibaut V, lequel l'avait reçue en 1255 de saint Louis, son beau-père, à l'occasion de son mariage avec Isabelle de France (Moret, *Los Annales de Navarra*. Pampelune, 1704, t. III, p. 89 et 466). Il est vraisemblable que les comtes de Champagne ne furent pas moins généreux pour les églises de notre pays.

Libéral avait rapporté de Rome une dent de l'apôtre saint Pierre, qui lui fut probablement donnée, en 1179, par le pape Alexandre III, lorsqu'il traversa l'Italie pour se rendre en Terre-Sainte[1]. — En outre, la côte de S. Thomas inscrite au n. 61 de l'inventaire de Saint-Étienne, paraît avoir été rapportée d'Orient par le même comte Henri. Telle était, du moins, la tradition au xviiᵉ siècle[2].

La prise de Constantinople par les croisés, en 1204, fut pour nos églises de Troyes, comme pour un très grand nombre d'églises d'Occident, la source de leurs principales richesses en fait de reliques. Comme l'a très bien remarqué M. le comte Riant, dans ses *Exuviæ sacræ Constantinopolitanæ*, « de toutes les reliques, les plus vénérées étaient celles qui provenaient de l'Orient... En Orient se trouvaient les souvenirs de l'enfance, de la vie et de la passion du Sauveur, ceux de la Vierge, des principaux personnages du Nouveau-Testament, enfin de ces *sancti majores*, honorés presque tous de mentions au canon de la messe et dans les litanies, et sous l'invocation desquels avaient été consacrés les sanctuaires les plus considérables de l'Eglise latine... De toutes les villes de l'Orient, Constantinople était de beaucoup la plus intéressante à ce point de vue spécial : c'était là que, pour les soustraire aux outrages des infidèles, les empereurs grecs avaient centralisé les reliques les plus précieuses, auparavant disséminées dans toutes les provinces asiatiques de l'empire[3]. » Aussi, quand

---

[1] Caylus, *Antiq. grecques*, t. V, p. 141. — Cfr. Arnaud, *Voy. archéol.*, p. 162-163, note. — Caylus dit que le comte de Champagne s'était arrêté à Rome, à son retour de la Terre-Sainte, en 1180. Cela doit être inexact, car le comte Henri, en quittant Constantinople, prit la voie de terre et traversa l'Illyrie pour rentrer en France. (D'Arbois, t. III, p. 109.)

[2] Des Guerrois, *Ephemeris*, fol. 50.

[3] Riant, t. I, p. xxxviii-xxxix.

les croisés se furent emparés de Constantinople, ils s'empressèrent de mettre la main sur toutes les reliques qu'il leur fut possible de découvrir.

Garnier de Traînel, évêque de Troyes, s'était croisé au tournoi d'Ebly (1199), en même temps que le comte de Champagne Thibaut III, que la mort surprit au moment du départ, le 24 mai 1201[1]. Lui et Nivelon de Chérisy, évêque de Soissons, étaient les deux principaux prélats qui avaient pris part à l'expédition[2]. Pour empêcher le pillage et la dispersion des saintes reliques, les chefs de la croisade résolurent de les confier à l'évêque de Troyes; et, sur leur demande, le légat du Saint-Siège, Pierre de Capoue, prescrivit, sous peine d'anathème, « ne quis sibi retineret reliquias, sed omnes in manu Guarneri, tunc Trecensis episcopi, libere resignarent[3] ».

Il n'est pas douteux que, de ce magnifique trésor, Garnier de Traînel n'ait distrait une partie notable en faveur des églises de sa ville épiscopale, comme le fit, de son côté, l'évêque de Soissons, lorsqu'il lui succéda dans la charge de gardien des saintes reliques[4]. Nous savons, en effet, qu'ayant en sa possession le chef de S. Mammès, patron de la Cathédrale de Langres, il voulait le donner lui-même à cette église, à cause de son affection pour Hilduin, qui en était alors évêque : « Episcopus ad hoc aspirabat ut, in propria persona rediens, thesaurum illum ecclesiæ nostræ præsentaret, quia tenerrime diligebat illum qui tunc sedebat Lingonis,

---

[1] D'Arbois, t. IV, p. 87.

[2] Apud Riant, *Exuviæ*, t. I : Anonymus Suessionensis, p. 5; — Anon. Halberstadensis, p. 10 (l'évêque de Troyes y est désigné, par erreur, sous le nom d'Henri, et le comte Thibaut est mis au nombre des croisés); — Canonicus Lingonensis, p. 28.

[3] *Ibid.*, Canonicus Lingonensis, p. 28.

[4] *Ibid.*, Anonymus Suessionensis, p. 7 et 8.

Hilduinum episcopum[1] ». En le voyant ainsi disposé pour un diocèse voisin, on est bien en droit de croire qu'il n'avait pas oublié le sien. Il suffirait, du reste, de comparer la liste des reliques données à Soissons par l'évêque Nivelon de Chérisy, à Halberstadt par l'évêque Conrad de Krosick, à Corbie par le chevalier Robert de Clary[2], avec la liste des reliques de Notre Seigneur, de la Sainte Vierge, des Apôtres et des saints personnages évangéliques, qui se trouvaient à Saint-Pierre de Troyes et à Saint-Etienne, pour voir combien ces listes se ressemblent, et pour en conclure que les reliques ont été prises au même lieu et rapportées à la même époque.

Malheureusement, Garnier mourut à Constantinople, sans avoir revu la France, le 14 avril 1205.

Les reliques qu'il avait mises en réserve pour son église de Troyes ne furent cependant pas toutes perdues. Elles restèrent, au moins en partie, entre les mains de ses chapelains, Pierre, chanoine de l'abbaye troyenne de Saint-Martin-ès-Aires, et Jean l'Anglois. Une lettre de Pierre à Jean de Poitiers, chanoine de Saint-Victor de Paris, nous apprend qu'il avait obtenu de Garnier de Traînel une portion considérable du chef de S. Victor de Marseille, et qu'à son retour en France, il en avait fait don à Pierre de Corbeil, archevêque de Sens, lequel en donna à son tour une grande partie à Saint-Victor de Paris, sur la demande de l'abbé Jean l'Allemand[3].

---

[1] *Ibid.*, Canonicus Lingonensis, p. 29.

[2] Riant, *Ibid.*, t. I, p. 7-8, 20-21; — t. II, p. 175-176, 190-192, 197-199.

[3] Riant, t. II, p. 109-111. — Martène, dans son *Amplissima Collectio*, t. VI, col. 271, et les Bollandistes, t. V Julii, p. 137, ont publié cette lettre, qu'on trouve manuscrite à la Bibl. nat., lat. 14673, fol. 57, v°, et à la Bibl. Mazarine, 2873, fol. 110, v°. L'*Histoire littéraire de la France* l'a analysée (t. XXI, p. 788).

M. Riant dit à plusieurs reprises (t. I, p. XXX, CXXXV, CLXXII)

Il y a tout lieu de croire que ce même Pierre, chanoine de Saint-Martin-ès-Aires, rapporta de Constantinople à Troyes un grand nombre de reliques. Cependant, il ne reste aucune pièce qui en fasse mention. M. Riant, malgré ses nombreuses recherches, n'a pu retrouver aucune des lettres qui durent accompagner les envois faits par Garnier de Traînel ou par ses chapelains, ni aucun récit de l'arrivée à Troyes de ces précieuses reliques. Peut-être sera-t-il possible de retrouver, dans les archives ou dans les bibliothèques, quelque pièce de ce genre ; c'est l'espoir qu'exprime M. Riant[1].

En attendant, il n'est pas téméraire de penser que ce fut Pierre de Saint-Martin-ès-Aires qui rapporta à son abbaye le bras de S. Jacques le Majeur, probablement le même qui est signalé comme étant à Constantinople, dans la sainte chapelle de Bucoléon, vers l'an 1150, dans un petit catalogue des reliques de la ville impériale, dressé par un pèlerin anglais en Terre-Sainte[2]. Cette précieuse relique fut enchâssée dans un bras d'argent, sur lequel étaient gravés ces deux vers latins :

> Constantine, tua translatus ab urbe lacertus
> Majoris Jacobi latet hic reverenter opertus[3].

Un autre chapelain de Garnier de Traînel, Jean l'Anglois, enleva secrètement et rapporta de Constantinople à Troyes, en 1209, le corps de Ste Hélène d'Athyra, ainsi qu'en a conservé le souvenir l'hymne des premières

---

que le chef de S. Victor a été envoyé de Constantinople à Pierre de Corbeil, archevêque de Sens, par Garnier de Traînel, ou de la part de ce prélat. Cela ne semble pas tout-à-fait exact, comme on peut le voir par la lettre de Pierre. — L'*Histoire littéraire* fixe la date de cette lettre à l'an 1230 au plus tôt, attendu qu'elle fut écrite après la mort de Pierre de Corbeil et de Jean l'Allemand, décédés le premier en 1222 et le second à la fin de 1229.

[1] *Ibid.*, p. xxx.

[2] Riant, *Ibid.*, t. II, p. 212.

[3] Des Guerrois, *Saincteté chrestienne*, fol. 85, r°.

vêpres de Ste Hélène[1]. Quelques années plus tard, en 1215,
Hervée, évêque de Troyes, et Nicolas, doyen du Chapitre
de la Cathédrale, embarrassés par les inscriptions
grecques de la châsse de la sainte, renvoyèrent Jean
l'Anglois, leur chapelain, à Constantinople, pour y
chercher des renseignements au sujet de Ste Hélène,
qu'ils croyaient être l'impératrice, mère de Constantin.
Jean l'Anglois, ayant appris qu'il y avait à Constantinople un de ses compatriotes, Angermer, natif de
Courbetaut, au diocèse de Troyes, qui avait habité cette
ville longtemps avant le siège, et qui était alors lecteur de
l'église de Chalcédoine, s'adressa à lui pour connaître la
vie de Ste Hélène. Angermer composa une vie, probablement toute de fantaisie, d'après divers manuscrits qu'il
assura avoir trouvés dans les anciennes bibliothèques de
plusieurs églises de Constantinople, et il l'envoya à
l'évêque Hervée et au doyen Nicolas. Sa lettre, qu'on
peut dater de 1216, nous apprend qu'il avait souvent vu
le corps de la sainte, conservé en entier, dans la ville
d'Athyra (Angermer écrit *Naturas*), où sa fête se célébrait solennellement, comme dans toute la province de
Constantinople, même depuis que la sainte relique avait
été enlevée dans le plus grand secret et transportée à
Troyes par Jean l'Anglois. Il ajoute que, d'après le
témoignage de l'évêque et du doyen, le corps de la sainte
vierge était conservé à Troyes dans son intégrité et
préservé de toute atteinte de la corruption[2]. — Le
témoignage d'Angermer, relativement au culte rendu
aux reliques de Ste Hélène dans la province de Constantinople, vient de recevoir une confirmation inattendue.
M. Sawaïtow en 1872, et M. Sreznevski en 1875,
ont publié à Saint-Pétersbourg le récit, écrit en russe,

---

[1] *Brev. Trecense* sec. XVI, in-12, fol. LXX, r°.

[2] Le texte original de la lettre d'Angermer est perdu. Des Guerrois en a donné une traduction française (*Saincteté chrestienne*, fol.
333).

du voyage fait à Constantinople, vers l'an 1200, par Antoine, qui devint plus tard archevêque de Novgorod. Or, Antoine a dressé un long inventaire des saintes reliques qu'il vit dans ce voyage, et parmi celles qu'il indique comme étant en dehors de la ville de Constantinople, il cite le corps de Ste Hélène, vierge [1].

Trois autres reliques insignes, le chef de S. Philippe, le vase de la Cène, et un morceau considérable de la vraie Croix, furent rapportés de Constantinople à la même époque, pour le trésor de la Cathédrale de Troyes.

Le chef de S. Philippe était, en l'an 1200, dans l'église de Tous les Saints, à Constantinople, ainsi qu'on le voit par le récit d'Antoine de Novgorod [2]. La Chronique d'Albéric de Trois-Fontaines, écrite avant 1241, dit que cette précieuse relique fut envoyée à Troyes par l'évêque Garnier : « Episcopus Garnerus misit Trecas caput Philippi apostoli [3] ». Le souvenir de cet envoi nous a été conservé dans une inscription en vers latins rimés, gravée autour de la châsse de S. Philippe, laquelle renfermait, dans un pinacle dont elle était surmontée, la dent de S. Pierre donnée par le comte Henri :

> Si mihi pro pretio rubet aurum, gemma diescit,
> Intus quod capio pretii commercia nescit.
> Petre, tuo denti, capitique, Philippe, dicatum
> Vas ego; dens summa, caput ima parte locatum.
> Hunc Rome captum, comes huc Henrice, tulisti ;
> Hoc Grecis raptum, presul Garnere, dedisti [4].

---

[1] Riant, *ubi supra*, t. I, p. ccvii-ccviii; et t. II, *Antonius Novgorodensis*, p. 230.

[2] *Ibid.*, t. II, p. 227.

[3] Dom Bouquet, *Rerum Gallic. Scriptores*, t. XIII, p. 707; Pertz, *Scriptores rerum Germanicarum*, t. XXIII. — Cfr. Riant, *ubi supra*, p. 237.

[4] Camuzat, *Promptuarium*, fol. 116, v°. — Cette inscription n'est reproduite dans aucun des inventaires de la Cathédrale. Des Guerrois, qui ne donne que le dernier vers (*Saincteté chrestienne*, fol. 315, v°), écrit d'une manière fautive : *Hoc raptum Grecis*, au

Le vase de la Cène. décrit en 1611 dans l'inventaire
de la Cathédrale (n° 685), était conservé, en l'an 1200,
dans le sanctuaire de Sainte-Sophie, à Constantinople,
ainsi que nous l'apprend Antoine de Novgorod : « Catinum
parvum marmoreum, quo usus est Christus, quum
cœnam cum discipulis celebravit feria quinta majori [1] ».
Il n'est donc pas douteux que ce vase ait été réservé pour
la Cathédrale de Troyes par Garnier de Traînel, ainsi
que le rapportent Camuzat et Des Guerrois. — C'était un
vase de jaspe ou de porphyre, vert et noir, en forme de
bassin rond, d'un pied et demi environ de diamètre, avec
un bord d'argent, large environ de trois pouces, sur
lequel étaient gravés en relief, en lettres capitales, les
quatre iambes grecs suivants :

Καὶ πρὶν ὑπούργει τοῦτο τρυβλίον δεσπότῃ
Δείπνῳ μαθητὰς ἑστιῶντι τοὺς φίλους
Καὶ νῦν ὑπουργεῖ τοῖς μελισμοῖς δεσπότου
Μαρτυρεῖ τοῦτο δῶρον ἐξειργασμένον [2].

Ce fut très probablement dans la même circonstance
que fut apporté de Constantinople, pour la Cathédrale
de Troyes, un morceau considérable de la vraie Croix,

---

lieu de *Grecis raptum*. Grosley commet la même faute, suivi en
cela par M. Coffinet (*Orig. des parcelles de la vraie Croix au
trésor de la Cath. de Troyes,* dans les *Mém. de la Soc. Acad. de
l'Aube,* t. XIX, 1855, p. 189). M. Riant, qui a reproduit l'inscription tout entière (*ubi supra,* t. II, p. 178), a écrit *ditescit* au lieu
de *diescit,* et *summe* au lieu de *summa.*

[1] Riant, *ubi supra,* t. II, p. 219.

[2] Prius quidem inserviebat ista paropsis Domino
  Cœna discipulos nutrienti dilectos ;
  Nunc autem inservit particulis Domini,
  Testatur hoc donum affabre factum.

Cfr. Camuzat, *Promptuarium,* fol. 116, v° ; — Des Guerrois,
Saincteté chrestienne, fol. 315-316 ; — Grosley, *Mém. hist.,* t. II,
p. 398-400. — Cette inscription, plusieurs fois publiée, en dernier
lieu dans le 3ᵉ volume de l'*Anthologie grecque* (Didot, 1890, p. 60),
ne l'a jamais été d'une manière absolument correcte.

formant une croix double, dont la tige avait exactement
neuf pouces six lignes de hauteur, le croisillon du haut
trois pouces trois lignes, et celui de dessous cinq pouces
six lignes. Cette insigne relique était enchâssée dans
une monture richement ornée de filigrane, de ciselure
et de dorure, et couverte de pierres précieuses. Sur le
bois de la Croix étaient appliqués six joyaux d'or émaillé,
ayant la couleur des plus belles émeraudes, et portant
chacun deux vers grecs iambiques. Pour protéger la
relique, on l'avait revêtue d'une enveloppe en argent, du
même travail que la monture même de la croix ; cette
enveloppe, qui était à charnières maintenues par des
aiguilles, s'enlevait toutes les fois que la vraie Croix était
exposée à la vénération des fidèles. — Nos inventaires,
en faisant mention de cette relique (n. 520 en 1429, n. 683
en 1611), donnent si peu de détails qu'on n'en pourrait
pas soupçonner l'importance [1].

Il est extrêmement probable que la plupart des reliques
de Notre Seigneur, de la Sainte Vierge, des prophètes
et des personnages évangéliques, si nombreuses, d'après
le témoignage de nos inventaires, dans les églises de
Troyes, furent aussi rapportées de Constantinople à la
suite de la quatrième croisade. On les trouve, en effet,
toutes ou presque toutes indiquées dans les catalogues
des reliques de Constantinople, écrits de 1150 à 1200, et
publiés par M. Riant. Nous regrettons de ne pouvoir
entrer dans le détail, mais nous essaierons de le faire un
jour dans un ouvrage spécial sur les reliques du diocèse
de Troyes.

---

[1] Coffinet, *Rech. hist. sur l'origine des parcelles de la vraie Croix
conservées dans le trésor de la Cathédrale de Troyes*, dans les *Mém.
de la Soc. Acad. de l'Aube*, t. XIX, 1855, p. 183-217. — L'inscription
grecque, déchiffrée au xviiie siècle par Lebeau, a été publiée par
M. Coffinet, mais avec un certain nombre d'incorrections.

[2] Riant : voir à la Table les mots *Christus, Maria*, etc.

VI. — Certaines reliques, mentionnées dans nos inventaires, exigent quelques explications.

De scutella Domini. — On voyait à la Cathédrale, en 1429, un vase ainsi mentionné : « Scutella magna argentea, cujus fundus est de scutella Domini (n. 514). » — Dans l'*Elenchus reliquiarum* qui se lisait à la Cathédrale le jour de la fête des Saintes Reliques (dimanche dans l'octave de l'Ascension), cette *scutella* est ainsi désignée : « Scutella sancta in qua Christus in cœna gloriosum cum suis discipulis cibum sumpsit [1]. » Ce n'était pas, assurément, le vase de la Cène dont nous avons parlé plus haut, puisque ce vase était en porphyre, tandis que la *scutella* était en argent. Il est même peu probable qu'elle ait servi à la dernière Cène. Ce qui l'aura fait dire, c'est que le fragment *de scutella Domini*, qui en faisait le fond, avait sans doute appartenu à l'un des vases dont Notre Seigneur s'était servi en cette mémorable circonstance.

Du sang de Jésus-Christ (n. 159, 515, 1046). — La première de ces trois reliques du sang de Jésus-Christ est ainsi désignée dans l'inventaire de Saint-Étienne, en 1319 : « De pulvere sanguine Christi consperso. » Le Catalogue des reliques, dressé au xvie siècle, est un peu plus explicite ; il porte : « Du benoist précieux sang Nostre Seigneur Jesucrist. De la pouldre dudit sang. » Et il ajoute : « Nota quod est sanguis miraculosus (n. 2318). »

Il y avait, en effet, à Constantinople, du sang versé par Jésus-Christ sur la croix, et du sang miraculeux répandu par une statue de Notre Seigneur que les Juifs de Beyrouth avaient percée d'un coup de lance. Le vrai sang du Sauveur était à la chapelle impériale de Bucoléon, dans une fiole de cristal ; les témoignages, antérieurs et postérieurs à la prise de Constantinople,

---

[1] Camuzat, fol. 120, v°.

abondent sur ce point[1]. Il y en avait également, d'après Antoine de Novgorod, dans l'église de Saint-Marcel, située devant Sainte-Sophie[2]. — Le sang miraculeux était à Sainte-Sophie, comme on le voit par le récit du même Antoine de Novgorod[3].

Ce fut du vrai sang répandu sur la croix que, après la prise de Constantinople, Nivelon de Chérisy, évêque de Soissons, donna à l'église Saint-Alban de Namur[4]; que l'évêque Conrad de Krosigk rapporta à son église d'Halberstadt[5]; que l'abbé Martin de Pairis rapporta à son monastère[6]; que Lambert de Noyon, chapelain de l'empereur Baudouin Ier, donna au monastère de Saint-Jean-des-Vignes, à Soissons[7]; que Geoffroy de Villehardouin envoya à Saint-Remy de Reims[8]; etc.

Ce fut, au contraire, du sang miraculeux que l'empereur Baudouin II donna à S. Louis, en 1247, et qui fut déposé à la Sainte-Chapelle : « De sanguine qui de quadam imagine Domini ab infideli percussa stupendo miraculo distillavit[9] ». Ce fut de ce même sang miraculeux que reçurent les Vénitiens, et qui fut, par une merveille extraordinaire, préservé de la destruction

---

[1] Riant, t. II, p. 212 (anno 1150), p. 214 (1157), p. 223 (1200), p. 231 (1203); — t. I, p. 20 et 121; t. II, p. 61 et 68 (1205); — t. II, p. 96 (1208), p. 113 (1224), p. 124 (1239), etc.

[2] *Ibid.*, t. II, p. 228.

[3] *Ibid.*, t. II, p. 219. — Cfr. p. 215, 262, 263, 265, 270, etc. — D'après un ms. du *Peregrinus* d'Antoine, le miracle du Saint Sang aurait eu lieu à Jérusalem. (Riant, t. II, p. 219.)

[4] *Ibid.*, t. II, p. 68.

[5] *Ibid.*, t. I, p. 20.

[6] *Ibid.*, t. I, p. 121.

[7] *Ibid.*, t. II, p. 61.

[8] *Ibid.*, t. II, p. 113.

[9] *Ibid.*, t. II, p. 134. — V. aussi p. 48.

dans l'incendie qui dévora la basilique de Saint-Marc, en 1238 [1].

D'après les indications données par nos inventaires, le sang conservé à Saint-Etienne était du sang miraculeux. Celui qui était vénéré à Saint-Pierre et à Notre-Dame-aux-Nonnains devait être, au contraire, du vrai sang de Jésus-Christ [2].

Hostie miraculeuse (n. 513). — L'inventaire de Saint-Pierre (1429) dit que cette hostie avait été trouvée au Champ-Dey, près de Troyes [3], à l'époque où des lépreux y furent brûlés ; un de ces lépreux la portait sur lui. — Les lépreux dont il est ici question seraient-ils de ces hérétiques cathares que le comte Thibaut III de Champagne fit brûler, en 1200, afin d'en purger ses Etats avant de partir pour la quatrième croisade [4] ? Nous voyons, par une autre condamnation d'hérétiques qui eut lieu en 1239, au Mont-Aimé (paroisse de Bergères), que ces Cathares communiaient fréquemment, pour dissimuler leur hérésie, tout en ne croyant pas au sacrement de l'Eucharistie [5]. Ils auraient donc bien pu conserver des hosties consacrées, même avec l'intention de les profaner.

Lait de la Sainte Vierge (n. 446 et 2084). — On conservait du lait de la Sainte Vierge à Saint-Etienne, à Saint-Loup et à Saint-Denis. Jean Bizet de Barbonne, chanoine et chantre de Saint-Etienne, mort en 1367,

---

[1] *Ibid.*, t. II, p. 262-273.

[2] Le sang qui était à la Cathédrale, en 1429, n'est plus mentionné dans l'inventaire de 1611 ; mais il est indiqué dans l'*Elenchus reliquiarum*, publié par Camuzat en 1610. (*Promptuarium*, fol. 120, v°.)

[3] Le Champ-Dey était situé vers les Noës. (Arch. de l'Aube, G. 1346, 1347 et 1469.)

[4] D'Arbois, *Hist. des Comtes de Ch.*, t. IV, p. 84.

[5] *Ibid.*, p. 298.

avait même fondé dans cette église, « en l'honneur dou lait de la benoiste vierge Marie », comme le dit son épitaphe, la grande et belle chapelle de Saint-Martin[1]. En 1565, une autre église du diocèse de Troyes, celle de Ramerupt, possédait aussi une relique du *saint laict*[2]. A l'abbaye de Montiéramey, en 1658, on trouve également « du laict de la vierge sacrée, en un cristal enchâssé dans un reliquaire de cuivre doré, supporté sur quatre pieds. »

Il est difficile de croire que ce lait de la Sainte Vierge fût du véritable lait dont fut nourri l'enfant Jésus. Sans entrer dans une foule de détails intéressants, qui pourront trouver place dans une dissertation spéciale, nous dirons que l'explication la plus généralement admise est celle que donnent les pèlerins de Terre Sainte, anciens et modernes.

A quelque distance au sud de la basilique de Bethléem, se trouve la *grotte du lait, crypta lactea*; elle porte ce nom, d'après une tradition locale, parce que la Sainte Vierge, effrayée par les menaces d'Hérode, aurait perdu son lait, et qu'elle ne l'aurait recouvré qu'en se réfugiant dans cette grotte, qui lui offrait un asile plus retiré et plus sûr que la grotte de la Nativité. D'après une autre tradition, la Sainte Vierge serait venue souvent en ce lieu pour allaiter son divin enfant; quelques gouttes de son lait, en tombant sur la pierre, en auraient amolli la dureté, et lui auraient donné sa couleur blanche, en même temps qu'une vertu surnaturelle de guérison, particulièrement pour rendre aux nourrices le lait qu'elles ont perdu.

Par suite, la terre de cette grotte a reçu le nom de lait de la Sainte Vierge. C'est une espèce de craie, extrêmement blanche et friable; on la réduit en poussière, on y mélange de l'eau; après quoi, exposée au soleil, elle se

---

[1] Arnaud, *Voy. archéol.*, p. 28. — Cfr. Lalore, *Obituaires*, p. 378.
[2] Arch. de l'Aube, G. 800.

durcit et devient de même couleur et de même aspect que du lait coagulé. Ces petits pains de craie ont été emportés en si grand nombre, par les habitants du pays et par les étrangers, comme objets de dévotion ou simplement de curiosité, que la grotte, qui d'abord était très petite, s'est, de siècle en siècle, notablement agrandie [1].

Les femmes de Bethléem, même les femmes musulmanes, ont la plus grande dévotion à la grotte du lait. Beaucoup d'anciens pèlerins de Terre-Sainte affirment que de nombreux miracles ont été opérés par ces petits pains de craie, dits lait de la Sainte Vierge, que l'on réduit en poudre et que l'on mêle au breuvage des malades. Nous trouvons cette tradition consignée dans le récit du voyage que firent en Terre Sainte, en 1532, quatre pèlerins champenois partis de Nogent-sur-Seine : « Le vendredi v juillet (1532), disent-ils..., après disner vers le soir, nous allâmes au lieu où Nostre Dame se caicha avec son filz Jesus, craignant la fureur d'Herodes, et là, elle allaictant son filz Jesus, respandit de son laict, et pour ce est la terre blanche, et sert aux femmes qui ont perdu leur laict. Et cela a esté approuvé par plusieurs femmes [2]. »

Il est donc extrêmement probable que les reliques connues sous le nom de lait de la Sainte Vierge sont des fragments extraits de la grotte de Bethléem. A Soulac, dans le diocèse de Bordeaux, où, d'après le récit de Bernard Guidonis, évêque de Lodève (1324-1331), sainte Véronique aurait apporté de Judée du lait de la Sainte Vierge, on a retrouvé en terre, il y a trente et quelques années, un reliquaire portant cette inscription :

---

[1] Quaresmius, *Elucidatio Terræ Sanctæ*, l. VI, c. 1. Antverpiæ, 1639, t. II, p. 678.

[2] Denis Possot, *Voyage de la Terre Sainte*. Paris, Regnault Chaudière, 1536, fol. L. (Bibl. de Troyes, Catal. d'hist. locale, n. 765.)

Lac B. Virginis, et contenant une pierre blanche assez semblable à l'albâtre[1]. Il en était sans doute de même du lait de la Sainte Vierge, que l'on vénérait dans nos églises de Saint-Etienne et de Saint-Denis.

On comprend qu'une relique de ce genre, qu'on pouvait multiplier presque sans mesure, devait se retrouver dans un très grand nombre d'églises. Pour ne parler que de celles qui sont le moins éloignées de nous, on montrait à la Cathédrale de Laon, du temps de Guibert de Nogent (mort en 1124), une colombe de cristal contenant du lait de la Sainte Vierge[2]. Après la prise de Constantinople par les Latins (1204), on voit l'évêque de Soissons, Nivelon de Chérisy, en rapporter à sa Cathédrale[3] ; l'abbé Martin à son abbaye de Pairis, en Alsace[4]; et plus tard, en 1247, l'empereur Baudouin II en donner à saint Louis, qui le fit déposer à la Sainte-Chapelle et qui en donna, l'année suivante, à l'église de Tolède[5]. Il y en avait à Saint-Pierre-le-Vif de Sens, où l'abbé Geoffroy de Montigny (1240-1281) fit faire, pour honorer cette sainte relique, un reliquaire de cristal et d'argent[6]. Il y en avait également à la Cathédrale de

---

[1] Cirot de la Ville, *Origines chrétiennes de Bordeaux*, 1867. — En 1854, le cardinal Morlot, archevêque de Tours, fit examiner un reliquaire où se trouvait cette inscription sur parchemin : *De lacte beatæ Virginis*. En ouvrant le parchemin qui contenait la relique, on y trouva un fragment de pierre, de couleur blanche, ressemblant à du marbre. (Bourassé, *Summa aurea de laudibus B. M. V.* Migne, t. II, col. 710, note.)

[2] Guibertus de Novigento, *De pignoribus sanctorum*, l. III, c. 3. Migne, Patr. lat., t. CLVI, col. 659.

[3] Riant, *Exuviæ sacræ Constantinop.*, t. II, p. 191.

[4] Id., *Ibid.*, t. I, p. 122; — t. II, p. 166.

[5] Id., *Ibid.*, t. II, p. 135 et 138. — Cfr. Douet d'Arcq, *Inv. de la Sainte-Chapelle* (1573), dans la *Revue archéol.*, 1848, p. 174 et 176.

[6] Geoffroy de Courlon, *Le livre des reliques de Saint-Pierre-le-Vif de Sens*, publié par MM. Julliot et Prou. Sens, 1887, in-8°, p. 28. Cette relique de Sens était, d'après Geoffroy de Courlon, une

Langres, dans une statue-reliquaire de la Sainte Vierge, donnée par le chanoine Gérard Travaillot, en 1440. Un inventaire de 1709 appelle cette relique : du lait miraculeux de la Sainte Vierge [1]. A Clairvaux, les inventaires de 1405, de 1640 et de 1741 signalent plusieurs reliques du lait de la Sainte Vierge [2]. En 1410, l'inventaire de la Cathédrale de Châlons mentionne une statue de la Sainte Vierge en vermeil, « in qua est de lacte ejusdem [3] »; en l'honneur de cette relique, il y avait à Saint-Etienne de Châlons, comme à Saint-Etienne de Troyes, une chapelle du saint Lait, qui fut construite vers 1537 [4]. La Cathédrale de Reims avait aussi une relique du saint Lait, ainsi qu'une magnifique chapelle du même nom, où se vénérait une statue de la Sainte Vierge tout en or [5].

---

liqueur miraculeuse qui s'écoulait, dans un monastère de femmes *quod de Sardenaio vocatur,* d'une image de Marie allaitant son divin Fils, et qui était appelée lait par les uns à cause de son origine, huile par les autres à cause de sa couleur.

[1] Lalore, *Invent. des reliques de la Cath. de Langres.* Troyes, L. Lacroix, 1881, in-8°, p. 11. — Cette désignation de *lait miraculeux* nous porterait à croire que la relique de Langres était une liqueur de même nature, et peut-être de même origine que celle de Sens.

[2] D'Arbois de Jubainville, *Revue des Soc. sav.,* v° série, t. v, 1873, p. 494, n. 57. — Assier, *Pièces curieuses relatives à l'hist. de l'abbaye de Clairvaux,* dans le *Bibliophile du dép. de l'Aube,* xi° livr., 1856, p. 55 et 58. — Lalore, *Trésor de Clairvaux,* p. 28, 54, 64.

[3] *Mém. de la Soc. d'agr. de la Marne,* année 1886-1887, p. 285, n. 6.

[4] Ed. de Barthélemy, *Diocèse ancien de Châlons-sur-Marne,* t. II, p. 16, 381, 382. — Cfr. Lucot, *La procession des châsses à Châlons,* p. 83. — D'après le *Pouillé* de 1648, reproduit par M. de Barthélemy, il semble même y avoir eu deux, et peut-être trois chapelles sous le titre du Saint Lait.

[5] Cerf, *Notice sur la relique du saint Lait conservée autrefois dans la Cath. de Reims.* — Cfr. Hamon, *Notre-Dame de France,* t. v, diocèse de Reims, p. 252-257.

Junctura sanctæ Mariæ Ægyptiacæ (n. 16), **beatæ Mariæ Magdalenæ** (n. 17), **sancti Thomæ apostoli** (n. 25), **sancti Sebastiani** (n. 2113, note 1). — A Saint-Etienne, en 1319, on trouve trois reliques qui portent le nom de *junctura* ; la première est de Ste Marie Egyptienne, la seconde de Ste Madeleine, la troisième de S. Thomas. L'une de ces reliques se retrouve, sous le nom de « joincte de Marie Magdelene », dans le Catalogue des reliques dressé au XVIe siècle (n. 2349). — A Saint-Aventin, en 1532, est également une *junctura* de S. Sébastien.

Quelle est la nature de cette relique ?

En 1891, le savant M. Darcel, un des hommes les plus versés dans la connaissance des anciens inventaires, faisant un rapport au Comité des travaux historiques et scientifiques, sur l'inventaire des reliques, joyaux et ornements de la chapelle de Notre-Dame-des-Miracles, à Saint-Omer, en 1559, avouait son embarras en ces termes : « Nous trouvons pour la première fois, disait-il, l'emploi du mot *junctura* répété trois fois (art. 12, 38 et 43)[1], pour désigner une relique. Il semble devoir être traduit par celui de *jointe*, cité par Ducange, d'après des lettres de rémission où il est question de gens qui en étranglaient d'autres à l'aide de leurs poings. Mais que pouvait être matériellement une *junctura* ou une *jointe*, car une articulation n'est point une chose, et la difficulté est toujours la même, qu'elle ait été translatée ou non du latin en français ? La langue anglaise fournira peut-être une explication, le mot *joint* y ayant la signification de membre et même de vertèbre[2]. »

Les mots *junctura*, *jointe*, ne sont pas d'un emploi aussi rare que l'a pensé M. Darcel. On trouve « de la

---

[1] *De junctura S. Georgii.*

[2] *Bull. archéol. du Comité des travaux histor. et scientif.*, 1891, n° 2, p. 379-380.

joincte de sainct Loys, de Marcellie, evesque », dans l'inventaire de la Sainte-Chapelle, publié en 1848 par M. Douet d'Arcq [1]. En 1878, M. le comte Riant a publié un inventaire de Saint-Alban de Namur, où il se trouve deux fois [2]. M. Fréd. Godefroy, de son côté, en a cité plusieurs exemples, appliqués à des reliques, au mot *jointe*, dans son *Dictionnaire de l'ancienne langue française*.

A l'aide de ces textes et de quelques autres, il est facile de déterminer le sens exact du mot *junctura*.

Dans l'édition du *Glossarium* de Ducange, publiée chez Didot, on trouve, en effet, au mot *juncta, junctura, gall. jointure,* une charte de 1250 où se lit ce passage : « Notum compareat nos de transmarinis partibus pretiosas reliquias noviter attulisse, unum videlicet de crinibus Virginis gloriosæ, et *junctam* unam de manu S. Matthei apostoli. »

D'autre part, La Curne de Sainte-Palaye, dans son *Dict. histor. de l'ancien langage français*, cite, au mot *jointe*, le passage suivant tiré du *Grand Couïumier général de France* : « Tous engins de bois, d'osier ou de jonc, qui soit si espès qu'un homme n'y puisse aisément bouter et sans force tous les doigts jusques aux premières *joinctes* de la main, sont défendus. »

Dans l'inventaire de Saint-Alban de Namur, on trouve une *junctura pedis Margarethe* et une *junctura manus Jacobi majoris* [3]. Dans celui de la Collégiale de Saint-Omer, il y a une *junctura pollicis dextre manus sancti Dionysii* [4].

M. Fréd. Godefroy nous fournit des textes d'une précision encore plus technique. En voici un qui ne

---

[1] *Revue archéol.*, 1848, p. 177, n. 6, et p. 180, n. 23.

[2] Riant, *Exuviæ sacræ Cp.*, t. II, p. 107.

[3] Riant, *ubi supra*.

[4] *Bull. archéol.*, 1886, p. 81, n. 10.

laisse place à aucun doute : « Se on fiert (frappe) un homme en la main..., se on lui caupast u tolist (coupe ou enlève) une *jointe,* c'est-à-dire un membre del doit, u (ou) II *jointes,* u III *jointes,* c'est un doit. Ou se on li tolist II dois, ce seroit VI *jointes.* » — En voici un autre qui n'est pas moins clair :

> Mais si estoit tranchanz li fers,
> Et dou doit moien jusqu'es ners
> La primere *jointe* en trancha.

Nous pourrions citer plusieurs autres textes où le mot *jointe,* dont la signification générale est celle de jointure ou articulation[1], a le sens plus restreint de phalange des doigts de la main ou du pied. Il ne nous paraît donc pas douteux que nos reliques de Saint-Etienne et de Saint-Aventin ne soient tout simplement des phalanges de S. Thomas, de Sᵗᵉ Madeleine, de Sᵗᵉ Marie Egyptienne et de S. Sébastien.

Huile de Sᵗᵉ Catherine, de S. Démétrius, de S. Nicolas, de S. Thomas Becket, de Notre-Dame de Sordonnay.

-- L'huile vénérée sous le nom de plusieurs saints et saintes était de diverse nature.

Tantôt c'était une liqueur miraculeuse qui découlait des ossements des saints, ou même de leurs images. Les exemples en sont nombreux dans la *Vie des Saints*[2]. Telle était la liqueur, toute semblable à de l'huile, qui coulait de la vraie Croix aux VIᵉ et VIIᵉ siècles, dans

---

[1] Dans l'inventaire de Sainte-Madeleine, en 1595, on trouve un ossement de S. Quirin, « comme le tornant d'une espaulle et de la joincture du bras (n. 1576). »

[2] Multa sanctorum corpora oleo sudant, perenni quodam fluxu, ut corpus S. Catharinæ, S. Andreæ, S. Nicolai..., S. Demetrii martyris, et aliorum. (Gretseri *Opera,* Ratisbonæ, 1734, t. I, *De sancta cruce,* l. I, c. 91, *de oleo S. Crucis,* p. 153). — Ailleurs, Gretser cite les noms de seize saints et de sept saintes, « ex quorum reliquiis oleum seu liquor oleosus aut unguentosus fluit. » *Opera,* t. X, *De oleo S. Walpurgis,* p. 900-920.

l'église Sainte-Sophie de Constantinople, pendant les trois derniers jours de la Semaine Sainte, et qui guérissait toutes les maladies. L'abbé irlandais Adamnan, copié par le vénérable Bède, en parle dans son ouvrage sur les Lieux Saints, écrit à la fin du VIIe siècle[1]. C'est probablement de cette huile de la vraie Croix, *oleum sanctœ Crucis*, que S. Grégoire le Grand reçut de l'ex-consul Leontius[2]. — Telle était aussi la liqueur odorante qui sortit, le jour de l'Ascension 1282, de la châsse de S. Savinien de Sens, en si grande abondance, au rapport de Geoffroy de Courlon, témoin oculaire, qu'elle coulait de la châsse sur l'autel et de l'autel sur le pavé, où les religieux la recueillirent avec des corporaux pour la garder au nombre des reliques[3]. — Dans le détail des reliques données au monastère de Saint-Jean-des-Vignes, en 1205, par Lambert de Noyon, chapelain de l'empereur Baudouin Ier, on voit une relique de même nature, appelée manne du tombeau de S. Jean l'Evangéliste, *de manna sepulturœ B. Joannis evangelistœ*[4]. — Il serait inutile de multiplier les exemples.

D'autres fois, l'huile sainte était de l'huile bénite par les saints et qui opérait des miracles. Pour n'en citer qu'un exemple, Sulpice Sévère raconte que la femme du comte Avitien envoya de l'huile à S. Martin, afin que, bénite par lui, elle servît à guérir des maladies[5].

---

[1] Adamnanus, *De locis sanctis*, l. III, c. 3. Migne, Patr. lat., t. LXXXVIII, col. 810. — Beda, *De locis sanctis*, c. 20. Nous croyons que ce dernier ouvrage ne se trouve pas dans la Patrologie de Migne. — Cfr. Gretseri *Opera, ubi supra*, p. 152-154.

[2] S. Greg. M., *Epist.*, l. VIII, ep. 35 (alias l. VII, ep. 34), *ad Leontium exconsulem.* Migne, Patr. lat., t. LXXVII, col. 938.

[3] Geoffroy de Courlon, *Le livre des reliques de Saint-Pierre-le-Vif de Sens*, p. 36-37.

[4] Riant, *Exuviœ sacrœ Cp.*, t. II, p. 62.

[5] Sulp. Sev., *Dialog.* III, c. 3. Migne, Patr. lat., t. XX, col. 213. — Cfr. Gretseri *Opera*, t. I, *De sancta Cruce*, l. IV, c. 60, *miracula*

Enfin, très souvent l'huile que l'on gardait comme relique était seulement de l'huile prise dans les lampes qui brûlaient devant les corps saints, ou de l'huile que l'on déposait, pour la sanctifier, sur le tombeau ou sur la châsse [1]. Grégoire de Tours et Paulin de Périgueux en parlent tous deux, dans leurs vies de S. Martin [2]. Le poète Fortunat, menacé de perdre la vue pendant qu'il étudiait à Ravenne, prit de l'huile d'une lampe qui brûlait devant l'autel de S. Martin, dans l'église des SS. Jean et Paul, s'en frotta les yeux et fut aussitôt guéri [3]. S. Grégoire le Grand envoya à Théodelinde, reine des Lombards, soixante-cinq fioles remplies d'huile prise aux tombeaux des martyrs les plus vénérés. Un discours de S. Sophrone de Jérusalem (viie siècle), publié par le cardinal Mai, nous apprend que, par une superstition singulière, un grand nombre de ceux qui venaient vénérer les tombeaux des martyrs, avaient plus de confiance en

---

per benedictum panem et oleum facta, p. 419-420; — t. V, pars posterior, *De benedictionibus*, l. II, c. 23, *de miraculis oleo benedicto editis,* pag. 242-245.

[1] Sæpe solent præcauto corde fideles
    Vasa oleo opplere, et servandæ adducta saluti,
    Vel justis offerre viris, vel condere sanctis
    Relligione locis....

(Paulinus Petricordiensis, *De vita S. Martini*, l. v. Migne, Patr. lat., t. LXI, col. 1051).

« Solebant peregrini secum aliquid olei ex lampadibus coram sepulcro Christi ardentibus absportare et variis morbis curandis adhibere. » (Gretseri *Opera*, t. IV, pars posterior, *De sacris peregrinationibus*, l. I, c. 7, p. 27). — Lire les intéressants détails donnés sur ce genre de reliques et d'autres analogues par M. Lecoy de la Marche, *Saint Martin*, p. 482-492.

[2] S. Greg. Turon., *De miraculis S. Martini*, l. I, c. 2; l. II, c. 32. Migne, Patr. lat., t. LXXI, col. 915 et 955-956. — Paulinus Petricord., *ubi supra*, l. VI. Migne, col. 1069.

[3] S. Greg. Turon., *Ibid.*, l. I, c. 15. Migne, col. 927. — Fortunatus, *Vita S. Martini*, l. IV, v. 680-701. Migne, Patr. lat., t. LXXXVIII, col. 425-426.

l'huile qui brûlait devant leurs reliques, qu'en la sainte Eucharistie, à cause des miracles que cette huile opérait[1].

L'huile de S. Démétrius et de S. Nicolas, dont parlent nos inventaires, était certainement une liqueur qui découlait des reliques de ces deux saints.

En ce qui concerne S. Démétrius[2], la chose est dite en propres termes dans le Catalogue des reliques de Saint-Etienne dressé au xvi⁰ siècle. On y lit, en effet, cette mention : *Le précieux cueur S. Démètre, lequel gette huile et garyt des yeulx* (n. 2333)[3]. — Il y a tout lieu de croire que notre S. Démétrius est le même que celui dont le corps, au témoignage d'Antoine de Novgorod, reposait en 1200 dans une église de Constantinople, et dont le croisé Robert de Clari raconte que son image, « peinte en une taule, » vénérée à la sainte chapelle de Bucoléon, *si rendoit tant d'oile* (huile) *que on n'en savoit tant*

---

[1] Sophronius, SS. *Cyri et Joannis miracula*, c. 36. Migne, *Patr. græc.*, t. LXXXVII, col. 3554.

Sur ce sujet, voir Martigny, *Dict. des antiq. chrétiennes*, v⁰ Huiles saintes ; en remarquant toutefois qu'il se trompe lorsqu'il dit que l'ex-consul Leontius avait fait don à S. Grégoire d'un vase de l'huile *qui brûlait* devant la vraie Croix, car S. Grégoire dit seulement que Leontius lui avait envoyé *oleum sanctæ Crucis*, sans nous en faire connaître l'origine. Baronius, qui avait eu d'abord la même opinion que l'abbé Martigny, a changé d'avis plus tard et déclaré que c'était probablement de l'huile miraculeuse qui découlait de la vraie Croix à Constantinople (*Ann. eccles.*, ad ann. 598, t. VIII, p. 121).

[2] S. Démétrius fut martyrisé à Thessalonique, au commencement du iv⁰ siècle. Sa fête est fixée au 8 octobre.— Sur l'huile de S. Démétrius, voir les *Acta Sanctorum*, 8 oct., p. 73-78 et 206.

[3] Le cœur de S. Démétrius n'est pas désigné dans l'inventaire de 1319, qui parle seulement des *reliques* du saint. — S. Démétrius est mis par Gretser au nombre des saints « quorum corpora oleo sudant, perenni quodam fluxu. » (T. I, *De sancta Cruce*, l. I, c. 91, p. 153). — Au trésor de Clairvaux, il y avait *de oleo S. Demetrii* (Lalore, *Trésor de Clairvaux*, p. 82).

oster comme il décoroit de chel ymage[1]. En 1205,
Lambert de Noyon, chapelain de l'empereur de Constantinople Baudouin Ier, envoya de l'huile de S. Démétrius au monastère de Saint-Jean-des-Vignes, à Soissons[2].
Nous pouvons donc dire, avec beaucoup de vraisem-
blance, que le cœur de S. Démétrius fut rapporté de Constantinople, ainsi que les autres reliques du même saint
conservées à Saint-Pierre (n. 697), à la suite de la quatrième croisade. — Dans la description du reliquaire
de Saint-Etienne où reposait le cœur de S. Démétrius
(n. 491), on lit que, sur l'un des côtés, il y avait une
ouverture par laquelle entrait une aiguille d'argent qui
touchait à la relique. Cette aiguille servait sans doute à
appliquer sur les yeux malades l'huile miraculeuse qui
sortait du cœur du saint martyr[3].

L'huile ou *manne de S. Nicolas* est trop connue pour
qu'il soit nécessaire d'en parler longuement. A peine le
saint était-il dans son sépulcre de marbre, à Myre, que
cette liqueur commença à couler ; elle n'a jamais cessé
depuis, même après que le corps eut été transporté à
Bari, en 1087, et nombre de voyageurs en Italie ont pu
constater comme nous que les ossements du saint baignent
toujours dans cette liqueur miraculeuse. — Peu de reliques ont été plus répandues au moyen-âge. A Troyes,
Saint-Etienne, l'hospice Saint-Nicolas et l'église Saint-
Nizier, en possédaient (n. 2345, 1804 et Catal. des reliques de la sacristie de Saint-Nizier). Parmi les diocèses
voisins, nous ne citerons que celui de Châlons, dont la

---

[1] Riant, *Exuviæ sacræ Cp.*, t. II, p. 226 et 231.

[2] Id., *Ibid.*, t. II, p. 61.

[3] Des Guerrois, dans son Catalogue des saints du diocèse de
Troyes, à la fin de la *Saincteté chrestienne*, dit que le pied de
S. Démétrius était à Saint-Etienne. C'est sans doute une erreur :
il a écrit *pied* au lieu de *cœur*.

Cathédrale avait aussi, en 1410, *de oleo tumbæ S. Nicolai*[1].

Nous ne saurions dire, avec la même certitude, quelle était la nature de l'huile de Ste Catherine, qui est mentionnée dans l'inventaire de Saint-Etienne (n. 205). — Dans l'inventaire de la Sainte-Chapelle de Paris, en 1363, on trouve de l'huile de S. André et de l'huile de Ste Catherine [2] ; mais on n'en indique pas l'origine. D'après Gretser, le corps de Ste Catherine et celui de S. André étaient de ceux qui « oleo sudant, perenni quodam fluxu ; » et la tradition rapporte que, lorsque les bourreaux tranchèrent la tête de la sainte, il en sortit du lait au lieu de sang [3]. Peut-être l'huile de Ste Catherine était-elle de ce lait miraculeux. Peut-être venait-elle du mont Sinaï, comme celle qui fut, dit-on, apportée à Ste Marguerite, reine d'Ecosse, suivant une curieuse tradition racontée par Hector Boethius [4]. Peut-être provenait-elle de l'église de Saint-Jean de Vertus, au diocèse de Châlons, que nos comtes de Champagne avaient enrichie de la main de la sainte en chair et en os, rapportée par eux, dit-on, du mont Sinaï [5].

L'huile de S. Thomas Becket, conservée à Saint-Etienne (n. 175), venait probablement de son tombeau, où s'opéraient, au milieu d'un concours immense, une multitude de miracles.

---

[1] *Mém. de la Soc. d'agric. de la Marne,* année 1886-1887, p. 286, n. 16.— Cfr. Lucot, *La procession des châsses à Châlons,* 1881, p. 86.

[2] Ducange, v° Oleum. Edit. Didot, t. IV, p. 708, col. 3. — Cfr. Douet d'Arcq, *Inv. de la Sainte-Chapelle* (1573), où il y a « de l'huylle sainct Andry (n. 43) », ce que Morand, l'auteur de l'*Hist. de la Sainte-Chapelle,* explique ainsi : « de l'huile du tombeau de S. André. » *Revue archéol.,* 1848, p. 184.

[3] Gretseri *Opera,* t. I, *De sancta Cruce,* l. I, c. 91, p. 153 ; — t. IV, pars posterior, *De sacris peregrin.,* l. II, c. 20, p. 113 et 119.

[4] Boethius, *Scotorum historiæ.* Parisiis, 1526, in-folio. *Scotorum regni descriptio,* fol. XI, r°.

[5] Petits Bollandistes, 25 nov., t. XIII, p. 596.

Quant à l'huile de Notre-Dame de Sordonnay, c'était assurément de cette liqueur miraculeuse, dont parle Geoffroy de Courlon, qui coulait d'une image de la Sainte Vierge dans le monastère *de Sardenaio* [1]. Ce monastère était situé à Sardenai ou Sardenaïda, à quelques lieues de Damas. Une image de la Sainte Vierge, dont Arnold, abbé de Lubeck, et Mathieu Pâris ont raconté la très-curieuse histoire, laissait échapper une huile qui opérait de nombreux miracles [2]. Les pèlerins en rapportaient en Occident. Dans le *Trésor de Clairvaux*, M. Lalore a publié un procès-verbal de translation de reliques, du 7 juillet 1548, où l'on trouve « de oleo S. Mariæ de Seldellena [3] ». En 1741, l'inventaire du même trésor signale une petite fiole de verre contenant « de oleo quod emanat de imagine B. Mariæ apud Sarracenos, ultra Damascum, quod attulit frater Artaudus (initio XIII seculi) [4]. »

VII. — Les reliques devaient, régulièrement, être munies de leurs authentiques. En général, celles qui venaient de Constantinople étaient accompagnées, soit de chrysobulles impériaux, soit de lettres d'envoi, soit de certificats déposés dans les reliquaires. Mais ces pièces ont presque toutes disparu, et, malgré l'étendue

---

[1] Geoffroy de Courlon, *Le livre des Reliques de Saint-Pierre-le-Vif de Sens*, p. 28.

[2] Arnoldus Lubecensis, *Chronicon Slavorum*, l. VII, c. 10. Francfort, 1581, p. 203-204. Arnold reproduit le récit de Gérard, vidame de Strasbourg, envoyé en Orient par l'empereur Frédéric Barberousse en 1175, et qui atteste avoir vu l'écoulement de la liqueur miraculeuse. — Matthæus Parisius, *Hist. Angl.*, ad ann. 1204. Londres, 1640, t. I, pars II, p. 210-211. — Cfr. Baronius, *Ann. eccles.*, ad ann. 870, t. X, p. 457 ; — Gumppenberg, *Atlas Marianus*, centuria VIII, n. 730 et 797 ; — Bourassé, *Summa aurea de laudibus B. V. Mariæ*. Migne, t. XII, col. 324-326 et 380.

[3] Lalore, *Trésor de Clairvaux*, p. 154.

[4] Id., *Ibid.*, p. 14.

de ses recherches, M. Riant n'a pu retrouver que six chrysobulles impériaux, trois lettres des feudataires de l'empire d'Orient, et dix-sept autres documents attestant l'authenticité des reliques ; encore faut-il remarquer que presque toutes ces pièces ne sont que des copies, les originaux ayant disparu.

Il est bien regrettable que nos inventaires, se restreignant trop fidèlement à leur objet spécial, qui était d'indiquer les reliques et les reliquaires, n'aient pas signalé les authentiques qui devaient les accompagner. Ce n'est que tout-à-fait par hasard qu'il en est fait mention dans l'inventaire de Saint-Etienne, en 1319, qui note une bourse de soie, « in qua sunt litteræ testimoniales de capite sancti Stephani et aliarum reliquiarum (n. 26). » Ces lettres étaient sans doute gardées à part, parce qu'elles se rapportaient au chef du saint patron de la Collégiale. — Nous ne pouvons signaler comme ayant le caractère d'authentique une cédule trouvée dans un vase de cristal, et sur laquelle était écrit : « Sancti Pancratii; Philippi, apostoli; sancti Andree, « apostoli, etc. (n. 229). » Cette bande de parchemin n'était qu'une inscription déposée dans le reliquaire, mais insuffisante pour garantir l'authenticité des reliques qui, du reste, avaient presque toutes disparu. Mais il arrivait souvent que, sur le reliquaire même, on gravait une inscription qui attestait l'authenticité de la relique. C'est ce qu'on peut constater pour le vase de la Cène et le reliquaire de S. Philippe à la Cathédrale (n. 685 et 686), et pour divers reliquaires de Saint-Etienne (n. 470 et 471).

Il est certain, cependant, que des authentiques étaient généralement déposées dans les reliquaires. Ainsi, en 1154, Pierre, abbé de Montier-la-Celle, donnant des reliques de S. Melain et de S. Bobin au prieuré de Saint-Georges en Gaonnay, y joignit cette authentique sur parchemin : *Tria brachia, una costa, duæ coxæ sancti Bobini sive Melanii, simul enim inveni eorum corpora.*

Ego Petrus abbas[1]. En 1180, Guitère, abbé de Saint-Loup, ayant reconnu les reliques de S. Camélien, de S. Evode et de S. Vinebaud, déposa dans leurs châsses des procès-verbaux qui furent retrouvés en 1609[2]. En 1246, les religieux de Larrivour, ayant reçu le corps de la B. Jeanne la Recluse, le mirent dans une châsse avec une inscription sur parchemin[3]. Lorsque Etienne de Givry, évêque de Troyes, visita en 1410 la châsse de Sᵗᵉ Mâthie, il y mit un procès-verbal signé de lui et de plusieurs chanoines[4]. Louis Raguier, évêque de Troyes, transféra solennellement les reliques de S. Frobert dans une nouvelle châsse en 1470, et le procès-verbal de translation est encore aujourd'hui dans la châsse du saint, à Saint-André[5]. A Sainte-Madeleine, en 1595, on trouve, dans une layette de bois qui contenait un ossement de S. Quirin, un certificat en papier et deux en parchemin portant *certification* de cette relique (n. 1576). En 1554, quand on ouvrit la châsse de S. Mesmin, on y trouva cet ancien écriteau : *Hic habentur ossa S. Memorii martyris, cum capite ejusdem, et cum capite S. Lebaudi*[6]. De même, en 1621, l'évêque René de Breslay, visitant la châsse de S. Gond, à Saint-Pierre-en-Oye, y trouva une lame de plomb gravée, indiquant que le corps était celui de S. Gond, et que sa fête se célébrait le 26 mai[7]. On en pourrait citer beaucoup d'autres exemples. — Mais, en 1794, tous ces procès-verbaux furent brûlés en même temps que les reliques et les reliquaires[8].

---

[1] Des Guerrois, *Saincteté chrestienne*, fol. 67, rº.

[2] Id., *Ibid.*, fol. 424, vº.

[3] Defer, *Vie des Saints du diocèse de Troyes*, p. 323.

[4] Des Guerrois, *ubi supra*, fol. 386, rº.

[5] Lalore, *Probationes cultus*, p. 12.

[6] Des Guerrois, *ubi supra*, fol. 420, rº.

[7] Id., *Ibid.*, fol. 185, rº.

[8] Coffinet, *Origine des parcelles de la vraie Croix...*, dans les *Mém. de la Soc. Acad. de l'Aube*, t. XIX, 1855, p. 214.

Pour faire connaître aux fidèles les reliques vénérées dans une église, on en dressait le catalogue sous forme de *pancarte, chartula,* que l'on affichait dans cette église. Telle est la pancarte du xvie siècle que nous publions en appendice, et qui nous donne la liste des reliques vénérées à Saint-Etienne. Telle est également celle de 1664 que l'on voit encore aujourd'hui à la sacristie de Saint-Nizier. Ces pancartes contiennent parfois des détails qui ne se trouvent pas dans les inventaires.

VIII. — Les reliques étaient souvent déposées dans des coffrets, ou simplement dans des bourses en étoffe (drap d'or, soie, fil), en attendant qu'on pût leur donner un reliquaire. Les coffrets étaient souvent garnis de fer ou de cuivre, et ordinairement fermés à clef, pour mettre les reliques à l'abri de tout danger[1]. Nous voyons même, dans l'inventaire de 1319, à Saint-Etienne, un vase rond en cristal, garni d'or dans le haut et dans le bas, et contenant un morceau du Saint-Suaire (n. 9), et une pixide d'ivoire travaillé (n. 131), qui se fermaient ainsi à clef. Quand on exhuma, dans l'église des Jacobins de Troyes, le corps du B. Jean de Gand, en 1482, on le déposa dans un coffret de bois fermé de barreaux de fer[2]. De même, lorsqu'on ouvrit, en 1754, la châsse de Ste Hélène, la première chose qu'on trouva, raconte le chanoine Tremet, fut un grillage de fer, à branches entrelacées, de la grosseur du petit doigt; il fallut le briser à coups de marteau[3].

Dans les reliquaires, les reliques étaient souvent fixées

---

[1] N. 14, 80, 89, 116, 123, 130, etc. — Au xviiie siècle, à Saint-Etienne, les clefs des châsses sont enfermées dans une boîte garnie de cuir, fermée par quatre bandes de papier, avec le sceau de l'évêque et celui du Chapitre (n. 2354).

[2] Defer, *Vie des Saints du diocèse de Troyes,* p. 343.

[3] Arnaud, *Voy. archéol.,* p. 163.

par de petites bandes d'argent ou d'or (n. 123 et 231).
Les corps saints étaient enveloppés dans de riches
étoffes, comme on le voit par la description détaillée
que l'abbé Tremet nous a laissée de l'état où fut trouvé
le corps de Ste Hélène [1].

Les reliques restaient habituellement enfermées dans
le trésor, sous la garde du trésorier et des marguilliers-
prêtres; quelques-unes étaient même, comme à Saint-
Urbain, en la garde de la bonne femme des reliques.
Cependant, les châsses des saints du diocèse, ou des
patrons de l'église, étaient souvent placées sur ou
derrière le maître-autel. Ainsi, à la Cathédrale, un jubé
ou tabernacle aux reliques fut construit en bois, derrière
l'autel, de 1440 à 1448[2]; et l'évêque Guillaume Parvi
(1518-1527) fit placer au même endroit une tribune en
bois doré, où l'on montait par deux escaliers, et sur
laquelle reposaient les châsses de S. Savinien et de
Ste Hélène. Au-dessus de cette tribune étaient placées les
petites châsses en bois de S. Urse, de S. Camélien et de
S. Prudence, évêques de Troyes[3]. La châsse de Ste Mâthie était dans la chapelle du Sauveur (n. 2454). — A
Saint-Etienne, les châsses de S. Aventin et de Ste Hoïlde
étaient placées sur une tribune derrière le grand autel,
S. Aventin du côté de l'évangile et Ste Hoïlde du côté de
l'épître[4]. — A Saint-Loup, sur le maître-autel, étaient
les châsses de S. Loup, de S. Vinebaud, de S. Camélien,

---

[1] Id., Ibid.

[2] L. Pigeotte, *Etude sur les travaux d'achèvement de la Cathédrale*, Introd., p. IV. — Arch. de l'Aube, G. 1562 et 1563.

[3] Des Guerrois, *Saincteté chrestienne*, fol. 417, r°. — Arnaud,
Voy. archéol., p. 170. — Cfr. infra, n. 2453. — On trouve encore
aujourd'hui bien des exemples de cette manière d'exposer les
reliques, et, sans chercher bien loin, il suffit d'aller à Pontigny
pour y voir les reliques de S. Edme ainsi exposées à la vénération
publique.

[4] Id., *Ibid.*, fol. 102, v°. — Cfr. n. 2358.

de S. Evode et de Ste Barbe[1]. En 1496, l'abbé Forjot fit élever près du maître-autel un tabernacle aux reliques, ou *lypsanodochium*, artistement travaillé, pour y renfermer les reliquaires; ce tabernacle existait encore en 1663 et servait au même usage, comme l'atteste Cousinet, dans son *Thesaurus* (t. III, fol. 129, r⁰). — A Montier-la-Celle, les châsses de S. Frobert et de Ste Savine étaient placées de même, la première du côté de l'évangile, la seconde du côté de l'épître[2]; les deux châsses qui contenaient les reliques de S. Melain, de S. Bobin, de S. Ursion et de S. Maurèle, étaient élevées derrière le maître-autel, dans la seconde niche du côté du cloître, au nord[3]; celle de S. Phal était dans la première niche du côté opposé, au midi, et celle de Ste Exupérance dans la seconde[4]. A Notre-Dame-aux-Nonnains, deux châsses étaient placées sur le mur de la grille du chœur, regardant le maître-autel[5]. — On trouve aussi, mais plus tard, des reliquaires placés sous l'autel, comme étaient à la Cathédrale, du temps de Courtalon, les châsses de S. Savinien, de Ste Hélène[6], et aussi le reliquaire du chef de S. Philippe.

Les châsses étaient ordinairement recouvertes d'un *pallium*. Ainsi, dans l'inventaire de S. Etienne, en 1319, on lit : *Pallius yndi coloris, ad gripones, existens super cassam beati Avantini* (n. 260). En 1535, à Sainte-Madeleine, on trouve « trois couvrechefz de soye à mectre sur le bras sainct Blaise (n. 1535). » Des Guerrois

---

[1] Id., *Ibid.*, fol. 408, r⁰ et v⁰. — Cfr. n. 823, 825, 831 et 833. — Il est dit, cependant, au n. 835, que la châsse de Ste Barbe se gardait au trésor.

[2] Id., *Ibid.*, fol. 62, r⁰.

[3] Id., *Ibid.*, fol. 66, 109 et 215, v⁰.

[4] Id., *Ibid.*, fol. 118, v⁰, et 23, r⁰.

[5] Id., *Ibid.*, fol. 195, r⁰.

[6] Courtalon, *Topog. hist.*, t. II, p. 121 et 125.

dit que la châsse de S¹ᵉ Hoïlde, à Saint-Etienne, était couverte d'un parement de velours violet, parsemé de fleurs de lys d'or, quand on la portait en procession[1]. A Jouarre, la châsse de S. Potentien et celle de S¹ᵉ Jule étaient, à la même époque, recouvertes d'un grand manteau de damas rouge[2]. Au prieuré de Saint-Sépulcre, la châsse de S. Adérald était recouverte d'un parement de velours vert[3]. A la Cathédrale, au xviiiᵉ siècle, il y avait un tapis de brocart d'or et d'argent pour la châsse de S¹ᵉ Mâthie, et un autre de peluche rouge pour celle de S¹ᵉ Hélène (n. 2426 et 2427).

Lorsqu'on découvrait les reliques à la sacristie, par exemple, pour en faire la visite canonique, on allumait deux cierges, et le prêtre se mettait à genoux pour vénérer et prier les saints (p. 246).

Aux jours de fêtes, il y avait souvent exposition générale des reliques. A la Cathédrale, elles devaient être exposées dans la chapelle de Sainte-Marguerite ou des enfants de Sainte-Catherine, voisine du trésor, qui portait le nom de *chapelle des reliques*[4]. A Saint-Etienne, on les exposait dans la nef, et l'on trouve, dans un inventaire du xviiiᵉ siècle, trois grands bassins ronds, en cuivre, dont on se servait alors sans doute pour recevoir les offrandes des fidèles (n. 2363). La vraie Croix était aussi exposée sur l'autel (n. 2368). — A l'hôpital du Saint-Esprit, on « mettait les reliques en parement » sur un bureau de bois, à l'entrée de l'église (n. 1885). — A Sainte-Madeleine, elles étaient aussi exposées sur un bureau, *super abacum*, par un prêtre en surplis, en étole rouge et en chape, précédé d'un clerc qui portait un cierge (n. 1531 et 2812). Dans la même église, on trouve,

---

[1] Id., *Ibid.*, fol. 95, r°.

[2] Id., *Ibid.*, fol. 45, r°.

[3] Id., *Ibid.*, fol. 256, r°.

[4] Lalore, *Obituaires*, p. 208. — Arch. de l'Aube, G. 1591.

en 1535, trois petits coussins de soie avec les reliques, probablement pour les exposer ; l'un de ces coussins, en soie rouge, est garni de mouchoirs en soie verte (n. 1515). — A Saint-Jean, on exposait également les reliques sur un bureau recouvert de nappes ou de serviettes (n. 2639 et 2644). Une grande serviette garnie d'or et de soie rouge servait probablement à cet usage.

On suspendait aussi, aux jours de fêtes, des reliques au-dessus de l'autel. C'est pour cela qu'on trouve à Saint-Etienne, en 1319, un si grand nombre de petits reliquaires en argent garnis de chaînes de même métal : un aigle (n. 123, un bélier (n. 228), une colombe (n. 123), plusieurs poissons en argent et en cristal (n. 91, 144 et 192), une pixide, une bourse, un philactère en argent (n. 75, 76, 163), des vases en cristal et en argent (n. 93, 112 et 199). — En 1527, chez les Cordeliers, on voit encore un petit reliquaire, avec chaîne d'argent et anneau (n. 1419)[1]. — On plaçait également sur l'autel, les jours de fêtes, des tableaux contenant des reliques, comme on le voit en 1620 à l'hôpital Saint-Nicolas (n. 2846).

Les reliques étaient portées en procession. Il arrivait souvent alors qu'on plaçait sur la châsse la statue du saint ou de la sainte. Ainsi, à Saint-Etienne, en 1700, on mettait sur la châsse de S. Aventin une statue en argent, d'un pied de haut, qui représentait le saint arrachant une épine de la patte d'un ours (n. 2358). Sur la châsse de Ste Hoïlde, on mettait un couronnement en argent doré, consistant en quatre consoles posées sur une tablette et supportant une couronne ; entre ces consoles était la statue de Ste Hoïlde, une palme à la main (n. 2356). Les porteurs étaient revêtus d'aubes (n. 2553). — Les châsses, quelquefois recouvertes d'un riche parement, comme nous l'avons vu plus haut pour

---

[1] Il pourrait se faire que cette chaîne servît à suspendre l'anneau au reliquaire, et non à suspendre le reliquaire lui-même.

Sᵗᵉ Hoïlde, étaient souvent placées sous un dais. A la Cathédrale, au xviiiᵉ siècle, on portait la vraie Croix sous un petit dais de drap d'or, avec deux pentes de satin rouge (n. 2425). A Saint-Loup, en 1662, le chef du saint était porté sous un dais de tabis à fleurs, composé de quatre pentes ou mantelets, avec un fond de taffetas de la Chine (n. 897, 10º). Chez les Cordeliers, en 1610, on trouve « un petit ciel à porter un reliquaire à la procession générale (n. 2774). » — Le diacre et le sous-diacre portaient sans doute des reliquaires à la procession, car l'inventaire des Cordeliers, en 1627, mentionne « deux reliquaires d'argent pour le diacre et sous-diacre (n. 2780). » Dans l'inventaire de la Collégiale de Saint-Omer, nous avons même remarqué que le prêtre célébrant, aux bons jours, portait un reliquaire [1].

IX. — Presque toutes les reliques de la Cathédrale, de Saint-Etienne et de Saint-Loup, furent détruites par l'orfèvre Rondot en janvier 1794. Une déclaration, signée le 17 mai 1795 par le sacristain Louis Brion, le sonneur Sébastien Charpentier et le suisse Pierre Lécorcher, témoins de ce sacrilège, nous donne quelques détails tristement intéressants au sujet de nos saints de Troyes. Toutes les reliques de S. Loup, de S. Savinien, de Sᵗᵉ Hoïlde et de S. Aventin, qui étaient renfermées dans des sacs de peau, furent tirées de leurs reliquaires et jetées pêle-mêle dans une balle d'osier, qui fut ensuite transportée à la maison commune. Le corps de Sᵗᵉ Mâthie, et probablement aussi celui de Sᵗᵉ Hélène, trouvés entiers dans leurs suaires, furent jetés dans un grand feu allumé dans la chambre dite du Prédicateur [2]. Toutes les autres reliques réunies à la Cathédrale subirent le même sort.

---

[1] *Bull. archéol.*, 1886, p. 81.

[2] Apud Coffinet, *Origine des parcelles de la vraie Croix...*, dans les *Mém. de la Soc. Acad. de l'Aube*, t. XIX, 1855, p. 213.

C'est à peine si quelques fragments, enlevés à la dérobée, échappèrent à la destruction.

De toutes les reliques si nombreuses à Troyes avant la Révolution, il ne reste, par conséquent, qu'un bien petit nombre. Voici la liste de celles que l'on retrouve encore aujourd'hui au trésor de la Cathédrale :

1º Parcelles de la *vraie Croix*, provenant de l'ancien trésor, conservées en 1773 par le chanoine Roullon lors de la translation de la relique dans un nouveau reliquaire, données par lui en 1807, et reconnues authentiques la même année par Mgr de la Tour du Pin ;

2º Parcelles de la *sainte Couronne d'épines* et de la *vraie Croix*, provenant d'un reliquaire de Saint-Urbain, sauvées par le chanoine Rebours le 21 décembre 1794, reconnues par Mgr de Boulogne le 4 mai 1811 ;

3º Le chef de *S. Philippe (vertex capitis)*, que l'on conservait sous le maître-autel de la Cathédrale, et qui, mis en sûreté en 1794 par Antoine Michaut, prêtre et chartreux, fut reconnu le 21 avril 1826 par Mgr de Seguin des Hons ;

4º Deux fragments du crâne de *S. Loup*, sauvés de la destruction en 1794 par le sonneur Sébastien Charpentier, donnés par lui à Baudin, chantre de Saint-Denis, reconnus le 27 avril 1811 par Mgr de Boulogne. — Une petite partie d'une côte de S. Loup, sauvée à la même époque par un ancien chartreux, Edmond Massey (mort curé de Montgueux le 15 septembre 1835), a été donnée par lui à la Cathédrale et reconnue par Mgr de Boulogne le 27 avril 1811 ;

5º Un ossement, une dent et deux parcelles du crâne de *Ste Mâthie*, également sauvés par le sonneur Charpentier et le suisse Lécorcher, ont été reconnus par Mgr de Boulogne le 25 avril 1811. Mgr de Seguin des Hons y joignit, le 4 septembre 1830, des parcelles d'ossement et du suaire de Ste Mâthie, données par le même Edmond Massey ;

6º Un morceau de la chair (peau du flanc) de *Ste Hélène*, préservé du feu par le suisse Lécorcher, fut reconnu le 24 avril 1811 par Mgr de Boulogne. Mgr de Seguin des Hons y ajouta, en septembre 1830, un fragment du suaire et de la soie brochée d'or qui enveloppaient le corps de la sainte ;

7º Deux ossements de *S. Savinien,* l'un sauvé par le Fr. Edmond Massey, et reconnu par Mgr de Boulogne le 27 avril 1811 ; — l'autre, que l'on conservait sous le maître-autel, sauvé par le P. Antoine Michaut, et reconnu le 21 avril 1826 par Mgr de Seguin des Hons ;

8º Une partie du crâne de *S. Aventin ;*

9º Une partie du crâne de *S. Vinebaud ;*
toutes deux sauvées par le même Edmond Massey et reconnues par Mgr de Boulogne en même temps que la relique de S. Savinien ;

10º Le pied de *Ste Marguerite,* qui était autrefois en si grande vénération à la Cathédrale ;

11º Une partie du rochet de *S. Thomas de Cantorbéry;*

12º Deux chefs de saints martyrs, compagnons de S. Irénée, qui pourraient être les deux chefs vénérés au Petit-Larrivour en 1662 (nº 2217) ;

13º Divers autres fragments, peu considérables, de plusieurs autres saints.

Les procès-verbaux de reconnaissance de ces diverses reliques sont au Secrétariat de l'évêché et dans les reliquaires du trésor de la Cathédrale [1].

X. — Il nous reste, avant de terminer cet article, à dire quelques mots d'une relique simplement historique, le chapeau du comte Henri, que nous voyons figurer à l'inventaire de Saint-Etienne (n. 43 et 468).

Henri lui-même nous apprend, dans une charte donnée à Troyes le 25 février 1151, qu'ayant violé la franchise

---

[1] Voir aussi Coffinet, *ubi supra.*

du bourg Saint-Denis, que ses prédécesseurs avaient donné au Chapitre de la Cathédrale, il fut amené par S. Bernard à en faire réparation en pleine assemblée capitulaire, en présence de l'évêque Henri, de plusieurs abbés, clercs et chevaliers. Pour conserver le souvenir de cette amende honorable et pour consacrer le droit du Chapitre, il remit son chapeau entre les mains de l'archidiacre et chambrier Guerric[1].

Ce chapeau était de drap d'or, ou plutôt, suivant la description donnée par un autre inventaire du xviiie siècle[2], d'une étoffe de soie rouge épaisse, brodée en fils d'or et de soie en mosaïque, et parsemée de petites perles fines.

Il fut donné par la Cathédrale à Saint-Etienne, probablement après la mort d'Henri, et chaque année, le 17 mars, quand on célébrait l'anniversaire du comte, on attachait ce chapeau à l'aigle du chœur[3].

La comtesse Marie de France, femme d'Henri le Libéral, dut faire un jour à l'abbé de Saint-Loup, Guitère, une amende honorable semblable à celle qu'Henri avait faite au Chapitre de la Cathédrale. Ses soldats ayant pris gîte, à Lusigny, chez les hommes de l'abbaye, qui ne devaient pas le gîte aux comtes de Champagne, Marie remit à l'abbé, en réparation, son anneau, qui fut attaché à la riche couverture de l'Evangéliaire que le comte Henri avait offert à l'abbaye lors de la naissance de son fils Henri II. L'abbé Guitère lui-même a raconté ce fait[4].

Ce n'était pas, du reste, chose bien rare de voir faire de telles amendes honorables. Pendant longtemps, on vit appendu au maître-autel de la Cathédrale un plateau d'argent offert par Jean de Renneval ou Rienval, prévôt

---

[1] Lalore, *Cartul. de Saint-Pierre*, p. 20-21.

[2] Archives de l'Aube, 6 G. 9. — V. infra., n. 2359.

[3] Arnaud, *Voy. archéol.*, p. 34 et 35.

[4] Apud Harmand, *Notice sur la Biblioth. de Troyes*, p. 38.

de Troyes, sur arrêt du parlement de Paris, en 1378, pour avoir indûment fait arrêter et mettre à la question Guillaume de Creney, Jean de Bar et autres clercs[1].

Pour finir, notons, à titre de reliques historiques, les trois aumônières des comtes de Champagne (n. 468, et 2360 à 2362), dont nous avons déjà parlé, — la couronne du comte Henri, que l'on voyait sur le reliquaire du chef de S. Philippe, à la Cathédrale (n. 686, note), — et la mitre de l'évêque Hervée, qui, d'après Arnaud, était conservée, en 1627, au trésor de la Cathédrale. Peut-être est-elle comprise dans les huit mitres épiscopales anciennes qui sont notées dans l'inventaire de 1429 (n. 605).

§ IV.

Reliquaires.

Pour honorer dignement les saintes reliques, la piété de nos pères ne reculait devant aucune dépense. L'or, l'argent, les pierres précieuses, l'ivoire, les émaux, étaient prodigués pour construire les reliquaires, des formes les plus variées, que créait l'imagination féconde des orfèvres du moyen-âge et de la renaissance. Nous essaierons de résumer les indications que nous fournissent, à ce sujet, tous nos inventaires.

I. — Le nom de *reliquaire*, si communément employé plus tard, ne se rencontre pas une seule fois dans l'inventaire de Saint-Etienne en 1319, ni dans ceux de Notre-Dame-aux-Nonnains en 1343, et de la Cathédrale en 1429. Il est remplacé par les mots *cassa, scrinium, vas, vasculum,* etc.

---

[1] Vallet de Viriville, *Arch. départem. de l'Aube,* p. 110. — Cfr. Courtalon, t. I, p. 380; — Arnaud, *Voy. archéol.,* p. 170, où sont cités d'autres faits du même genre.

Nous le trouvons, pour la première fois, à Lirey, en 1418 (n. 2234). Mais, à partir de cette époque, on le rencontre partout, chez les Cordeliers en 1527, à Sainte-Madeleine en 1535, à Saint-Loup en 1544, à Lirey en 1552, etc. [1].

Le nom de *sanctuaria, sainctuaires*, au sens de reliquaires, ne se trouve pas non plus à Saint-Etienne, à Notre-Dame-aux-Nonnains et à la Cathédrale, dans les inventaires de 1319, 1343 et 1429. C'est encore à Lirey, en 1418, qu'on le lit pour la première fois (p. 263). Puis, on le retrouve à Saint-Loup en 1555 (p. 95), et à Saint-Jean dans la première moitié du xvi⁰ siècle (p. 152).

Souvent, les reliquaires sont désignés sous le nom de *jocalia, joyaux*, qui s'applique également aux vases sacrés. On le trouve en 1319, à Saint-Etienne (p. 1 et 8), en 1418 à Lirey (p. 263), en 1429 à la Cathédrale (p. 71 et n. 525) [2]. La dernière fois qu'on le rencontre, c'est dans l'inventaire de la Cathédrale, en 1611 (p. 80).

Les reliquaires portent aussi le nom de *repositoires*, comme on le voit à Saint-Loup en 1555 (n. 748 à 751), et à Montier-la-Celle en 1499 (n. 2123). Mais ce nom, qui avait le sens général de vase et d'étui [3], désignait plus particulièrement le vase où reposait le Saint-Sacrement [4].

II. — Toutes les matières, les plus précieuses et les plus communes, l'or et le bois, l'argent et l'étain, ont été mises à contribution pour servir de reliquaires.

---

[1] *Reliquiarium, reliquiare* (n. 1412 à 1419, 2100, 2243 à 2247); — *reliquaire, reliquière* (p. 92, n. 1271, 1484, 1488, 2254).

[2] « Un joël de cuivre doré à mettre les reliques, » en 1428, à la Cathédrale (Rondot, *Les Orfèvres de Troyes*, p. 45.)

[3] Il a le sens d'*étui* à N.-D.-aux-Nonnains en 1343 (n. 1014); — de *corporalier* (*Ibid.*, n. 1027 et 1052), — de *navette* chez les Cordeliers en 1527 (n. 1404), et à Saint-Loup en 1555 (n. 775).

[4] A N.-D.-aux-Nonnains en 1343 (n. 1074), à Saint-Martin-ès-Aires en 1499 (n⁰ 2125), et à Saint-Loup en 1555 (n. 737).

A Saint-Etienne, en 1319, les matières précieuses dominent, et le trésor est, à ce point de vue, d'une richesse extraordinaire. On y trouve, en effet, quatorze reliquaires en or, quatorze en vermeil, quarante-six en argent, trente recouverts d'argent. Quatre coffrets et cinq pixides sont en ivoire; une croix, une pomme et un vase, en ambre; trois reliquaires en corail, onze autres en cassidoine (agate). Près de cent reliquaires sont en cristal, et trois seulement en verre. Un vase en pierre verte est peut-être un vase en malachite, *vasculum viride lapideum* (n. 203). Un reliquaire est en corne, et deux œufs d'autruche servent aussi de reliquaires. Il n'y en a qu'un seul en cuivre, à moins que l'on ne voie des reliquaires en cuivre dans ceux qui sont recouverts d'argent. L'inventaire ne mentionne que quatre coffres et coffrets, avec un phylactère, en bois; l'un est en bois doré, et un autre est couvert de figures d'ivoire. Presque tous les reliquaires en cristal, en pierres fines, en verre, sont couverts d'argent, assez souvent même d'or et de pierres précieuses. — Un certain nombre de reliques étaient simplement enveloppées dans du drap d'or ou dans des bourses de soie et enfermées dans des coffrets.

Au XVIIIe siècle, dans cette même église de Saint-Etienne, tous les reliquaires en or et en ivoire ont disparu; mais le vermeil et l'argent sont en abondance. Quelques reliquaires en agate orientale, en corail, en *jayet*[1] et en cristal de roche, qui ont survécu aux ravages des siècles, sont garnis d'or en filigrane, de vermeil ou d'argent; dans l'un d'eux se trouve un barillet d'or en forme d'œuf, travaillé en filigrane, renfermant des reliques de Notre Seigneur et de la Sainte Vierge. Le bronze et le cuivre doré sont communément employés et servent à fabriquer de très belles châsses,

---

[1] Le *jayet* ou *jais* est un bois pétrifié, de nature bitumineuse, et du noir le plus brillant. Il en existe des mines en France (Aude et Ariège) et en Espagne.

surtout à partir de la fin du xv⁰ siècle. Une cassette à
reliques est recouverte de cuivre et d'étain. L'ancienne
châsse de S. Félix, relique du passé, a gardé ses figures
d'ivoire. — Les émaux et les pierres précieuses sont
semés à profusion sur un grand nombre de reliquaires.

A Troyes, aucun trésor ne peut soutenir la comparaison avec celui de Saint-Etienne. En 1343, Notre-
Dame-aux-Nonnains ne possède pas un seul reliquaire en or ou en argent doré, mais seulement des
reliquaires en argent ou recouverts d'argent, deux
coffrets en ivoire et neuf vases en cristal. — Le trésor
de la Cathédrale lui-même n'était pas, à beaucoup près,
aussi riche que celui de Saint-Etienne. En 1429, on n'y
trouve aucun reliquaire en or; quatre sont en argent et
quatre en argent doré. Une croix-reliquaire est en
cuivre doré. L'inventaire ne signale point d'émaux, et
les pierres précieuses semblent avoir été réservées pour
orner les textes et la croix d'or, à l'exclusion absolue
des reliquaires. — Il n'en est plus tout-à-fait de même
en 1611. Cependant, même à cette époque, on ne voit
des émaux que sur un seul reliquaire, tandis qu'il y en
a sur un bon nombre de calices. Quant aux pierres
précieuses, il y en a quelques-unes sur le reliquaire
du chef de S. Philippe, et c'est tout, car les pierres qui
ornent le bras de S. Urse et le pied de S⁺⁰ Marguerite
ne sont pas des pierres fines.

Nous arrivons ainsi aux inventaires du xvi⁰ et du
xvii⁰ siècle. Le plus riche, sans comparaison, est celui
de Saint-Loup, grâce à la munificence des abbés, particulièrement des deux derniers abbés réguliers, Nicolas
Forjot et Nicolas Prunel. On n'y trouve cependant pas
de reliquaires en or. Mais une croix-reliquaire de grande
antiquité et une statue-reliquaire de la Sainte Vierge,
donnée en 1411 par l'abbé Persin, sont en argent doré,
de même que plusieurs châsses qui sont de toute beauté :
tels sont l'ancien reliquaire du chef de S. Loup, de
1136 ; la châsse de S. Vinebaud, de 1180 ; la châsse de

S. Loup, de 1359 ; la châsse de Ste Barbe, de 1410 ; le chef de S. Vinebaud, et, par dessus tout, le chef de S. Loup, de 1505. — Il y a aussi de beaux reliquaires en bronze et en cuivre doré, et les châsses de S. Camélien et de S. Evode sont en bois doré. — Signalons encore une ancienne boîte en ivoire, un coffret en écaille de tortue, et des tablettes-reliquaires recouvertes de corne (n. 870 à 874).

A Lirey, à côté de curieux reliquaires en argent du xive siècle, on voit un reliquaire d'airain, *reliquiare œneum,* du xvie (n. 2247).

En général, le pied des reliquaires est tantôt de cuivre, tantôt de cuivre doré.

III. — Il est curieux, au point de vue de l'histoire des arts, et spécialement de l'orfèvrerie, d'étudier les formes nombreuses, parfois originales jusqu'à l'excentricité, que revêtaient les reliquaires du moyen-âge. L'inventaire de Saint-Etienne, de 1319, nous fournit sur ce point des détails particulièrement intéressants.

Coffrets. — Les coffrets sont la forme primitive des reliquaires; aussi sont-ils nombreux dans notre inventaire. Ils portent les noms de *cassa, cassula, scrinetum* ou *scrinetus, scrinium* ou *scrinius.*

La plupart de ces coffrets sont en argent, ou du moins recouverts d'argent : 14 sur 27. Un est en or (n. 57), un en cuivre recouvert d'argent (n. 231), deux en cristal (n. 10 et 89), trois en bois (n. 80, 89 et 123), et quatre en ivoire (n. 12, 16, 116, 130).

Un seul de ces coffrets est émaillé, *de opere Grœciœ* : c'est le coffret en or n. 57, auquel on peut ajouter, cependant, un coffret d'argent sur lequel est placée une petite croix d'or avec crucifix émaillé (n. 8). — De même, on ne trouve de pierres précieuses que sur deux coffrets, l'un recouvert d'argent (n. 9), l'autre en cristal garni d'or (n. 10). Le magnifique coffret garni d'argent et littéralement couvert de pierres précieuses, que signale l'inventaire de Saint-Etienne en 1704 (n. 441), ne doit pas être antérieur au XIVᵉ siècle, car il n'est pas mentionné dans l'inventaire de 1319.

Tous les coffrets dont la forme est indiquée sont carrés (n. 12, 16, 17, 115, 116, 230); seul, le n. 61 est désigné comme étant de forme oblongue, parce qu'il était destiné à renfermer une côte de S. Thomas. Il en était probablement de même du coffret n. 31, qui renfermait une côte d'un des saints Innocents.

Un bon nombre de coffrets sont à pieds, même les petits coffrets qui étaient renfermés dans de plus grands reliquaires. L'un de ces coffrets à pied est en cristal (n. 10); un autre est en ivoire (n. 16); les autres sont en argent ou en cuivre recouvert d'argent. Les pieds dont la matière est indiquée sont en cuivre (n. 137) ou en cuivre argenté (n. 231). Un de ces pieds est appelé dans l'inventaire pied *à la morraille* (n. 33), expression dont nous ne pouvons déterminer la signification précise[1].

Sur le couvercle d'un coffret en cristal, garni d'or et de pierreries, il y avait un bouton d'or (n. 10); sur le couvercle d'or d'un vase de cristal, il y avait une pierre précieuse (n. 86). Le couvercle d'un coffret en argent était surmonté d'une petite croix-reliquaire en or, enrichie de pierreries, avec le crucifix émaillé (n. 8).

Les coffrets en bois sont garnis de fer ou de cuivre (n. 80, 89, 123). Deux coffrets en ivoire sont également garnis de cuivre (n. 116 et 130).

Les coffrets en bois ont une serrure, quelquefois en cuivre, quelquefois aussi peinte (n. 80 et 89). Au trésor de la Cathédrale, on voit encore un coffret dont la serrure est émaillée de fleurs de lys.

---

[1] On appelle *morailles* des tenailles pour serrer les naseaux d'un cheval impatient ou vicieux. Ce sont deux branches de fer, jointes par une charnière à l'un des bouts, et que, de l'autre côté, on serre ou on lâche autant qu'on veut. — Un pied *à la morraille* serait-il un pied partagé en deux, en forme de morailles?

Assez souvent, les coffrets eux-mêmes étaient revêtus
de couleur ou de peintures. Ainsi, le coffret n. 14 est
peint en rouge; ainsi encore, le coffret en ivoire n. 116
est peint, *depictum*. Il y a, au trésor actuel de la Cathédrale, un coffret byzantin en ivoire, qui a été teint en
pourpre.

On ne trouve que peu de coffrets dans les autres
églises de Troyes. A Notre-Dame-aux-Nonnains, en
1343, il y en a quatre : un en argent, un recouvert
d'argent, et deux en ivoire, dont un avec des figures.
En 1429, à la Cathédrale, il y en a trois, dont l'un, celui
qui contenait le rochet de S. Thomas Becket, devait être
en ivoire garni d'argent, comme on le voit par une note
ajoutée en 1624 à l'inventaire de 1611 [1], et par l'inventaire de 1700 (n. 523 et 2445). A Saint-Loup, en 1662,
nous trouvons un coffret en écaille de tortue, bordé
d'argent estampé, et un coffre long, en bronze doré, qui
contient la ceinture de S. Léger (n. 871 et 872). Notons
enfin, à Sainte-Madeleine, en 1595, un petit coffre
d'ivoire en forme de bahut, renfermant des reliques
(n. 1575).

Châsses. — Les châsses proprement dites ne sont
pas très nombreuses à Saint-Etienne, en 1319. Les
mots *cassa* et *cassula*, qu'on y rencontre dix fois,
désignent quelquefois de simples cassettes ou coffrets;
telles sont, par exemple, au n. 10, une *cassa cristallina*
à pieds, et, au n. 230, une *cassula quadrata argentea
facta ad modum scrineti*. Mais il faut certainement
ranger au nombre des châsses le n. 115, châsse carrée
en cuivre, recouverte d'argent, émaillée et enrichie de
pierres précieuses, avec pommelles de cuivre; — le n. 136,
châsse en bois de S. Aventin, couverte de figures en
ivoire; — le n. 137, châsse de S. Altin et de Ste Jule,
carrée, couverte d'argent, avec pommelles d'argent et

---

[1] Arch. de l'Aube, G., *liasse* 2598.

pieds de cuivre, ornée d'émaux de Limoges; — le n. 138[1], grande châsse de S. Félix, pape, carrée, couverte d'argent, avec deux pommelles de cristal, ayant sur le sommet une crête argentée, et six figures sur la partie de devant; — le n. 153, *cassula* d'argent des rois Mages, avec les figures qui la décorent et la crête qui la surmonte. On peut également rattacher aux châsses un petit reliquaire en forme de tabernacle, dont la circonférence est d'or, les fonds de cristal, et qui est orné de pierres précieuses.[2]

Dans les inventaires de Saint-Etienne, du XVIII⁰ siècle, il faut noter la châsse de Tous les Saints (n. 439).

A Notre-Dame-aux-Nonnains, en 1343, il n'y a guère que le reliquaire du chef de Ste Tanche, *magnum vas tam argenteum quam cupreum,* auquel on puisse donner le nom de châsse (n. 1047).

A la Cathédrale, en 1429, les chefs de S. Savinien et de S. Philippe (n. 516 et 517) étaient placés, l'un et l'autre, *in vase argenteo deaurato,* que l'on peut mettre au rang des châsses. Le reliquaire de S. Philippe était, en effet, surmonté d'un pinacle qui renfermait une dent de S. Pierre. Sur celui de S. Savinien, il y avait six figures d'argent, représentant le martyre du saint (voir n. 688).

A Saint-Loup, on trouve de belles châsses anciennes : de S. Vinebaud, faite par l'abbé Guitère en 1180 (n. 831); de S. Loup, faite en 1359 par l'abbé Jean de Chailley (n. 823); de Ste Barbe, faite en 1410 par l'abbé Persin (n. 835); de S. Camélien et de S. Evode, faites en 1496 par l'abbé Forjot (n. 833). La châsse de Ste Barbe était en forme d'église, avec transept et clocher.

Deux châsses anciennes sont signalées dans les inventaires de Saint-Denis, en 1527, *capsella cuprea vetusta*

---

[1] C'est la même châsse qu'au n. 124, où elle a été mentionnée par erreur.

[2] Il convient de noter, cependant, que la lecture du mot *tabernaculi* est douteuse.

instar sarcophagi (n. 2087), et de l'hôpital Saint-Nicolas, en 1566, *une capse de cuivre à l'enticque* (n. 1806).

En 1499, les châsses de S. Frobert, de Ste Savine, de S. Phal et de S. Melain, évêque de Troyes, qu'on voyait à Montier-la-Celle, étaient en bois et en cuivre doré (n. 2123). Celle de Ste Maure, à Saint-Martin-ès-Aires, était en bois (n. 2127).

Eglises, Portails, Tabernacles. — A Saint-Nizier, en 1527, il y avait une châsse en forme d'*église*, soutenue par deux anges d'argent (n. 2100).

A Sainte-Madeleine, en 1595, une châsse de cuivre en forme de *chapelle*, haute et large d'un demi-pied, avec figures dorées sur les deux côtés (n. 1574).

A Saint-Etienne, en 1704, un reliquaire en argent doré était fait en forme de *portail*, haut de sept pouces, et orné de perles et d'émaux. Au dedans, Dieu le Père et la Sainte Vierge. La base, aussi en vermeil, formait un carré, long de trois pouces, large de deux, et était soutenue par quatre petits lions. Ce reliquaire devait être du xive siècle (n. 446).

A Sainte-Madeleine, en 1535, on voit un petit reliquaire d'argent, à deux piliers supportant un tabernacle, sur le devant duquel, au milieu de six anges, est une couronne d'épines avec un tuyau de cristal renfermant une épine de la sainte Couronne (n. 1484 et 1561).

Tours. — Les tours reliquaires se rencontrent quelquefois dans nos inventaires. Le plus ancien exemple, daté du xive siècle, se trouve à Lirey; c'est une tour en cristal, à trois piliers-butants, sur laquelle un ange d'argent doré tient, dans un vase de cristal, des cheveux de la Sainte Vierge (n. 2228 et 2254).

Deux autres tours, en cuivre doré et émaillé, ne doivent pas être moins anciennes, bien qu'elles ne se trouvent que dans l'inventaire de 1700, à Saint-Etienne. La première est haute de dix pouces et demi, large d'un pouce et demi, épaisse d'un pouce (n. 437). La seconde, carrée, a vingt pouces de haut[1] et cinq de large; elle est garnie, outre les émaux, de vingt pierres précieuses (n. 492). — Voir aussi à l'Hôtel-Dieu, en 1514, le n. 2902.

Monstrances. — D'autres reliquaires sont en forme de monstrances. Tel est, par exemple, le reliquaire de S. Gamaliel, en argent doré. Sur un pied rond, de six pouces de diamètre, s'élève une tige qui porte un reliquaire carré, haut de quatre pouces, large de deux et demi, dont le dessus, fait en forme de toit, est surmonté d'un petit dôme. Sur le devant, la porte du reliquaire est marquée aux armes de France. Le reliquaire, dans son entier, a 12 pouces de haut (n. 455).

Un autre reliquaire de même genre est celui de S. Démétrius, d'argent en partie doré. Sur un pied rond, s'élève un reliquaire carré, haut de cinq pouces, large de deux et demi, dont le dessus, fait en forme de toit, est parsemé de fleurs de lys. Sur le devant, dans un rond en filigrane, est représenté un cœur, couvert de cristal ; aux deux côtés du rond sont les images gravées de S. Etienne et de S. Démétrius; sur les deux côtés et le derrière sont représentées des fenêtres gravées. A l'un des côtés, il y a une ouverture par laquelle entre une aiguille d'argent, qui touche au cœur du saint martyr. La hauteur totale du reliquaire est de sept pouces et demi (n. 491).

Le reliquaire des SS. Fabien et Sébastien, tout en argent, a une forme différente. Sur un pied rond, de cinq pouces et demi de diamètre, en forme de pied de calice, est une pomme dorée, qui soutient un cristal de roche, long de trois pouces et large de deux, taillé à pans et garni d'argent doré. Aux deux côtés de ce cristal sont posées, sur deux boutons, les figures de S. Fabien et de S. Sébastien, en argent doré. Le reliquaire a neuf pouces et demi de haut (n. 493).

---

[1] Un autre inventaire du XVIIIe siècle dit huit pouces. Arch. de l'Aube, 6 G. 9.

Croix-reliquaires. — Une des formes de reliquaires qui ont toujours été le plus en usage, surtout pour renfermer les reliques de la vraie Croix, était la croix-reliquaire.

On en trouve plusieurs à Saint-Etienne, en 1319 [1]. Notons la croix donnée par la comtesse Agnès, en argent doré, avec un pied de même, sur lequel étaient ciselées plusieurs figures en argent; elle contenait de nombreuses reliques de saints (n. 30). Une autre croix, couverte d'argent, d'or et de pierres précieuses, renfermait des reliques de S. Gilles, de S. Loup de Sens et de S. Léonard ; on la suspendait au magnifique autel portatif en marbre, tout étincelant d'or, d'émaux et de pierreries, dont on se servait à Saint-Etienne les jours de grandes fêtes (n. 217). — Plusieurs phylactères, recouverts d'argent et de pierreries, contenant des reliques, étaient aussi en forme de croix (n. 145, 170, 183, 211).

En 1704, l'inventaire de Saint-Etienne décrit longuement trois magnifiques croix-reliquaires en argent doré : l'une haute de quinze pouces, avec nombreuses figures ciselées, qui pourrait bien être la croix de la comtesse Agnès dont parle l'inventaire de 1319 (n. 444); — la seconde, longue de deux pieds, large de quinze pouces d'un croison à l'autre, toute travaillée en filigrane, et couverte de 232 pierres précieuses, 72 perles et 5 émaux (n. 479); — la troisième, encore plus grande, travaillée en filigrane devant et derrière, et ornée de plus de 60 pierres, cristaux et doublets (n. 497).

Saint-Loup possédait deux croix de grande antiquité, toutes deux en vermeil, enrichies d'or, d'émail et de pierreries. L'une, qui contenait des parcelles de la vraie Croix, était une grande croix de procession (n. 819) ; l'autre était une petite croix dont le pied était un aigle en bronze doré émaillé (n. 822).

Le trésor de Notre-Dame-aux-Nonnains, en 1343,

---

[1] N. 8, 12, 18, 113, 166, 177.

avait aussi plusieurs croix-reliquaires[1], dont une magnifique en argent, chargée de pierres précieuses, pesant 9 marcs, une once et demie, et deux tréseaux (environ 2 k. 250 gr. — n. 999).

La Cathédrale n'avait, en 1429, qu'une croix-reliquaire, mais c'était cette magnifique croix byzantine, venue de Constantinople et chargée d'inscriptions grecques, dont nous avons parlé plus haut (n. 520 et 683)[2].

A Lirey, en 1418, on voit une croix-reliquaire en vermeil, « faite en façon d'un bâton émondé, » avec les quatre évangélistes en relief ; un écusson, au pied de la croix, porte les armes de Geoffroy de Charny (n. 2227).

A Sainte-Madeleine, en 1535, il y avait une croix-reliquaire en cuivre doré, accostée de deux piliers portant la Sainte Vierge et S. Jean. Par derrière, une Sᵗᵉ Madeleine (n. 1489 et 1562).

Bien que les croix-reliquaires fussent principalement destinées à renfermer les reliques de la vraie Croix, elles contenaient souvent d'autres reliques. On en voit des exemples aux n. 30, 113, 217, 444.

Statues. — On ne trouve, dans l'inventaire de Saint-Etienne, en 1319, aucun reliquaire en forme de statue.

Un peu plus tard, l'inventaire de Notre-Dame-aux-Nonnains, de 1343, mentionne une statue-reliquaire de la Sainte Vierge, en argent (n. 1049). Cette statue, qui figure encore à l'inventaire de 1538 (n. 1103), fut remplacée, au xviiᵉ siècle, par une autre de plus grande dimension (n. 1186).

A la Cathédrale, en 1429, on trouve une statue-reliquaire de Notre Seigneur, *imago Dei,* et une statue d'évêque, *imago episcopalis*, toutes deux en argent (n. 515 et 519). On peut aussi, croyons-nous, regarder

---

[1] N. 1005 et 1033.

[2] V. supra, p. CVIII-CIX.

comme un reliquaire une statue d'argent de S. Etienne, donnée par Pierre d'Arcis, évêque de Troyes de 1377 à 1395 (n. 526). — Notons également, bien qu'elles n'aient pas contenu de reliques, trois statues en bois doré, de la Sainte Vierge, de S. Jacques et de Ste Catherine, mentionnées en 1402 dans l'inventaire de la chapelle de Champigny, à la Cathédrale (n. 2385).

En 1411, l'abbé Persin laissa une statue-reliquaire en vermeil de la Sainte Vierge à l'abbaye de Saint-Loup (n. 865), et l'abbé Prunel, au commencement du XVIe siècle, donna deux statues de S. Blaise et de S. Achace, en bronze doré (n. 866 et 867).

Dans l'inventaire de Lirey, en 1418, on trouve trois statues-reliquaires de la Sainte Vierge, de S. Jean-Baptiste, de S. Jean l'Evangéliste, en argent (n. 2229-2231).

L'évêque Louis Raguier (1450-1483) donna à la Cathédrale une statue-reliquaire de S. Pierre, en vermeil (n. 681). Une autre, également en vermeil, de S. Jean-Baptiste (n. 682), ne date que de 1602.

Au XVIe siècle, on en trouve dans tous les inventaires : à Notre-Dame-aux-Nonnains, une statue de S. Jacques, en argent doré (n. 1104); — à Saint-Jean, sept images de bois peint, garnies d'un reliquaire d'argent (n. 1268), auxquelles il convient peut-être d'ajouter les statues en argent doré de S. Jean-Baptiste, de S. Jérôme, de la Sainte Vierge (n. 1265, 1267, 1270), et une statue de S. Lambert, en bois doré (n. 1269); — à Notre-Dame-en-l'Isle, une sainte Catherine en bois (n. 1387), un saint Julien et une sainte Vierge en vermeil (n. 1389 et 1393); — chez les Cordeliers, des statues-reliquaires en argent de la Sainte Vierge, de S. Jean l'Evangéliste, de S. Louis évêque, de S. Bernardin de Sienne, de Ste Barbe, de Ste Catherine, de Ste Marguerite, d'un des saints Innocents (n. 1412-1421), une statue de Notre Seigneur en bois peint (n. 2685) et un saint François de cuivre doré (n. 2719); — à Sainte-Madeleine, les statues en argent

de S^to Madeleine et de S^to Agnès (n. 1479 et 1487), de
S. Urse en cuivre doré (n. 1481), de S. Jean, d'une religieuse et de S. Quirin, en bois peint ou doré (n. 1482,
1483, 1490); plus tard, en 1559, on fit en argent une
statue de S. Quirin (n. 1556); — à l'hospice Saint-
Nicolas, une statue-reliquaire de S. Nicolas en bois doré
(n. 1804); — à Saint-Remy, plusieurs statues-reliquaires, *statuæ reliquiarum*, qui ne sont pas nommées
en détail dans l'inventaire de 1527, mais dont celui de
1701 donne l'énumération (n. 1971, 1974-1980); plusieurs
sont en argent, d'autres en bois doré; — à Saint-Denis,
deux statues en bois de S. Denis (n. 2083 et 2086) et
une de la Sainte Vierge (n. 2084); — à Saint-Nizier,
une statue d'argent du saint (n. 2097); — à Saint-
Aventin, deux statues dorées, l'une de S. Jacques-le-
Majeur, l'autre d'un ange ailé (n. 2109), et une troisième
de S. Sébastien, en bois couvert d'argent (n. 2113, note 1);
— à Lirey, une statue de S. Etienne, en argent (n. 2242).

En 1585, le trésor de Saint-Etienne s'enrichit d'une
magnifique statue-reliquaire du saint, dont il faut lire la
description dans l'inventaire (n. 461).

En 1700, on trouve à la Cathédrale une statue en
argent de S. Adérald (n. 2436). On peut y joindre les
statues, aussi en argent, mais beaucoup plus petites, de
Ste Geneviève et de la Sainte Vierge; mais elles ne ren-
fermaient point de reliques (n. 2437 et 2438).

Enfin, en 1700, l'illustre sculpteur Girardon donna à
l'église Saint-Remy un ange d'argent, posé sur un pied
d'ébène où se trouvaient des reliques.

Dans ces statues-reliquaires, les reliques étaient
placées de différentes manières. Tantôt elles étaient
dans le pied qui supportait la statue, comme le morceau
de la ceinture de la Sainte Vierge (n. 1049 et 1186), ou
la manne de S Nicolas (n. 1804)[1]; tantôt, et c'était le plus
ordinaire, la statue tenait à la main la relique elle-même ou

---

[1] Cfr. n. 1186, 1976-1978, 2113 (note).

le reliquaire qui la renfermait. C'est ainsi que la statue de S. Pierre, donnée par l'évêque Louis Raguier, tenait un livre sur lequel une dent de l'apôtre était enchâssée en filigrane d'or (n. 681); — S. Jean-Baptiste tenait un agneau surmonté d'un cristal où était le pouce du saint précurseur (n. 682); — S. Jean l'Evangéliste tenait un tonneau (n. 1413), Ste Barbe une tour (n. 1416), Ste Catherine une église (n. 1417), Ste Madeleine un joyau en forme de boîte (n. 1479), Ste Agnès un tabernacle (n. 1487), S. Quirin une tour (n. 1490), S. Remy une châsse (n. 1974), la Sainte Vierge un cristal rond (n. 2084), S. Etienne un livre (n. 2242); une autre Sainte Vierge, à Lirey, porte de la main gauche l'enfant Jésus qui tient un cristal rond où se trouve la relique, et de la main droite elle tient un ciboire pour mettre la sainte hostie le jour de la Fête-Dieu (n. 2229)[1].

Quelquefois, la statue tenait la relique ou le reliquaire des deux mains; par exemple, S. Bernardin de Sienne tenait ainsi une petite châsse d'argent au-dessus de laquelle était le nom de Jésus (n. 1415); Ste Marguerite et S. Vincent tenaient des deux mains un reliquaire placé sur leur poitrine (n. 1418 et 1979); un ange, à Lirey, tenait aussi entre ses deux mains le reliquaire des cheveux de la Sainte Vierge (n. 2228).

La belle statue de S. Etienne (n. 461) portait à la main droite un cristal de roche contenant des reliques de Notre Seigneur, et il y avait en même temps une relique du saint dans le piédestal.

Enfin, deux statues de S. Denis portent les reliques dans la mitre du saint, sous un cristal (n. 2083 et 2086).

Chefs. — L'inventaire de Saint-Etienne, de 1319, ne contient aucun reliquaire en forme de chef. Ce genre de reliquaire n'était pas encore communément usité au commencement du xive siècle, et, même plus tard, nos inventaires n'en signalent pas un grand nombre.

---

[1] Cfr. n. 866, 1389, 1393, 1412, 1414, 1481, 2230 et 2239.

A Notre-Dame-aux-Nonnains, en 1343, on trouve un chef d'argent, renfermant la tête de Ste Varane ou Vérenne (n. 1048 et 1187).

En 1514, l'Hôtel-Dieu possédait « le chef monsieur sainct Berthelomy et le chef madame saincte Marguerite, » formant deux bustes garnis d'argent depuis les épaules et couverts de pierreries (n. 2890 et 2891).

A Sainte-Madeleine, en 1535, on voit un chef en forme d'évêque, porté sur pattes, en bois peint et doré (n. 1491); c'était probablement le chef de S. Loup, mentionné en 1595, sur le devant duquel était un cristal carré (n. 1564).

En 1536, à l'hôpital du Saint-Esprit, on trouve un chef de bois, appelé le chef de S. Florentin (n. 1889).

Mais, si nos chefs-reliquaires ne sont pas nombreux, nous en avions deux magnifiques à Saint-Loup : le premier, donné par l'abbé Forjot, en 1505, était le chef incomparable de S. Loup (n. 824); le second, donné par l'abbé Prunel (1513-1533), était celui de S. Vinebaud, grand au naturel, d'argent fin, et monté sur une base de bronze doré (n. 832)[1].

Bras, Mains, Pieds, Côtes, etc. — Cette forme de reliquaires est depuis longtemps en usage. En 1277, à Saint-Urbain, on trouve un bras-reliquaire[2]. Dans l'inventaire de Saint-Etienne, en 1319, on trouve plusieurs bras, servant de reliquaires et destinés à renfermer des reliques de cette nature. Tels sont le bras de S. Jacques le Mineur (n. 60) et de S. Savinien (n. 59), recouverts d'argent et de pierres précieuses; celui de S. Savinien tenait à la main une pomme d'argent. Tel est encore le bras recouvert d'argent où étaient ren-

---

[1] C'est à la même époque, en 1500, que l'on commençait à Langres le beau reliquaire du chef de S. Mammès (Lalore, *Inv. des reliques de la Cath. de Langres*, p. 5).

[2] Lalore, *Cartul. de Saint-Urbain*, p. 296, n. 38.

fermées des reliques de nos saints troyens, S. Flavit et Ste Hoïlde (n. 66).

Au trésor de la Cathédrale, en 1429, il y avait un bras d'argent doré, contenant le pouce de S. Jean-Baptiste, que l'on apercevait par une ouverture recouverte d'un cristal (n. 518). — En 1611, un reliquaire couvert d'argent représentait la main droite de S. Urse; les bords, dorés, étaient garnis de pierres de couleur (n. 689).

L'Hôtel-Dieu possédait, en 1514, sept bras-reliquaires, dont un en cuivre doré, les autres en bois recouvert de feuilles d'argent ou de cuivre (n. 2892–2897, 2903).

A Notre-Dame-en-l'Isle, en 1523, on voit trois bras-reliquaires en argent : l'un de Ste Catherine, porté par deux anges en bois doré (n. 1387); — le second, de S. Blaise, haut d'un pied et demi, dressé sur un pied de cuivre doré (n. 1388); — le troisième, de S. Symphorien, haut d'environ deux pieds, élevé sur un pied de cuivre doré qui est garni de perles et de doublets (n. 1392).

En 1535, à Sainte-Madeleine, on trouve un bras de S. Blaise, en argent, portant au pouce deux petites bagues d'argent, placé sur un pied en cuivre doré enrichi de pierreries (n. 1480 et 1560).

L'inventaire de Saint-Loup, de 1662, constate l'existence de deux bras-reliquaires *fort anciens :* l'un, de S. Loup, en bois garni d'argent et enrichi de dorures et d'émaux (n. 826); l'autre, de S. Loup et de S. Pantaléon, en bronze doré, avec la main d'argent (n. 827). — Deux autres bras-reliquaires, l'un de S. Memmie, en bronze doré, l'autre de S. Laurent, en argent, sont également mentionnés aux n. 868 et 869.

La même année, l'inventaire de Larrivour signale plusieurs bras-reliquaires, dont le principal est le bras droit de S. Paul, en bois doré, couvert d'argent, portant à l'un des doigts un anneau où était enchâssée une dent de S. Pierre (n. 2137). Les autres sont en bois doré ou argenté : deux bras de Ste Marguerite (n. 2141), un bras de Ste Justine (n. 2142), de S. Sylvestre (n. 2220), de Ste Jeanne (n. 2221). Un autre ne contenait aucune relique (n. 2219).

Il n'y avait, à Notre-Dame-aux-Nonnains, en 1664, qu'un bras-reliquaire, de S. Liébault, en argent (n. 1189), lequel n'est pas mentionné dans l'inventaire de 1343.

Enfin, l'inventaire de Saint-Etienne, de 1704, nous fait connaître quatre bras-reliquaires, qui remontent certainement au moins au commencement du xvie siècle. Le bras de S. Jacques le Mineur, haut de treize pouces, est garni d'argent, doré aux bordures (n. 484). Celui de S. Vincent est plus grand et plus riche ; long de vingt pouces, large en bas de six pouces, il est en argent, doré aux deux extrémités, et garni en bordure de vingt-cinq doublets (n. 483). Celui de S. Laurent, aussi en argent, doré aux bordures, a les mêmes dimensions ; il est garni de pierres précieuses et enrichi de huit émaux dorés ; outre l'ossement de S. Laurent qu'il renferme, il porte à l'extérieur un petit reliquaire de cristal de roche, garni d'argent doré et de filigrane, qui contient une dent du saint (n. 456). Enfin, le bras de S. Jean-Baptiste est un véritable monument ; d'argent, en partie doré, il est porté par deux anges d'argent, hauts de huit pouces et demi, qui s'élèvent sur un magnifique piédestal de cuivre doré (n. 434)[1].

Nous ne trouvons, dans nos inventaires, qu'un seul *pied-reliquaire ;* c'est celui de Ste Marguerite, à la Cathédrale, en 1611 (n. 687). Il ressemble, dans sa disposition générale, au reliquaire du bras de S. Jean-Baptiste dont nous venons de parler. Nous le décrirons un peu plus loin.

Deux reliquaires sont en forme de *côtes.* Le premier[2],

---

[1] Cf. en 1527, à Saint-Denis, n. 2081 ; — à Saint-Nizier, n. 2098 ; — à Saint-Aventin, n. 2111 ; — en 1566, à l'hôpital Saint-Nicolas, n. 1801.

[2] Inv. de 1319, n. 142. — Cfr. inv. de 1704, n. 465.

long de douze pouces et demi, large de deux pouces,
garni d'argent doré, d'émaux et de pierreries, ressemble
à un croissant et est surmonté d'un petit cercle doré sur
lequel un ange est représenté en émail; il contient des
fragments d'une côte de S. Hilaire (ou de S. Hilarion),
et des reliques de S. Leuçon, évêque de Troyes. — Le
second contient une côte de S. Thomas[1]; c'est une véritable châsse, dont nous reparlerons plus loin.

Pyramides. — La forme pyramidale, pour les reliquaires, est très ancienne. On en trouve un exemple
dès 1136, dans un reliquaire en argent, avec figures en
relief, donné par Etienne de Noyers pour le chef de
S. Loup (n. 825). — Vers l'an 1400, l'abbé Persin donna à
Saint-Loup une autre pyramide en bronze doré (n. 870).
— En 1527, on voit à Saint-Denis un joyau d'argent,
en forme de pyramide, surmontée d'une croix et posée
sur un pied de cuivre (n. 2085).

Tables ou tableaux. — A Saint-Etienne, en 1319,
quelques reliquaires sont en forme de tables ou de
tableaux. Dans un reliquaire d'argent *ad modum tabu-
larii,* sur lequel est peint un crucifix, on trouve différentes reliques, dont les noms sont inscrits sur la circonférence du tableau (n. 18). Dans une autre table
couverte d'argent se trouve un morceau considérable du
Saint-Sépulcre (n. 62). Un autre tableau, contenant des
reliques de la vraie Croix, est recouvert d'argent et orné
de figures et de pierreries ; il est en forme de couverture
de texte, et se ferme avec un couvercle à coulisse
(n. 233).

A Notre-Dame-aux-Nonnains, en 1343, on trouve
aussi un petit tableau-reliquaire d'argent, *parvulus
tabularius* (n. 1030).

En 1429, à la Cathédrale, on voit également deux

---

[1] Inv. de 1704, n. 467.

tableaux : l'un en cuivre, à pinacle, avec un pied (n. 521) ; l'autre en argent, avec un couvercle (n. 527). — Un tableau d'argent se voyait aussi à Saint-Martin-ès-Aires, en 1499 (n. 2128). — A Saint-Loup, en 1662, il y avait deux tablettes, en forme de couvertures de livres, à fond d'argent⋅ estampé, avec garnitures de bronze doré et émaillé.

La plupart des autres tableaux mentionnés dans nos inventaires sont en bois, quelquefois garnis d'argent ou de cuivre [1]. Une tablette-reliquaire, en bois, est couverte de corne (n. 873). Deux autres, en argent, ont leurs reliques enchâssées sous des carreaux de corne (n. 874). Plusieurs autres sont vitrées (n. 1890, 2222, 2223). Souvent, ces tableaux sont garnis de volets en bois, qui se ferment à crochets (n. 1273, 1803, 2088, 2846, 2908).

A l'intérieur de ces tableaux, les reliques sont quelquefois disposées dans de petits cadres, *camerulœ* (Lirey, n. 2251). A Larrivour, on voit quatre grandes tables reliquaires, ayant l'une 7 cadres, la seconde 32, la troisième 57, la quatrième 46 (n. 2218, 2222 et 2223).

Vases : Burettes, Fioles, Pixides, Pots, Navettes, Œufs, etc.

— Beaucoup de reliquaires sont en forme de vases. On trouve à Saint-Etienne, en 1319, deux burettes en argent (n. 117, 123), une en cristal garni d'argent (n. 123), et une en cassidoine, à pied et à couvercle d'argent niellé (n. 180) ; une cymoise, *symia*, espèce de burette (n. 8)[2] ;

Une petite bouteille de verre, *buticula vitrea*, à couvercle d'argent doré (n. 79) ; — une fiole de cristal, à pied et couvercle d'argent (n. 71) ;

Une corne garnie d'argent aux deux extrémités (n. 82) ;

---

[1] Voir n. 875, 1273, 1802, 1890, 2251, 2904.

[2] En 1704, on retrouve à Saint-Etienne une petite burette à anse, en cristal de roche, avec couvercle de cristal, longue de deux pouces sur un pouce de diamètre (n. 469).

Plusieurs pixides renfermant ou destinées à renfermer des reliques : une en or, où se trouve de la poussière arrosée du sang de Jésus-Christ (n. 159); deux en argent (n. 46 et 75) ; une recouverte d'argent (n. 45) ; cinq en ivoire, dont deux sont garnies d'argent (n. 95, 129, 130, 131). L'inventaire note que ces pixides sont rondes. L'une d'elles est munie d'une chaîne d'argent qui servait à la suspendre (n. 75). Une autre, qui est en ivoire travaillé, a trois pieds et se ferme au moyen d'une serrure en argent ; elle est percée à la partie supérieure : est-ce à dessein pour laisser voir les reliques, ou bien est-ce par accident ? (n. 131).

Les vases en forme de pots, *potus*, *potetus*, sont assez nombreux. La plupart sont en cristal (8 sur 14); trois de ceux-ci sont ornés d'or et de pierres précieuses (n. 24, 63 et 101), un est orné d'argent doré (n. 106), les autres ont des couvercles d'argent doré (n. 212), d'argent (n. 196), d'argent percé de trous (n. 229), de cristal (n. 84). — Trois de ces pots sont en cassidoine. L'un est orné, en haut et en bas, d'or et de pierres précieuses (n. 70) ; un autre est orné d'argent doré en haut et en bas, avec un petit *manubrium* (anse) recouvert d'argent (n. 123) ; le troisième a un couvercle d'argent (n. 181). — Il y a deux pots de verre, l'un qui a un couvercle d'argent doré (n. 68), l'autre en verre rouge ou en corail, qui est orné d'argent en haut et en bas (n. 173). — Un autre pot, probablement en argent, est travaillé à la façon de Limoges, *de opere quasi Lemovicensi* (n. 81). Quelques-uns de ces pots sont à pieds : ainsi, le pot de cassidoine n. 181 a un pied d'argent, et le pot de cristal n. 229 a trois pieds, aussi de cristal.

On peut rapporter à cette forme spéciale de reliquaires deux petits œufs d'autruche, qui sont ornés dans le haut et dans le bas d'argent niellé, *ad modum potorum* (n. 138)[1].

---

[1] Voir des œufs d'autruche servant de reliquaires, dans l'inven-

Dans l'inventaire de Notre-Dame-aux-Nonnains, en 1343, on ne voit que peu de reliquaires en forme de vases : ce sont deux petites pixides, dont une en argent (n. 1029 et 1039), une petite navette d'argent (n. 1034), et deux petites fioles de cristal (n. 1041).

A la Cathédrale, en 1429, il y avait un vase d'un genre à part : c'était une grande écuelle d'argent, dont le fond était *de scutella Domini* (n. 514).

Animaux. — D'autres reliquaires représentent des animaux. Un reliquaire de cristal, contenant des reliques du Saint-Sépulcre, est *ad modum cujusdam bestiæ* (n. 198). Un petit *aigle* (n. 123), une petite *colombe* (n. 123), un *bélier* (n. 228), en argent ; — deux *coqs* en cristal, dont l'un a les pieds en or (n. 47, 165) ; — un *poisson* en argent (n. 144) et cinq en cristal, avec la tête et la queue en or, en vermeil ou en argent (n. 91, 102, 192, 206, 207) ; — un *ours* en cristal, à la tête d'argent et le ventre sanglé d'argent (n. 162) ; — enfin, un petit reliquaire en or émaillé en forme de paon, *ad modum pavonis* (n. 151) : telles sont les fantaisies artistiques de l'orfèvrerie du moyen-âge, que nous trouvons dans l'inventaire de 1319, à Saint-Etienne.

Plusieurs de ces reliquaires de forme animale sont suspendus à des chaînes, comme, par exemple, le bélier (n. 228) et les poissons (n. 91, 144, 192).

Phylactères. — A Saint-Etienne, en 1319, plus de cinquante reliquaires portent le nom générique de phylactères, *filateria, philateria.*

Les phylactères sont de matières diverses et ont les formes les plus variées.

---

taire de la Collégiale de Saint-Omer (*Bull. archéol.*, 1886, p. 82). L'évêque de Langres, Hugues de Rochecorbon, mort en 1250, en donna un à sa Cathédrale (Lalore, *Inv. des reliques de la Cath. de Langres,* p. 20).

Plusieurs sont en argent doré (n. 96, 175, 185), en argent (n. 163, 171), couverts d'or, ou de lames d'or (n. 149, 168, 169), couverts d'argent (n. 143, 145, 172, 176, etc.). Un grand nombre sont en cristal, orné d'or ou d'argent (n. 80 et 123). Un est en cassidoine et en forme de pot (n. 181). Un autre a « unum latus de pelle et aliud de ametisto » (n. 184). Un autre, en bois, est recouvert d'or (n. 123). — Beaucoup de ces phylactères sont enrichis de pierres précieuses, non-seulement ceux qui sont en argent ou en vermeil (n. 96, 141, 143, etc.), mais ceux mêmes qui sont en cristal ou en bois (n. 123). — Plusieurs sont émaillés. L'un, en argent, porte deux figures sur émaux (n. 163); un autre représente, en émail de Limoges, Dieu en majesté, entouré des quatre évangélistes (n. 141). Voir aussi le n. 143.

Parmi ces phylactères, les uns sont carrés (n. 167), ou oblongs (n. 184, 209, 210) ; un autre est rond (n. 169) ; plusieurs sont à angles ou en forme d'étoiles (n. 149, 168, 171, 179). Trois sont en forme de croix (n. 170, 183, 211) ; deux en forme de losange (n. 172, 210) ; un en forme d'aumônière, *pera* (n. 175) ; un autre en forme de sceau, *sigillum* (n. 209). Sur un phylactère, il y a trois petites croix (n. 145).

Plusieurs, particulièrement ceux qui sont en forme d'étoiles ou de losanges, ont au milieu une pierre précieuse, camée bleu (n. 143), camée rouge gravé (n. 168), grosse cassidoine (n. 171), cristal de roche (n. 172, 179) ; sur l'un d'eux, qui est orné d'un cristal par-devant, on voit par-derrière Dieu dans sa majesté (n. 179). Quelques-uns portent au milieu la figure d'un ange d'argent ou de vermeil (n. 176, 182).

Un de ces phylactères porte une chaîne d'argent pour le suspendre (n. 163).

Dans l'inventaire de Notre-Dame-aux-Nonnains, en 1343, on trouve aussi deux *fileteria* contenant des reliques (n. 1028 et 1031).

Reliquaires de formes diverses. — Quelques autres reliquaires ont une forme qui ne manque pas d'originalité.

L'un est en forme de sabot, *ad modum cujusdam saboti* (n. 201).

Trois autres figurent une *pomme* : le premier est d'ambre, enrichi d'or (n. 123); le second est d'argent, divisé en six quartiers, dans chacun desquels sont contenues des reliques (n. 148) ; le troisième est d'argent niellé (n. 155).

Nous avons indiqué plus haut deux phylactères en forme d'*aumônière* (n. 175) et de *sceau* (n. 209); cette dernière forme se retrouve encore cinq fois (n. 78, 111, 160, 208), et l'on voit au milieu du sceau soit un cristal (n. 208), soit une cassidoine (n. 160), soit des figures gravées (n. 78).

Deux autres reliquaires en corail, ornés d'argent à la partie supérieure, semblent être en forme de manche, *ad modum manubrii* (n. 109, 188)[1]. Un autre, en cassidoine, est en forme de toupie, *trocus de cassidonio,* orné d'argent à la partie supérieure (n. 74)[2].

Un reliquaire d'agate orientale, long de deux pouces sur trois quarts de diamètre, est taillé en forme de *gland* (n. 449).

Un *camée,* entouré d'argent, sert également de reliquaire (n. 178). Citons enfin une petite *bourse* d'argent, à chaîne et nœuds d'argent (n. 76).

A la Cathédrale, en 1429, on trouve quatre petits joyaux-reliquaires ; l'un en argent, *ad modum calati*[3], les trois autres en argent et en cristal (n. 525).

---

[1] *Manubrius* a bien le sens d'encensoir ; mais il paraît difficile d'admettre ce sens pour nos deux *manubria* en corail.

[2] L'inventaire porte *trecus,* au lieu de *trocus* imprimé par M. Lalore. Mais nous croyons que le sens est le même, d'autant plus qu'une note de l'inventaire donne à ce *trecus* une tête, qui a disparu : *deficit ejus pomellus desuper.*

[3] *Cala, Calatus,* vase, peut-être en forme de godet (V. Ducange).

A la Cathédrale encore, en 1611, on trouve deux reliquaires d'un genre à part : l'un, en cuivre doré, à fond d'argent estampé, fait en forme de *mitre*, avec deux volets derrière lesquels sont les reliques (n. 691) ; l'autre, en argent estampé, fait en forme de *livre*, aussi à deux volets, derrière lesquels sont deux anges portant une croix, et, sur la couverture, les figures de S. Pierre et de S. Paul (n. 692).

A Sainte-Madeleine, en 1595, dans une bourse de drap d'argent il y avait un petit *gariteau* garni d'un verre (probablement une petite boîte), contenant une relique (n. 1572).

A Saint-Etienne, en 1704, on voit deux reliquaires en forme de cylindres. L'un est une riche boîte couverte d'argent, à bandes dorées, avec feuillages et fleurons en relief, et des pierres précieuses sur les bords (n. 438). L'autre est un cristal de roche, garni de filigrane d'or et de 63 perles et pierreries, haut de 5 pouces et demi sur 3 pouces et demi de diamètre ; il est à charnières et s'ouvre par le dessus, qui est orné d'une agate orientale travaillée en tête d'ange (n. 475).

Reliquaires de formes indéterminées. — Un très grand nombre d'autres reliquaires sont désignés sous le nom générique de vases, *vas*, *vasculum*, sans que la forme en soit bien déterminée.

On y trouve un petit vase d'or carré orné de gemmes (n. 150) ; — deux autres ronds (n. 120, 186) ; — un vase d'or pointu par les deux bouts (n. 21) ; — un vase d'argent oblong (n. 110) ; — trois vases d'argent ronds ou presque ronds (n. 122, 156) ; — des vases de cristal ronds, garnis d'or ou d'argent (n. 9, 11, 193) ; — un autre rond avec un col assez mince et un couvercle d'or surmonté d'une pierre précieuse (n. 86) ; — un autre au long col avec un couvercle d'argent (n. 197) ; — plusieurs vases longs, également en cristal, ornés d'or ou d'argent dans le haut et dans le bas, quelquefois avec des bandes d'argent dans le sens de la longueur, ou avec un couvercle d'argent (n. 19, 23, 90, 147, 197, 202) ; ce dernier est en cristal vert ; — un vase de cristal à côtes (n. 103) ; — un autre en verre de couleur verte, avec un couvercle d'argent (n. 204) ; — un autre en pierre verte, orné tout autour d'argent doré, avec une image de la Sainte Vierge par devant et des pierres précieuses par derrière (n. 203).

L'un de ces vases, en argent doré, est rond, et renferme huit carrés avec des images de la Sainte Vierge (n. 11). — Sur un autre, s'élève une statue tenant une croix (n. 15).

Dans un vase en cristal, il y a deux trous pour mettre deux vases d'argent (n. 92). — Un autre vase rond, en argent, est percé de petits trous (n. 156).

Quelques-uns sont à pieds ; un vase de cristal, à couvercle d'argent, a quatre pieds, également de cristal (n. 213).

Beaucoup de ces vases-reliquaires sont à couvercle, surtout les reliquaires en cristal ou en verre. Le couvercle est généralement en argent, blanc ou doré (n. 68, 79, 83, etc.) ; quelquefois il est en or (n. 86) ; d'autres fois, en cristal (n. 84).

Ces vases-reliquaires, dont la forme n'est pas clairement déterminée, se retrouvent dans l'inventaire de Notre-Dame-aux-Nonnains, en 1343. Il y en a sept en cristal garni d'argent, dont cinq petits ; l'un de ces vases est monté sur un pied de cuivre (n. 1036-1046).

III. — Il serait impossible de déterminer exactement l'époque à laquelle appartiennent les nombreux reliquaires de toute espèce mentionnés dans nos inventaires. Cependant, comme quelques-uns d'entre eux sont datés, et que d'autres ont avec ceux-là des traits marqués de ressemblance, il nous a semblé qu'il ne serait pas inutile de donner, en suivant l'ordre chronologique dans la mesure du possible, la description de nos principaux reliquaires.

Reliquaires byzantins. — *Croix orientale*, à la Cathédrale. — Nous en avons donné la description plus haut (p. cix); il est inutile d'y revenir.

Châsse de Ste Hélène, à la Cathédrale. — Cette châsse, dans laquelle le corps de Ste Hélène fut rapporté de Constantinople à Troyes, en 1209, était en bois et couverte, dit-on, d'inscriptions grecques qui ne nous ont pas été conservées.

En 1227 ou 1228, une tempête violente ayant renversé la Cathédrale de Troyes, alors en reconstruction, la châsse fut brisée, *penitus diruta et confracta,* sans que le corps de la sainte fût aucunement endommagé. Le doyen Milon et le Chapitre décidèrent, en 1229, de la faire réparer, et chaque prébende dut fournir, à cet effet, un septier de froment[1]. — Un siècle plus tard, en 1339, sous Jean d'Aubigny, évêque de Troyes, le Chapitre la fit de nouveau restaurer, comme on le voit par une quittance de l'orfèvre Jean d'Orléans, qui reconnaît avoir reçu 800 livres et promet de ne rien demander davantage[2]. — Jean II d'Auxois, successeur de Jean d'Aubigny, contribua aussi pour une part importante, en 1342, à la décoration de cette châsse, qui était encore la même au temps de Courtalon[3], et qui fut brisée et brûlée en 1794.

Grosley nous a donné la description de la châsse antique de Ste Hélène, telle qu'elle était encore au

---

[1] Camuzat, *Auct. Prompt.*, fol. 27, v°, d'après le *Cartul. de Saint-Pierre*, p. 72 (et non p. 27, comme le dit Des Guerrois, dans sa *Saincteté chrestienne*, fol. 345, v°). — Camuzat date cette pièce de 1209, mais c'est évidemment une erreur, puisque, dans la même page, il dit que la Cathédrale fut renversée en 1227. — M. Lalore a oublié, croyons-nous, de donner cette charte dans son *Cartulaire de Saint-Pierre*.

[2] Des Guerrois, *Saincteté chrestienne*, fol. 371, r°. — Cette quittance est datée du *samedy avant le dimanche qu'on chante Judica*.

[3] Courtalon, *Topogr. histor.*, t. II, p. 120.

xviii⁰ siècle[1]. D'après cette description, la châsse était un carré long, de la longueur d'un corps de jeune fille, puisque le corps de la sainte y était en entier. Le dessus était en forme de dôme; il était, ainsi que les deux côtés, couvert de peintures en miniature, appliquées sur un enduit très fin.

Ces peintures formaient, de chaque côté de la châsse, onze panneaux ou compartiments, dans lesquels étaient représentées les cinq vierges sages et les cinq vierges folles, ayant probablement Notre Seigneur au milieu d'elles, ainsi qu'on le voit sur un *arcosolium* de la catacombe de Saint-Cyriaque, à Rome[2]. Les peintures du dôme étaient également divisées en plusieurs compartiments ; elles représentaient des miracles, sans doute accomplis par S⁺ᵉ Hélène. Entre les panneaux des côtés et du dôme, on voyait des anges avec des encensoirs à la main.

Toutes ces peintures étaient, comme le dit Grosley, par leur haute antiquité, précieuses pour l'histoire de l'art. Malheureusement, quelque soin que l'on eût pris pour les conserver, l'enduit sur lequel elles étaient appliquées n'avait pu braver impunément la durée des siècles, et le tapis même dont la châsse était recouverte, et qui servait à les protéger, avait, par son continuel frottement, contribué à les détériorer. Au xviii⁰ siècle, on n'en voyait plus que des restes à moitié effacés; néanmoins, Grosley en loue le fini et admire le beau caractère de plusieurs têtes.

Faut-il attribuer ces peintures à des artistes byzantins ou à des peintres français ? Grosley paraît croire qu'elles sont l'œuvre d'un pinceau grec. Il semble pourtant difficile d'admettre qu'elles aient été exécutées à Constantinople, si l'on se rappelle que la châsse fut à peu près

---

[1] *Mémoires sur les Troyens célèbres, Sainte Hélène*, t. I, p. 435.

[2] Martigny, *Dict. des antiq. chrétiennes*, v⁰ Vierges prudentes et vierges folles, p. 664.

complètement brisée en 1228, *penitus diruta et confracta,*
réparée ou même complètement refaite en 1229, restaurée
en 1339 par l'orfèvre Jean d'Orléans, embellie en 1342
par l'évêque Jean d'Auxois. Comment les peintures
byzantines auraient-elles résisté à toutes ces réparations
successives[1]?

Le couvercle de la châsse était fermé de deux serrures. A l'extrémité, du côté des pieds, il y avait une
petite porte qu'on ouvrait pour faire baiser les saintes
reliques; mais, au xviiie siècle, cette ouverture était
fermée et scellée[2].

A l'intérieur, le corps de Ste Hélène était protégé par
une grille de fer à branches entrelacées, de la grosseur
du petit doigt. Cette grille était fermée de trois serrures,
et recouverte d'un tapis de cuir bouilli à fleurs d'or. —
Le dedans de la châsse était doublé d'une étoffe d'or
et d'argent, sur laquelle étaient représentées des vierges
à cheval. A deux doigts de la lisière de cette étoffe,
au-dessus (ou au-dessous?) des figures, étaient brodés,
dit l'abbé Tremet, plusieurs caractères grecs, qu'on ne
put lire en entier[3].

La châsse de Ste Hélène était placée dans une tribune
élevée derrière le maître-autel[4].

Reliquaires du XIIe siècle. — *Reliquaire du chef
de S. Loup* (n. 751, 825). — Ce reliquaire, ou repositoire, fut donné, en 1136, par Etienne de Noyers,

---

[1] M. Riant, dans ses *Exuviæ sacræ Constantinop.*, t. I, p. clxxiii,
note 7, dit que les émaux et les inscriptions grecques existaient
encore au siècle dernier ; mais il ne s'appuie que sur l'autorité
de M. Coffinet, qui parle, en effet, d'inscriptions grecques, mais
en ajoutant que le texte n'en a pas été conservé, et qui ne dit rien
des émaux. Grosley ne parle ni d'émaux ni d'inscriptions.

[2] Ms. du chan. Tremet, apud Arnaud, *Voy. arch.*, p. 163, note.

[3] *Ibid.* — V. le récit du chanoine Maydieu dans les *Mém. sur les
Troyens célèbres* de Grosley, t. I, p. 441.

[4] V. infra, n. 2452. — Cfr. Courtalon, t. II, p. 121.

chanoine de Saint-Loup [1]. Il était en argent et avait la
forme d'une pyramide, ou, comme dit un inventaire
de 1651, d'une tour [2]. Il avait un pied et demi de
haut. — Il devait être à six pans, sur lesquels il y avait
en demi-bosse six figures d'argent, en partie dorées,
séparées par des piliers-butants avec chapiteaux en
bronze doré.

Les jours de grandes fêtes, on mettait ce reliquaire sur
le maître-autel, pour servir de pied à l'ancienne et
magnifique croix en vermeil qui est décrite au n. 819.
Pendant longtemps, il renferma le chef de S. Loup ;
mais, lorsque cette précieuse relique eut été déposée
dans le splendide reliquaire donné en 1505 par l'abbé
Forjot, on ne laissa dans le reliquaire d'Etienne de
Noyers que la mâchoire inférieure avec quelques autres
reliques.

En 1555, ce reliquaire était estimé 30 livres tournois.

Châsse de S. Vinebaud, à Saint-Loup (n. 831). —
En 1180, Guitère, abbé de Saint-Loup, fit faire une
châsse, longue de deux pieds et large de quinze pouces,
pour y mettre le corps de S. Vinebaud. Le fond de cette
châsse était de lames d'argent estampé, sur lequel
étaient appliquées, des deux côtés, les figures en demi-
bosse des douze Apôtres, séparées par des colonnes
d'argent estampé, avec chapiteaux en bronze doré et
émaillé. Autour de la châsse régnait un couronnement,

---

[1] Ce même Etienne de Noyers donna en 1133 au trésor de Saint-
Loup un reliquaire (v. infra, n. 872) qui contenait la ceinture de
crin de S. Léger, le chef de Ste Tanche et le bras de Ste Hoïlde, et
qui portait cette inscription :

> Intus servari dic zonam Leodegarii,
> Et Tanchæ certum caput, Ouldisque lacertum.
> Hoc vas per Stephanum datur et fit Nocrianum,
> Anno milleno centeno ter deno, ter et uno.
>   (Biblioth. de Troyes, ms. 2283).

[2] Arch. de l'Aube, 4 H bis, 3, fol. 5, r°.

en partie d'argent. Des plaques d'argent, avec ornements relatifs à la vie du saint, couvraient le reliquaire. Sur le sommet, aux deux extrémités, étaient placées deux statues, l'une de la Sainte Vierge, l'autre de S. Vinebaud. Ces deux statues ne furent placées que plus tard, car celle de la Sainte Vierge, pesant trois marcs quatre gros, fut donnée par M. François Gouault, au xviie siècle. — Cette châsse était estimée 25 livres tournois, en 1555 (n. 740). On la gardait sur le maître-autel, à côté de la châsse de S. Loup.

Nous rapporterions également au xiie siècle les reliquaires suivants, où étaient déposées des reliques données au comte Henri le Libéral, en 1161, par les religieux de Rebais, et, en 1167, par ceux de Saint-Pierre-le-Vif :

Coffret du Saint-Suaire, à Saint-Etienne (n. 9), recouvert d'argent et orné d'un grand nombre de pierres précieuses. Il renfermait un vase rond, en cristal, garni d'or aux deux extrémités, dans lequel était la relique.

Reliquaire de la dent de S. Lazare, à Saint-Etienne (n. 24), vase de cristal en forme de pot, garni d'or dans le haut et dans le bas, et enrichi de pierreries. — Il est probable qu'une partie de la dent fut détachée pour être mise, à la même époque, dans un petit vase de cassidoine, garni d'argent à la partie supérieure, qui servait de reliquaire portatif (n. 157).

Reliquaire des dents de Ste *Geneviève*, à Saint-Etienne (n. 164), vase de cristal, avec couvercle d'argent.

Reliquaire du prophète Elisée, à Saint-Etienne (n. 202), vase long, en cristal vert, orné d'argent dessus et dessous, avec des bandes d'argent sur les côtés.

Châsse de S. Altin et de Ste *Jule*, à Saint-Etienne (n. 137), carrée, couverte d'argent, avec pommelles d'argent et pieds de cuivre, et ornée d'émaux de Limoges.

Châsse de S. Potentien, à Saint-Etienne (n. 115), carrée, en cuivre, recouverte d'argent, émaillée et ornée de pierreries, avec quatre pommelles de cuivre. — Il pourrait se faire que cette châsse fût un reliquaire byzantin, car elle contenait une parcelle des vêtements de la Sainte Vierge et de S. Jean-Baptiste, avec des reliques de S. Georges. Dans ce cas, on y aurait ajouté plus tard les reliques de S. Potentien.

Ajoutons encore, comme datant probablement du XIIe siècle, trois reliquaires de Saint-Etienne :

Le *coffret* long, en argent, à pieds, qui renfermait la côte de S. Thomas, rapportée d'Orient par Henri le Libéral (n. 61) ;

La *côte-reliquaire de S. Hilaire* (n. 142 et 465), en forme de croissant, longue d'environ un pied, large de deux pouces, garnie d'argent doré et émaillé, avec trois pierres précieuses au milieu, et, au-dessus, un demi-cercle doré où est représenté un ange en émail. Comme ce reliquaire contient des reliques de S. Leuçon, fondateur de Notre-Dame-aux-Nonnains, nous sommes porté à croire que ces reliques furent données par les religieuses au comte Henri, lorsqu'il fonda Saint-Etienne ;

La *châsse de S. Aventin* (n. 136), en bois, couverte de figures en ivoire. Cette châsse remonte certainement au moins à la fin du XIIe siècle, car elle fut ouverte sous l'évêque Hervée, en 1219 ou 1220. Il est probable que les reliques du saint y furent déposées par Henri le Libéral. En 1319, elle était placée « desuper pecina[1] altaris sancti Jacobi », dans le grand trésor. Elle fut mise plus tard au-dessus du maître-autel de Saint-Etienne. Elle subsista probablement jusqu'en 1760, où elle fut remplacée par une châsse d'argent.

La *châsse de Sta Mâthie*, à la Cathédrale (n. 2454), que Des Guerrois déclare « fort antique[2] », pourrait être rapportée à la même époque. Elle était en bois, mais on

---

[1] Le mot *pecina* manque dans Ducange.

[2] *Saincteté chrestienne*, fol. 22.

l'avait revêtue de lames d'argent artistement travaillées et damasquinées d'or, dont il ne restait plus que des fragments au commencement du xvii⁰ siècle[1]. A la fin de ce siècle, on refit six plaques d'argent pour la nouvelle châsse de Sᵗᵉ Mâthie[2]. — Cette châsse était placée dans la chapelle du Sauveur (aujourd'hui chapelle de Sainte-Mâthie), au-dessus de l'autel.

Reliquaires du XIII⁰ siècle. — *Châsse de S. Philippe,* à la Cathédrale (n. 517 et 686). — Le chef de S. Philippe, envoyé à Troyes par Garnier de Traînel, fut placé dans un reliquaire d'argent doré. Ce reliquaire, posé sur un piédestal à piliers, en cuivre doré, était de forme octogone et orné de figures en vermeil[3], huit probablement, une sur chaque pan. Il était garni d'or appliqué, avec des chatons où étaient sertis des saphirs, rubis et topazes.

Un pinacle ou dais *(taiz)* s'élevait au-dessus du reliquaire et renfermait, en 1429, une dent de S. Pierre. Autour de ce pinacle était la couronne du comte Henri le Libéral, en filigrane d'or, entouré de deux rangs de pierres précieuses et de perles, toutes enchâssées dans de petites couronnes aussi d'or ; et, en haut de la couronne, il y avait une médaille ou médaillon très ancien, sur lequel était gravé le nom de S. Philippe.

Autour du reliquaire était gravée l'inscription en six vers latins, que nous avons rapportée plus haut.

Croix-reliquaire, à Saint-Etienne (n. 30 et 444). — Cette croix, qui avait appartenu à la comtesse de Champagne, Agnès de Beaujeu, femme de Thibaut IV, morte en 1231, était tout entière en argent doré, même le pied, sur lequel étaient ciselées plusieurs figures en

---

[1] Camuzat, *Promptuarium*, fol. 57, v⁰.

[2] V. infra, n. 2439.

[3] Caylus, *Antiq. grecques*, t. V, p. 141. — Cfr. Arnaud, *Voy. archéol.*, p. 162, note. — V. supra, p. cvii.

argent. Nous croyons que c'est la |croix qui est décrite, sous le n. 444, par l'inventaire de 1704. — Haute de quinze pouces, elle avait un pied à huit pans, large de cinq pouces et demi, travaillé en feuillages de relief, avec quatre dragons ailés ; quatre griffes lui servaient de support. — Le bas de la croix, depuis le pied jusqu'au Crucifix, était en feuillage ciselé : tout le reste était en filigrane doré. — Au milieu, Jésus-Christ ; aux quatre extrémités, les quatre animaux symboliques. Derrière, au milieu, l'Agneau de Dieu ; aux extrémités, les quatre évangélistes. Toutes ces figures en argent doré. — Cette croix renfermait du bois de la vraie Croix et d'autres reliques. Elle se mettait sur le maître-autel aux fêtes solennelles.

Grande croix-reliquaire en vermeil, à Saint-Loup (n. 819.) Cette croix, signalée par Cousinet, dans l'inventaire de 1662, comme étant de grande antiquité, était en vermeil, d'ouvrage rapporté, enrichie d'or, de pierreries et d'émaux. Les émaux représentaient probablement, au centre de la croix, Notre Seigneur Jésus-Christ, et, aux quatre extrémités, les quatre évangélistes. — Elle contenait, enchâssées, des parcelles de la vraie Croix. Elle servait de croix de procession ; le bâton était garni d'argent. On la mettait aussi sur l'autel, aux grandes fêtes, et le reliquaire du chef de S. Loup, en forme de pyramide, lui servait de pied. On l'appelait la *belle Croix.*

Châsse de S. Félix, pape, à Saint-Etienne (n. 138 et 454). Cette châsse en bois, longue de quatorze pouces et large de neuf, était carrée, couverte d'argent, avec deux pommelles de cristal et une crête argentée sur le sommet ; elle était ornée de six figures d'ivoire sur la partie de devant, et tout autour étaient peintes les figures des apôtres.

Châsse du chef de Ste Agnès, à Saint-Etienne (n. 88 et 431). L'inventaire de 1319 désigne cette châsse par cette brève mention : *cassula deargentata.* Celui de 1704, plus explicite, nous apprend que c'était un reliquaire carré, de huit pouces en tous sens, en argent et en cuivre doré, bordé dans le haut de quatre arêtes de bronze doré. Au milieu du dessus, il y avait une boule de cristal doré. Sur chacune des quatre faces, un ange en argent repoussé.

Châsse des rois Mages, à Saint-Etienne (n. 153). Cette châsse était petite, *cassula*, en argent, décorée de figures et surmontée d'une crête.

Phylactère émaillé, à Saint-Etienne (n. 141). Ce phylactère était couvert, sur la face de devant, de pierreries et d'émaux de Limoges. Au milieu, Dieu en majesté, entouré des quatre évangélistes. Il renfermait, en 1319, des reliques de S. Vincent et de S. Sébastien.

Ce phylactère semble être le même que mentionne l'inventaire de 1704 (n. 433), reliquaire ovale, long de sept à huit pouces sur six de large ; le devant était en argent, enrichi de pierreries et de cinq émaux : celui du milieu, ovale, représentait Notre Seigneur ; les quatre autres, demi-ronds, représentaient les quatre évangélistes. Le derrière était une plaque de bronze doré, avec un émail en taille d'épargne, représentant un ange et des feuillages. En 1704, ce reliquaire renfermait des reliques de S. Clément, pape, et de Ste Syre.

Deux bras-reliquaires de S. Loup (n. 826 et 827) sont mentionnés, dans l'inventaire de 1662, comme étant fort anciens ; ils remontent au moins au xiiie siècle. — Le premier était en bois, mais garni d'argent, et enrichi de dorures et d'émaux. Un os du bras de S. Loup y était enchâssé. — Le second était en bronze doré, avec la main d'argent. Il contenait, enchâssés, un os du bras de S. Loup et un os du bras de S. Pantaléon.

Nous pensons qu'il faut également rapporter au xiiie siècle, si ce n'est même au xiie, la *capsella cuprea vetusta instar sarcophagi*, que l'on trouve en 1527 au trésor de l'église Saint-Denis (n. 2087), — et un vieux *coffret-reliquaire,* garni de velours et de lames de bronze dorées et émaillées, qui avait renfermé anciennement des reliques des onze mille vierges, et qui contenait, en 1662, quelques parcelles des reliques de S. Loup (n. 830).

C'est probablement aussi au XIIIᵉ siècle qu'appartient le grand reliquaire d'argent et de cuivre, où était déposé à Notre-Dame-aux-Nonnains, dès 1287, le chef de Sᵗᵉ Tanche, mentionné dans l'inventaire de 1343 (n. 1047). Ce reliquaire fut remplacé par un autre au XVIIᵉ siècle (n. 1194).

Reliquaires du XIVᵉ siècle. — *Reliquaire des cheveux de la Sainte Vierge,* à Lirey (n. 2228 et 2254). — Ce reliquaire, mentionné dans l'inventaire de 1418, porte les armes de Geoffroy de Charny, qui fonda la Collégiale de Lirey en 1353. Il est donc du XIVᵉ siècle. — Il est en cristal, en forme de tour à trois piliers-butants, dont l'un porte sur son chapiteau le chevalier Geoffroy de Charny, reconnaissable à ses armoiries. Sur la tour, un ange d'argent doré tient entre ses deux mains un petit vase de cristal où il y a un cheveu de la Sainte Vierge (l'inventaire de 1552 dit que l'ange porte deux vases de cristal où il y a des cheveux de la Sainte Vierge et d'autres reliques). En 1552, ce reliquaire était estimé 100 livres tournois (environ 1.400 francs).

Croix-reliquaire, à Lirey (n. 2227). — Cette croix porte également, sur le pied, les armes de Charny ; elle est donc aussi du XIVᵉ siècle. — Elle est en vermeil, avec un pied de cuivre, faite « en façon de bâton émondé », et porte les quatre évangélistes en relief. Elle contient du bois de la vraie Croix. En 1552, elle est estimée 50 livres (n. 2252).

Statue de la Sainte Vierge, à Lirey (n. 2229). — La Sainte Vierge est posée sur une terrasse émaillée de vert et de violet. Elle porte une couronne sur la tête. De la main gauche, elle tient l'enfant Jésus, ayant à la main un cristal rond, où se trouve de la chemise de la Sainte Vierge. De la main droite, elle tient un ciboire pour porter la sainte hostie, le jour de la Fête-Dieu. — En 1552, cette statue est estimée 50 livres (n. 2253).

Châsse de S. Loup (n. 823). — En 1148[1], Everard, abbé de Saint-Loup de Troyes, avait fait faire une châsse d'argent, artistement travaillée, pour y déposer le corps de S. Loup. Mais cette châsse ayant été brisée, lorsqu'on la portait en procession de village en village pour recueillir des aumônes, l'abbé Jean de Chailley en fit faire une autre en argent, en 1359[2]. Une inscription, placée sur cette châsse, nous a été conservée par Camuzat : *Ista capsa fuit incepta et perfecta, cum Dei adjutorio, tempore Joannis de Chailleyo, abbatis hujus monasterii, licentiati in decretis. Orate Deum pro eo*[3].

Cette châsse fut de nouveau brisée du temps de l'abbé Forjot (1486-1514), qui la fit richement réparer, telle que nous la décrit notre inventaire de 1662. Elle avait trois pieds et demi de long, deux de large et quatre de haut. Le fond était de lames d'argent estampé, sur lequel étaient appliquées, des deux côtés, les figures en relief des douze Apôtres, séparées par des piliers à chapiteaux en bronze doré. Aux deux extrémités, on voyait en relief : d'un côté, le couronnement de la Sainte Vierge ; de l'autre, une image de S. Loup. — Autour de la châsse régnait une corniche avec galerie. Sur les deux versants du toit, six plaques d'argent ciselé représentaient la vie de S. Loup ; chacune de ces plaques pesait

---

[1] Des Guerrois dit 1153 (fol. 408, v°). — Cousinet, *Thesaurus antiq. Sancti Lupi*, c. 51.

[2] Des Guerrois dit 1364 (fol. 378, r°). — M. Lalore dit 1365 (*Probat. cultus*, p. 24) et cite Camuzat; mais Camuzat dit seulement que Jean de Chailley mourut en 1365, et non que la châsse fut faite à cette date. — L'inventaire de Cousinet donne la date de 1359.

[3] Camuzat, *Promptuarium*, fol. 153.

environ 5 marcs d'argent (2 livres et demie). — Deux pointes placées au sommet de la châsse, aux deux extrémités, portaient la statue de S. Michel et celle de S. Loup, pesant chacune 2 marcs d'argent (n. 707 et 739). — Toutes ces figures, en argent, étaient en grande partie dorées.

Cette châsse était une reproduction, très agrandie et très embellie, de la châsse de S. Vinebaud, faite en 1180 par l'abbé Guitère. Avec toutes ses décorations, elle pesait 80 marcs d'argent (40 livres), et était estimée, en 1555, 250 livres tournois (environ 3.500 fr.). On la mettait sur le maître-autel. Elle fut remplacée, en 1778, par une autre châsse, œuvre de l'orfèvre Jacques Rondot, et la translation des reliques fut faite, le 20 septembre, par M. de Barral, évêque de Troyes.

Statue de la Sainte Vierge, à Notre-Dame-aux-Nonnains (n. 1049 et 1103). Cette statue, haute de trois quarts de pied, était en argent, avec un pied en cuivre et un vase de cuivre et de cristal où était déposée une petite pièce de la ceinture de la Sainte Vierge. Elle est dans l'inventaire de 1343 et dans celui de 1538. Elle fut remplacée au xvii⁰ siècle par une statue plus grande, signalée dans l'inventaire de 1664 (n. 1186).

Statue de S. Etienne, à la Cathédrale (n. 526). Cette statue était en argent, avec un pied de cuivre doré. Elle fut donnée à la Cathédrale par Pierre d'Arcis, évêque de Troyes (1377-1395). — Dans le même inventaire de 1429, on trouve une *imago Dei* en argent, avec pied de cuivre doré, dans laquelle il y a du sang de Notre Seigneur (n. 515), ainsi qu'une *statue d'évêque* en vermeil, avec pied de cuivre, contenant des reliques de S. Savinien et de S. Potentien (n. 519).

Croix-reliquaire, à Saint-Etienne (n. 479). — Cette croix, d'une splendeur incomparable, est postérieure à l'inventaire si détaillé de 1319, qui n'en fait pas mention; mais elle doit être du xiv⁰ siècle. Elle était tout entière en vermeil, longue de deux pieds, large de quinze pouces d'un croison à l'autre, travaillée en filigrane par devant et par derrière, et couverte de 309 diamants, perles, pierres précieuses et émaux. En voici la description :

Devant de la croix. *Sur le croison du haut,* une émeraude, taillée en forme de tête d'ange, enchâssée dans du filigrane d'or, est entourée de six grenats et placée au milieu de quatre rubis. Dix-sept autres pierres précieuses et seize perles sont semées sur ce croison. *Sur le bras droit de la croix*, vingt pierres précieuses, neuf perles et trois émaux. *Sur le bras gauche,* vingt pierres précieuses et douze perles. — *Sur le croison du bas*, une grosse pierre verte, entourée de vingt–quatre perles ; trente-trois pierres précieuses sont répandues sur cette partie de la croix.

Milieu de la croix. Le milieu de la croix est fermé par le moyen de quatre vis d'argent ; celle du haut porte une perle, et les trois autres un diamant. L'ouverture forme une petite croix, qui porte au milieu une grosse topaze ovale, et qui est chargée de dix perles et de vingt-quatre pierres précieuses. A l'intérieur est une petite croix faite avec du bois de la vraie Croix.

Derrière de la croix. *Au milieu,* une grosse pierre verte ovale, entourée de quatre améthystes. *Sur le croison du haut*, vingt-cinq pierres précieuses ; *sur celui du bas*, vingt-huit. *Sur chacun des deux bras de la croix*, vingt-trois pierres précieuses.

Cette croix était désignée sous le nom de vraie Croix [1].

---

[1] Voici le nombre de chaque espèce de pierres précieuses : 10 agates, 58 améthystes, 41 cornalines, 3 diamants, 1 émeraude, 6 grenats, 15 rubis, 23 saphirs, 5 topazes, 6 pierres bleues, 8 jaunes, 1 noire, 29 rouges, 26 vertes, plus 9 grosses perles et 63 petites.

Châsse de Tous les Saints, à Saint-Etienne (n. 439). — Cette châsse ne figurant pas dans l'inventaire de 1319, nous ne pouvons la rapporter au xiii⁰ siècle; mais elle ne doit pas être postérieure au xiv⁰. — Elle était en bronze doré et émaillé; elle avait dix pouces de long et quatre de large. Sur la face de devant étaient les figures de Notre Seigneur, de la Sainte Vierge et des douze apôtres, en émail, avec têtes en relief. Sur les côtés, deux autres figures. Par derrière, une plaque de bronze doré et émaillé. Le haut de la châsse était garni d'une crête dorée, et l'on y voyait deux émaux enchâssés et trois cristaux de roche.

Coffret renfermant l'épaule de S. Paul, à Saint-Etienne (n. 441). — Nous rapporterions à la même époque ce coffret qui ne figure pas non plus à l'inventaire de 1319. Long de neuf pouces et demi, large de six, il était recouvert d'argent. La face de devant était chargée de pierres précieuses; on y comptait jusqu'à 125 cornalines, plus 21 chatons remplis de mastic rouge. Les trois autres côtés étaient couverts de feuillages en argent repoussé. Le dessus était gravé en carreaux, avec un rond doré au milieu.

Châsse et chef de S. Savinien, à la Cathédrale (n. 516, 688 et 2451). — D'après l'inventaire de 1429, le *chef* de S. Savinien était dans un reliquaire d'argent doré. Ce reliquaire, qui fut nettoyé et bruni en 1381-82 par l'orfèvre Jean II de Premierfait, devait être le même que celui qui est mentionné en 1611. Il est à six pans, garni en partie d'argent estampé, en partie de cuivre doré. Sur les pans étaient six figures d'argent représentant le martyre de S. Savinien.

La *châsse* de S. Savinien était aussi en argent, avec les statuettes des douze apôtres, séparées par des colonnettes. Il en est fait mention dans les comptes de 1440. En 1548-1549, elle fut dorée par l'orfèvre Simon Mitard, qui fut chargé d'acheter douze plaques émaillées, sans

doute pour mettre au piédestal[1]. — Deux statues en
vermeil, l'une de S. Savinien, pesant 2 marcs 7 onces
(un peu plus de 700 gr.), l'autre, de Ste Savine, pesant
2 marcs 3 onces 3 tréseaux (environ 590 gr.), se
mettaient sur la châsse, aux deux extrémités (n. 694),
de même que l'on voyait les statues de S. Michel et de
S. Loup sur la châsse de ce dernier saint, faite en 1359
par l'abbé Jean de Chailley. — Ce reliquaire est probablement le même dont Des Guerrois et Courtalon disent
que « la châsse de S. Savinien est couverte en partie
d'argent et en partie de cuivre doré, avec figures artistement travaillées. » — Jusqu'au xviiie siècle, il était
placé, avec la châsse de Ste Hélène, sur une tribune
élevée derrière le maître-autel; on l'y voit encore en
1700 (n. 2451). Mais, du temps de Courtalon, il était
sous l'autel[2].

Reliquaires du XVe siècle. — *Pyramide de
bronze doré,* à Saint-Loup (n. 870). — Vers l'an 1400,
du temps de l'abbé Jean Persin, les reliques trouvées
dans le maître-autel de Saint-Loup furent déposées
dans une boîte d'ivoire. Cette boîte fut elle-même
enchâssée dans une pyramide de bronze doré.

Châsse de Ste Barbe, à Saint-Loup (n. 741 et 835). —
Cette châsse fut faite, en 1410, par l'abbé Persin. Le
fond était en argent. Elle représentait une église, longue
d'un pied et demi, haute de deux pieds, avec transept et
clocher. Les contreforts, la corniche, les clochetons et
le couronnement étaient en bronze doré. Sur le devant
était la statue de Ste Barbe, en vermeil. — En 1555,
cette châsse était estimée 12 livres 10 sous tournois
(environ 175 fr.) On la gardait au trésor.

Statue-reliquaire de la Sainte Vierge, à Saint-Loup
(n. 753 et 865). — En 1411, l'abbé Jean Persin laissa

---

[1] Rondot, *Les orfèvres de Troyes,* p. 44 et 92.

[2] Des Guerrois, fol. 39, r°. — Courtalon, t. II, p. 121.

par testament, pour servir à l'ornement de sa chapelle, dans l'église de Saint-Loup, une statue de la Sainte Vierge, tenant l'enfant Jésus dans ses bras, et portant une couronne enrichie de pierreries. Cette statue, haute de vingt-deux pouces (0^m 60), pesant 18 marcs 4 onces (environ 9 livres), était tout entière en vermeil. En 1555, elle était estimée 60 livres tournois (environ 840 fr.). — Il y avait dans cette statue, probablement dans le pied, du lait de la Sainte Vierge[1].

Elle était l'œuvre de deux orfèvres de Troyes, Aimery Danricart et Nicolas, son fils[2], qui reçurent pour ce travail 50 livres tournois, suivant leur quittance du 1er septembre 1411. D'après cette même quittance, la statue, probablement sans la couronne, ne pesait que 17 marcs, une once et 3 tréseaux et demi.

Statue-reliquaire de S. Pierre, à la Cathédrale (n. 681). — L'évêque Louis Raguier (1450-1483) donna à la Cathédrale une statue-reliquaire de S. Pierre, en vermeil, posée sur un piédestal d'argent où étaient gravées les armoiries de l'évêque. Le saint portait une couronne enrichie de pierres fines. Dans sa main droite, la statue tenait un livre sur lequel une dent du saint était enchâssée en filigrane d'or. — Elle pesait 15 marcs (plus de 7 livres).

Châsses de S. Camélien, évêque de Troyes, et de S. Evode, archevêque de Rouen (n. 742, 743 et 833). — Ces deux châsses, faites par l'abbé de Saint-Loup, Nicolas Forjot, en 1496, étaient en bois doré. Elles avaient trois pieds de long et deux de large, et étaient toutes couvertes de figures sculptées. Les anciennes châsses furent déposées dans les nouvelles[3]. — Elles reposaient sur le maître-autel. Chacune d'elles était estimée 50 livres tournois en 1555 (environ 700 fr.).

---

[1] Arch. de l'Aube, 4 H^bis, 3, inventaire de 1651, fol. 5, r°.

[2] *Emericus dictus Danricart et Nicolaus ejus filius, aurifabri Trecis commorantes.* Arch. de l'Aube, 4 H^bis, 16, *liasse.*

[3] Des Guerrois, *Saincteté chrestienne,* fol. 409, r°.

Châsse de Toussaints, à la Cathédrale (n. 690). — Cette
châsse, mentionnée dans l'inventaire de 1611, ne se
trouve pas dans celui de 1429. Elle ne doit donc pas être
antérieure au xvᵉ siècle. — Elle était couverte d'argent,
à huit pans, avec dix figures d'argent alentour. Elle
reposait sur un pied de cuivre doré, porté par quatre
lions de même métal.

Reliquaires du XVIᵉ siècle. — *Chef de S. Loup*
(n. 824). — Dans les premières années du xviᵉ siècle,
l'abbé de Saint-Loup, Nicolas Forjot, fit faire par un
habile orfèvre troyen, Jean Papillon, un magnifique reliquaire, où le chef de S. Loup fut transféré le 6 avril 1505.

Ce reliquaire, dont la seule exécution coûta 2.200 livres
tournois (60.500 fr.), avait cinq pieds de long, trois de
large et cinq de haut.

La base, en bronze doré, portait 16 émaux de Limoges,
sur plaques d'argent, représentant la vie de S. Loup.
Ce sont les 16 émaux que l'on voit encore aujourd'hui
au trésor de la Cathédrale de Troyes. — Sur cette base
étaient placés deux anges en bronze doré, qui soutenaient
un buste d'évêque, en argent doré, ciselé, représentant
S. Loup avec une mitre et une chape couvertes de
pierreries.

D'après notre inventaire, ce reliquaire était estimé
16.000 livres, soit, si c'était l'estimation du temps de
Forjot, environ 430.000 fr. de notre monnaie. Dom
Martène va encore plus loin; il dit que 200.000 livres
(550.000 fr.) ne le paieraient pas, et que l'on estime un
seul rubis plus de 20.000 livres (55.000 fr.)[1].

Camuzat, qui le décrit en termes généraux, ne peut
contenir son admiration. Au jugement de tous les con-
naisseurs, dit-il, il n'y a pas, dans toutes les églises de
France, une œuvre qui puisse entrer en comparaison
avec ce magnifique reliquaire : « In nullo totius Galliæ

---

[1] *Voyage littéraire*, t. I, p. 92.

delubro, cum ea imagine ob artificii subtilitatem componendum opus, quantavis elaboratum sit industria, invenitur [1]. »

Pied de Ste Marguerite, à la Cathédrale (n. 687). — En 1376, on voit figurer, dans les comptes de la Cathédrale, un pied-reliquaire de Ste Marguerite, qui, d'après un compte de 1410-1411, était en argent, porté par deux anges qui reposaient sur un « cuvestière » de cuivre doré. Ce reliquaire n'est pas mentionné dans l'inventaire de 1429, probablement parce qu'il était alors chez l'orfèvre Nicolas I Chevry, qui le « remettait à point [2]. »

Ce reliquaire, qui remontait probablement au commencement du XIIIe siècle, époque où la Cathédrale reçut le pied de Ste Marguerite, fut remplacé par un autre au commencement du XVIe siècle. C'était un pied d'argent doré, dans lequel la relique était enfermée. Ce pied, orné de huit pierres non fines, était porté par deux anges d'argent, aux ailes de cuivre doré, et il reposait sur un piédestal hexagone de cuivre doré. Sur les six pans de ce piédestal, des émaux représentaient la vie de Ste Marguerite ; et le piédestal lui-même était supporté par six petits lions en cuivre.

Dans les comptes de la Cathédrale, on voit que ce reliquaire fut fait en 1505-1506 par Guyot Bruché, orfèvre à Troyes, pour la somme de 50 livres (1350 fr.), et achevé en 1526-1527 par Henryet Boulanger, au prix de 36 livres 5 sous. Cette même année, le Chapitre fit

---

[1] Camuzat, *Promptuarium,* fol. 153, v°. — V. Le Brun-Dalbanne, *Notice sur la châsse de Saint-Loup de Troyes,* 1863, in-8°. — Deux émaux de la châsse de S. Loup, représentant son mariage et son entrée en religion, ont été reproduits en couleur par M. Gaussen, *Portef. archéol.,* Emaux, pl. 1 et 2. Deux autres représentant S. Loup partant pour l'Angleterre et prêchant contre l'hérésie de Pélage, ont été donnés en couleur par M. Fichot, *Statistique monum. de l'Aube,* Cathédrale de Troyes, pl. 3 et 4. M. Fichot a donné le dessin au trait de tous les émaux.

[2] Rondot, *Les orfèvres de Troyes,* p. 41 et 44.

exécuter à Limoges, sur les dessins fournis par Nicolas Cordonnier, peintre de Troyes, douze émaux représentant la vie de la sainte, pour mettre au piédestal du reliquaire [1].

Bras de S. Jean-Baptiste, à Saint-Etienne (n. 434). — Il faut probablement rapporter à la même date un bras-reliquaire de S. Jean-Baptiste; ce bras, d'argent en partie doré, et garni de huit pierres précieuses, avait quatorze pouces de long. Une ouverture laissait apercevoir la relique. Il était porté par deux anges d'argent, en partie dorés, hauts de huit pouces et demi, posés sur un piédestal en cuivre doré, garni de douze pierres précieuses, long de onze pouces et large de quatre, supporté lui-même par quatre griffes. — Ce reliquaire, noté dans l'inventaire de 1704, ne se trouve pas dans celui de 1319.

Reliquaire des cheveux de Notre Seigneur, à la Cathédrale (n. 684). — Nous rapprocherions ce reliquaire des deux précédents. Il ne se trouve pas dans l'inventaire de 1429, mais seulement dans celui de 1611. — Sur un piédestal, soutenu par trois colonnes et par trois anges de cuivre doré, sont posés deux anges d'argent, portant un cristal dans lequel sont des cheveux de Notre Seigneur. Au-dessus de ce cristal s'élève un dôme d'argent, orné d'un saphir sur le devant, et de deux cristaux enchâssés sur les autres côtés.

Reliquaire de Ste Reine, à Notre-Dame-aux-Nonnains, (n. 1190). — Ce reliquaire, mentionné dans l'inventaire de 1664, ne se trouve pas dans celui de 1343. — Il ressemble aux précédents par sa disposition. Deux anges d'argent soutiennent une fiole d'agate, où se trouve un petit ossement de Ste Reine. Ils sont portés sur un piédestal qui contient, d'un côté, un fragment de côte de S. Guillaume, et, de l'autre, des reliques de S. Vincent et de S. Nicolas.

---

[1] Id., *Ibid.,* p. 62 et 81.— Archives de l'Aube, G. 1591.— Arnaud, *Voy. archéol.,* p. 164, note.

Reliquaire de Ste Catherine, à Notre-Dame-en-l'Isle, (n. 1387). — La statue de Ste Catherine est en bois doré; elle tient une roue brisée, en argent. Deux anges, aussi en bois doré, portent un bras d'argent, dans lequel est un ossement de la sainte (Inv. de 1523).

Ostensoir-reliquaire, à Saint-Denis (n. 2080). — Dans la visite de l'église Saint-Denis, en 1527-1533, on trouve un ostensoir-reliquaire, dont la base, en cuivre doré, contient une côte de S. Louis. Sur cette base, deux anges portent un joyau rond, en argent doré, surmonté d'une croix en or, dans lequel est placée la sainte hostie le jour de la Fête-Dieu.

Reliquaire en forme d'église, à Saint-Nizier (n. 2100). — La visite de Saint-Nizier, en 1527, mentionne un reliquaire en forme d'église, que portent deux anges d'argent, posés sur un pied de cuivre.

Reliquaire de Ste Syre, à Saint-Nizier (n. 2099). — Dans la même visite, on trouve une côte-reliquaire de Ste Syre, portée par un ange d'argent. L'ange repose sur un pied de cuivre, dans lequel sont deux autres anges.

Statues-reliquaires, à Saint-Aventin (n. 2109). — La même année 1527, on note à Saint-Aventin deux statues-reliquaires dorées. La première est de S. Jacques le Majeur, et contient de ses reliques. La seconde a la forme d'un ange ailé, et contient des reliques du saint homme Job [1].

Reliquaire de la vraie Croix, à Sainte-Madeleine (n. 1486 et 1579). — Vers la même époque (1535), on trouve à Sainte-Madeleine deux anges dorés, portant une châsse garnie de verre, et fermée par trois volets de fer

---

[1] Nous avons groupé tous les reliquaires qui sont portés par des anges, comme étant du XVIe siècle, bien qu'on en trouve d'assez nombreux exemples antérieurs à cette époque, comme le pied-reliquaire de Ste Marguerite que nous avons cité plus haut. Mais, au XVIe siècle, cet usage devint très-ordinaire, et souvent même on ajouta à d'anciens reliquaires des anges supportés sur un piédestal, que l'on ornait de ciselures ou d'émaux.

blanc (ou plutôt d'argent, doré à l'intérieur), dans laquelle est enchâssée une croix d'argent, contenant un morceau de la vraie Croix. Ce reliquaire a un pied de haut et plus d'un demi-pied de large.

Dans le même inventaire, on trouve une *croix-reliquaire* en cuivre doré, qui servait aux processions. Elle portait un crucifix, et était accostée de deux piliers sur lesquels se trouvaient la Sainte Vierge et S. Jean. Par derrière, était une Ste Madeleine (n. 1489 et 1562).

Tabernacle, avec relique de la vraie Croix, à Saint-Loup (n. 817). — L'abbé Prunel, de Saint-Loup (1513-1533), fit faire, pour conserver le Saint-Sacrement, un tabernacle en bronze doré, haut de dix-huit pouces, et de forme hexagone. Ce tabernacle, qui était *d'ouvrage exquis*, se composait d'une base, de six colonnes et d'un couronnement. Sous la base était un cristal, dans lequel étaient enchâssées deux parcelles de la vraie Croix.

Chef de S. Vinebaud, à Saint-Loup (n. 832). — Le même abbé Prunel fit faire, pour le chef de S. Vinebaud, un chef-reliquaire en argent fin, de grandeur naturelle, posé sur une base de bronze doré.

Statues de S. Blaise et de S. Achace, à Saint-Loup (n. 866 et 867). — Ces deux statues, en bronze doré, hautes de vingt pouces, furent données par l'abbé Prunel. La première tenait à la main un reliquaire dans lequel était enchâssé un morceau du gosier de S. Blaise. La seconde avait une croix contenant un ossement de S. Achace.

Statue de Ste Madeleine, à Sainte-Madeleine (n. 1479 et 1555). — Cette statue doit être antérieure au xvie siècle; elle était en argent doré, avec une couronne de perles, posée sur un pied de cuivre doré, tenant de la main gauche un livre et de la droite un joyau en forme de boîte, pesant un teston, où se trouvaient la coiffe et le couvre-chef de la sainte. Ce joyau fut fait en 1511 par Pierre Belin, orfèvre à Troyes.

Statue de S. Urse, à Sainte-Madeleine (n. 1481 et 1558). — Les marguilliers ont fait faire cette statue en cuivre doré, en 1523, par Jean Guérin. Le saint, armé d'une épée et d'une lance, est vêtu d'une cotte de mailles d'argent, faite par l'orfèvre Nicolas Piné; il tient un reliquaire en forme de cœur. La dorure a été faite par l'orfèvre Jean Petit.

Statue de Ste Agnès, à Sainte-Madeleine (n. 1487). — Sur un pied de cuivre doré, une sainte Agnès en argent, avec un agneau appuyé contre son genou. D'une main elle tient une palme, de l'autre un petit tabernacle. Sur sa tête, une couronne de perles et papillottes.

Statue de S. Quirin, à Sainte-Madeleine (n. 1490 et 1556). — En 1535, le saint est en bois peint; il tient une lance d'une main, et de l'autre une tour en orfèvrerie. — En 1559, l'orfèvre troyen Alain Lespeuvrier fit une statue de S. Quirin, en argent avec dorures, armé d'une épée, portant au cou le collier de l'ordre de Saint-Michel, et tenant une lance de la main droite et un reliquaire de la main gauche.

Statue de S. Jérôme, à Saint-Jean (n. 1267). — C'est un de ces groupes comme on en faisait volontiers aux xve et xvie siècles. Sur une terrasse, un saint Jérôme et son lion; près du saint, trois arbres, sur l'un desquels sont posés sa robe et son chapeau; un bréviaire et six petites boules. Le tout est en argent doré, soutenu par trois anges et trois pommes de cuivre doré, qui reposent sur un pied en bois doré. Tout cet ensemble pèse 14 marcs (près de 7 livres).

Statue de S. Jean l'Evangéliste, chez les Cordeliers (n. 1413). — Le saint tient d'une main une palme, de l'autre un petit tonneau où sont les reliques. Au-dessus de lui, un aigle; à ses pieds, un religieux. Le tout en vermeil, excepté le religieux, qui est en argent.

Statue de S. Louis, évêque de Toulouse, chez les Cordeliers (n. 1414). — Le saint tient d'une main la crosse, de l'autre des reliques. Une reine est à ses pieds. Le tout en vermeil.

Statue de S. Bernardin de Sienne, chez les Cordeliers (n. 1415). — Le saint tient dans ses mains une petite châsse d'argent, au-dessus de laquelle est le Nom de Jésus. A ses pieds, trois mitres d'argent doré.

Statues de Ste Barbe, de Ste Catherine et de Ste Marguerite, chez les Cordeliers (n. 1416-1418). — Ste Barbe, en argent doré, tient une palme d'une main, et de l'autre une tour en vermeil; elle porte au cou une croix d'or et un cœur d'argent. — Ste Catherine tient une épée d'une main et une église de l'autre. Ste Marguerite tient des deux mains un petit reliquaire.

Statue-reliquaire de S. Etienne, à Saint-Etienne (n. 461). — En 1585, une très riche statue de S. Etienne, haute de quinze pouces sur cinq de diamètre (0^m 40 sur 0^m 13), fut faite en vermeil et chargée d'émaux et de pierres précieuses. Le saint, en diacre, tenait de la main gauche un livre garni de petites pierreries et une palme d'argent doré; de la main droite, un cristal de roche, taillé à huit pans et garni d'argent doré aux deux extrémités, renfermant de la couronne d'épines et du bois de la vraie Croix. Sur la tête du saint, une couronne de trois pouces et demi de diamètre, garnie de filigrane, de quatre perles et de douze pierreries. La dalmatique avait douze pierres précieuses au collet, six à chaque manche, vingt-deux à la bordure de devant et vingt-quatre à celle de derrière; il y en avait quatre sur le manipule. — Le piédestal, en cuivre doré, était octogone, long de dix pouces, large de huit et haut de six. Sur le devant, une ouverture vitrée laissait voir la relique du saint; sur les sept autres pans, sept émaux, au-dessus desquels courait une rangée de vingt pierres précieuses, elle-même surmontée de dix petits émaux dorés. — Au bas, cette inscription :

> Leipsana dum Stephani hac sacra veneraris in ede,
> Ille tibi Christum conciliat precibus. 1585.

Reliquaire de S. Thomas, à Saint-Etienne (n. 467). — La côte-reliquaire de S. Thomas, du XIIe siècle, fut remplacée, probablement au XVIe, par un autre reliquaire beaucoup plus ouvragé, dont voici la description : sur un pied de cuivre doré, à huit pans, terminé par une frise en feuillages et orné de huit moulures d'argent également en feuillages, s'élève une châsse d'argent en partie doré, large de seize pouces et haute de dix-sept pouces et demi, le pied compris. Cette châsse forme le cintre ; à l'entour, il y a des ouvertures vitrées, par où l'on aperçoit la côte de S. Thomas. Deux portes la ferment aux deux extrémités. Elle est couverte d'argent en écailles de poisson, et au milieu s'élève un petit dôme, dans lequel sont les images de Notre Seigneur et de S. Thomas. On suspendait, aux deux extrémités de cette châsse, deux vases de cristal de roche, garni d'argent doré, contenant l'un une dent de S. André, l'autre une dent de S. Barthélemy.

Reliquaires du XVIIe siècle. — *Statue-reliquaire de S. Jean-Baptiste,* à la Cathédrale (n. 682). — Cette statue, en vermeil, fut faite en 1602-1603 par l'orfèvre troyen François Royer, pour le prix de 146 livres 10 sous (environ 760 fr.)[1]. — Elle tenait de la main gauche un agneau, sur lequel était placé un cristal qui renfermait le pouce du saint. Le piédestal était en cuivre doré. Le tout pesait onze marcs et demi.

Châsse de Ste Hoïlde, à Saint-Etienne (n. 2356). — L'ancienne châsse de Ste Hoïlde, en bois doré, fut remplacée, en 1649, par une châsse en argent[2], dont le couronnement, haut de quinze pouces environ (0[m] 40), consistait en quatre consoles d'argent doré, posées sur un pied carré long, et supportant une couronne d'argent ornée de fleurs de lys. Entre ces quatre consoles était

---

[1] Rondot, *Les orfèvres de Troyes,* p. 121.

[2] Courtalon, *Topogr. histor.,* t. II, p. 149-150.

placée la statue de Ste Hoïlde, une palme à la main. Ce couronnement restait habituellement au trésor; il ne se mettait sur la châsse que lorsqu'on la découvrait. — La châsse était placée sur une tribune, derrière le maître-autel, du côté de l'épître.

Statues de la Sainte Vierge et de S. Benoît, à Notre-Dame-aux-Nonnains (n. 1186). — Une des sœurs de l'abbesse de Notre-Dame-aux-Nonnains, Claude de Choiseul-Praslin (1618-1667), donna, pour la profession de sa fille, deux grandes statues d'argent, l'une de la Sainte Vierge, pesant 19 marcs (plus de 9 livres); l'autre de S. Benoît, pesant 22 marcs (près de 11 livres). — La première était posée sur un pied d'ébène, dans lequel était un morceau de la ceinture de la Sainte Vierge. — Dans le pied de la statue de S. Benoît était un fragment d'ossement du saint patriarche.

Reliquaire de Ste Tanche, à Notre-Dame-aux-Nonnains (n. 1194). — Le 20 juillet 1663, la partie supérieure du chef de Ste Tanche fut transférée dans un grand reliquaire d'argent, donné par la mère d'une religieuse, Mme de Fleurigny. Deux anges d'argent, posés sur un pied de cuivre émaillé, soutiennent une pomme en cuivre doré, renfermant la sainte relique, que l'on aperçoit par le cristal qui ferme la pomme dans sa partie supérieure [1].

Reliquaires du XVIIIe siècle. — *Ange-reliquaire*, à Saint-Remy (n. 1978). — En 1700, Girardon donna à Saint-Remy un ange d'argent, posé sur un pied d'ébène orné de lames d'argent, dans lequel se trouvaient, d'un côté, un petit ossement de S. Roch, et, de l'autre, une croix d'or du général des Mathurins.

Nouvelle châsse de Ste Mâthie, à la Cathédrale (n. 2439).

---

[1] Cfr. Defer, *Vie des saints du diocèse de Troyes*, p. 173. D'après M. Defer, ce reliquaire était en argent ciselé. L'inventaire dit qu'il était en cuivre doré.

— Dans l'inventaire de la Cathédrale, dressé par le chanoine Parchappe, en 1700, on voit que six plaques d'argent, pesant chacune environ 4 marcs (près de 2 livres), avaient été faites pour la nouvelle châsse de Ste Màthie, et que cinq y étaient déjà appliquées. Y eut-il, en effet, une nouvelle châsse qui remplaça l'ancienne, ou s'agit-il seulement d'une restauration de la châsse primitive? D'après Courtalon, l'ancienne châsse, couverte autrefois de lames d'argent, n'était plus qu'en bois, et reposait toujours dans la chapelle du Sauveur[1].

Châsse de S. Aventin, à Saint-Etienne (n. 2358). — La châsse en bois, couverte de figures d'ivoire, qui est mentionnée dans l'inventaire de 1319 (n. 136), et qui était placée sur une tribune, derrière le maître-autel, du côté de l'évangile, fut remplacée en 1760 par une châsse en argent, que le Chapitre fit faire par les orfèvres troyens Charles Cochois et Jacques Rondot, moyennant la somme de 8.000 livres. « Sur un fond d'argent, coupé par des pilastres d'ordre corinthien, dit Courtalon, les ornements saillants, les bases et les chapiteaux des pilastres, sont de bronze doré d'or moulu. » Sur la châsse, lorsqu'on la découvrait et qu'on la portait en procession, on mettait à vis une statue d'argent de S. Aventin, retirant une épine du pied d'un ours placé devant lui. Cette statue avait environ un pied de haut. M. de Barral, évêque de Castres et frère de l'évêque de Troyes, bénit cette châsse le lundi 22 juin 1761, et il y déposa les anciens procès-verbaux; cette cérémonie fut suivie d'une procession solennelle, à laquelle assista M. Bellian, évêque de Messène[2].

Croix-reliquaire, à la Cathédrale. — M. Coffinet a raconté tout au long la triste histoire de cette croix; il est inutile de la refaire après lui[3].

---

[1] Courtalon, *Topogr. histor.*, t. II, p. 121.

[2] Id., *Ibid.*, p. 150.

[3] *Mém. de la Soc. Acad. de l'Aube*, t. XIX, 1855.

Châsse de S. Loup, à l'abbaye de Saint-Loup. — Une nouvelle châsse de S. Loup fut faite en 1778 par l'orfèvre Jacques Rondot, et l'évêque de Troyes, Claude-Mathias-Joseph de Barral, fit, le 20 septembre, la translation des reliques.

§ V.

Calices et Patènes.

I. *Matière des calices.* — Les calices de nos inventaires sont en or, en vermeil, en argent, en argent et en cuivre, en cuivre doré, en étain, en pierre fine.

Il n'y a de calices en or qu'à Saint-Etienne, en 1319, où l'on en trouve deux, un grand et un petit (n. 1 et 2)[1].

Les calices en vermeil, au contraire, sont très nombreux : trois à Saint-Etienne en 1319 (n. 3 et 51), six à Notre-Dame-aux-Nonnains en 1343 (n. 985-987, 990, 994, 2602)[2]. — Au xvie siècle et depuis, il y en a dans toutes les églises, souvent même plusieurs et de très beaux, comme celui que l'évêque Guillaume Parvi donna à la Cathédrale (n. 2433), ou comme celui qui servait au curé de Saint-Remy quand il faisait l'office (n. 2025). Les Cordeliers en avaient dix en 1527 ; Saint-Loup, six en 1555 ; la Cathédrale, cinq en 1611. L'abbé Forjot fit faire, en 1509, un grand calice doré pour l'Hôtel-Dieu, qui en avait déjà trois autres (n. 2884 et 2885).

Les calices en argent sont naturellement encore plus nombreux que les calices en vermeil. Mais, sauf à Sainte-

---

[1] En 1277, à Saint-Urbain, il y avait un petit calice d'or, avec sa patène (Lalore, *Cartul. de Saint-Urbain*, p. 295, n. 22). On ne l'y retrouve plus en 1468.

[2] S'il n'y a qu'un seul calice en argent, servant à la messe quotidienne, dans l'inventaire de Saint-Pierre en 1429, c'est que cet inventaire indique seulement les objets dont les marguilliers-prêtres avaient la garde. Il est clair que la Cathédrale devait avoir plus d'un calice.

Madeleine, nous ne trouvons point de calice en cuivre. En 1526, l'inventaire note un calice *partim ex argento, partim ex cupro aurato* (n. 2813)[1] ; celui de 1535 en précise la nature, en disant que le calice est d'argent, mais que le pied et la patène sont de cuivre doré (n. 1498). L'inventaire de 1595 donne ce calice comme étant en cuivre doré, ainsi que la patène (n. 1583).

Nos inventaires ne signalent pas un calice en étain avant le xvie siècle. Il y en avait cependant, car nous voyons, dans les Registres de la Cathédrale, qu'un calice d'étain fut « sépulturé » avec Pierre Petit, dit de Varce, marguillier-prêtre de la Cathédrale, mort le 13 mars 1461[2] ; et l'on voit au trésor de la Cathédrale le pied et la coupe d'un calice d'étain, retrouvé dans le tombeau de Pierre d'Arcis, évêque de Troyes, mort en 1395.

Mais, au xvie siècle, toutes nos églises paroissiales ont des calices en étain. On en trouve six à Notre-Dame-aux-Nonnains, en 1538, pour l'église paroissiale (n. 1165) ; — trois chez les Cordeliers en 1572 (n. 2687); treize à Sainte-Madeleine en 1595 (n. 1639, 1671, 1703 et 1704), plus quatre qui étaient brisés (n. 1692) ; — deux à l'hôpital Saint-Nicolas (n. 1818), plus un pour la chapelle de Belley (n. 2840); — deux au Saint-Esprit (n. 1855); — un à Saint-Bernard (n. 1939); — cinq à Saint-Remy (n. 1968); — six à Saint-Frobert (n. 2076, note 4) ; — quatre à Saint-Denis (n. 2090) ; — quatre à Saint-Nizier (n. 2102) ; — trois à Saint-Aventin (n. 2115) ; — un à Saint-Quentin (n. 2131) ; — plusieurs à Lirey (n. 2238), plus un pour la chapelle Saint-Michel de Longeville (p. 268, *nota*).

Une note de l'inventaire de Saint-Denis, en 1527, nous montre que les calices d'étain étaient en usage, dans les églises paroissiales, avant le xvie siècle. Il y est dit, en

---

[1] Dans l'inventaire, après la mention de huit calices d'argent, il y en a un neuvième *partim ex argento, partim ex cupro aurato* mais, au lieu de *nonus,* l'inventaire dit par erreur *novem.*

[2] Arch. de l'Aube, G. 2285.

effet, que les quatre calices d'étain venaient d'être acquis pour remplacer les anciens calices que l'église possédait auparavant (n. 2090). — Dans les Registres de la Cathédrale, on constate souvent ce même usage au xvie siècle. Ainsi, en 1519, « pour avoir changé le calice d'estain de « (la chapelle) Droyn à un aultre tout neuf, pareillemant « d'estain, sonnant, V sous tournois [1]. » — En 1569, « à ung potier d'estain pour avoir rechangé la plataine « du calix de la chapelle feu Me Jehan de Champigny, « IIII sous tournois [2]. » En 1592, « pour l'achapt d'un « calice d'estain, pour servir à célébrer la messe de ceste « chapelle (de Dreux de la Marche ou Drouin) ès jours « fériaulx, payé la somme de vingt-cinq solz [3]. »

Les inventaires des églises du diocèse, faits en 1552 pour la contribution exigée par le roi Henri II, nous apprennent également que les calices d'étain étaient, à la campagne, d'un usage aussi général que les calices d'argent [4].

A Troyes, ils servaient pour les messes des jours ordinaires, comme on le voit par l'inventaire de Saint-Nizier (n. 2102), ou même seulement pour les jours fériaux, comme le calice de la chapelle Drouin [5].

Nous avons peu d'inventaires du xviie siècle, mais nous trouvons encore un calice d'étain en 1620, à l'hôpital Saint-Nicolas [6].

---

[1] Arch. de l'Aube, G. 2471, fol. 12.

[2] Ibid., G. 2483, fol. 447, r°.

[3] Ibid., G. 2487, fol. 28, v°.

[4] Ibid., G. 592, 604, 632, 654, 663, 706, etc., etc.

[5] Ibid., G. 2487, fol. 28, v°.

[6] Ibid., Reg. 43 H, 65, fol. 2. — Pendant la Révolution, il fallut recommencer à se servir de calices d'étain. Le 1er août 1803, Mgr de la Tour du Pin-Montauban, évêque de Troyes, dans son Ordonnance pour le rétablissement de la discipline, déclarait qu'il serait tous les jours plus difficile pour la consécration des calices à coupe d'étain, et qu'il ne tarderait pas à fixer une époque où ces coupes seraient interdites (Lalore, Discipline du diocèse de Troyes, t. IV, p. 283).

A Saint-Urbain, en 1277, on voit un « calix lapidatus cum plactena similiter lapidata[1] ». En 1319, nous trouvons à Saint-Etienne, un calice *de quodam viridi lapide,* avec un pied et une patène d'argent doré (n. 65). Serait-ce un calice en malachite ?

II. *Dimensions, poids et valeur des calices.* — Les dimensions et le poids des calices sont extrêmement variables :

L'inventaire de Saint-Etienne, en 1704, indique les dimensions de quelques calices du xviie et du xviiie siècle. La hauteur varie de 9 à 10 pouces (0m 24 à 0m 27). Le diamètre de la coupe est de 3 à 4 pouces (0m 08 à 0m 11). Enfin, le pied est rond et a de 5 à 7 pouces de diamètre (0m 13 à 0m 19). — La patène a généralement la même dimension, ou un peu plus, que le pied du calice[2]. — Les calices du moyen-âge sont beaucoup plus petits. Ainsi, le calice de l'évêque Hervée, au trésor de la Cathédrale, a seulement 5 pouces de haut; mais la coupe, très large, a 4 pouces et demi de diamètre, et le pied 5 pouces.

Le plus léger de tous nos calices était un calice d'argent de Notre-Dame-aux-Nonnains, en 1343 ; il ne pesait, avec sa patène, que six onces et demie, soit un peu moins de 200 grammes (n. 991). Il y en avait de tout poids. Saint-Nizier en avait un en vermeil de plus de trois livres, en 1527 (n. 2102). A la même époque, l'évêque Parvi en donnait un de quatre livres et demie à la Cathédrale (n. 647 et 2433); Saint-Jean et les Cordeliers en avaient un, *calix major,* du même poids (n. 1280 et 1394). A Notre-Dame-aux-Nonnains, vers 1633, l'abbesse avait donné un calice en vermeil qu'on appelait *le gros calice,* et qui, avec la patène, les burettes et la boîte, pesait 10 marcs et demi, soit environ 2 k. 570 grammes[3].

---

[1] Lalore, *Cartul. de Saint-Urbain,* p. 295, n. 21.

[2] N. 462 et 463, 505 à 508, 2365.

[3] La patène est toujours comprise dans le poids du calice.

La valeur des calices n'est que très rarement indiquée. A Saint-Loup, en 1552, trois calices en argent et six en vermeil sont estimés cent écus d'or (n. 767). A l'hôpital Saint-Bernard, en 1563, un calice d'argent, pesant 2 marcs (un peu moins de 500 grammes), est estimé 30 livres tournois (n. 1938), tandis qu'un calice d'étain est évalué, avec un plat d'étain, sept sous six deniers tournois (n. 1939). Enfin, à Lirey, en 1552, quatre petits calices d'argent et un cinquième plus beau, avec deux petites burettes d'argent, sont estimés 90 livres (n. 2258).

III. *Forme et ornementation des calices.* — Nos inventaires sont presque muets sur la forme des calices. Toutes les indications qu'ils nous fournissent se réduisent à ceci : qu'un petit calice d'argent de la Cathédrale, en 1611, était à grands bords (n. 652), et que trois autres étaient à pans (n. 653, 654, 656). — On peut toutefois conclure, du poids si minime des calices de Notre-Dame-aux-Nonnains en 1343, et de la chapelle de Champigny en 1402, qu'ils devaient être assez petits et semblables au calice d'Hervée du trésor de la Cathédrale.

Les deux calices en or de Saint-Etienne (n. 1 et 2) étaient couverts de perles et de pierres précieuses. Ce sont les seuls.

En revanche, un certain nombre de calices, dont la plupart semblent du XVI[o] siècle, sont chargés d'émaux sur la coupe, mais surtout sur le nœud et le pied. Dès 1343, on voit à Notre-Dame-aux-Nonnains deux calices qui ont le nœud émaillé (n. 985 et 986). A la Cathédrale, le calice de l'évêque Parvi avait douze émaux de basse-taille, probablement sur la coupe et le nœud, et champ d'émail sur le pied (n. 647 et 2433); un autre avait un émail d'or sur le pied et huit petits émaux d'or sur le nœud (n. 649). Deux très beaux calices en vermeil, de Saint-Etienne, qui paraissent de la même époque, avaient sur le nœud, le premier, douze émaux représentant Jésus-Christ et les douze apôtres ; le second, dix émaux représentant Notre Seigneur et neuf apôtres. Sur le pied du premier, il y avait douze coquilles ; sur le pied du second, dix roses, probablement émaillées, dans lesquelles il y avait des chiffres, des écussons, un Christ en croix. La coupe était travaillée de même (n. 462 et 463). A Sainte-Madeleine, en 1595, il y avait deux calices émaillés ; le premier avait dix émaux sur le nœud et deux sur le pied ; le second en avait un sur le pied et huit sur le nœud (n. 1582 et 1585)[1].

Au xvi⁰ siècle, ces calices émaillés étaient aussi, pour la plupart, ciselés et gravés, avec toutes sortes d'ornements, surtout de fleurs de lys et de rayons. Ainsi, à la Cathédrale, le calice de l'évêque Parvi était semé de fleurs de lys (n. 647); un autre était ciselé d'un soleil de fleurs de lys (n. 648); un autre avait un soleil ciselé sur le pied (n. 649); un autre encore avait un soleil ciselé sous la coupe, et le nœud travaillé en écailles (n. 655). Un calice de Saint-Jean avait un soleil sous la coupe et un sur le pied (n. 1281). A Saint-Etienne, deux beaux calices en vermeil étaient « ciselés et gravés partout, semés de fleurs de lys et de rayons » (n. 462 et 463)[2]. — Quelquefois, les calices étaient godronnés, comme le gros calice de Sainte-Madeleine, en 1595 (n. 1582), et comme celui de la Cathédrale, en 1611, sur le pied duquel il y avait des godrons en feuilles ciselés (n. 650).

Au xvii⁰ siècle, le genre d'ornementation change. Un calice, donné en 1644 à la Fabrique de Saint-Etienne, a le pied et le nœud travaillés en feuillages de bas-relief, avec trois têtes d'anges moulées autour du nœud (n. 507). Trois autres calices, évidemment de la même époque, ont le même caractère : ils ont le pied garni de feuillages ; deux ont trois têtes d'anges en relief autour du nœud, et le dernier a, en outre, trois têtes d'anges

---

[1] Voir aussi n. 648, 651, 654, 840 et 841, 1499.

[2] Voir aussi n. 839 à 844, et 2838.

moulées autour de la coupe et sur le pied (n. 5o5, 5o6, 5o8)[1].

IV. *Coupe, nœud et pied du calice.* — La coupe est la partie principale du calice ; mais nos inventaires ne donnent presque pas de détails sur sa décoration avant le xvie siècle. Nous voyons seulement que la coupe du calice d'or n. 1 de Saint-Etienne, en 1319, était ornée de pierres précieuses, entre autres de saphirs, de grenats et d'émeraudes. — La coupe était toujours dorée à l'intérieur[2], excepté dans les calices en étain, dont aucun n'est mentionné comme ayant une coupe dorée. — Nous avons dit que la coupe était émaillée, ciselée, ou ornée de sujets moulés en relief, particulièrement de têtes d'anges. — Souvent cette coupe était double, c'est-à-dire que, par-dessus la coupe, était une fausse coupe, ouvragée avec art. A Saint-Etienne, les calices n. 462 et 463, du xvie siècle, ont une coupe double et travaillée en dehors ; le calice n. 5o8, du xviie siècle, a une coupe double, avec trois têtes d'anges alentour ; enfin, un autre calice avait l'histoire de la Passion en relief, tant sur le pied qu'à l'entour de la première coupe (n. 2365).

---

[1] Dans le *Portef. archéol.*, M. Gaussen a reproduit en chromolithographie et M. l'abbé Tridon a décrit un très beau calice appartenant à Saint-Maclou de Bar-sur-Aube ; la coupe est double, ainsi que la patène (ch. 7, *Orfèvrerie*, pl. 2).

Dans l'inventaire de Saint-Etienne, publié par M. Coffinet, on trouve un grand calice du xviie siècle, haut de près de onze pouces, qui ne figure pas dans l'inventaire publié par M. Lalore. La coupe est double, et porte la Passion et la Résurrection poussées en relief. Sur le nœud, trois anges portent les instruments de la Passion. Sur le pied, est la prise de Notre Seigneur au jardin des Olives, au milieu de têtes d'anges, cartouches et festons en haut relief. La patène est double ; par derrière, on voit Notre Seigneur servi par les anges dans le désert (*Annales archéol.*, t. XX, 1860, p. 82).

[2] Voir n. 5o5 à 5o7, 537, 843 et 844, 988 à 993, 1110 et 1111, 1386, 2885.

Le *nœud du calice,* appelé *plumbum* en 1343 (n. 985
et 986), *plombeau* en 1523 (n. 1386), *pougnée* en 1595
(n. 1582), habituellement *pomme* du xvie au xviiie siècle
(n. 1110, 652, 505, etc.), était richement décoré. Il était
souvent doré[1]. Souvent aussi, comme on l'a vu plus
haut, il était chargé d'émaux, représentant assez ordinairement Notre Seigneur et les apôtres; ces émaux
sont au nombre de huit, de dix et même de douze, sur
des calices du xvie siècle, ce qui suppose que le nœud
était à huit, dix et douze pans. — Le nœud d'un calice
de la même époque était travaillé en écailles (n. 655).
Au milieu du xviie siècle, on y voit des feuillages en
relief et trois têtes d'anges moulées (n. 505 à 508).

D'après les descriptions données par les inventaires,
on voit que le pied de certains calices du xvie siècle
devait être à dix et même à douze pans (n. 462 et 463).
Le grand calice de Sainte-Madeleine avait le pied fait à
côtes (n. 1500). D'autres avaient le pied rond (n. 657). —
Comme le nœud, le pied était souvent doré, au moins
en partie, émaillé, ciselé, godronné, moulé, comme on
l'a vu plus haut. — Deux calices du xvie siècle ont le
pied très richement orné. Autour du pied du premier,
qui a sept pouces de diamètre, sont douze coquilles,
dans l'une desquelles il y a la figure du Christ en croix,
et dans celle qui est à l'opposé, un chiffre composé des
lettres F, M, S et R entrelacées (n. 462). Autour du pied
du second, qui n'a que six pouces de diamètre, sont dix
roses, dans l'une desquelles est le Christ en croix,
et dans les deux qui l'entourent sont deux écussons
(n. 463). Nous ne savons si ces sujets sont en émail ou
en relief. — D'autres sujets décorent souvent le pied
des calices. Ainsi, en 1527, chez les Cordeliers, un
calice a des anges gravés sur le pied (n. 1396 et 2679);
un autre, une image de S. Louis de Toulouse (n. 1397);
deux autres un crucifix (n. 1398 et 1401). A Sainte-

---

[1] Voir n. 505, 652 et 654, 1110, 1386.

Madeleine, en 1535 et 1595, sur le pied de deux calices, il y a l'apparition de Notre Seigneur à Ste Madeleine (n. 1500 et 1584). En 1611, à la Cathédrale, il y a un S. Sébastien sur le pied d'un calice à pans (n. 653). Sur un calice d'argent de Saint-Etienne, il y avait, en relief, l'histoire de la Passion sur le pied et autour de la coupe (n. 2365). En 1620, à l'hôpital Saint–Nicolas, il y avait un crucifiement sur le pied d'un calice (n. 2851). — A Saint-Loup, en 1651, sur le pied d'un calice en vermeil, est gravé quatre fois le chiffre IHS XPS (n. 2502). La croix ou le crucifix étaient souvent, au xvie et au xviie siècle, en relief ou gravés sur le pied des calices[1]. Sur le pied du calice n. 658, à la Cathédrale, il y avait une croix de Lorraine[2].

L'usage d'inscrire, sous le pied du calice, le nom des donateurs ou de l'église à laquelle il appartenait, se trouve mentionné dans plusieurs inventaires[3]. De même, au xvie siècle, l'usage de reproduire sur les calices, par l'émail ou par la gravure, les armoiries ou le chiffre des donateurs, était très ordinaire[4].

V. *Patènes*[5]. — La patène est presque toujours de la même matière que le calice. Les deux seules exceptions que nous ayons à signaler sont pour une patène en cuivre doré, dont le calice était en argent (n. 1498), et pour la patène en argent doré qui servait au calice en

---

[1] Voir n. 507, 656 et 657, 1398 et 1401, 1582 et 1585.

[2] La croix de Jérusalem, à double croisillon, a pris le nom de croix de Lorraine pour avoir été adoptée par René II, à la bataille de Nancy, en 1477, contre Charles le Téméraire (Cloquet, *Eléments d'Iconographie chrétienne*, p. 82).

[3] Voir n. 1582, 1585, 2501 et 2502.

[4] Voir n. 462 et 463, 648, 651, 658, 1582, 2433.

[5] *Plataine, platenne, platine*, au xvie siècle; *patenne, patène*, au xviie. — A Montier-la-Celle, en 1499, la patène porte le nom de *disque*: « duos discos argenteos. » (n. 2124).

pierre fine de Saint-Etienne (n. 65). La patène était quelquefois double, comme la coupe du calice (n. 462, 463, 508).

Elle est toujours dorée, au moins à l'intérieur[1], excepté quand il s'agit de patènes en étain.

En 1319, à Saint-Etienne, une patène en argent doré porte une pierre précieuse, nommée *cornelle* ou *ischinus*. C'est la cornaline (n. 65).

Beaucoup de patènes sont émaillées, et souvent elles le sont dessus et dessous. En 1343, à Notre-Dame-aux-Nonnains, une patène est émaillée *in parte fundi* (n. 985), et une autre *in medio* (n. 986). — Au xvie siècle, sur une patène de Saint-Etienne, l'émail du dedans représente Dieu; le dehors est semé de rayons et de fleurs de lys, et l'émail qui est au milieu représente la Sainte Vierge (n. 462). Sur une autre patène de la même époque, dont le derrière est aussi semé de rayons, l'émail intérieur représente le martyre de S. Etienne, et l'émail extérieur S. Aventin. — En 1535, à Sainte-Madeleine, on voit, sur une patène, Dieu en majesté, tenant jugement (n. 1500); mais rien n'indique si ce sujet était émaillé ou gravé. — En 1595, encore à Sainte-Madeleine, sur une autre patène, il y avait en émail, d'un côté Notre Seigneur, de l'autre la Sainte Vierge (n. 1582). — A l'hôpital Saint-Nicolas, en 1620, les deux émaux de la patène représentaient, d'un côté, Notre Seigneur, de l'autre S. Nicolas (n. 2850). — Enfin, à Saint-Loup, en 1651, il y avait, au milieu d'une patène, une main avec les deux plus petits doigts pliés, et, au-dessus, Dieu assis sur un globe (n. 2502)[2].

Au xviie siècle, les patènes ne sont plus guère émaillées; le dessous est gravé, et l'on y trouve assez ordinairement le saint Nom de Jésus (n. 505 et 506), quelquefois

---

[1] Voir n. 65, 507 et 508, 537, 652, 654, 843 et 844, 988 à 993, 1110 et 1111, 1386.

[2] Voir aussi n. 647 à 649.

entouré d'une couronne d'épines (n. 507). Sur une autre patène de cette époque, on voit le Saint-Esprit, entouré de quatre têtes d'anges en gravure (n. 509).

Les bords d'une patène du xvie siècle portent une moulure poussée en relief (n. 462). Ceux d'une autre, du xviie siècle, sont gravés en feuillages (n. 508).

L'inventaire de Saint-Etienne, de 1704, décrit le fac-simile de la patène dont se servait S. Martin. Elle était en vermeil, de sept pouces de diamètre. Au milieu, il y avait une tulipe ouverte (émaillée ou ciselée). Elle était ornée de 33 pierres précieuses et perles, dont 14 sur la bordure (n. 443).

Les armoiries se mettaient sur la patène comme sur le pied du calice. On le voit par la patène de l'évêque Parvi (n. 2433), et plus tard, en 1595, par une patène de Sainte-Madeleine, sur laquelle il y avait plusieurs écussons (n. 1584).

VI. *Cuiller pour le calice.* — On se servait commu-nément autrefois d'une petite cuiller pour verser l'eau dans le calice, et cet usage existe encore aujourd'hui en diverses contrées.

A la Cathédrale, en 1402, on trouve un calice d'argent avec « la cuillerette » (n. 2376)[1]. Le calice de l'évêque Parvi avait sa petite cuiller, encore notée dans l'inven-taire de 1700 (n. 647 et 2433). Chez les Cordeliers, en 1527 et 1572, on trouve dix cuillers d'argent doré pour autant de calices (n. 1394 à 1401, et 2683). Enfin, il y en a deux à Saint-Loup, en 1555 (n. 767).

VII. *Calice pour les ablutions.* — Il ne se trouve, dans nos inventaires, qu'un calice pour les ablutions ; c'est à Larrivour, en 1662 : « Six calices d'argent propres

---

[1] A Saint-Urbain, en 1468, « une petite cuillerette d'argent à mettre l'eau ou calice. » Lalore, *Cartul. de Saint-Urbain*, p. 344, n. 98.

à dire la messe, avec un autre petit propre à prendre l'ablution. » (n. 2149).

VIII. *Sachets et étuis pour les calices.* — Il était naturel d'enfermer les calices dans des sachets ou dans des étuis, pour les conserver en bon état. Ainsi l'on trouve, en 1343, à Notre-Dame-aux-Nonnains, deux couvertures de soie, dont une est armoriée, *ad calicem cooperiendum* (n. 1024 et 1025). En 1538, on y trouve des sachets pour une demi-douzaine de calices d'étain (n. 1165), ainsi qu'un étui pour un calice en vermeil (n. 1177). — En 1664, le calice, la patène et les burettes, donnés par l'abbesse Claude de Choiseul-Praslin, étaient enfermés dans une boîte (n. 1200).

A Saint-Jean, dans la première moitié du xvie siècle, on trouve des sachets pour plusieurs calices en vermeil (n. 1280 et 1282), comme à Sainte-Madeleine, en 1595, pour les calices d'étain (n. 1671, 1691 et 1703). — De même, à l'hôpital Saint-Nicolas, en 1566 et 1620, les calices en vermeil sont enfermés dans des étuis (n. 2838 et 2850)[1].

§ VI.

La Réserve Eucharistique[2].

I. — Dans beaucoup d'églises, au moyen-âge et même depuis, on conservait la sainte Réserve dans des vases

---

[1] Voir aussi n. 1855, 2575, 2631, 2713, 2823.

[2] Outre les ouvrages généraux, voir Lalore, *La sainte Réserve*, dans ses *Mélanges liturgiques*, 1ère série, p. 198 ; — D'Arbois de Jubainville, *Des procédés employés pour conserver l'Eucharistie, pendant le moyen-âge et à l'époque de la Renaissance en général, et spécialement dans le diocèse de Troyes (Portef. archéol.* de Gaussen, ch. 5, *Sculpture sur bois et sur ivoire*, p. 3-8). — Dans le même ouvrage, M. Le Brun-Dalbanne a traité le même sujet, mais à un point de vue plus général (ch. 7, *Orfèvrerie*, p. 33-43).

en forme de colombes, qui restaient suspendus au-dessus du maître-autel. Il en était encore ainsi, en 1499, dans les abbayes de la Chapelle-aux-Planches et de Beaulieu, lors de la visite faite par Jacques Raguier, évêque de Troyes [1]. Cependant, il ne s'en trouve pas un seul exemple dans nos inventaires. Peut-être cela tient-il à ce que, jusqu'au XVIᵉ siècle, en faisant la description du trésor, on n'inventoriait pas le vase qui contenait la sainte Eucharistie, par un motif de respect qu'exprimait ainsi, en 1578, l'inventaire de Saint-Maurice de Salins : « Et n'est comprins ou present inventaire le ciboire, que n'a estez pesez pour la reverance du precieulx corps de Dieu y poser [2]. »

Les seuls vases eucharistiques dont nos inventaires fassent mention avant l'année 1499, sont une pixide de jaspe, enfermée dans une coupe d'argent doré, à Saint-Urbain en 1277 [3] ; — une pixide en or, émaillée, couverte de pierres précieuses et de perles, qu'on trouve à Saint-Etienne en 1319 (n. 41), — et un « parvulum vas sive repositorium ad corpus D. N. J. C. reponendum, » qu'on voit en 1343 à Notre-Dame-aux-Nonnains (n. 1074), mais dont on n'indique ni la matière ni la forme [4].

Partout, à partir de 1499, la sainte Réserve est gardée dans des vases en forme de coupes ou de ciboires.

Ces vases étaient assez souvent en vermeil. On en voit, en 1526, à Saint-Frobert, à Sainte-Madeleine (n. 2073 et 2808) [5], et à Saint-Loup en 1555 (n. 737).

---

[1] Archives de l'Aube, G. 1344.

[2] *Revue des Soc. Sav.*, VIᵉ série, t. III, 1876, p. 152.

[3] Lalore, *Cartul. de Saint-Urbain*, p. 294.

[4] Les pixides du moyen-âge ne sont pas rares. Il y en a quatre au trésor de la Cathédrale de Troyes. Nous ne parlons pas de la petite boîte, *parva boistia*, où l'on conservait, à la Cathédrale, une hostie trouvée sur un lépreux brûlé au Champ-Dey (n. 513).

[5] En 1533, le ciboire de Saint-Frobert est dit en cuivre doré (p. 241, note 2).

Une grosse coupe de vermeil, avec figures ciselées, pesant huit marcs et demi (plus de 4 livres), qu'on trouve à la Cathédrale en 1611, pourrait bien avoir été donnée par l'évêque Guillaume Parvi (1518-1527), avec le calice, la boîte aux pains, les potets et les chandeliers du même trésor [1]. En 1632, l'inventaire des Cordeliers mentionne une coupe en vermeil donnée par Camuzat (n. 2806). A la même époque, l'abbesse Claude de Choiseul donna à Notre-Dame-aux-Nonnains une coupe aussi en vermeil avec deux calices, une paire de burettes et un ostensoir (n. 1200).

Les ciboires en argent sont nombreux [2]. Mais on trouve aussi beaucoup de ciboires en cuivre doré [3] ; il y a même, au ciborium de l'hôpital Saint-Bernard, en 1563, une coupe de cuivre blanc (n. 1955). A Saint-Martin-ès-Aires en 1499, à l'Hôtel-Dieu en 1514, à Saint-Aventin en 1527, à l'hôpital Saint-Nicolas en 1566, il y avait des ciboires en cuivre [4] ; celui de Saint-Martin-ès-Aires porte le nom de petit repositoire. En 1538, le ciboire d'argent de Notre-Dame-aux-Nonnains avait un pied de cuivre (n. 1163). Mais, que le ciboire fût d'argent ou de cuivre, toujours la coupe était dorée à l'intérieur (n. 818 et 834).

Des ciboires en étain se trouvent en 1527 à Saint-Denis et à Saint-Nizier (n. 2078 et 2095) ; en 1538, à Notre-Dame-aux-Nonnains [5].

---

[1] N. 680. — Cfr. n. 659, 661, 2433 et 2434.

[2] N. 712, 818 et 834, 1105, 1284 et 1286, 1972, 2078, 2123, 2130, 2906.

[3] N. 738 et 883, 1285, 1568, 1851, 2073 (note), et p. 231. — Cfr. Lalore, *Cartul. de Saint-Urbain*, p. 345, n. 110.

[4] N. 2125, 2907, 2106, 1805. — En 1499, l'évêque Jacques Raguier trouva à Notre-Dame-aux-Nonnains le Saint-Sacrement « in quodam olobastro cupreo *depicto*, in medio coronæ cupreæ in altum suspensæ super majus altare. » Arch. de l'Aube, G. 1344, fol. 379, r°.

[5] Cette coupe d'étain n'a pas été mentionnée dans l'inventaire

Dans la première moitié du xvi⁰ siècle, on trouve à Lirey un ciboire en ivoire (n. 2236).

Il est à remarquer que, souvent, la sainte Réserve n'était pas déposée à même dans le ciboire, surtout quand il était en cuivre, mais dans une petite tasse d'argent, quelquefois de cuivre, qui était renfermée dans le ciboire. Ainsi, à Saint-Urbain, en 1468, il y avait « une petite boitette de cuivre » dans la coupe de cuivre doré qui était au-dessus de l'autel [1] ; à Montier-la-Celle, en 1499, une pixide d'argent était placée dans une coupe de cuivre doré (n. 2123) ; à Saint-Remy, en 1533, dans une coupe en cuivre était un « craterculus argenteus sub operculo cupæ » (p. 231, note 2) ; à l'hôpital du Saint-Esprit, en 1536, il y avait une petite tassette dorée dans un ciboire de cuivre doré (n. 1851) ; en 1538, à Notre-Dame-aux-Nonnains, dans une coupe d'argent sur pied de cuivre, il y avait une petite tasse d'argent (n. 1163) ; à Saint-Jean, l'inventaire mentionne « une coupe d'argent, garnie de sa tasse en laquelle le corps de Notre Seigneur est mis » (n. 1284) ; enfin, à l'hôpital Saint-Nicolas, en 1566, il y avait une petite tasse d'argent dans une coupe de cuivre (n. 1815). — On trouve même à la Cathédrale, en 1700, une petite boîte d'argent, dans laquelle est le corps de Notre Seigneur, enfermé dans une boîte de corne garnie d'argent (n. 2450) [2].

---

imprimé ; elle devrait figurer après le n. 1163. — Dans les paroisses de campagne, les coupes d'étain ne sont pas rares ; voir, par exemple, Archives de l'Aube, G. 604 : « une petite coupette d'étain dorée d'argent, où est la saincte hostie. » — Il est probable que la contribution imposée aux églises par Henri II, en 1551 (voir p. LXXVI), en mit un certain nombre dans la nécessité de remplacer leurs vases précieux par d'autres plus ordinaires. Il en fut ainsi pour la Cathédrale, dont le Chapitre décida, le 18 novembre, que la coupe précieuse où était la sainte Réserve serait remplacée par une coupe d'argent plus petite. Arch. de l'Aube, G. 1284.

[1] Lalore, *Cartul. de Saint-Urbain*, p. 345, n. 110.

[2] On trouve aussi cette tassette d'argent dans les ciboires de la campagne ; ainsi, à Montreuil, en 1552 (Arch. de l'Aube, G. 743).

Par ce dernier exemple, on voit que le ciboire était quelquefois remplacé par une boîte en argent. Un inventaire de Saint-Urbain, dressé le 2 août 1790, mentionne de même une petite boîte, avec couvercle d'argent doré, pour renfermer la sainte hostie dans le tabernacle[1]. Du reste, en 1704, on trouvait aussi à Saint-Etienne, pour servir le Jeudi Saint, une boîte magnifique revêtue de plaques d'or, sur lesquelles il y avait du filigrane d'or; elle était ornée tout autour de dix-sept pierres précieuses, de douze perles et de treize émaux clairs sur l'or; le couvercle était une plaque d'or, sur laquelle un émail clair représentait un ange foulant aux pieds un dragon. Cette boîte était portée par quatre petites boules dorées (n. 442)[2].

Deux fois, on trouve mentionné le couvercle du ciboire : en 1595, à Sainte-Madeleine (n. 1568), et sur une coupe de 1641, à Saint-Loup (n. 834)[3].

Comme pour les calices, il y avait des ciboires de tout poids et de toute dimension. La petite tasse d'argent de l'hôpital Saint-Nicolas (n. 1815) ne pesait qu'une once (30 grammes). Mais, à Saint-Loup, le P. Chenuot fit faire, en 1641, une coupe d'argent qui pesait 3 marcs 6 onces, ou près de 920 grammes (n. 834). A Saint-Jean, au XVIᵉ siècle, une coupe d'argent pesait, avec sa tasse,

---

[1] Archives de l'Aube, I Q, 336.

[2] A Montpezat (Tarn), en 1436, on trouve aussi « una brustia (boîte) ad tenendum corpus Christi », et cette boîte est enfermée dans un petit coffret rouge, « in quo corpus D. N. Jhesu custoditur.» *Revue des Soc. sav.*, VIᵉ série, t. III, 1876, p. 576.

[3] Ce couvercle était parfois à charnière, comme dans le curieux ciboire de la Cathédrale de Sens, du XIIIᵉ siècle, publié par Gaussen (*Portef. archéol.*, ch. 7, *Orfèvrerie*, pl. 6). — Les ciboires étaient quelquefois fermés à clef, comme dans le diocèse de Valence, où l'évêque Gaspard de Tournon prescrivait, le 27 septembre 1509, de mettre une serrure, avec clef d'airain ou de cuivre, au vase qui contenait la réserve eucharistique (*Bull. d'hist. ecclés. et d'archéol. des diocèses de Valence, Gap, etc.*, sept.-oct. 1890, p. 194.)

quatre marcs, c'est-à-dire près d'un kilogramme (n. 1284).
A Saint-Pierre, la grosse coupe en vermeil pesait huit
marcs et demi, plus de quatre livres (n. 680). — En
1538, à Notre-Dame-aux-Nonnains, on voit une coupe
d'argent de deux pieds de haut (n. 1105). Ces dimensions
extraordinaires nous feraient douter que cette coupe fût
un ciboire; c'était plutôt une coupe pour la postcommunion. Cependant, à Sainte-Madeleine, en 1595,
on trouve une coupe de laiton doré, servant à porter le
saint Viatique, qui, avec son couvercle surmonté d'un
crucifix doré, était haute d'un pied et demi (n. 1568). Ce
sont les seules coupes dont les dimensions soient
indiquées.

La valeur est indiquée pour une coupe en cuivre
doré, de Saint-Loup, en 1555 : 20 sous tournois (n. 738).
Une autre petite coupe d'argent doré, avec le tabernacle
en cuivre doré où elle reposait, pouvait valoir 12 livres
10 sous tournois (n. 737).

II. — En général, jusqu'au xvi⁶ siècle, le vase eucharistique était suspendu au-dessus du maître-autel, et
cet usage persista même, dans certaines églises, jusqu'à
la Révolution[1].

Bien que nos plus anciens inventaires ne parlent pas
du vase eucharistique, on voit cependant qu'il en était
ainsi en 1319 à Saint-Etienne, et, en 1343, à Notre-
Dame-aux-Nonnains, puisqu'il est fait mention à
Saint-Etienne d'une chaîne d'argent « ad sustinendum
corpus Christi desuper magno altari » (n. 128), et à
Notre-Dame-aux-Nonnains, de deux grands *sinciers* ou

---

[1] Cet usage existe encore dans quelques églises, ainsi que celui
de mettre la sainte Réserve dans un vase en forme de colombe;
on peut citer, entre autres, l'église abbatiale de Solesmes (Dom
Fernand Cabrol, art. sur le *Brév. de Lescar*, dans la *Revue littéraire de l'Univers*, oct. 1891, p. 153). Il en est de même dans la
Cathédrale d'Amiens, avec l'autorisation de la S. Congrégation
des Rites.

pavillons à mettre au-dessus de l'autel, et d'un autre petit sincier sous lequel reposait la sainte Réserve (n. 1073 et 1074). A la fin du xive siècle, dans les comptes de la Cathédrale, on trouve la description et le prix du « *cincenier* dessus le grant autel, et du petit cincenier où repose *Corpus Domini*[1]. » A Saint-Urbain, en 1388-1389, l'orfèvre Jean II de Premierfait travaille à un ciboire d'argent doré pour mettre au-dessus du maître-autel. En 1409-1410, à la Cathédrale, on voit l'orfèvre Jean Muteau faire « trois chainnettes d'argent mises en la coupe où est *Corpus* dessus le grant autel. » A Saint-Etienne, en 1436-1437, l'orfèvre Michau Griveau vernit la coupe « où est *Corpus Domini* sur l'autel[2]. »

En 1499, la sainte Eucharistie était conservée, à Notre-Dame-aux-Nonnains, dans un vase de cuivre peint, au milieu d'une couronne de cuivre suspendue en l'air au-dessus du grand autel[3]. A Saint-Loup, de 1544 à 1662, on voit le ciboire suspendu au-dessus de l'autel, dans un repositoire ou tabernacle de cuivre doré, haut de dix-huit pouces (un pied et demi), de forme hexagonale, composé d'une base, de six colonnes et d'un couronnement; sous la base étaient enchâssées, dans un cristal, deux parcelles de la vraie Croix. Ce tabernacle, artistement travaillé, fut fait sous l'abbé Prunel, mort en 1533[4]. Au xvie siècle, à Lirey, la coupe d'ivoire qui contient le Saint-Sacrement est aussi suspendue au-dessus du maître-autel (n. 2236).

La Cathédrale garda cet usage pendant le xviie et le

---

[1] Gadan, *Bibliophile troyen, Comptes de l'église de Troyes*, 1851, p. 36.

[2] Rondot, *Les orfèvres de Troyes*, p. 36, 37 et 45.

[3] Archives de l'Aube, G. 1344.

[4] N. 712, 737, 817 et 818. — Cfr. en 1514, à l'Hôtel-Dieu, n. 2906; en 1535, à Sainte-Madeleine, n. 1504 et 1520; en 1538, à Notre-Dame-aux-Nonnains, n. 1120 et 1156; en 1563, à Saint-Bernard, n. 1936 ; en 1566, à l'hôpital Saint-Nicolas, n. 1815.

xviii⁰ siècle; on l'y constate, en 1688, en 1700, en 1712 et de 1731 à 1770 [1]. Il en fut de même à Saint-Etienne [2].

Il y avait diverses manières de suspendre le vase qui contenait la sainte Réserve. Rien n'indique comment il l'était à Saint-Etienne, en 1319; mais à Notre-Dame-aux-Nonnains, en 1343, et à la Cathédrale, à la fin du même siècle, on le voit suspendu au *sincier* ou *cincenier* qui était placé, comme un baldaquin, au-dessus de l'autel. Plus tard, on plaça derrière l'autel une colonne sur laquelle un bras de fer ou de cuivre, recourbé en forme de crosse, soutenait la custode eucharistique. A Saint-Etienne, le chanoine Guilbert donna, en 1541, une colonne en cuivre, surmontée d'un ange tenant dans sa main un tube auquel pendait la pixide [3]. Une colonne de même genre est souvent mentionnée, au xviii⁰ siècle, dans les comptes de la Cathédrale [4].

Autour du vase eucharistique, on voyait quelquefois une couronne en cuivre ou en argent. Celle de Notre-Dame-aux-Nonnains, en 1499, était en cuivre. Quelque-fois aussi, comme à Saint-Loup aux xvi⁰ et xvii⁰ siècles, le ciboire reposait dans un tabernacle suspendu [5].

---

[1] Archives de l'Aube, G. 1341, 1625 à 1634. — V. infra, n. 2411.

[2] Arnaud, *Voy. archéol.*, p. 29.

[3] Id., *Ibid.* — D'Arbois de Jubainville, *ubi supra*.

[4] Archives de l'Aube, G. 1625 à 1634.

[5] A Saint-Pierre-le-Vif de Sens, l'abbé Geoffroy de Montigny (1240-1281) avait fait faire une couronne d'argent avec les statuettes des douze apôtres, et, au milieu, un tabernacle d'argent surmonté de la statue de la Sainte Vierge, dans lequel était un calice en vermeil. (Geoffroy de Courlon, *Le Livre des reliques*, p. 86). — A la Cathédrale de Châlons, la sainte Hostie était dans une pixide d'ivoire, enfermée elle-même dans une coupe d'argent niellé et doré. Cette coupe était déposée dans une tour ronde à créneaux, en argent, portée sur un pied de cuivre émaillé, avec deux branches qui supportaient deux anges d'argent, dorés en partie, tenant en mains des encensoirs dorés *(Mém. de la Soc. d'Agric. de la Marne*, 1886-1887, p. 285).

III. — Au-dessus de la sainte Réserve, il y avait une espèce de baldaquin, souvent double, nommé sincier, cincenier, ciel, poêle, dessus d'autel ou pavillon. Il y avait à Saint-Urbain, en 1277, « unum cincinnerium »[1]. En 1343, on trouve à Notre-Dame-aux-Nonnains deux grands sinciers, *sincerii*, au-dessus des autels, et un autre petit sincier en velours brodé, sous lequel reposait le Saint-Sacrement (n. 1073 et 1074). De même, à la Cathédrale, à la fin du siècle[2]. Les marguilliers de Sainte-Madeleine firent faire, en 1532, un ciel ou poêle de demi-ostade au-dessus du maître-autel; et les inventaires de 1535 et de 1595 notent, en outre, deux petits ciels ou dessus d'autel à mettre sur le repositoire du *Corpus Domini*, l'un en velours rouge semé de fleurs de lys, l'autre en damas pers à figures d'or[3]. Le grand ciel de Notre-Dame-aux-Nonnains, en 1538, était de serge rouge et verte (n. 1156); il y avait, en outre, un petit ciel de velours noir, brodé de soleils et coquilles et frangé de soie et d'or, et un couvre-chef de crêpe, frangé de papillottes d'argent, pour mettre sur le Saint-Sacrement (n. 1119 et 1120). Il y avait deux ciels au-dessus de l'autel et du ciboire de Saint-Bernard, en 1563 (n. 1936), et seulement un petit pavillon au-dessus de l'autel de l'hôpital Saint-Nicolas en 1566 (n. 1815). A Saint-Remy, en 1700, on trouve deux courtines de *daiseau* (petit dais), pour l'autel de la communion (n. 2066).

Le cincenier était de forme circulaire, formé par un cercle de bois, recouvert d'étoffe, et pendant à la voûte par une corde de chanvre ou quelquefois par une chaîne d'argent[4]. D'après les comptes de la Cathédrale,

---

[1] Lalore, *Cartul. de Saint-Urbain,* p. 298, n. 69.

[2] Gadan, *ubi supra.*

[3] N. 1504, 1520 et 1522, 1673 et 1674.

[4] En 1551, le Chapitre de la Cathédrale décida de remplacer la corde de chanvre du cincenier par une chaîne d'argent (Arch. de l'Aube, G. 1284).

de la fin du xiv⁰ siècle, voici à peu près la description du grand cincenier :

Le cercle avait quatorze aunes de tour (16 m. et demi); il avait été fait par Jean des Noës, relieur (tonnelier), au prix de 7 sous 6 deniers[1]. — Le cincenier avait, depuis le cercle jusqu'à la boule en noyer, ou plommel, qui le surmontait, une hauteur de trois aunes et demie (un peu plus de 4 mètres). — Il avait donc fallu, pour le faire, acheter à la femme Jaquot, d'Aubeterre, une pièce de toile de lin de quarante-cinq aunes (53 m. et demi), payée 9 livres. Le tiers, soit quinze aunes, avait été teint en fin brézil (rouge), le tiers en jaune, le tiers en azur bleu, par Jean dit Maraye, au prix de trois sous l'aune ; en sorte que le cincenier était de trois couleurs. Il était probablement doublé, car on avait acheté douze aunes et demie de boucassin blanc et deux aunes de toile de lin teinte en bleu. Tout le travail de couture avait été fait par Jean de Besançon, couturier, qui reçut, pour son salaire et sa dépense de fil, 10 livres 13 sous 4 deniers. — Le cincenier se terminait en haut par un plommel, boule en noyer dans laquelle passait la corde de suspension, et qui portait trois *poinnes* (pennes) ou plumes en bois sculpté. Plommel et poinnes étaient l'œuvre de Huguenin le tourneur, et avaient été dorés avec trois quartiers de fin or (trois livrets d'or battu, de vingt-cinq feuilles chacun). — Au-dessus du plommel, Gautier le peintre avait peint une couronne d'or aux armes de France et du Chapitre. — Au bas du cincenier, mais au-dessus du cercle, il y avait tout autour, sur l'étoffe en couleurs, une couronne en girons (bandes) de bouquerant blanc, faite à l'aiguille et à double couture par le couturier Jean de Besançon. — Au-dessous du cercle était une bordure en étoffe, tout autour de laquelle

---

[1] Le cercle devait être recouvert de toile de chanvre, car on en acheta trois aunes « pour faire la *guelle* autour du cercle. »

étaient peintes, en-dedans et en-dehors, les armes de
France et du Chapitre. Cette bordure se terminait par
une double frange de laine et de soie de diverses
couleurs, car on avait acheté vingt aunes de franges de
laine et huit de bourre de soie. — Enfin, tout cet appa-
reil, pour lequel on avait employé 200 clous chappelés
(à tête ronde), était suspendu à la voûte par une corde
de vingt toises[1]. — Le petit cincenier était sur le modèle
du grand.

Le ciel de Sainte-Madeleine, en 1535, beaucoup plus
simple, était fait d'un cercle ou châssis en bois, et de
demi-ostade avec doublure et franges (n. 1504). Deux
autres, plus riches, étaient, l'un, en velours rouge avec
broderies et franges d'or et de soie; l'autre, en damas
pers ou violet avec mêmes franges et broderies (n. 1520
et 1673, 1522 et 1674).

A la Cathédrale, en 1700, on trouve cinq pavillons
de damas : un blanc, un rouge, un violet, un vert, et
même un noir (qui pourtant ne servait plus), pour mettre
sur un autre pavillon rouge attaché à la suspense dans
laquelle était le Saint-Sacrement (n. 2411).

Comme on l'a vu par les divers exemples que nous
avons cités, il n'y avait pas de couleur déterminée pour
les cinceniers. Peut-être, à la fin, variait-on la couleur
selon les jours, fêtes ou féries.

Le ciel n'était pas toujours suspendu à la voûte. Quelquefois, comme à l'église Saint-Nicolas au xvie siècle,
deux anges soutenaient un dais sous lequel était suspendu
le Saint-Sacrement[2]. Il en était de même à la Cathédrale
de Langres, où deux anges d'argent, d'une grandeur
considérable, servaient à supporter le pavillon sur le
Saint-Sacrement, quand on l'exposait sur l'autel[3].

---

[1] Voir Gadan, *ubi.supra*, p. 36-40.

[2] D'Arbois, *Des procédés employés*, etc., *ubi supra.*

[3] Lalore, *Inv. des reliques de la Cath. de Langres en 1709*, p. 19.

Au xviiᵉ et au xviiiᵉ siècle, l'usage des ciels en étoffe fut généralement abandonné, et, dans les églises mêmes où la sainte Réserve resta suspendue sur l'autel, on employa un autre système. C'est ainsi que, le 13 août 1688, le Chapitre de la Cathédrale décida de faire faire un pavillon neuf en cuivre doré, pour le suspensoir qui était au-dessus du maître-autel. En 1712, le Chapitre projeta également de faire élever un pavillon en bronze ou en bois doré, avec une crosse de suspension en fer doré[1].

IV. — Sous le double ciel qui le recouvrait, le saint Ciboire était encore revêtu d'un pavillon de moindre dimension, qui le dérobait entièrement à la vue des fidèles[2].

En 1562-63, à Saint-Jean, on trouve un tapis semé de fleurs de lys et une serviette brodée d'or, pour mettre sur le ciboire aux jours de fêtes (n. 1302 et 2648). A la même époque, à Saint-Bernard, on voit une petite custode qui accompagne les deux ciels au-dessus de l'autel (n. 1936). Un siècle plus tard, à Saint-Loup, chaque ornement complet, blanc et rouge, comporte une custode à couvrir le Saint-Sacrement; une est en satin blanc à fleurs, avec frange double de soie et d'or fin; une autre en drap d'or, à ramages de velours violet (n. 897, 899 et 900); une troisième en brocart à fond d'argent (n. 2595). Il en était de même, à la même époque, à Notre-Dame-aux-Nonnains, où l'on trouve des custodes en satin et en brocart rouge, en toile d'argent et en satin blanc, en velours vert à fond d'argent, en tabis violet, et des pavillons de ces diverses couleurs (n. 1219-1240).

---

[1] Archives de l'Aube, G. 1341 et 4002.

[2] A Montpezat (Tarn), en 1436, on trouve la sainte Réserve « cum una parva pecia panni de cirico diversorum colorum desuper dictum coffretum. » (*Revue des Soc. sav.*, VIᵉ série, t. III, 1876, p. 576).

V. — Dans les premières années du xvie siècle se généralisa l'usage de renfermer le Saint-Sacrement, non pas encore dans un tabernacle, mais dans un placard creusé dans le mur, derrière le maître-autel, qui porte chez nous le nom de *fenestra*, ou, plus communément encore, de *cibotium*[1].

A l'Hôtel-Dieu, en 1514, le ciboire à porter le Viatique est dans une aumaire (armoire) de pierre, près du grand autel (n. 2907). Toutes les visites capitulaires faites de 1526 à 1536 nous montrent le ciboire « in fenestra cavata retro majus altare », comme à Saint-Remy (p. 231), et à Sainte-Madeleine (n. 2808, note 2); — ou bien « in cibotio ligneo deaurato, muro adhærente, ad sinistrum cornu altaris », comme à Saint-Frobert (n. 2073 et note). — De même, à Saint-Nizier (n. 2095). — A Saint-Jean, le ciboire était dans une armoire, derrière le retable de l'autel, du côté de l'épître.

Cette pratique ne tarda pas à disparaître, car, après le concile de Trente, il fut défendu de conserver la sainte Eucharistie dans les murs de l'église[2]. Les tabernacles proprement dits, placés au milieu de l'autel, qui peut-être existaient déjà au xiiie siècle, mais à l'état d'exceptions, devinrent alors d'un usage à peu près général. A Saint-Denis et à Saint-Aventin, en 1527, le ciboire est « in cibotio supra magnum altare »; le tabernacle de Saint-Aventin est en bois doré (n. 2078 et 2106). A l'hôpital Saint-Nicolas, en 1536, il est « super dextrum cornu altaris[3]. » A Saint-Remy, en 1534, il était « super et in medio majoris altaris » (p. 231,

---

[1] Dès 1436, à Montpezat, la sainte Réserve est « in quodam promptuario prope altare constructo in muro ecclesiæ. » *(Revue des Soc. sav., ubi supra.)*

[2] Macri, *Hierolexicon*, vo Sacrarium.

[3] Archives de l'Aube, G. 1345, fol. 35, vo.

note 2). Cet usage n'a plus cessé depuis[1]. En 1790, il y avait à Saint-Urbain un tabernacle, dans lequel était déposée une boîte qui renfermait la sainte hostie[2].

A Saint-Jean, l'autel du Saint–Sacrement ou du Ciboire, construit par l'architecte Martin de Vaux et bénit, en 1530, par l'évêque Odard Hennequin, avait une disposition toute particulière. Il était surmonté d'une tour qui était, par sa construction et par les magnifiques bas-reliefs dont elle était revêtue, « l'un des plus beaux ouvrages que l'on pût voir. » On y montait par deux escaliers de pierre, avec galeries, appuyés à la muraille, et dans le haut de la tour on plaçait l'ostensoir et une grosse coupe pleine d'hosties consacrées, quand les autres ciboires ne pouvaient les contenir toutes. L'autel fut détruit le jeudi 11 septembre 1692, et la tour abattue le lendemain, pour faire place à un autel de marbre élevé sur les dessins de Girardon[3].

---

[1] Dans les Statuts synodaux de 1647, François Malier, évêque de Troyes, demande qu'il y ait dans toutes les églises, autant que faire se pourra, « un tabernacle entièrement de bois, fermant à clef, et tellement clos que la vermine n'y puisse aucunement entrer, propre et honnête, garny au dedans de quelque riche estoffe, dans lequel il y ait un corporal estendu pour y poser le ciboire. » Lalore, *Ancienne Discipline du diocèse de Troyes,* t. III, p. 150 et 173.

[2] C'est au XVIe et au XVIIe siècle que remontent la plupart des magnifiques tabernacles en bois doré que l'on voit encore aujourd'hui dans les églises des environs de Troyes. Ceux de Saint-André et de Bouilly, les plus beaux de tous, sont du XVIe siècle, comme celui de Villeloup, et comme les restes des anciens tabernacles de Creney et de Sainte-Maure. Ceux de Sainte-Maure et de la Chapelle-Saint-Luc, du XVIIe siècle, méritent aussi d'être admirés (V. Fichot, *Statistique monum. de l'Aube,* t. I, p. 21, 60, 69, 110, 212, 242; — Gaussen a reproduit le tabernacle de Bouilly, dans son *Portefeuille archéologique,* ch. 5, pl. 1.

[3] *Mss. de Sémilliard,* à la Biblioth. de Troyes, t. III, p. 331. — A. Babeau, *Jacques Juliot et les bas-reliefs de Saint-Jean de Troyes,* dans l'*Annuaire de l'Aube,* 1886, p. 95 et 96. — Id., *Une vieille rue de Troyes,* dans la *Revue de Champagne et de Brie,* mai 1878, p. 328-332.

VI. — La sainte Eucharistie était partout traitée avec la vénération qui lui est due, comme on peut s'en assurer par les visites capitulaires de 1526-1527. A Saint-Nizier, on remarque qu'elle était enveloppée de linges blancs dans la coupe d'étain qui la renfermait (n. 2095), et ce détail nous rappelle la prescription faite par nos Statuts synodaux de 1207 à 1374, d'avoir « en la bouete ou on met le Corps Nostre Seigneur ung petit drapel blanc et net, adfin que les miettes du Sacrement puissent mieux estre assemblées et prinses dignement en lieu et temps[1]. De même, en 1509, un évêque de Valence ordonnait de garnir d'un corporal le dedans du ciboire qui servait à porter le saint Viatique[2].

Les saintes espèces devaient être fréquemment renouvelées, ainsi que le rappelait le doyen du Chapitre aux vicaires de Saint-Nizier, surtout par les temps humides (n. 2095).

Aujourd'hui, rien autre chose que le Saint-Sacrement ne peut être déposé dans le tabernacle. Autrefois, la règle était moins rigoureuse ou moins bien observée. Du temps de Durand de Mende, on y mettait des reliques [3]. En 1436, à Montpezat, le tabernacle renferme, outre le coffret rouge qui servait de ciboire et la custode pour exposer le Saint-Sacrement, l'écharpe à porter le Viatique, le Rituel et le livre synodal [4]. Juste un siècle plus tard, à Sainte-Madeleine, il y avait dans le tabernacle un joyau d'argent en forme de pyramide contenant les saintes huiles (n. 2808, note 2); on en faisait autant à l'hôpital Saint-Nicolas [5], et à Saint-Bernard on y laissait

---

[1] Lalore, *Anc. Discipl.*, t. II, p. 49.

[2] *Bull. d'hist. ecclés... des diocèses de Valence, Gap*, etc., sept.-oct. 1890, p. 194.

[3] *Rationale divin. offic.*, l. I, c. 2.

[4] *Revue des Soc. sav.*, VIe série, t. III, 1876, p. 576.

[5] Archives de l'Aube, G. 1345, fol. 35, v°.

l'ostensoir (n. 1955)[1].

Devant le Saint-Sacrement, une lumière devait brûler jour et nuit. A Langres, l'évêque Hugues de Montréal, mort en 1231, avait fondé un cierge qui devait ainsi brûler devant le maître-autel ; le Chapitre en avait fondé un autre, et c'était une dépense évaluée, au xviiie siècle, à plus de 400 livres par an[2]. Des lampes brûlent aussi dans nos églises : en 1662-1670, il y en a une en argent et une en cuivre à Saint-Loup (n. 856 et 885), trois en argent à Notre-Dame-aux-Nonnains (n. 1212 à 1214), une à Saint-Pantaléon (n. 1767), et trois en cuivre à Larrivour (n. 2180). Au xviiie siècle, l'inventaire de Saint-Etienne signale une lampe en argent devant le maître-autel (n. 489, note)[3].

VII. — Outre la Réserve du maître-autel, les inventaires du xviie siècle mentionnent, dans quelques églises, l'autel de la communion, où l'on conservait un ciboire pour donner la communion aux fidèles. Il en était ainsi à Saint-Loup, où l'autel était sous le vocable du saint (n. 834), à Saint-Pantaléon (p. 207), à Saint-Remy (n. 2034 et 2066), et à la Cathédrale (n. 2429).

Chez les Cordeliers, en 1600, il y avait une coupe d'argent à communier les enfants (n. 2715), et, en 1610, une coupe d'argent à communier (n. 2720).

La table de communion, qu'on trouve à Sainte-Madeleine en 1595 (n. 1694), portait à Saint-Jean, en 1562, le nom de *table Dieu* ou *table à Dieu* (n. 2607, 2611, 2638).

On trouve une nappe de communion à Notre-Dame-aux-Nonnains en 1343 : « unum manutergium ad com-

---

[1] En 1647, notre évêque François Malier défendit de mettre dans le tabernacle « ny croix, ny reliques, ny Sainctes-Huiles, ny autre chose que ce soit, hors le Sainct-Sacrement. » Lalore, *Anc. Discipl.*, t. III, p. 151 et 173.

[2] Lalore, *Inv. des reliques de la Cath. de Langres en 1709*, p. 22.

[3] Voir aussi dans nos hôpitaux des lampiers de cuivre, n. 1819, 1877 et 1934.

municandum (n. 1059)[1]. » Dans la même église, en 1538 :
« une *longière* de lin, ouvrée, d'environ 9 aunes de long,
servant à recevoir le *Corpus* Nostre Seigneur (n. 1130). »
En 1563, il y avait de nombreuses longières, grandes et
petites, en linge ouvré, à Saint-Jean (n. 2636, 2637,
2651). A Saint-Remy, elles portaient le nom de *longue-
relles* (n. 2062). Dans les autres inventaires, elles sont
appelées tout simplement nappes et serviettes[2]. Presque
toujours, elles étaient en linge ouvré. Trois nappes de
Saint-Loup étaient garnies de neige ou de dentelle (n. 2562
et 2563). A Larrivour, en 1662, il y avait une grosse
nappe ouvrée « pour servir à la Cène (n. 2212). »

Pour donner la sainte communion, le prêtre mettait
une étole. A l'hôpital Saint-Nicolas, en 1566, des deux
étoles qui servaient à cet usage, l'une était en toile d'or,
l'autre en damas blanc (n. 1788).

Après la communion, on faisait prendre l'ablution aux
fidèles[3]. L'inventaire de Sainte-Madeleine note que
deux tasses à pied doré, « à postcommunier aux bons
jours et chascun des dimanches, » furent faites en 1554
par l'ordre des marguilliers (n. 1500 et 1581). Vers la
même époque, il y avait à Saint-Jean trois tasses
d'argent, qui furent converties en six coupes « à servir
à la table Dieu » (n. 2607 et 2611).

VIII. — Le principal but de la sainte-Réserve est de
servir à la communion des malades. Les inventaires du
xvie siècle font souvent mention de coupes, la plupart en
cuivre ou laiton doré, quelques-unes en argent, desti-

---

[1] Cela était prescrit par les Statuts synodaux de 1207 à 1374.
Lalore, *Anc. Discipl.*, t. II, p. 48.

[2] Nappes : n. 1255, 1694, 2034, 2562 et 2563, 2638. — Serviettes :
n. 1255, 1689, 2702 et 2793.

[3] Lalore, *La Postcommunion des fidèles*, dans les *Mélanges liturgiques*, 1re série, p. 136.

nées à cet usage [1]. Celle de Sainte-Madeleine, surmontée
d'un crucifix placé sur un petit chapiteau, avait un pied
et demi de haut. A Saint-Denis, la coupe d'étain qui
était au ciboire de l'église servait aussi pour les malades
(n. 2078). Dans la coupe, surtout lorsqu'elle était en
cuivre, on mettait une petite tasse d'argent par respect
pour le Saint-Sacrement [2].

Le saint Viatique était porté sous un dais, comme on
le voit en 1700 à la Cathédrale, où ce dais est en drap
d'or (n. 2431).

En 1595, à Sainte-Madeleine, on trouve trois serviettes servant à porter le *Corpus Domini* (n. 1694).
Etait-ce pour mettre sur la sainte coupe ou bien des
écharpes pour le prêtre ? [3]

Le saint Viatique était précédé d'un clerc qui portait
une sonnette pour avertir les fidèles. Cette *timpane* ou
clochette, de mette ou de fonte, est mentionnée en
plusieurs églises aux xvie et xviie siècles [4]. — Peut-
être portait-on aussi une petite croix [5]. Nous croyons
qu'aucun de nos inventaires ne parle du cierge ou de la
lanterne prescrits par le Rituel [6].

---

[1] A Saint-Loup, n. 738 ; — à Saint-Jean, n. 1285 et 1286 ; — à
Sainte-Madeleine, n. 1568 et 1569; — à l'Hôtel-Dieu, n. 2907. —
Cfr. Rondot, *Les orfèvres de Troyes*, p. 89 et 93.

[2] Rondot, *Ibid.*, p. 111.

[3] A Montpezat, en 1436, on voit « unum toalhonem cum quo
portatur custodia ad visitandum infirmos. » (*Revue des Soc. sav.*,
VIe série, t. III, 1876, p. 576).

[4] A Saint-Loup, n. 894; — à Notre-Dame-aux-Nonnains, n. 1164;
— à Saint-Nicolas, n. 1841 ; — à Saint-Bernard, n. 1953.

[5] Rondot, *ubi supra*, p. 70. — Lalore, *Cartul. de Saint-Urbain*,
p. 344, n. 104.

[6] Dans nos Statuts synodaux de 1207 à 1374, on lit : « En quel-
conque lieu que le Corps Nostre Seigneur soit porté, que tous-
jours on porte devant ung cierge ardant, ou une chandelle, avec
la clochette et l'eaue benoiste. » Lalore, *Anc. Discipl.*, t. II, p. 50.
— Cfr. Statuts de 1580, où il est ajouté : « sacerdote superpellicio
induto, et imposita collo stola. » Id., *Ibid.*, p. 340.

IX. — Pour exposer le Saint-Sacrement sur l'autel, ou pour le porter en procession à la Fête-Dieu, les églises se servaient de vases qui ont reçu les noms de monstrances, reposoirs ou repositoires, soleils et ostensoirs [1].

Le plus ancien qui figure dans nos inventaires est celui de Notre-Dame-aux-Nonnains, en 1343. C'est un vase en cristal, *vas de bericlo*, garni d'argent, avec un saphir à la partie supérieure (n. 1008). En 1429, l'ostensoir de la Cathédrale est un vase en vermeil, à pied de cuivre doré, sur lequel l'inventaire ne donne aucun autre détail (n. 522).

La seule monstrance que nous ayons rencontrée était à Larrivour. Un cristal, enchâssé en argent doré, était placé au milieu de quatre tourelles et surmonté d'une tourelle plus grande, terminée par une croix. Mais, en 1662, cette monstrance, qui ne servait plus depuis longtemps, était fort détériorée (n. 2136).

Nous trouvons, à Lirey, en 1418, une forme d'ostensoir assez originale. La Sainte Vierge, en argent doré, debout sur une terrasse émaillée de vert et de violet, une couronne sur la tête, porte sur son bras gauche l'enfant Jésus qui tient un cristal-reliquaire, et de la main droite elle porte un ciboire où l'on met la sainte hostie le jour de la Fête-Dieu (n. 2229). — En 1527, l'église Saint-Denis avait un *parvum jocale* servant d'ostensoir, qui se composait de deux anges d'argent doré, reposant sur un pied de cuivre, et tenant un disque de cristal surmonté d'une croix d'or (n. 2080) [2]. — A la

---

[1] Voir l'article de M. Le Brun-Dalbanne sur les monstrances, dans le *Portef. archéol.* de Gaussen, ch. 7, *Orfèvrerie*, p. 44-52. — A Ramerupt, en 1565, on voit « ung estuis à mettre la sainte ostye.» (Arch. de l'Aube, G. 800). Serait-ce la même chose que l'*estug cristallinum*, tube en cristal où l'on mettait la sainte hostie dans l'ostensoir de Montpezat, en 1436?

[2] Cette forme d'ostensoir, qu'on employait volontiers à cette époque, se rencontre, en 1410, à la Cathédrale de Châlons, où

même date, l'église Saint-Aventin se servait, pour la Fête-Dieu, d'une croix dorée, dont le centre était sans doute un cristal qui laissait voir la sainte hostie (n. 2112).

La forme de soleil, aujourd'hui seule ou presque seule usitée, fait son apparition au xvie siècle. En 1520, l'orfèvre Guillemin II de Chevry « refaisait, pour Saint-Pantaléon, le soleil où pose la sainte hostie[1]. » — En 1527, chez les Cordeliers, il y avait, pour la Fête-Dieu, une « imago solis ex argento puro et deaurato » (n. 1410). — A Saint-Jean, vers le même temps, on voit deux soleils d'argent doré pour la procession (n. 1287 et 1288). — On en trouve ensuite, toujours en argent doré, à Saint-Etienne, à la Cathédrale, à Saint-Loup, à Notre-Dame-aux-Nonnains, à Sainte-Madeleine, à Saint-Nizier[2]. — A Saint-Etienne et à Larrivour, il y avait des soleils en argent (n. 489 et 2148). — Les seuls soleils en cuivre doré sont ceux des petits hôpitaux[3].

Le soleil s'ouvrait pour recevoir un croissant, dans lequel on mettait une grande hostie (n. 1571). — Au-dessus du soleil, il y avait d'ordinaire un crucifix. Certains ostensoirs étaient de dimensions assez considérables : celui qui fut fait pour Saint-Loup, en 1636, pesait dix marcs et était haut de vingt pouces ; celui de Notre-Dame-aux-Nonnains, œuvre de l'orfèvre parisien Pierre Mesuyer, pesait plus de vingt-et-un

l'on voit un prêtre en argent doré, portant dans ses deux mains un disque d'argent, entouré de cristal, où se mettait le Saint-Sacrement (*Mém. de la Soc. d'Agric. de la Marne*, 1886-1887, p. 285). C'est sans doute cette forme particulière qu'un autre inventaire de la Cathédrale de Châlons appelait, en 1653, « ung Melchisedech dans lequel se met le Saint-Sacrement, quand on le porte aux processions ». (Arch. de la Marne, arm. 1re, liasse 53, n. 10.)

[1] Rondot, *Les orfèvres de Troyes*, p. 76.

[2] N. 490, 695, 879, 1200, 1571, 2357. — Cfr. Rondot, *Ibid.*, p. 125.

[3] N. 1805, 1859 et 1955.

marcs (plus de dix livres et demie); il avait coûté, en
1633, 913 livres. Celui de Saint-Nizier, en 1624, n'avait
coûté que 206 livres.

Nous n'avons la description que d'un petit nombre de
soleils-ostensoirs. Ceux de Saint-Loup et de Notre-
Dame-aux-Nonnains, faits à la même époque (en 1633
et 1636), se ressemblent; le soleil était porté par deux
anges (n. 879 et 1200). — Un ostensoir de Saint-Etienne,
haut de vingt-trois pouces et demi (près de deux pieds),
était porté sur un pied ovale, de huit pouces de long,
soutenu par quatre têtes d'anges moulées; deux autres
têtes d'anges décoraient le nœud; tout l'ensemble était
orné de feuillages ciselés. Le diamètre du soleil, rayons
compris, était de huit pouces (n. 489). — Un autre,
aussi à Saint-Etienne, représentait un ange supportant
le soleil; cet ange reposait sur un pied octogone, en
forme de tombeau long, soutenu par quatre agrafes, et
sur lequel étaient représentés, par-devant, la dernière
Cène, par derrière, un agneau immolé sur l'autel, et des
cassolettes de parfums aux deux extrémités (n. 2357).

Il arrivait assez souvent que l'on prenait un reliquaire
pour en faire le pied de l'ostensoir. Une côte de S. Louis
remplissait cet office à Saint-Denis, en 1533 (p. 243,
note 1). A Saint-Urbain, en 1790, on prenait, pour
servir de pied à l'ostensoir, le pied du reliquaire de la
sainte Epine [1].

Les églises pauvres n'avaient pas toujours le moyen
de se procurer un ostensoir, et, même pour la procession
de la Fête-Dieu, elles se servaient de coupes en
argent, comme à Saint-Denis et à Saint-Remy, en 1527
et 1534 (n. 1972 et 2078). On voit même, dans une église
de campagne, « une petite coupette d'étain, dorée
d'argent, où est la sainte hostie au jour de la Fête-
Dieu [2].

---

[1] Archives de l'Aube, I Q, 336.

[2] *Ibid.*, G. 604.

Enfin, l'inventaire de Sainte-Madeleine, de 1535, parle d'un petit repositoire de cuivre doré et azuré, « ouquel l'on souloit porter le *Corpus Domini* es faulxbourgs. » (n. 1528).

X. — A la procession de la Fête-Dieu, le Saint-Sacrement était toujours porté sous un poële, appelé **cincenier, paradis, ciel** ou **dais**[1].

Le dais se composait d'un fond d'étoffe, de quatre pentes, mantelets ou courtines, et de quatre bâtons, qui étaient primitivement indépendants les uns des autres, et qui furent ensuite réunis par un châssis ou chevalet en bois ou en fer. On peut lire, dans le *Cartulaire de Saint-Urbain*, la curieuse description du « sinseignier appelé paradis », dont on se servait, en 1468, le jour de la Fête-Dieu[2].

Le fond et les courtines du dais étaient en drap d'or, ou en étoffe de couleur rouge, qui était autrefois la couleur liturgique du Saint-Sacrement[3]. Cependant, il n'en était pas toujours ainsi. A Sainte-Madeleine, en 1535 et 1595, les quatre pentes étaient bien en velours rouge, mais le dessus du dais était de damas violet (n. 1518 et 1675). A Notre-Dame-aux-Nonnains, en 1538, le dais était en taffetas violet (n. 1114). A Saint-Jean, en 1562, les mantelets du grand ciel étaient en drap d'or, mais le dessus était en velours violet (n. 2617 et 2618). — On se servait aussi de toile d'argent, comme à Saint-Pantaléon et à Saint-Loup (n. 1755 et 2540). — A Larrivour, il y avait un ciel de broderie (n. 2178). — A Saint-Loup, les quatre mantelets d'un dais étaient de

---

[1] Un dais fut donné à la Cathédrale, en 1525, par l'évêque Parvi. Arch. de l'Aube, G. 1282.

[2] Lalore, *Cartul. de Saint-Urbain*, p. 334, n. 27.

[3] Drap d'or, à Saint-Jean, n. 1296, 2615, 2618. — Couleur rouge : à Saint-Loup, n. 900; — à Sainte-Madeleine, n. 1518 et 1520, 1672 et 1675; — à la Cathédrale, n. 2432; — chez les Cordeliers, n. 2696 et 2762.

couleur feuille morte, et un autre dais était à fond blanc ramagé de fleurs rouges (n. 2510 et 2511).

Le dais était richement décoré de broderies, de franges et de dentelles. Il était surmonté, tantôt de pommes dorées (n. 2541), tantôt de coupes et de calices en bois doré (n. 1519).

Les bâtons du dais étaient eux-mêmes artistement travaillés. En 1525-1526, Nicolas Halins, imagier, sculpte, pour le dais de la Cathédrale, quatre petits prophètes, qui furent dorés de fin or bruni, ainsi que le *bayart* ou châssis, par le peintre Nicolas Cordonnier[1]. En 1571-1572, le célèbre sculpteur François Gentil fit également quatre petites images pour les bâtons du dais, qui furent dorés par Jacques Passot[2].

Le *beart*, châssis ou chevalot, était en bois peint à Saint-Urbain en 1468, et à Sainte-Madeleine en 1595; en fer, à Saint-Loup en 1651 (n. 1672 et 2540). Quand on ne le dorait pas, on l'habillait d'étoffe, car le Chapitre de la Cathédrale achète, en 1571-1572, une aune de satin cramoisi pour lui faire un parement[3].

Le *porte-Dieu*, dont parle l'inventaire des Cordeliers en 1632 (n. 2806), était-il un chevalot ou un dais? Nous ne saurions le dire.

Le prêtre qui portait le Saint-Sacrement mettait une écharpe. Dans l'inventaire de Saint-Loup, en 1662, on trouve deux écharpes en gros de Naples, l'une blanche et l'autre rouge (n. 897 et 900).

Notons enfin que la procession du Saint-Sacrement ne se faisait pas seulement le jour et l'octave de la Fête-Dieu, mais encore à d'autres bons jours de fête, et notamment le jour de Pâques (n. 1287 et 2078).

---

[1] Archives de l'Aube, G. 1590.

[2] *Ibid.*, G. 1604.

[3] *Ibid.*

XI. — Le Jeudi Saint, ou grand Jeudi de Pâques (n. 2734), le Saint-Sacrement était renfermé, jusqu'au Samedi Saint, dans un reposoir qu'on appelle : en 1343, le sépulcre de Pâques (n. 973) ; en 1610, le Paradis (n. 2734) ; en 1700, l'oratoire du Saint-Sacrement (n. 2063).

Cet oratoire était tendu, en 1343, avec deux custodes en soie, et, en 1610, avec deux grandes pièces d'étoffe rouge. A Saint-Remy, en 1700, il y avait un ciel au-dessus de l'autel (n. 2063), et une niche avec un voile de lin à dentelle (n. 2022). A la même époque, on se servait, à la Cathédrale, d'une niche de damas rouge (n. 2429).

La sainte hostie était renfermée dans un vase précieux, pixide d'or en 1343, et boîte enrichie d'or et de pierreries en 1704, à Saint-Etienne (n. 41 et 442).

Ce jour-là, les offrandes des fidèles servaient à acheter le vin de la postcommunion. Pour recueillir les offrandes, il y avait à Saint-Etienne, au xviiie siècle, trois bassins de cuivre qui servaient le Jeudi et le Vendredi Saint.

XII. — En dehors de la Fête-Dieu, le Saint-Sacrement était quelquefois exposé sur l'autel, comme aux Quarante-Heures[1]. Dans ces circonstances, le Saint-Sacrement était déposé sous un petit dais, qui, à Saint-Loup, en 1662, consistait en quatre mantelets de brocatelle d'argent à fleurs, et deux rideaux de taffetas, le tout garni de dentelles d'or et d'argent (n. 897 et 2512). Quelquefois, comme à la Cathédrale en 1700, le dais était remplacé par une niche formée de bâtons garnis de feuille d'argent, et de trois pentes de satin rouge brodé

---

[1] Cela était rare dans le diocèse de Troyes, où l'évêque François Malier, pour ne pas diminuer, par une exposition trop fréquente, le respect dû au Saint-Sacrement, défendit en 1647 de l'exposer en dehors du temps de la Fête-Dieu, à moins d'une permission écrite de lui ou de ses vicaires généraux. Lalore, *Anc. Discipl.*, t. III, p. 151 et 174.

d'or, d'argent et de soie (n. 2423 et 2424). On mettait le Saint-Sacrement sur un corporal (n. 2570).

A Saint-Jean, l'ostensoir était exposé, comme nous l'avons dit plus haut, dans la tour de l'autel du ciboire.

XIII. — Les inventaires mentionnent deux confréries du Saint-Sacrement, l'une à Sainte-Madeleine en 1595, l'autre à Saint-Remy en 1700 (n. 1648 et 2065).

Celle de Sainte-Madeleine avait, à elle appartenant, un ornement complet de camelot ondé rouge, pour la fête du Saint-Sacrement, et deux livres d'office notés, de grand format (n. 1603).

§ VII.

L'Autel et ses parements [1].
L'Église.

I. **Autels portatifs.** — Nos inventaires, qui ne décrivent que les objets mobiliers, ne disent presque rien des autels fixes [2], mais ils parlent assez souvent des autels portatifs conservés au trésor ou à la sacristie.

A Saint-Urbain, en 1277, on trouve, mais sans aucun détail, « unum altare portatile [3]. »

Saint-Etienne possédait en 1319, et garda jusqu'à la la Révolution, la pierre de jaspe qui avait servi d'autel à S. Martin (n. 58 et 488). Elle était longue de 19 pouces et large de 16 ($0^m 51 \times 0^m 43$). — Le dessus de la pierre était orné, dans tout son pourtour, de seize plaques d'or rondes et demi-rondes, garnies d'un filigrane d'or rempli

---

[1] Voir, dans le *Portef. archéol.* de Gaussen, un autel avec ses parements (ch. 3, *Peintures diverses*, pl. 5 et 6.)

[2] Voir seulement à Saint-Denis (n. 2093), où les autels fixes portent les cinq croix de la consécration, ainsi que le sceau épiscopal sur la partie antérieure.

[3] Lalore, *Cartul. de Saint-Urbain*, p. 295, n. 23.

d'émail clair et entremêlées de seize roses de pierreries, composées d'une belle pierre au milieu et de cinq, six ou sept autres alentour. — Le rebord de cet autel portatif était orné de neuf émaux clairs sur l'or, de onze plaques dorées tenant lieu d'émaux, et de trente-deux perles ou pierreries [1].

Saint-Loup avait aussi un autel précieux qu'on disait être l'autel même dont s'était servi le saint évêque. Il était en porphyre, long de dix pouces et large de six (0^m 27 $\times$ 0^m 16), et il était enchâssé dans un cadre de bois garni de bronze doré et émaillé (n. 828).

A Saint-Etienne, un autre autel, presque aussi beau que celui de S. Martin, était le *magnum altare portabile marmoreum* (n. 216), couvert d'or, de pierreries et d'émaux dans toute sa circonférence. Les pierreries et les émaux devaient être en grand nombre, car il y manquait, en 1319, cinquante-deux pierres précieuses, sept perles et neuf émaux d'or; l'année suivante, il y manquait, en outre, deux pierres précieuses, deux émaux longs et un émail en forme d'écu (p. 15, *nota*). — A cet autel était suspendue, probablement sur le devant, une croix-reliquaire couverte d'argent, d'or et de pierreries, avec un gros saphir au milieu (n. 217) [2].

En 1343, à Notre-Dame-aux-Nonnains, on trouve neuf pierres d'autel en marbre blanc, bénites, « ad ponendum supra altare pro missis celebrandis », et trois autres non bénites. Toutes ces pierres sont encadrées de bois (n. 1011).

A la Cathédrale, en 1402, on voit un autel portatif d'albâtre, enchâssé en noyer (n. 2383).

Tous les autres autels portatifs mentionnés dans nos inventaires sont en marbre blanc ou noir, enchâssés en

---

[1] Voir l'autel portatif de Conques, dans le *Glossaire archéologique* de M. Victor Gay, v° *Autel*.

[2] Voir aussi, n. 67 et 133, plusieurs autels en marbre, garnis d'argent et de pierres précieuses.

bois, *incapsata,* sauf deux qui sont garnis d'argent à feuillages poussés en relief[1]. Une de ces pierres est fort petite, six pouces sur quatre et demi (n. 485).

A Saint-Denis, en 1527, deux marbres étaient fendus, bien qu'ils fussent enchâssés en bois; les marguilliers reçoivent, des délégués du Chapitre, l'ordre de les remplacer (n. 2093).

La pierre d'autel était souvent placée, surtout dans les hôpitaux et les petites églises, sur des autels en bois. Il en était ainsi, au xvie siècle, à Notre-Dame-aux-Nonnains (n. 1169), à l'hôpital Saint-Nicolas (n. 1839), au Saint-Esprit (n. 1912), à la chapelle de Belley (n. 2839).

II. **Tables d'autel en argent ou en or.** — Certaines cathédrales, grandes collégiales et riches abbayes, avaient des tables d'autel en argent ou même en or, dont l'autel fixe était revêtu et que l'on découvrait les jours de grandes solennités. On connaît la *pala d'oro* de Saint-Marc de Venise et l'autel d'or de Bâle, qui est actuellement au musée de Cluny. A Saint-Germain d'Auxerre, l'abbé Gervais, qui siégeait en 1116, orna le grand autel d'une table d'argent massive[2]. Suger fit faire une table d'or pour l'autel de Saint-Denis, et le comte de Champagne Thibaut II lui donna, en 1144, des hyacinthes pour la décorer[3]. A Saint-Pierre-le-Vif de Sens, l'abbé Geoffroy de Montigny (1240-1281) fit faire en argent une table et un retable (*dorsarium quod altari superponitur*)[4]. La Cathédrale de Sens

---

[1] N. 485 et 487; — 1096; — 1682; — 2093; — 2849.

[2] Voir la *Notice historique* dont M. Quantin a fait précéder la *Description des saintes grottes de Saint-Germain d'Auxerre,* 1846, p. xv.

[3] D'Arbois de Jubainville, *Hist. des Comtes de Champagne,* t. II, p. 382.

[4] Geoffroy de Courlon, *Le livre des reliques,* etc., p. 86.

avait une table d'or datant de la fin du x* siècle, longue de dix pieds, large de cinq, couverte de pierreries et d'émaux, sur laquelle étaient ciselés Dieu en majesté, la Sainte Vierge, S. Jean-Baptiste, les évangélistes, plusieurs anges et quatre épisodes du martyre de S. Etienne. Cette table, qui servait de devant d'autel, fut estimée, en 1538, par trois orfèvres, 25.000 écus d'or pour la matière et 80.000 pour la façon; en 1759 ou 1760, sur la demande de Louis XV, elle fut envoyée à la Monnaie pour être fondue [1]. Enfin, à la Cathédrale de Châlons, il y avait une table d'or avec images en relief et pierres précieuses, qui recouvrait le devant de l'autel, les côtés étant seulement recouverts de cuivre doré et émaillé [2].

La Cathédrale de Troyes et Saint-Etienne avaient aussi, la première une table d'argent, la seconde une table d'or. Nous en avons parlé dans l'Introduction [3]. Peut-être faut-il rapporter à la table d'or de Saint-Etienne la mention qui est faite, au n. 123, de « una

---

[1] Dans un catalogue de M. Saffroy, libraire au Pré-Saint-Gervais (nov. 1891, n° 17498), nous trouvons l'original en six pages in-folio d'une enquête faite par M. d'Asnières, en vertu d'une commission de François Ier, datée de Moulins le 21 février 1537 (1538). L'enquêteur ayant requis l'official de la Cathédrale de Sens de lui montrer « certaine table d'or que l'on dit être en ladite église », on ouvrit cinq ou six serrures, un serrurier força le reste, et on ouvrit un tableau de bois derrière lequel était un tableau d'or, qui est un devant d'autel, auquel il y a en figure une Majesté de Dieu, etc. ». — Voir une description complète de la table d'or de Sens dans le *Dict. d'orfèvrerie* de Migne, au nom des chanoines orfèvres Bernelin et Bernuin (col. 247-251), d'après M. du Sommerard, qui en a donné le dessin en couleur dans *Les arts du moyen-âge*, t. V, p. 256.

[2] *Mém. de la Soc. d'Agric. de la Marne*, 1886-1887, p. 293, n. 99.

[3] Voir p. LXIII, LXXIV-LXXV. — Si ces deux tables ne figurent pas dans les inventaires, c'est peut-être parce qu'elles étaient, non pas au trésor, mais devant l'autel, où on ne les découvrait que les jours de fêtes solennelles.

pecia magnæ tabulæ majoris altaris », qui est couverte
d'or, de pierreries et d'émaux.

III. **Retables.** — L'autel était surmonté d'une tenture
qui servait de retable[1]. Nous croyons qu'il faut voir des
retables de ce genre dans plusieurs *panni* mentionnés
en 1277 par l'inventaire de Saint-Urbain, l'un donné
par le comte-roi Thibaut, l'autre par Hannequin, camé-
rier du cardinal Ancher[2].

La Cathédrale possédait un parement ou dessus
d'autel byzantin, en tabis rouge, haut de quatre pieds
et large de six environ. Sur le côté droit de ce parement,
il y avait quatre tableaux : la Transfiguration, le Crucifiement, la Descente de croix et l'Ensevelissement, avec
inscriptions grecques. Sur le côté gauche, une Vierge-
Mère, présentant de la main droite un fruit à son Fils,
qu'elle tient sur le bras gauche. Aux quatre angles,
quatre inscriptions grecques. — D'après la tradition, ce
tapis était d'un tissu d'or offert par les Mages à Notre
Seigneur. Au XVIIᵉ siècle, on l'exposait encore sur le
retable du maître-autel, le jour de l'Epiphanie. Il figura
dans la translation solennelle des reliques de la Cathédrale en 1701[3].

A Saint-Etienne, en 1319, il y avait, au-dessus du
maître-autel, un *pallius croceus* à petits griffons jaunes
(n. 265). Le *pallius Comitis*, en samit, avec figures

---

[1] Cette tenture porte plusieurs noms, suivant les époques :
Pannus en 1277, 1319, 1343, 1429; — *pallius* en 1319; — *poille* à
Saint-Urbain en 1468; — *parement d'autel* en 1514, 1536, 1544,
1562, 1610, 1700; — *table d'autel* en 1536 et 1610; — *dessus d'autel*
en 1595; — *tapis d'autel*, à la fin du XVIᵉ siècle; — *retable, contre-
table* ou *contretableau*, en 1651, 1662, 1700; — *tableau* en 1662. —
Voir ces noms à la table.

[2] Lalore, *Cartul. de Saint-Urbain*, p. 297, n. 52, 53, 56.

[3] V. Grosley, *Mém. histor.*, t. II, p. 400-403; — Lapaume,
Diverses inscriptions grecques trouvées à Troyes, p. 8-17; — Lalore,
Mélanges liturgiques, 2ᵉ série, p. 20.

dorées de travail oriental, était probablement aussi un dessus d'autel (n. 235), ainsi que tous les autres, d'étoffes si curieuses, qui sont énumérés du n. 246 au n. 261. Quand les *pallii* vont par paires, comme ceux du n. 236 au n. 245, ils doivent servir de dessus et de devant d'autel, *super et ante altari* (n. 266).

A Notre-Dame-aux-Nonnains, en 1343, on trouve un grand nombre de *panni altaris* de soie, de toutes sortes de couleurs, qui devaient être des dessus et des devants d'autel; sur l'un était représentée la Sainte Vierge; deux autres étaient « de Lareto vulgaliter nuncupati » (n. 964-967).

A la Cathédrale, en 1429, les *panni* placés au-dessus du maître-autel étaient en soie, mais ils différaient suivant les jours. Aux fêtes annuelles, un dessus d'autel portait l'image de la Sainte Vierge; à Pâques, un autre représentait Notre Seigneur en croix. — Le dessus et le devant d'autel étaient ordinairement de même étoffe et de même couleur, et l'on trouve ainsi deux *panni* de soie brochée d'or « ad parandum altare » aux fêtes annuelles, deux autres pour les fêtes de la Sainte Vierge, plusieurs autres à figures de lions pour les jours ordinaires. Pour l'office des morts, ils étaient en toile noire. — Peut-être faut-il regarder comme étant des dessus d'autel une pièce de velours vert à franges et une autre de soie rayée, que l'inventaire compte parmi les ornements de l'autel (n. 551-564).

En 1468, Saint-Urbain possédait « ung très belle poille d'or ouquel est le couronnement de Nostre Dame et des XII appostres », pour mettre sur l'autel aux fêtes annuelles. Plusieurs autres étaient également très riches, la plupart en soie; le dessus et le devant d'autel qui servaient les jours ordinaires étaient semés de griffons et de fleurs de lys. A l'office des morts, ils étaient en toile noire, semés de fleurs de lys jaunes. Sur un grand drap, qui servait probablement de retable, étaient représentés, dans « ung rondiau », S. Urbain et deux prophètes. — Enfin, il y avait toujours sur l'autel un *poille* de toile noire[1].

Dans l'inventaire de l'Hôtel-Dieu, en 1514, l'abbé Forjot énumère plusieurs parements d'autel, *bas et haut,* qu'il a fait faire en même étoffe et de même couleur que les ornements de la messe (n. 2858, 2871, 2875).

Tous les autres dessus d'autel du xvi⁹ et du xvii⁹ siècle sont d'étoffes et de couleurs très variées[2]. A Saint-Bernard, en 1563, un parement est en toile riollée[3] (n. 1947). A Saint-Remy, en 1700, le parement et le devant d'autel sont couleur d'os de sèche (n. 2035).

Chez les Cordeliers, en 1610, le dessus et le devant d'autel sont des diverses couleurs liturgiques : blancs, rouges, verts, noirs et bleus ; il n'y en a point de violets (n. 2721-2733). Il y en a aussi de toutes les couleurs liturgiques à Saint-Loup, de 1651 à 1662 (n. 897-900, 2506), et à la Cathédrale en 1700, où le blanc est en drap d'argent (n. 2396 à 2409). Plusieurs de ces derniers avaient été donnés par les évêques de Troyes, Guillaume Parvi, Odard Hennequin et René de Breslay. — Il y en a un en damas violet à Sainte-Madeleine en 1595 (n. 1674), et un en damas pers (bleu violet) à Saint-Loup, à la même époque (n. 799).

A Saint-Loup, à la fin du xvi⁹ siècle, on trouve, pour les fêtes doubles et octaves, un tapis rouge et un tapis jaune, servant de dessus d'autel (n. 781 et 782); pour les fêtes doubles, un tapis vert (n. 783) et un parement de serge blanche (n. 806).

---

[1] Lalore, *Cartul. de Saint-Urbain,* p. 332-334, n. 1-26.

[2] Voir n. 713, 779 à 783, 799, 804 à 806, 814 à 816, 897 à 900 ; — 1305, 1336 ; — 1451 et 1452 ; — 1640 à 1643, 1649, 1656, 1673 et 1674 ; — 1813 ; — 1849, 1868, 1869, 1876, 1898 ; — 1947 et 1949 ; — 2035 ; — 2156 ; — 2396 à 2409 ; — 2506 à 2508, 2514, 2536 à 2538, 2592 ; — 2721 à 2733 ; — 2804.

[3] Bigarrée de plusieurs couleurs.

Ces dessus d'autel, surtout ceux qui servaient aux fêtes, étaient richement ornés, semés de fleurs de lys et garnis de franges de soie (n. 1898), couverts de magnifiques broderies et passements (n. 897-900), historiés de sujets religieux, comme l'histoire de Lazare (n. 1640 et 2408), l'*Ecce homo* (n. 1336), le Crucifiement (n. 1813). A Saint-Loup, en 1651, le retable est entouré d'une bordure carrée en broderie à fond d'argent (n. 2536).

Quelquefois, le retable est encadré de bois et forme un véritable tableau sur toile. Tel était, au Saint-Esprit, en 1536, un grand pan de toile encadré de bois, où était représentée l'arrestation de Notre Seigneur au jardin des Oliviers (n. 1868). A Larrivour, en 1662, on trouve même deux tableaux, l'un représentant le Sauveur, l'autre la Sainte Vierge, pour mettre en parement au-dessus du maître-autel (n. 2156).

Les parements pour l'office des morts, noirs en tripe de velours, en demi-ostade, en velours, en damas, en serge, sont quelquefois historiés (n. 1640), mais la plupart du temps ils portent au milieu une grande croix de futaine blanche (n. 1305, 1643, 1869).

IV. **Devants d'autel.** — Le devant d'autel était en général, comme on vient de le voir, de même étoffe et de même couleur que le dessus d'autel.

De même que chez les Cordeliers en 1610, à Saint-Loup en 1662 et à la Cathédrale en 1700, il y en a de toutes les couleurs liturgiques à Notre-Dame-aux-Nonnains en 1664, où chaque ornement a son devant d'autel (n. 1219-1242), et à Saint-Pantaléon en 1670 (n. 1742-1759).

A Larrivour, en 1662, on trouve deux devants d'autel en cuir, avec images de Ste Catherine sur l'un, de S. Pierre et de S. Paul sur l'autre (n. 2189 et 2190).

Comme on le voit, les devants d'autel étaient assez souvent historiés ; il y en avait plusieurs de ce genre à Sainte-Madeleine en 1595 (n. 1653-1655). D'autres étaient armoriés, comme le parement de tapisserie du Saint-Esprit en 1536, où l'on voyait deux chandeliers d'église avec la devise : *Louange à Dieu* (n. 1853). D'autres étaient couverts de broderies; d'autres étaient en tapisserie (n. 2729 et 2730).

Le haut du devant d'autel nous semble avoir été garni quelquefois d'une bande d'étoffe, dans le genre des pentes de dais. Tous nos autels portent aujourd'hui cette garniture, qui est ordinairement en mousseline brodée ou en tulle, quelquefois en tapisserie. Peut-être est-ce là ce qu'il faut voir dans les *fronteria altaris,* en étoffes de couleur et brodés de vignettes en or, qui étaient à Saint-Etienne en 1319 (n. 344-346). De même, à Saint-Urbain, en 1468, nous trouvons plusieurs *franges* à mettre devant le grand autel aux fêtes annuelles, aux fêtes doubles et les jours ordinaires ; la première portait plusieurs « escussiaux »[1].

On mettait aussi de la dentelle au dessus et au devant d'autel, comme à Saint-Loup en 1662 (n. 2580-2582). A la Cathédrale, en 1700, ils étaient garnis de galons de soie, ou même or et argent (n. 2400-2406).

A Saint-Loup, en 1662, le devant d'autel porte le nom de *soubassement* ou *parement d'en bas* (n. 897 et suiv.)[2].

V. Custodes et Courtines. — Autour de l'autel

étaient tendus des rideaux, ordinairement appelés *custodes* ou *courtines,* qui étaient attachés à des colonnes avec des verges de fer et des anneaux. A l'Hôtel-Dieu, l'abbé Forjot fit faire, en 1502, deux colonnes torses en cuivre, sur lesquelles étaient deux anges en bois doré (n. 2909); et, dans le même temps, deux marguilliers de Saint-Loup donnèrent à l'église de l'abbaye, pour porter

---

[1] Lalore, *Cartul. de Saint-Urbain,* p. 332-333, n. 7 et 17.

[2] Voir encore des devants d'autel aux n. 1149, 1152, 1652 à 1656, 1663, 1790, 1899, 1935, 1949, 2035 à 2069, 2171 à 2209, 2224, 2396 à 2409, 2721 à 2733, 2802 à 2805, 2882.

les courtines aux deux côtés du maître-autel, deux colonnes torses en fin potin, hautes de 14 pieds, y compris les deux anges qui surmontaient les chapiteaux (n. 876).

En 1277, à Saint-Urbain, on trouve trois paires de courtines (n. 51), et plusieurs custodes qui servaient probablement au même usage.

A Saint-Etienne, en 1319, les courtines sont appelées *pallii* : « duo pallii ad magnos gripones albos, existentes circa majus altare » (n. 264). Les *pallii* inscrits aux n. 262 et 263, les uns noirs, semés de lys jaunes et d'éperons blancs, les autres semés d'oiseaux jaunes et brodés aux armes de France, de Champagne et de Navarre, pourraient bien avoir la même destination.

A Notre-Dame-aux-Nonnains, en 1343, l'inventaire note diverses custodes, dont quatre de cendal rouge et jaune, « ad ponendum circa majus altare » (n. 963 et 975). Au n. 980, elles sont nommées *custodes altaris*, et sont de diverses couleurs. Trois pièces de cendal noir « ad altare parandum » étaient peut-être un dessus d'autel et deux custodes (n. 1012).

Nous ne trouvons pas de courtines à la Cathédrale en 1429, à moins qu'il ne faille interpréter ainsi les *panni* dans lesquels nous avons vu des parements d'autel. Mais à Saint-Urbain, en 1468, on trouve des custodes pour mettre autour du maître-autel, les unes avec des bandes de cendal jaune et vermeil, les autres en samit vermeil, pers (bleu) et vert, pour les fêtes annuelles (n. 30 et 42). Les unes et les autres étaient ornées de franges de soie de diverses couleurs.

A l'Hôtel-Dieu, en 1514, il y avait deux paires de *custodes* en serge verte, rouge et jaune (n. 2883). Chez les Cordeliers, en 1527, on voit des courtines de soie rouge et deux tapisseries, « quibus altare circumornatur in magnis festivitatibus » (n. 1453). Au Saint-Esprit, en 1536, le grand autel est entouré de deux custodes de serge rouge et jaune, garnies d'anneaux et de deux verges de fer (n. 1850), et il y en a deux autres au revestière,

en taffetas rouge, à franges de sayette rouge et verte
(n. 1900). Les deux custodes du grand autel de Saint-
Bernard étaient en serge rouge et verte, aussi garnies de
verges et d'anneaux (n. 1935); il y en avait deux
autres en serge rouge (n. 1949), et deux en toile noire pour
les trépassés (n. 1941). De même à Saint-Nicolas, en
1566, deux *rideaux de custodes*, en serge rouge et jaune,
avec franges (n. 2830).

Les courtines sont ainsi désignées, à Notre-Dame-aux-
Nonnains, en 1538 : « deux *ailes* ou parements de tapisserie à fleurs, auxquelles il y a six histoires à personnages, étant à l'entour du grand autel » (n. 1157).
D'autres sont en lin et en chanvre, et d'autres en taffetas
blanc et rouge, garnies de verges et d'anneaux (n. 1124
et 1148).

A Saint-Jean, en 1562, les custodes sont en taffetas
blanc et rouge (n. 1337-1339). Celles de Sainte-Madeleine, aussi en taffetas, sont blanches ou de couleurs
mélangées, rouge, vert et violet ; elles sont nommées
tantôt custodes, tantôt rideaux [1]. Chez les Cordeliers, en
1632, il y a des courtines en damas rouge et en damas
blanc (n. 2800 et 2801).

On trouve à Saint-Loup des courtines de soie, données par l'abbé Forjot (n. 785), d'autres en taffetas
blanc données par Robert Angenoust (n. 807), et d'autres
en tripe de velours noir données par l'évêque Odard
Hennequin (n. 814). — Plus tard, en 1662, elles portent
le nom de rideaux, et sont en damas de la couleur des
ornements, ou en camelot blanc et rouge (n. 897-900).
— La même année, à Larrivour, on les appelle custodes
(n. 2207), panneaux (n. 2172, 2174, etc.), rideaux (n. 2173);
elles sont en serge verte, en damas blanc, en damas
rouge et en camelot violet. — Après cette époque, le nom
de rideaux a prévalu. On le voit à Saint-Remy et à la

---

[1] N. 1649, 1651, 1663, 1696.

Cathédrale en 1700 [1], et ce n'est plus que par exception qu'on rencontre le nom de courtines pris en ce sens (n. 2071). Les rideaux sont à la Cathédrale de la même couleur que les ornements.

Un détail particulier se remarque à Notre-Dame-aux-Nonnains, en 1343 : c'est que, outre les deux custodes autour de l'autel, il y en a deux autres devant (n. 975). Cet usage, qui était général pendant le carême, ne se rencontre nulle part ailleurs, en dehors de ce temps.

VI. **Mantelets.** — Souvent, dans les inventaires du xvie et du xviie siècle, on rencontre des mantelets qui accompagnent soit le dessus ou le devant d'autel, soit les custodes et rideaux.

En 1527, chez les Cordeliers, des mantelets de damas blanc sont joints aux parements de l'autel (n. 2723).

En 1536, au Saint-Esprit, deux mantelets de taffetas rouge, servant au grand autel, accompagnent un dessus et un devant d'autel, ainsi que deux custodes de même étoffe (n. 1897-1900).

En 1562, à Saint-Jean, on voit un parement ou dessus d'autel de velours noir avec deux mantelets (n. 1305); mais, plus loin, on trouve les mantelets avec les custodes (n. 1337-1339).

A Saint-Nicolas, en 1566, l'inventaire ne donne aucune indication relative à l'emploi de deux mantelets de sayette à images en broderie (n. 1792).

A Saint-Loup, à la fin du xvie siècle, les deux mantelets et les deux courtines vont ensemble (n. 785, 807 et 814). En 1662, au contraire, on trouve les deux mantelets tantôt avec le devant d'autel (n. 897), tantôt avec le dessus (n. 899), tantôt avec les rideaux (n. 900). Chez les Cordeliers, en 1632, on voit des mantelets avec les courtines (n. 2800 et 2801), et avec le devant d'autel

---

[1] N. 2040, 2048 et 2049, 2057 ; — 2399 à 2410.

(n. 2803). On voit aussi les rideaux attachés aux mantelets (n. 2805).

A Sainte-Madeleine, en 1595, les deux mantelets se trouvent avec le dessus d'autel (n. 1640), avec le devant (n. 1663), avec le parement et les rideaux (n. 1696). D'autres sont mentionnés comme servant de parements à l'autel, sans autre indication (n. 1645, 1650, 1701).

Les mantelets abondent à Saint-Pantaléon en 1670 et à Saint-Remy en 1700 [1]. Ceux du maître-autel de Saint-Pantaléon figurent toujours avec le devant d'autel et les deux crédences ; ceux de l'autel de la communion sont seulement avec le devant d'autel. A Saint-Remy, ils sont joints au devant d'autel et aux rideaux ; on trouve même un article ainsi formulé : « deux mantelets rouges, garnis de rideaux, et devant d'autel » (n. 2049).

Que sont, au juste, ces mantelets? Quand on rencontre ce nom ailleurs, il désigne ordinairement des pentes de dais. Ne serait-ce pas, comme les *fronteria altaris* et les *franges* dont nous avons parlé plus haut, des bandes d'étoffe qu'on mettait, comme des garnitures, en haut du devant et du dessus d'autel, ou même quelquefois en haut des custodes ? Comme les mantelets vont toujours deux par deux, il y en aurait eu un sur le devant d'autel et un sur le retable, ou bien un sur chaque custode. — Ils étaient, du reste, garnis de franges ou de crépines de soie, entourés de passements de soie ou d'or, semés de fleurs de lys, et même ornés de figures en broderie, ce qui convient bien à l'usage que nous supposons qu'on en faisait.

VII. **Tentures de Carême.** — En carême, on tendait devant l'autel une grande courtine, généralement en toile. Il en était ainsi à Notre-Dame-aux-Nonnains, en 1343 (n. 978)[2], à Saint-Jean en 1563 (n. 2634), et à

---

[1] N. 1742 à 1749, 2040, 2048 à 2057.

[2] Peut-être faut-il regarder comme destinée au même usage une

Sainte-Madeleine en 1595 (n. 1696). Celle de Notre-Dame-aux-Nonnains, en 1538, était en toile de chanvre (n. 1125).

A Saint-Urbain, en 1468, cette courtine était en toile blanche ouvrée, et il y avait en outre un poêle blanc ouvré de soie blanche, avec un médaillon où était représenté le crucifiement, et plusieurs autres figures[1].

A l'Hôtel-Dieu en 1514, et au Saint-Esprit en 1536, outre la grande courtine de toile, il y avait deux custodes de même (n. 1913 et 2959).

L'autel avait aussi, pendant le carême, un parement spécial. On le voit à Saint-Urbain, en 1468, où il y avait des custodes de toile blanche ouvrée, et deux pièces du dossier ou retable en même étoffe, avec franges de couleurs, pour mettre autour de l'autel[2]. Chez les Cordeliers, en 1527, on voit deux parements ou dessus d'autel, l'un blanc, l'autre rouge, pour le maître-autel en carême (n. 1451). Ces deux parements, rouge et blanc, se retrouvent, en 1610, sous le nom de tables d'autel (n. 2736). On trouve également des parements de carême, pour le grand autel et l'autel de la Sainte Vierge, à Saint-Jean en 1562 (n. 1335). A Sainte-Madeleine, en 1595, il y a un parement avec mantelets et rideaux (n. 1696). Enfin, à Saint-Remy, en 1700, on mettait deux tableaux sur le retable de l'autel (n. 2063).

Une autre particularité, spéciale au carême, mérite d'être notée. Elle se rencontre en 1468 à Saint-Urbain, et en 1527 chez les Cordeliers. Au moment de l'élévation, pour mieux faire voir la sainte hostie, on tirait une petite courtine noire, de cendal ou de camelot, devant le dossier ou retable en toile blanche du carême[3]. Le 2 janvier 1541, (v. st.), le Chapitre de la Cathédrale décida d'élever

---

vieille courtine de toile peinte, qu'on appelait vulgairement *la chaste* (n. 1079).

[1] Lalore, *Cartul. de Saint-Urbain*, p. 336, n. 37 et 38.

[2] Id., *Ibid.*, p. 335, n. 31 et 32.

[3] Id., *Ibid.*, p. 335, n. 33. — Cfr. infra, n. 1478.

derrière l'autel un drap noir, « ut excitentur assistentes ad Deum adorandum, et facilius hostia prospici et percipi possit »[1].

VIII. **Parements des petits autels.** — Les petits autels avaient, proportion gardée, les mêmes parements que l'autel principal.

A Saint-Etienne, en 1319, un petit autel, situé derrière le grand, avait un dessus et un devant en cendal noir (n. 266). A Notre-Dame-aux-Nonnains, en 1343, l'autel Saint-Antoine avait son parement de soie (n. 1081). En 1538, les deux autels du portail ont des courtines de taffetas blanc (n. 1140) ; et, en 1664, tous les autels de l'église et de la maison ont leurs devants d'autel (n. 1247).

A la Cathédrale, en 1402, la chapelle de Champigny était ornée d'une tenture de soie à figures d'or, et l'autel avait un parement de soie (n. 2382 et 2388).

A Saint-Jean, en 1562, l'autel Notre-Dame avait ses parements de carême (n. 1335), et, en outre, il y avait huit courtines à mettre, dans le même temps, devant les divers autels de l'église (n. 2633). A Sainte-Madeleine, en 1595, les seize autels énumérés dans l'inventaire ont tous leur parement, composé d'un dessus et d'un devant d'autel ; mais toutes les couleurs y sont amalgamées (n. 1711-1723)[2].

A Saint-Pantaléon, en 1670, l'autel de la communion a plusieurs devants d'autel et mantelets, verts, violets, rouges et blancs (n. 1757-1759). En 1700, à la Cathédrale, un parement de drap d'or se met à l'autel de S. Sébastien aux cérémonies extraordinaires (n. 2428) ; et, en 1734, la chapelle Saint-Nicolas a son dessus d'autel en tapis-

---

[1] Archives de l'Aube, G. 1283, fol. 17, r°.

[2] Voir, en outre, n. 732 et 2592 ; — 1300 à 1303 ; — 1455 ; — 2066 et 2071 ; — 2185 à 2190, 2208 et 2209 ; — 2697 et 2698 ; — 2727 et 2730 ; — 2802 à 2805.

serie de soie, représentant une âme dévote prosternée devant Notre Seigneur (n. 2498).

IX. **Nappes d'autel**. — Les autels doivent être couverts, d'après les prescriptions liturgiques, de trois nappes de lin ou de chanvre.

A Saint-Etienne, en 1319, nous trouvons, avec le *fronterium altaris*, et semblant faire corps avec lui, des touailles qui nous paraissent être des nappes ; mais il n'y en a qu'une avec chaque frontier ; il y en a même une « ad duo fronteria » (n. 344-346)[1]. Ces touailles auraient été, dans ce cas, les nappes de dessus, et le *fronterium* y aurait été attaché comme le sont assez souvent, aujourd'hui, les garnitures d'autel[2]. Nous en dirions autant de plusieurs touailles blanches, dont une ouvrée à l'aiguille, qui étaient à Saint-Urbain en 1277. A Saint-Urbain aussi, il y avait deux touailles parées « ad cornu altaris » ; peut-être était-ce des nappes qui retombaient des deux côtés de l'autel[3]. A Lirey, en 1418, on trouve trois touailles d'autel (n. 2235).

Les nappes portent le nom générique de *manutergia* à Notre-Dame-aux-Nonnains en 1343 ; il y a, par exemple, « tria manutergia altaris, et unum aliud ad communicandum » (n. 1059). Dans les soixante-seize *manutergia altarium* du n. 928, il y avait certainement des nappes, en particulier les deux qui étaient parées et frangées de soie.

A Saint-Pierre, en 1402 et en 1429, apparaît le nom

---

[1] De ces deux *fronteria*, l'un est à losanges et l'autre *de pallio*. Peut-être était-ce une garniture en losanges à jour, posée sur une étoffe de couleur, et formant ainsi une double garniture au devant d'autel.

[2] Dans l'inventaire de Clairvaux de 1405, on trouve des « mappulæ cum suis frontariis, » pour le maitre-autel (Lalore, *Trésor de Clairvaux*, p. 102 et 103). C'est bien le sens que nous avons indiqué.

[3] Lalore, *Cartul. de Saint-Urbain*, p. 295 et 296, n. 13, 40 et 43.

de nappes, *mappæ altaris,* et souvent elles sont parées, même pour l'office des morts (n. 554, 560, 617 et 2392).

Les nappes d'autel abondent au XVI⁰ siècle[1].

Au Saint-Esprit, en 1536, sur le grand autel, il y a quatre nappes (n. 1848), trois sur l'autel de S. Sébastien (n. 1867), deux seulement sur les autels de S. Jean-Baptiste et des Tondeurs, où l'on ne disait peut-être pas habituellement la messe (n. 1875 et 1878). A peu près partout ailleurs, à la chapelle de Champigny en 1402, (n. 2379 et 2392), et même à la petite chapelle de Belley en 1566 (n. 2839), on trouve les trois nappes sur les autels.

Les nappes étaient retombantes, c'est-à-dire que, des deux côtés de l'autel, elles retombaient jusqu'à terre ; on le voit par leur longueur qui, au Saint-Esprit, était de trois à quatre aunes de long. Souvent elles sont en linge ouvré, avec des liteaux aux deux bouts. On en voit aussi qui sont garnies de dentelles, comme à Saint-Remy en 1700 (n. 2029 et 2032).

X. **Couvertures d'autel.** — La table de l'autel était, pendant la journée, revêtue d'une couverture pour garantir les nappes de la poussière. A Notre-Dame-aux-Nonnains, en 1343, on trouve une couverture de toile ouvrée « ad altare cooperiendum » (n. 984), et sept vieux *pallia* de soie, de diverses couleurs, « ad altaria cooperienda » (n. 1061). Faut-il entendre dans le même sens les six *cooperturæ altaris,* dont trois pour le carême, qui sont mentionnées au n. 979? Dans la même église, en 1538, on trouve, avec les parements noirs du devant et du dessus de l'autel, un *couvertoir* de camelot noir (n. 1092) ; et, sur l'autel, il y avait une couverture de sayette frangée, doublée de toile jaune (n. 1150).

Au Saint-Esprit, en 1536, le maître-autel était recouvert d'un tapis de fil et laine, semé de fleurs de lys

---

[1] V. le mot *nappe* à la table.

(n. 1848) ; l'autel Saint-Sébastien, d'un tapis de fil et poil (n. 1867). De même à Saint-Nicolas, en 1566 (n. 1813). A Saint-Jean, en 1562, il y avait neuf pièces de vieux tapis de Gand et autres, pour mettre sur les autels (n. 1303). Enfin, à Larrivour, on voit une grande couverture pour couvrir la table d'autel et une couverture de toile pour couvrir le grand autel (n. 2206 et 2210)[1].

XI. Marchepieds. — Devant l'autel et sur le marchepied, il y avait des tapis. On voit à Notre-Dame-aux-Nonnains, en 1343, un *marchipedium* en laine rouge, avec écussons (n. 969), et trois serges de laine, deux rouges et une bleue, qui servaient probablement au même usage (n. 970).

A Notre-Dame-en-l'Isle, à l'entour du chœur, il y avait, en 1523, quatre marchepieds de laine, de douze pieds de long; trois autres étaient sur le devant du jubé (n. 1367 et 1368).

A Saint-Loup, en 1651, une grande tapisserie simple se mettait sur le marchepied de l'autel (n. 2527).

XII. Tapisseries. — Outre les courtines qui entouraient l'autel, le chœur et l'église étaient encore ornés de nombreuses tentures et tapisseries.

A Notre-Dame-aux-Nonnains, en 1343, il y avait neuf courtines pour tendre les piliers et les voûtes de l'église (n. 1076).

Saint-Etienne possédait une tapisserie du xve siècle, représentant toutes les circonstances du martyre du saint, en figures de grandeur naturelle. On l'exposait au chœur, chaque année, le jour de la fête. Cette tapisserie a été vendue vers 1830[2].

Par testament du 28 avril 1485, l'évêque Louis

---

[1] V. aussi les n. 1793, 1910, 1948.

[2] Arnaud, *Voy. archéol.*, p. 39.

Raguier légua à la Cathédrale trois pièces de tapisserie exécutées pour lui par Balthazar de Mons, pour décorer et entourer l'autel des anniversaires aux jours de grandes fêtes. Il légua, en outre, pour orner le chœur, deux tapisseries, l'une représentant plusieurs miracles de S. Pierre, l'autre où étaient figurés, avec leurs noms, tous les évêques de Troyes [1].

A Notre-Dame-en-l'Isle, trois magnifiques tapisseries, représentant la généalogie de la Sainte Vierge, furent données en 1486, par Jean Persin, drapier à Troyes; et, en 1523, on trouve six pans de tapisserie de haute lice appendus au chœur de l'église (n. 1366).

Chez les Cordeliers, en 1527, deux tapis servent, avec les courtines de soie, à entourer l'autel aux grandes fêtes (n. 1453); d'autres servent à tendre les chapelles (n. 1454). Sur plusieurs pièces de tapisserie sont des devises : *Spes mea in Deo est, In te Domine speravi* (n. 1457 et 1461). Cinq autres pièces représentent la vie de S. François d'Assise (n. 1465).

Au Saint-Esprit, en 1536, on voit un pan de tapisserie de verdure avec un lion au milieu, et un autre semé d'oiseaux et *congnins* (lapins; — n. 1886 et 1887). Les courtines ou ailes de Notre-Dame-aux-Nonnains, en 1538, étaient en tapisserie historiée (n. 1157).

A Saint-Jean, en 1562, il y avait une tapisserie de verdure, à deux licornes, avec une fontaine au milieu (n. 1297).

Sainte-Madeleine avait, en 1595, plusieurs tapisseries représentant le crucifiement avec S. Michel et Ste Barbe, et l'histoire de Ste Marie-Madeleine. En outre, il y avait quatre grandes pièces de drap pour tapisser l'église (n. 1724-1726).

A Saint-Loup, en 1662, on voit de nombreuses et belles tapisseries de haute lice. Sur cinq d'entre elles,

---

[1] Des Guerrois, *Saincteté chrestienne*, fol. 407, r°. — Lalore, *Obituaires*, p. 186 et 187.

ayant quinze aunes de tour, était représentée l'histoire de S. Loup; sur deux autres, le jugement de Salomon et l'histoire de Jérémie; sur d'autres, la Transfiguration. Six pièces et demie de tapisserie, ayant seize aunes de tour, étaient couvertes de broderies. Enfin, il y avait plusieurs pièces de tapisserie de Bergame (n. 901-909).

A Notre-Dame-aux-Nonnains, en 1664, on voit quatre grands tapis de Bergame et deux vieux petits tapis de Turquie (n. 1245). A Saint-Remy, en 1700, seize pièces de haute tapisserie (n. 2047).

XIII. **Tapis en divers endroits de l'église.** — Les tapis et tapisseries ne servaient pas seulement à orner les alentours de l'autel. On en mettait en beaucoup d'endroits de l'église.

Au jubé : à Saint-Loup, aux xvie et xviie siècles, il y avait trois tapis de diverses couleurs pour mettre au jubé les jours de bonnes fêtes (n. 720 et 2526).

Au-dessous du Christ, probablement celui qui surmontait l'entrée du chœur : à Saint-Remy, en 1700, une courtine était destinée à cet usage (n. 2052).

Devant ce même Christ, en carême : à Saint-Jean, en 1563, on y mettait une grande courtine (n. 2634).

Devant la fermeture du chœur : à Saint-Remy, en 1700, on tendait trois courtines, dont deux de couleur (n. 2058 et 2059).

Devant la grille des religieuses de Notre-Dame-aux-Nonnains : en 1664, il y avait des devants de grille de toutes les couleurs liturgiques (n. 1246)[1]. On y voit aussi quatre nappes de grille (n. 1256).

Sur le pupitre qu'on mettait devant le célébrant, à la Cathédrale, aux fêtes annuelles, on plaçait, en 1700, une garniture blanche, rouge, violette ou noire (n. 2492).

Devant le curé de Saint-Jean, en 1562, on mettait un petit tapis de Gand (n. 1327).

---

[1] V. Archives de l'Aube, 22 H, carton 1, divers articles qui ne figurent pas dans l'inventaire imprimé.

Devant le prieur de Saint-Loup, aux fêtes solennelles, il y avait, en 1662, un tapis de Turquie long de deux aunes sur une et demie de large (n. 906).

Sur le siège de l'abbesse et de la coadjutrice de Notre-Dame-aux-Nonnains, en 1664, il y avait tapis, dessus de fauteuil et carreaux de velours noir ou violet (n. 1244).

Chez les Cordeliers, en 1527, on ornait d'un tapis le siège du bâtonnier (n. 1458).

Dans la même église, et à Saint-Jean en 1562, on mettait un tapis « devant la chèze (chaire) au prédicateur » (n. 1469 et 1328). A Notre-Dame-aux-Nonnains en 1538, la chaire à prêcher était parée d'un taffetas incarnat et bleu, doublé de toile rouge (n. 1098). De même, à Saint-Remy, en 1700, il y avait un parement devant la chaire et une courtine au-dessus (n. 2058 et 2059).

Sur la forme du chœur ou banc des chapiers, il y avait un tapis à Saint-Jean en 1562 et à Saint-Loup en 1651 (n. 1326 et 2528). A Saint-Urbain, en 1468, il y avait deux *formiers,* l'un pour les fêtes, long de six aunes, l'autre pour les jours, long de trois aunes. Le premier était semé d'écussons; le second, de fleurs de lys[1].

Le pupitre ou lutrin était aussi recouvert d'un tapis. En 1342, à Notre-Dame-aux-Nonnains, il y avait trois voiles, *tria manutergia,* pour couvrir le pupitre (n. 1058); et plus tard, en 1664, on trouve plusieurs tapis de *lestrin,* de couleur rouge, violette et noire (n. 1221, 1240 à 1245). A Saint-Urbain, en 1468, on mettait sur le *letterey* un petit drap de toile noire, à franges rouges[2]. Le pupitre de Saint-Nicolas, en 1566, était recouvert de demi-ostade rouge (n. 1791); un autre pupitre de bois, placé au milieu

---

[1] Lalore, *Cartul. de Saint-Urbain,* p. 347, n. 130.

[2] Id., *Ibid.,* p. 333, n. 19.

du chœur, avait un petit tapis de fil de poil (n. 1820)[1].

Les pupitres à chanter l'épître et l'évangile étaient également couverts de tapis. On le voit à l'Hôtel-Dieu en 1514 (n. 2882), et chez les Cordeliers, tant en 1527 (n. 1464) qu'en 1610, où il y avait deux tapis rouges et verts à mettre, les jours de bonnes fêtes, sur l'aigle à dire l'épître et l'évangile (n. 2732). De même à Larrivour, en 1662, deux tapis verts servaient à ces pupitres (n. 2184).

A Larrivour, en 1662, un rideau était tendu sur le degré du presbytère, c'est-à-dire soit à l'entrée du chœur, soit au-dessus des marches qui séparaient le chœur du sanctuaire (n. 2205)[2].

Les stalles, chez les Cordeliers, en 1527, étaient parées de tapis (n. 1460). Au-dessus des *chèzes* ou sièges des prêtres, à Saint-Jean, en 1562, étaient tendues trois grandes pièces de tapisserie (n. 1298). De même, à Saint-Remy, en 1700, on mettait aux chaises deux mantelets et quatre petites pièces de tapisserie (n. 2052).

Sur les pupitres des chaises ou sièges des religieux, il y avait chez les Cordeliers, en 1610, cinq petits tapis (n. 2731). A Larrivour, en 1662, on mettait sur les pupitres deux grands pans de camelot violet et trois tapis, avec des coussins de même étoffe (n. 2175), et peut-être aussi un pan de camelot rouge avec trois autres tapis (n. 2177).

Le bureau des marguilliers, à Sainte-Madeleine, en 1595, était orné, les fêtes et dimanches, peut-être d'une tapisserie représentant l'histoire de Ste Madeleine, et certainement de deux tapis de drap vert et d'un de drap

---

[1] Voir, dans le *Portef. archéol.* de Gaussen, plusieurs curieux paremcnts de lutrin (ch. 4, *Textrine*, pl. 14, 15 et 18). Un ancien parement de lutrin est au trésor de la Cathédrale, peut-être le même que Gaussen a reproduit dans sa pl. 15.

[2] Ducange, v° *Presbyterium.* Ed. Didot, t. V, p. 433, col. 3.

noir (n. 1725). A Saint-Remy, en 1700, il y avait une tapisserie, une courtine et des nappes (n. 2053, 2058, 2061).

En 1468, un poêle de toile peinte recouvrait les fonts baptismaux de Saint-Urbain[1].

Dans la même église, une courtine noire était tendue devant la piscine[2].

Nous avons déjà parlé des tapis qui recouvraient les châsses, surtout les jours de fêtes.

Enfin, à Saint-Loup, en 1651, il y avait un grand tapis sur le grand coffre de la sacristie (n. 2531).

Chez les Cordeliers, il y avait, en 1527, trois pièces de tapisserie appelées *tabliers* (n. 1456). Quel en était l'usage ? — Un *tablier* se trouve aussi à Notre-Dame-aux-Nonnains, en 1664, avec trente serviettes et une petite nappe ouvrée (n. 1257).

XIV. Crédences. — Aux côtés de l'autel étaient placées deux crédences pour recevoir le calice et les burettes, le bénitier, l'encensoir, etc.

A Saint-Loup, en 1651 et 1662, on trouve deux crédences rouges à fond d'or (n. 2509), deux nappes de crédence garnies de dentelle et une petite tavayole servant au même usage (n. 2560, 2561, et note 1). Vers le même temps, à Notre-Dame-aux-Nonnains, il y a trois paires de crédences à point coupé, et cinq à dentelle (n. 1256), avec deux petits chandeliers en vermeil qu'on mettait sur les crédences (n. 1198). Enfin, à la même époque, il y avait à Saint-Pantaléon des crédences rouges, blanches, vertes et violettes, avec passements de soie ou d'or (n. 1742-1750).

XV. Corporaliers, Coussins, Textes, Tableaux, pour orner l'autel. — Les jours de fêtes, l'autel était

---

[1] Lalore, *Cartul. de Saint-Urbain*, p. 333, n. 23.

[2] Id., *Ibid.*, p. 335, n. 34.

surchargé de beaucoup d'autres ornements, corporaliers, oreillers ou coussins, carreaux de tapisserie et rondeaux, couvertures de textes et tableaux-reliquaires.

Beaucoup de corporaliers sont richement brodés; on les mettait comme ornement sur les autels aux jours de fêtes. Il en était ainsi à Saint-Jean en 1562 (n. 1330), et chez les Cordeliers en 1572 (n. 2690), où l'on trouve quatorze grands corporaliers servant ordinairement à décorer tant le grand autel que les autres. Il en était encore de même chez les Cordeliers en 1610 (n. 2737).

Les oreillers, *auricularia, orilliers,* se trouvent à Saint-Urbain en 1277 [1], à Saint-Etienne en 1319 (n. 328-331), à Notre-Dame-aux-Nonnains en 1343 (n. 971), à la Cathédrale en 1429 (n. 558). Ils sont généralement en soie, cendal, samit, satin, damas et velours, avec des images brodées[2]. Ils servaient de coussins pour le missel, mais on les employait aussi pour parer l'autel, comme à Saint-Bernard en 1563 (n. 1950).

Dans d'autres inventaires, on trouve de nombreux coussins de plumes, *cuissins* ou *cuissinets,* en belle étoffe et richement brodés, et qui, servant pour le missel, servaient aussi à parer l'autel, comme à Saint-Urbain en 1468[3], chez les Cordeliers en 1527 (n. 1476) et en 1610 (n. 2735), et probablement comme à Larrivour en 1662 (n. 2191).

Des carreaux de tapisserie servaient aussi à décorer les autels. Il y en avait quinze, tant riches que simples, chez les Cordeliers en 1527 (n. 1470-1477) et en 1572 (n. 2692). — Dans la même église, on trouve trois rondeaux à mettre sur le *passet* [4] du maître-autel aux fêtes doubles (n. 2694).

---

[1] Lalore, *Cartul. de Saint-Urbain,* p. 295, n. 16.

[2] Voir n. 1331 à 1334, 1676 à 1678.

[3] Lalore, *Cartul. de Saint-Urbain,* p. 347, n. 125-127.

[4] Passet, tabouret (La Curne de Sainte-Palaye). Ici, ne serait-ce pas la marche ou le gradin de l'autel ?

Nous avons dit plus haut (p. cxxxii) qu'on plaçait sur l'autel des tableaux à reliques, et qu'au-dessus on suspendait de petits reliquaires. On peut croire que les deux tables entourées d'argent, avec figures d'ivoire au milieu, qui se trouvent en 1319 dans l'inventaire de Saint-Etienne étaient destinées à cet usage (n. 134). Peut-être en était-il de même des quatre tableaux chargés de camées, de pierreries et d'émaux, et encadrés d'argent, qui sont mentionnés aux n. 5, 6 et 7 du même inventaire.

Deux tables de jaspe, enchâssées en bois et bordées de cuivre doré, travaillé en feuilles de chêne et en glands, décoraient, en 1468, le maître-autel de Saint-Urbain aux fêtes solennelles [1].

De véritables tableaux en bois, dyptiques ou tryptiques, étaient consacrés au même usage. On les mettait sur l'autel, où ils formaient retable. A Saint-Urbain, les jours de grandes fêtes, l'autel était ainsi paré « d'ung tabliau de bois de deux pièces à charnières, ouquel est paincte en l'une des parties l'ymage sainte Veronice, et en l'aultre Nostre-Dame. » Les jours de fêtes doubles et les dimanches, ce dyptique était remplacé par un tryptique représentant Notre Seigneur en croix, avec S. Urbain et S. Nicolas [2]. — A Saint-Remy, en 1700, il y avait deux tableaux pour mettre, en carême, sur la table du maître-autel (n. 2063).

Les magnifiques couvertures de textes servaient également de décoration sur l'autel. A Saint-Urbain, en 1468, parmi les « aournements à parer le grant autel, » l'inventaire mentionne plusieurs textes de cuivre doré avec images ciselées ou émaillées, et d'autres en bois recouvert de soie perse ouvrée d'or [3].

---

[1] Lalore, *ubi supra*, p. 346 n 119.

[2] Id., *Ibid.*, n. 117 et 118.

[3] Id., *Ibid.*, n. 120 à 122.

Enfin, un petit coffret de bois, servant à mettre l'encens, semble avoir été déposé comme ornement sur le maître-autel de Saint-Urbain[1].

XVI. — Dans les inventaires anciens, nous trouvons encore quelques mentions dont la signification précise nous échappe. A Notre-Dame-aux-Nonnains, en 1343, il y avait deux petits *manutergia altaris,* brodés en soie (n. 974). Un autre, avec des écussons, portait le nom français de *paumelle* (n. 976). Déjà, à Saint-Etienne, en 1319, on trouve deux *paumellæ* en soie rayée d'or (n. 340), deux autres en samit rose, avec une croix d'or brodée au milieu et des lettres grecques en or tout autour (n. 343), enfin deux autres petites paumelles avec un frontier d'autel (n. 344).

§ VIII.

Ornements et linges sacrés.

I. Rochets pour la messe. — En 1343, à Notre-Dame-aux-Nonnains, l'inventaire signale douze rochets « pro sacerdotibus ad missam celebrandam » (n. 926). Celui de Saint-Urbain, en 1277, en mentionne seulement deux[2].

II. Amicts. — L'inventaire de Saint-Urbain, de 1277, mentionne plusieurs *amitti* ou *amicti*[3].

On ne voit pas d'amicts à Saint-Etienne, en 1319. Mais à Notre-Dame-aux-Nonnains, en 1343, il y a cinquante bons amicts, *boni amictus,* pour les prêtres (n. 929). En 1402, à la chapelle de Champigny, il y a trois

---

[1] Id., *Ibid.*, p. 347, n. 123.

[2] Id., *Ibid.*, p. 298, n. 68.

[3] Id., *Ibid.*, p. 296 et 297, n. 42 et 58.

amicts de lin et quatre de chanvre, dont deux pour les féries (n. 2377, 2387, 2390). La Cathédrale, en 1429, avait vingt-quatre *amiti*, dont quatre de lin (n. 611 et 612). Saint-Urbain, en 1468, en avait vingt-six[1].

Au xvi⁰ siècle, il y en a dans tous les inventaires. Au Saint-Esprit, en 1536, chaque aube a son *amy* (n. 1863 et 1864, 1909 et 1914). De même à Notre-Dame-aux-Nonnains, en 1538 (n. 1129-1132, etc.). L'Hôtel-Dieu en 1514, Saint-Loup en 1544, les Cordeliers de 1556 à 1627, Saint-Jean de 1563 à 1574, Saint-Bernard en 1563, Sainte-Madeleine en 1595, en ont une quantité suffisante, parfois même très considérable[2]. Il en est de même à Saint-Loup et à Larrivour en 1662, à Notre-Dame-aux-Nonnains en 1664[3].

La plupart du temps, les amicts sont en toile de chanvre; assez souvent en toile de lin. Il y en avait trente-deux de fine toile à Notre-Dame-aux-Nonnains en 1664, et deux en toile de batiste.

A Saint-Loup, en 1662, l'inventaire note qu'ils sont garnis de rubans.

Un des amicts de la chapelle de Champigny, en 1402, est paré, c'est-à-dire orné par derrière d'une garniture de soie qui formait collet. De même au Saint-Esprit, en 1536, deux amicts sont garnis de parements de soie rouge et verte.

III. **Aubes**[4]. — Il est bien inutile de dire qu'il y a des aubes dans tous les inventaires. Elles sont en toile de chanvre pour les jours ordinaires et les féries, comme en 1402 à la chapelle de Champigny (n. 2390), en toile

---

[1] Id., *Ibid.*, p. 339, n. 66.

[2] N. 2962; — 720; — 2676, 2701, 2767, 2790; — 2627 à 2655; — 1960; — 1687 à 1703.

[3] N. 2564; — 2201 et 2216; — 1248 et 1251.

[4] *Auba*, à Notre-Dame-aux-Nonnains en 1343; — *Alba, aube,* partout ailleurs.

de lin et de fin lin pour les fêtes (n. 611, 2377, 2627, etc.).

Dans les inventaires les plus anciens, beaucoup d'aubes sont parées, c'est-à-dire ornées de pièces d'étoffes plus ou moins riches, que l'on appliquait de préférence au bas de l'aube, par-devant et par derrière, et aussi autour du cou, à l'extrémité des manches, au-dessous des bras, et même sur la poitrine. Ces pièces d'étoffes portent toujours, dans nos inventaires, le nom de *paramenta.*

Les parements étaient souvent de très belle étoffe et richement brodés. Il y en avait de toutes couleurs, et généralement ils étaient de même étoffe et couleur que la chasuble.

On trouve plusieurs aubes parées, mais sans aucun détail, à Saint-Urbain, en 1277 [1].

A Saint-Etienne, en 1319, trois parements, servant aux aubes du prêtre, du diacre et du sous-diacre, sont en samit bleu, brodés aux armes de France, de Navarre, de Champagne et d'Angleterre (n. 300). Un autre est brodé de sujets tirés de la vie de Joseph (n. 301). D'autres portent en broderie l'Annonciation, l'apparition de Notre Seigneur à la Sainte Vierge, les Apôtres, etc. (n. 302-304). Plusieurs autres sont d'une étoffe brochée de rondeaux, de léopards, de griffons (n. 305 et 306), d'arbres et de petits oiseaux dorés (n. 2267). Trois, qui servent pour les jours, sont *de aresto* (n. 307) [2]. Trois sont en cendal noir, à lys jaunes et molettes blanches [3] (n. 308).

A Notre-Dame-aux-Nonnains, en 1343, il y a vingt-huit aubes non parées, servant probablement pour les messes ordinaires (n. 915). Mais les aubes parées sont

---

[1] Lalore, *ubi supra*, p. 296 et 297, n. 46 et 58.

[2] Etoffe fabriquée à Arras (Ducange, v° *Arest*).

[3] Molettes d'éperon.

en grand nombre. Pour les fêtes solennelles, trois aubes parées d'une pièce de soie à griffons dorés (n. 917); pour les fêtes doubles, trois autres avec parement de soie à léopards (n. 921); pour les jours ordinaires, trois aubes avec parement de soie rayée (n. 923); pour les offices des morts, trois aubes parées de noir avec molettes brodées (n. 916); pour les messes des morts, les jours ordinaires, trois aubes parées de bouquerant noir à molettes et trèfles (n. 922). Sur le parement d'une autre aube étaient brodées des images relatives à S. Nicolas (n. 919). Le parement d'une autre était de drap d'or avec des roses (n. 920). Les autels de S. Antoine et de S. Phal avaient chacun une aube avec parement de soie (n. 924 et 925). Plusieurs parements servant à parer les aubes sont notés à part (n. 1013).

A la Cathédrale, en 1429, il y avait trente et une aubes, dont vingt-quatre parées et sept non parées (n. 608-611). Dix aubes parées étaient pour les fêtes et onze pour les jours ordinaires.

Saint-Urbain possédait, en 1468, de très belles aubes parées, en toile de lin. L'une, qui servait au doyen les jours de grandes fêtes, était garnie de velours rouge sur les poignets; elle avait, devant et derrière, des parements de soie vermeille, sur lesquels étaient brodées en or, d'un côté, les figures de Notre-Seigneur, et, de l'autre, celles des douze Apôtres. Une autre, garnie sur les poignets de soie perse brodée, avait également deux parements de soie vermeille, sur l'un desquels étaient représentés Notre Seigneur, S. Pierre et S. Paul, et sur l'autre la Sainte Vierge, Ste Catherine et Ste Marguerite. Une troisième était parée de soie perse, semée de vignettes, paons et cerfs-volants. Trois autres portaient devant et derrière des parements *grivolés* de blanc, de pers et de rouge [1].

---

[1] Lalore, *Cartul. de Saint-Urbain*, p. 339-343, n. 70 à 95.

Chez les Cordeliers, en 1527, on trouve six petits carreaux de damas rouge à figures, six de damas blanc, six de soie blanche, pour parer les aubes. Six carreaux servaient pour trois aubes, ce qui indique qu'il y avait parement devant et derrière, au bas de l'aube (n. 1466-1468). En 1572, les Cordeliers avaient cent quatre aubes (n. 2701); en 1610, quarante et une aubes de prêtres et quatre de novices (n. 2765 et 2766).

En 1536, au Saint-Esprit, deux aubes étaient garnies de parements de soie rouge et verte, sur le poing (à l'extrémité des manches) et derrière (n. 1909).

Vers 1563, à Saint-Jean, on dit : *un* aube (n. 2658, etc.). Sur plus de quatre-vingt, il y en a quinze parées, trois de drap d'or, trois de satin blanc, trois de velours rouge, trois de velours pers (bleu), trois de satin rouge (n. 2627-2629).

Au XVIIe siècle, les parements disparaissent et sont remplacés par des dentelles, comme à Saint-Loup en 1662 et à Notre-Dame-aux-Nonnains en 1664. On voit une aube en batiste avec une dentelle de point de Valognes, haute de trente centimètres (n. 1248); plusieurs en toile fine, garnies de dentelles et de trois ou quatre entretoiles de point coupé (n. 1249, 2546-2549); plusieurs garnies de dentelles au métier, hautes de dix centimètres (n. 2548), et une avec dentelle remplie à l'aiguille (n. 2551); plusieurs garnies de passement de Flandre ou autre (n. 1249 et 1250); une avec dentelle de point coupé et bandes de découpure ouvragée (n. 1249). Les aubes plus communes, en grosse toile, étaient garnies de petite neige (n. 2552 et 2553). — On trouve également des aubes à dentelles à Saint-Etienne, en 1704 (n. 2373).

Il y avait sept aubes et huit amicts pour les enfants de chœur à Notre-Dame-aux-Nonnains, en 1664[1].

---

[1] Article omis dans l'inventaire imprimé.

IV. **Collets et Poignets.** — Quand l'amict et
l'aube n'avaient pas de parements adhérents pour le
tour du col, on ajoutait un parement distinct, nommé
collet[1]. De même, il y avait un parement spécial,
nommé poignet, pour l'extrémité des manches[2].

Collets et poignets étaient de même couleur et de
même étoffe que la chasuble. Ils étaient souvent brodés,
soit d'armoiries, soit de scènes religieuses, comme
l'Annonciation, la Nativité, l'apparition du Sauveur à
sa Mère, soit de figures d'Apôtres, etc. (n. 309-327). Il
y a même un collet brodé, en samit noir, qui était
enrichi de perles et de pierres précieuses (n. 319).

On trouve des collets et des poignets à Saint-Etienne
en 1319, à Notre-Dame-aux-Nonnains en 1343, à la
Cathédrale en 1429[3], à Saint-Urbain en 1468[4]. Ensuite, on ne trouve plus de poignets, mais seulement
des collets à Notre-Dame-en-l'Isle en 1523, à Notre-
Dame-aux-Nonnains en 1538, à Saint-Jean en 1562[5].
A Sainte-Madeleine, en 1595, on trouve « un coulleret
et cinq collets à mettre sur des aubes » (n. 1627 et 1630).
Les collets existent encore à la Cathédrale, en 1700,
pour un ornement violet (n. 2416).

V. **Ceintures ou cordons**[6]. — Les inventaires de
Saint-Etienne, de Notre-Dame-aux-Nonnains, au XIVe
siècle, et de Saint-Urbain au XVe, ne parlent pas de
ceintures.

---

[1] *Collerius, Colers, Coulleret* (n. 309, 2377, 1630, etc.), *Colleré* et
Colet à Saint-Urbain, en 1468.

[2] *Poignetus, Poingnetus, Pugnetus* (n. 309, 310, 320, 616, etc.),
Pougnet à Saint-Urbain, en 1468.

[3] N. 309 à 327; — 916, 930 et suiv.; — 615 et 616.

[4] Lalore, *Cartul. de Saint-Urbain*, p. 339-343, n. 70 à 96.

[5] N. 2858; — 1375 à 1381; — 1084 à 1100; — 1310 à 1318.

[6] *Cinctura* en 1429; — *seincture* et *saincture* en 1536 et 1538; —
ceincture en 1595; — *cinture, cincture* et *ceinture* en 1662.

A la Cathédrale, en 1429, on trouve une ceinture de soie à larges franges (n. 613).

Des ceintures sont encore mentionnées dans les inventaires de l'Hôtel-Dieu en 1514, du Saint-Esprit en 1536, de Notre-Dame-aux-Nonnains en 1538, à Saint-Jean en 1563, à Saint-Nicolas en 1566, à Sainte-Madeleine en 1595, à Saint-Loup et à Larrivour en 1662, à Notre-Dame-aux-Nonnains en 1664[1].

A Notre-Dame-aux-Nonnains, en 1538, une ceinture devait être en fil rouge, comme la chasuble (n. 1166); une autre était en fil blanc (n. 1173). Dans la même église, en 1664, il y en avait deux en fil (n. 1258). En 1566, on en trouve cinq en fil blanc à Saint-Nicolas (n. 2824).

A Saint-Loup, en 1662, il y a trois ceintures à double cordon, pour les grandes fêtes (n. 2565). A Notre-Dame-aux-Nonnains, en 1664, on voit treize ceintures de ruban (n. 1258).

VI. Chasubles[2]. —

En tête des chasubles, nous devons citer la chasuble de S. Martin, conservée à Saint-Etienne, où l'on s'en servait encore, en 1704, le jour de la fête. Elle était en soie jaune, *de samitto croceo*, toute brodée en or et argent (n. 285 et 2372). D'après Arnaud, elle était chargée d'une immense quantité de perles et de pierres précieuses. Lorsque le chanoine Jean Bizet de Barbonne eut fait construire, en 1370, la chapelle de Saint-Martin, la chasuble fut placée dans une armoire fermée d'une grille de fer, qui fut faite dans l'épaisseur du mur, à côté de l'autel. En 1837, elle était encore conservée à Troyes, chez un particulier[3]. Nous ne savons ce qu'elle est devenue. —

---

[1] N. 2962; — 1914; — 1166, 1173, 1179, 1182; — 2627 à 2630; — 2824; — 1687 et 1699; — 2565 et 2566; — 2200 et 2225; — 1258.

[2] *Infula* en 1319, *casula* en 1343, *capsula* en 1429.

[3] Arnaud, *Voy. archéol.*, p. 28 et 38. — Dom Martène doutait

L'étole et le manipule accompagnaient la chasuble.

En 1277, à Saint-Urbain, on trouve deux chasubles jaunes, une verte, une rouge, une noire, et une en drap d'or[1].

Il y avait vingt-quatre chasubles à Saint-Etienne, en 1319[2]. Une était en drap d'or et d'argent, dix-sept en samit, deux en camelot; pour les cinq autres, l'étoffe n'est pas indiquée. — Quant à la couleur, outre la chasuble en drap d'or et d'argent, deux étaient blanches, huit rouges, cinq noires, trois jaunes, deux bleues, deux vertes, une brune ou violette « de samitto fusco ». On voit que les chasubles rouges étaient de beaucoup les plus nombreuses. Les jaunes sont indiquées comme servant pour les fêtes des confesseurs (n. 286). Les deux chasubles de camelot étaient noires (n. 297).

Parmi ces chasubles, plusieurs étaient ornées de perles et même de pierres précieuses : sur l'une, il y avait de petites perles autour des oiseaux d'or figurés sur le samit rouge (n. 273); sur une autre, de petites pierreries ornaient le devant (n. 284); une troisième était couverte de pierres précieuses et d'une broderie de perles par-devant et par derrière (n. 293).

La doublure ou la *fourrure,* comme disent les inventaires de 1319, de 1343 et de 1429[3], est toujours en cendal, vert ou jaune pour les chasubles rouges, rouge pour d'autres.

Il y avait une chasuble blanche, une bleue, une rouge, une noire, pour les jours ordinaires.

A Notre-Dame-aux-Nonnains, en 1343, les pro-

---

que cette chasuble fût celle de S. Martin, car elle ne paraissait pas, dit-il, avoir le caractère d'une si grande antiquité. *Voyage littéraire,* t. I, p. 90.

[1] Lalore, *Cartul. de Saint-Urbain,* p. 296 et 297, n. 33-35 et 47-49.

[2] N. 267 à 299.

[3] N. 267 et suiv.; — 916 et suiv.; — 580 et suiv.

portions, pour les couleurs sont bien différentes. Il y a quatre chasubles blanches, deux rouges, deux noires, une violette, une bleue, deux jaunes, cinq dont la couleur n'est pas indiquée, et une en soie brochée d'or ; total : dix-huit [1]. — Un ornement blanc servait pour les fêtes annuelles (n. 917) ; un autre pour les vierges et les fêtes de douze leçons (n. 936) ; un jaune pour les fêtes doubles (n. 2600). — Quant à l'étoffe, cinq chasubles sont en samit, plusieurs en soie, deux en bouquerant, une en futaine, une en cendal, une en velours. Une très belle chasuble, « pulcherrima casula tartara ploncata [2], » est ornée de perles (n. 948). — La doublure de cette belle chasuble est en samit rouge ; les autres doublures sont en cendal, en toile teinte, en toile verte et bleue. — Plusieurs de ces chasubles, notamment celles en futaine et en cendal, étaient pour les petits autels.

La chapelle de Champigny, en 1402, avait quatre chasubles : une en drap d'or, une en drap de damas vermeil, une vieille en drap d'or à étoiles, et une en drap appelé *bourde*, tissu à oiseaux [3]. Sur la seconde, l'inventaire signale un large orfroi historié (n. 2378). — Le damas fait ici son apparition, car il ne figure pas dans les inventaires précédents.

A la Cathédrale, en 1429, sur trente-deux chasubles [4], il y en avait cinq blanches, six rouges, quatre noires, quatre violettes, trois jaunes, deux bleues et une de couleur pers (bleu violet), une verte, une en soie brochée d'or, cinq dont la couleur n'est pas nettement indiquée. L'inventaire ne fait connaître l'étoffe que d'une chasuble violette *de lineto*, et d'une autre en soie brochée d'or. —

---

[1] N. 916 à 960, et 2600.

[2] Etoffe de fabrication tartare, de couleur plombée ou violette, pour le carème.

[3] N. 2377 à 2391. — V. Ducange, v° *Borda*.

[4] N. 565 à 598.

Une chasuble rouge et une jaune servaient pour les fêtes de neuf leçons (n. 566 et 595), une autre rouge pour les dimanches (n. 571); deux blanches, pour les jours ordinaires (n. 570 et 572); trois violettes, pour le carême (n. 588); deux noires, pour les anniversaires des évêques de Troyes et des comtes de Champagne (n. 598); une autre noire, pour les jours ordinaires (n. 565). — Une chasuble est indiquée comme étant « valde lata » (n. 590). — Plusieurs doublures sont en cendal rouge, une en boucassin blanc pour une chasuble violette. — On note qu'une chasuble n'a pas d'orfroi, ce qui indique que les autres en avaient (n. 583). — Une chasuble bleue, à oiseaux d'or, était appelée chasuble de la reine (n. 584).

L'inventaire de Saint-Urbain, en 1468, donne au sujet des chasubles des détails particulièrement intéressants. Aux fêtes solennelles, le doyen mettait une chasuble de soie rouge, brodée de diverses images en or et doublée de soie jaune. Une autre belle chasuble de soie rouge servait également les jours de grandes fêtes. Pour la Fête-Dieu, il y avait deux belles chasubles de soie perse (bleue), l'une semée de couronnes, d'escuraux (écureuils), de papillons et de chiens, l'autre de vignettes, paons et cerfs-volants d'or et de soie. Pour les fêtes de la Sainte Vierge, on se servait d'ornements blancs; pour celles des Apôtres, d'ornements verts; pour celles des martyrs, d'ornements rouges; pour celles des confesseurs, d'ornements jaunes; pour celles des vierges, d'ornements blancs. Au jour du saint commun ou férial, le célébrant prenait une chasuble jaune; les jours de féries, une chasuble de futaine blanche rayée. En carême, il se servait d'une chasuble de soie cendrée virdeant (tirant sur le vert). Il y a aussi une chasuble violette. — Les ornements sont pour la plupart en soie; trois sont en satin, deux en futaine, un en velours; une tunique et une dalmatique sont en boucassin. — Une doublure est en cendal rouge; les autres sont en toile, généralement en toile perse[1].

Les chasubles de l'Hôtel-Dieu, en 1514, sont au nombre de vingt-cinq : six en soie, trois en velours, deux en damas, deux en satin, trois en futaine, deux en drap de laine, une en toile, six sans désignation d'étoffe. — Au point de vue des couleurs, il y en a six blanches (y compris celles de futaine et de toile), deux rouges, trois vertes, deux violettes, une noire; et, en outre, une jaune, une jaune et rouge, une verte et rouge, et une en satin cendré qui servait probablement pour le carême, comme à Saint-Urbain (n. 2858-2880). Il n'y a point de chasuble bleue, bien qu'il y ait une chape de cette couleur.

A Notre-Dame-en-l'Isle, en 1523, il y a neuf chasubles, dont quatre en drap d'or, trois en damas blanc, une en damas noir, une verte[2]. — Une des chasubles en drap d'or est appelée *les pins*, peut-être à cause du dessin de l'étoffe (n. 1380)[3].

Le damas commence à devenir commun; il sera bientôt l'étoffe la plus en usage pour les ornements. Le samit, au contraire, a disparu. Le cendal aussi. Mais on a vu apparaître le satin à Saint-Urbain et à l'Hôtel-Dieu, et le velours va devenir d'un emploi fréquent.

Ainsi, chez les Cordeliers, où il y avait plus de quarante chasubles en 1527[4], on en voit quatre en damas, dix en satin, quatre en velours, sept en soie, une en camelot. La serge et l'ostadine commencent aussi à être employées; il y a cinq chasubles en serge et sept en

---

[1] Lalore, *Cartul. de Saint-Urbain*, p. 339-343.

[2] N. 1373 à 1382.

[3] On peut comparer à cette chasuble plusieurs chapes de Saint-Urbain, semées de pommes de pin. — Lalore, *Cartul. de Saint-Urbain*, p. 337, n. 49 et 51.

[4] N. 1422 à 1450.

ostadine. — Les ornements rouges sont les plus nombreux : il y en a dix-sept ; puis les blancs, sept ; les noirs, six ; les violets, six ; il n'y en a qu'un vert. Mais on trouve une chasuble jaune, une grise, une bleue et une de couleur perse, une de soie changeant, et une de couleurs mêlées. — Parmi les chasubles rouges, une est « de cameloto sanguineo. » — L'ostadine ne sert que pour les ornements noirs ou violets ; la serge pour le rouge et le noir. — En outre de ces ornements, il y en avait d'autres ordinaires pour les fêtes des martyrs, des confesseurs, des vierges, pour les dimanches et les féries.

Un peu plus tard, en 1556, parmi les chasubles des confréries établies chez les Cordeliers [1], on en trouve une en drap d'or, cinq en damas, trois en velours, une en satin, une en serge rouge, une en camelot noir. — Une des chasubles de velours est en velours cramoisi, une autre en velours morée [2]. — Une chasuble, dont l'étoffe n'est pas indiquée, est de couleur jaune.

Dans les visites capitulaires des églises de Troyes, de 1527 à 1534, nous signalerons, à Saint-Nizier, une chasuble rouge en demi-ostadine, étoffe que nous rencontrons pour la première fois (n. 2104) ; — à Saint-Aventin, une chasuble en damas *(damascena)*, semée d'argent, *cesii coloris* (n. 2119). La chasuble rouge est doublée de toile noire.

En 1535, à Sainte-Madeleine, on trouve une chasuble de sergeste, de pers (bleu violet) (n. 1553).

Au Saint-Esprit, en 1536, on trouve plusieurs chasubles en tripe de velours noir, une en taffetas rouge, et une en fil et laine riollée, trois étoffes qui ne figurent pas dans les précédents inventaires. Une chasuble est en ostadine noire, une en camelot blanc, une en camelot rouge, une en velours tanné, une en satin pers. Une

---

[1] N. 2663 à 2675.

[2] Couleur brune.

autre est en soie verte et rouge[1]. — Sur les chasubles noires, les parements ou orfrois sont en futaine blanche. Sur plusieurs autres chasubles, il y a des orfrois d'or de Lucques, chargés d'armoiries, ou historiés de l'Annonciation, de la Visitation, des images de S. Jacques, de Ste Hélène et autres. — Une chasuble rouge est doublée de toile jaune, une autre de toile noire.

A Notre-Dame-aux-Nonnains, en 1538, nous remarquons trois chasubles de futaine blanche, une de toile blanche, une de fil rouge. Deux chasubles sont en taffetas : l'une rouge, l'autre verte. Une est en ostade noire, une en demi-ostade rouge. Une autre est en soie jaune [2]. — Une chasuble rouge est doublée de toile perse.

Quelques particularités méritent d'être relevées dans l'inventaire de Saint-Jean, en 1562. Une chasuble et deux tuniques de velours violet servaient pour la grand' messe des dimanches, probablement en carême (n. 1312). Une chasuble et deux tuniques de demi-ostade blanche servaient pour les messes des morts (n. 1316), ce qui n'empêchait pas d'avoir plusieurs ornements noirs. Une chasuble de satin vert servait pour les fêtes des Apôtres (n. 1319). Pour les grandes fêtes, il y avait un ornement barré de drap d'or et de velours à figures (n. 1307); pour les fêtes principales de la Sainte Vierge, un ornement en damas blanc d'or (n. 1311), et un autre en damas blanc pour les fêtes ordinaires [3]. Sur un ornement noir, les orfrois sont en satin rouge (n. 1314). Enfin, il y a une vieille chasuble en velours brun tanné, et d'autres en toile rayée ou riollée (n. 1323, 2621-2624).

On trouve une chasuble en damas bleu et une en toile

---

[1] N. 1857 à 1864, 1902 à 1928.

[2] N. 1084 à 1095, 1100, 1118, 1133 et 1134, 1166 et 1168, 1170 à 1182.

[3] Cet ornement, oublié dans l'inventaire imprimé, devrait figurer après le n. 1314.

riollée à Saint-Bernard, en 1563 (n. 1952). Il n'y a pas d'ornement violet.

A Saint-Nicolas, en 1566, il n'y a pas non plus de chasuble violette ; mais il y en a une en satin oranger, une en futaine blanche, une en demi-ostade bleue, une en fil et laine et une autre en fil de plusieurs couleurs, une en soie jaune (n. 1780-1785). Les autres, de couleur rouge, blanche et noire, sont en damas. Elles sont garnies d'orfrois devant et derrière. — Une autre chasuble est en drap d'or par-devant, et en soie verte par derrière (n. 2829). — Deux autres ornements sont en drap d'or (n. 2826 et 2827). — Dans la petite chapelle de Belley, il n'y avait qu'une chasuble en fil et laine (n. 2839).

Plusieurs chasubles qui méritent d'être signalées se trouvent dans l'inventaire de Sainte-Madeleine en 1595. Outre une chasuble en drap d'or et diverses chasubles des cinq couleurs liturgiques, en satin, damas, velours, demi-ostade et camelot, on voit : une chasuble jaune (n. 1618), deux chasubles orange (n. 1622 et 1630), une en camelot bleu, avec parements orange (n. 1629), deux en camelot tanné (n. 1626 et 1644). Une chasuble noire, pour le service des Trépassés, est en boucassin (n. 1620). Une vieille chasuble d'oripeau[1] sert pour la messe de S. Quirin (n. 1631). Pour la messe du Saint-Sacrement, on se sert d'un ornement de camelot rouge (n. 1634 et 1648), et d'un de satin blanc pour la messe de la Sainte Vierge (n. 1623).

Vers la même époque, on trouve à Saint-Loup des chasubles en damas, satin, velours, des diverses couleurs liturgiques, plus une en damas pers (n. 802), et deux en serge, l'une rouge, l'autre noire (n. 801 et 816).

On trouve encore une chasuble jaune et cinq bleues chez les Cordeliers en 1610 (n. 2744 et 2759). Une des chasubles bleues est en velours, deux autres en taffetas.

---

[1] *Oripeau*, étoffe en or faux.

Deux chasubles bleues servaient pour le carême. Il n'y a
pas de chasuble violette.

En 1632, chez les Cordeliers, et en 1662, à Larrivour, le
mot *chasuble* est du masculin (n. 2804, 2157-2170).

Pour la première fois, on trouve des chasubles en tabis
à fleurs en 1662, dans l'inventaire de Saint-Loup (n. 897
et 899). Cette étoffe était assez belle pour servir aux
grandes fêtes, soit pour les messes basses, soit même
pour la grand'messe. Une chasuble de satin damassé
servait aux fêtes de seconde classe (n. 898). Pour les
dimanches et fêtes, il y avait des chasubles de tabis,
de damas, de camelot et de taffetas (n. 899).

La même année 1662, à Larrivour, il y avait, outre les
ornements des cinq couleurs liturgiques, une chasuble
en damas incarnat (n. 2164), une chasuble bleue et une
violette, servant pour l'Avent et le Carême (n. 2170). Une
autre était en toile d'or en broderie, avec les tuniques en
damas de couleur tirant sur l'oranger (n. 2159).

Les ornements de Notre-Dame-aux-Nonnains, en
1664, sont de toute beauté. En plus des ornements en
velours, en satin et en damas, il y en a en brocart d'or
et d'argent, en brocart de soie, en toile d'argent, en drap
d'or et d'argent, etc. (n. 1219-1242). Il n'y en a plus que
des couleurs liturgiques.

A Saint-Pantaléon, en 1670, on trouve une chasuble
rouge pour servir aux messes d'ordinaire des mercredis
et vendredis (n. 1751), et une blanche pour les mardis,
jeudis et samedis (n. 1752). On voit aussi une chasuble
de ligature blanche et rouge, pour servir tous les jours
aux petites messes (n. 1753), et une chasuble verte en
ligature de soie (n. 1749).

La couleur bleue se retrouve encore à Saint-Remy en
1700 (n. 2009 et 2010), où l'on voit aussi une chasuble
de velours brun (n. 2018). Les étoffes sont le damas, le
satin, le camelot, le taffetas, le velours et la tripe de
velours.

A la Cathédrale, aussi en 1700, il y a une chasuble de tabis violet (n. 2416).

C'est à Saint-Pantaléon, en 1670, que nos inventaires mentionnent pour la première fois la croix qui est aujourd'hui derrière toutes les chasubles. Sur une chasuble rouge, il y a une croix de fine broderie, avec plusieurs images (n. 1739). Sur une chasuble blanche, au milieu de la croix, on voit l'image de la Sainte Vierge, et, au bas, celle de S. Pantaléon, en fine broderie (n. 1746).

Le tour du col, qui sert maintenant de garniture à toutes les chasubles, est noté à Saint-Remy en 1700 (n. 1991 et 1992).

VII. **Etoles et Manipules.**—Les étoles et manipules accompagnent toujours les chasubles et les tuniques, et sont de même étoffe et de même couleur, souvent enrichis de figures en broderie, doublés au xive siècle de cendal bleu, jaune, rouge ou vert, et plus tard de simple toile [1].

A Notre-Dame-aux-Nonnains, en 1343, trois étoles sont en fil blanc (n. 955, 958 et 1063). Les manipules y sont désignés sous le nom de *feniculi* (n. 916, 930, etc.), et plusieurs sont aussi en fil blanc.

A la chapelle de Champigny, en 1402, le manipule est appelé *fanon* (n. 2377); en 1468, *manipulum,* au pluriel *manipulons*[2]*;* en 1523 et plus tard, *manipulon* (n. 1381, 1857, etc.).

A Saint-Urbain, en 1468, on trouve un manipule de soie rouge avec une chasuble de soie perse, et des étoles et manipules de futaine blanche avec une chasuble de soie jaune [3].

Deux étoles, une en toile d'or, l'autre en damas blanc,

---

[1] N. 309 à 327, 342 ; — 916, 930 à 961, etc.

[2] Lalore, *Cartul. de Saint-Urbain,* p. 339 et suiv.

[3] Id., *Ibid.,* p. 341 et 343, n. 79 et 95.

servaient en 1566, à Saint-Nicolas, pour donner la sainte communion (n. 1788). Une autre, en damas rouge, servait à porter les reliques, en 1535, à Sainte-Madeleine (n. 1531).

En 1700, à Saint-Remy, deux étoles et deux manipules sont en toile de chanvre, bien que servant à des chasubles de taffetas et de damas (n. 1988 et 1989).

La même année, à la Cathédrale, une étole brodée or et argent servait probablement pour l'exposition du Saint-Sacrement (n. 2421), et une étole de velours noir, semé de larmes d'argent, devait servir pour les funérailles (n. 2422).

VIII. **Tuniques et Dalmatiques** [1]. — Comme les étoles et les manipules, les tuniques et les dalmatiques sont presque toujours de même étoffe et de même couleur que les chasubles. Elles étaient en grand nombre, à cause du grand nombre de messes chantées. La tunique servait pour le diacre, et la dalmatique pour le sous-diacre [2].

A Saint-Etienne, en 1319, de même qu'il y avait le *Pallius Comitis*, il y avait aussi la *Tunicla Comitis*, noire avec des raies bleues (n. 276), et la *Domatica Comitis*, bleue avec des raies blanches (n. 277). — Une vieille tunique en samit rouge, semé de talents et de croissants, servait pour la fête des Fous (n. 274).

En 1429, à la Cathédrale, une dalmatique bleue porte des franges (n. 579).

En 1538, le nom de dalmatique a disparu, et l'on ne parle plus que de tuniques (n. 1084 et suiv.).

Chez les Cordeliers, en 1556, on trouve une chasuble, deux tuniques et deux tunicelles pour les confréries

---

[1] *Tunicla* et *Domatica* en 1319 ; — *tunica, domatica,* en 1343 et 1429 ; — *tunique* et *dalmatique* en 1402 ; — *tunicque* et *damaticque* en 1514 et 1523 ; — *dalmatica* en 1527.

[2] Lalore, *Cartul. de Saint-Urbain*, p. 340, n. 75.

(n. 2664). Chez eux encore, en 1610, on voit quatre paires de tuniques pour les novices (n. 2772).

En 1562, à Saint-Jean, deux petites tuniques et deux petites chapes de damas servaient aux enfants de chœur (n. 1340).

A Saint-Bernard, en 1563, il y avait deux tuniques de toile riollée (n. 1945).

IX. **Chapes.** — Les chapes sont extrêmement nombreuses; au XIVᵉ siècle, il y a trois chapes pour une chasuble.

En 1319, à Saint-Etienne, il y avait vingt-quatre chasubles, trente-huit tuniques et dalmatiques, et quatre-vingt-quatre chapes. La plupart sont en samit, et, de même que les chasubles, de couleur rouge. Plusieurs sont en drap d'or; sept sont jaunes, onze bleues plus ou moins foncées, quatre vertes, deux blanches, et seulement une noire. Trois sont diaprées, et, pour dix-sept autres, la couleur n'est pas indiquée. Il n'y en a pas de violettes. — Plusieurs de ces chapes sont fort belles, entre autres la chape du doyen du Chapitre, en samit bleu à figures, griffons et lettres d'or, avec un tassel d'or chargé de pierres précieuses (n. 347). — Sur une chape en samit rouge, sont brodées en or les scènes de la Passion (n. 352). — Cinq chapes, dont la couleur n'est pas désignée, servaient aux fêtes des Apôtres (n. 363).

En 1343, à Notre-Dame-aux-Nonnains, on trouve plusieurs chapes en cendal, et une en bouquerant noir (n. 962).

A Saint-Urbain, en 1468, il y avait trente-six chapes. Les plus belles étaient : celle du doyen, en samit vermeil, brodée de léopards d'or, avec une grande image et deux anges, probablement sur le chaperon; celles du chantre, en soie rouge; celle du trésorier, en soie cendrée, semée de paons d'or; une autre chape appelée *argentée*. Les chapes rouges servaient aux fêtes solennelles et pour les martyrs; les vertes, pour les Apôtres et pour d'autres fêtes doubles; les blanches, pour les vierges; les jaunes pour les confesseurs. Trois chapes, appelées *les manteaux*, servaient les jours ordinaires. Une chape de futaine noire, pour les jours fériaux. Une chape, tirant sur le brun, est « à aler à la fumée aux festes années. » Une autre, verte, « est celle à la fumée aux bons jours »[1].

Au xvie siècle, la plupart des chapes sont en damas et en velours. Assez souvent, les chapes noires sont en camelot. Il y a aussi des chapes en taffetas, en satin, en demi-ostade, en serge, quelques-unes en drap d'or. En 1563, à Saint-Bernard, il y en a une en toile jaune damassée de rouge (n. 1946). — Sauf cette dernière, on ne voit plus de chapes jaunes qu'à Saint-Loup (n. 799); mais il y en a encore de couleur bleue en 1523 (n. 1370), en 1544 (n. 725), en 1562 (n. 1317).

En 1566, il y a une chape en taffetas violet à Saint-Nicolas (n. 2825). A la fin du xvie siècle, il y en a trois violettes et quatre vertes à Saint-Loup (n. 794 et 799).

A Saint-Jean, en 1562, on trouve une petite chape, servant à un petit enfant à la procession (n. 1320), et deux autres pour les enfants de chœur (n. 1340).

Au xviie siècle, outre beaucoup de chapes en damas ou en satin damassé, on en voit en tabis (n. 897), en brocart d'or et d'argent (n. 1226), en toile d'argent (n. 1230), en gros de Naples (n. 1231), en ligature verte de soie (n. 1749). — A Saint-Remy, en 1700, il y a encore deux chapes bleues (n. 2003), et deux autres couleur gris de souris (n. 2002).

Les *chaperons* sont mentionnés pour la première fois sous ce nom, en 1514, à l'Hôtel-Dieu, où l'on voit, sur un chaperon de soie semée de fleurs, un saint Barthélemy qu'on écorche (n. 2859). En 1670, à Saint-Pantaléon, ils sont enrichis de broderies, représentant le

---

[1] Lalore, *Cartul. de Saint-Urbain*, p. 336-338.

Sauveur en croix, avec la Sainte Vierge et S. Jean
(n. 1737), le trépassement de la Sainte Vierge (n. 1738),
S. Pantaléon (n. 1737). D'autres chaperons sont semés
de fleurs de lys d'or (n. 1740).

Les *agrafes, fermoirs* ou *mors de chapes* étaient une
des richesses des chapes en 1319 à Saint-Etienne. On
les appelait *tasselli* ou *taxelli*. Plusieurs sont en or, en
vermeil ou en argent, et enrichis de nombreuses perles
et pierreries; d'autres, qui sont en cuivre argenté ou
doré, sont également couverts de pierres précieuses; un
assez grand nombre sont en cuivre, et trois en cristal
(n. 347-399). — Plusieurs de ces tassels sont ornés de
figures ciselées; sur l'un, était représenté un berger avec
ses brebis et son chien (n. 387); sur un autre, trois petits
lions (n. 395); sur un troisième, les armes de Champagne
et de Navarre (n. 397). — Quelques-uns étaient émaillés;
sur l'un d'eux, l'émail représentait la Sainte Vierge et
S. Etienne (n. 399). — Plusieurs étaient de forme ronde,
et l'un d'eux était *ad modum speculi* (n. 347 et 377).

A ces tassels s'ajoutaient des *pommelli*, sorte de
boutons qui devaient servir à fixer le tassel. La plupart
étaient en cuivre, plusieurs en cuivre doré, quelques-
uns étaient en cristal, d'autres en argent simple ou
émaillé (n. 347-399).

Aucun autre inventaire ne fait mention des agrafes
de chapes, jusqu'à celui de Saint-Pantaléon, en 1670,
où il est parlé de trois chapes ayant chacune trois
agrafes et trois portes d'argent (n. 1737).

X. **Orfrois de chasubles et de chapes**[1]. — Les
ornements sacrés sont généralement garnis d'orfrois,
et souvent devant et derrière, comme les chasubles

---

[1] *Orfroi, orfroisium*, en 1319; — *orfreyum* et *orfrosium*, en 1429;
— *parement* en 1468; — *fimbriæ* et *aurificia*, en 1527; — *offroy*,
osfroy, au XVIᵉ siècle; — *orfrai, bande*, en 1662.

de Saint-Urbain en 1468 (n. 88), et de Saint-Nicolas en 1566 (n. 1773 et 1776).

A Saint-Etienne, en 1319, une étole et un manipule étaient faits « de panno aureo d'orfrois » (n. 317). Une chape verte était « ad orfrois de imaginibus » (n. 392). Une mitre « de orfroisio et de fustana » devait être en futaine avec orfrois ou galons d'or (n. 336).

Les orfrois étaient souvent historiés, comme ceux de la chape dont nous venons de parler, et comme un large orfroi qui ornait, en 1402, une chasuble de la chapelle de Champigny (n. 2378). Les sujets indiqués par nos inventaires du xvi⁰ siècle sont : en 1535, à Sainte-Madeleine, S. Pierre et S. Paul, l'Annonciation et le Couronnement de la Sainte Vierge (n. 1524 et 1548);— en 1536, au Saint-Esprit, l'Annonciation et la Visitation, S. Jacques et Sᵗᵉ Hélène (n. 1907 et 1908); — en 1563, à Saint-Bernard, un S. Bernard, probablement de Menthon (n. 1943).

Les orfrois étaient souvent en or de Chypre, comme à Notre-Dame-en-l'Isle, en 1523 (n. 1372), au Saint-Esprit en 1536 (n. 1903), à Saint-Bernard en 1563 (n. 1943); — ou en or de Lucques, comme au Saint-Esprit en 1536 (n. 1901-1928). On appelait or de Chypre et or de Lucques un fil de soie recouvert de fil d'or, que l'on fabriquait en Chypre et à Lucques, et qui était fort employé pour les broderies.

On trouve également des orfrois de pers or et de damas figuré d'or, à Sainte-Madeleine en 1535 (n. 1524 et 1527); — de soie figurée, au Saint-Esprit en 1536 (n. 1906); — de futaine, à Notre-Dame-aux-Nonnains en 1538 (n. 1179); — de satin, à Saint-Jean, à Saint-Bernard et à Saint-Nicolas, de 1562 à 1566, ainsi qu'à la Cathédrale en 1700[1]; — de fil, de fil et laine, de serge, à

---

[1] N. 1314 et 1317, 1779 et 1780, 1942, 2418 et 2462, 2486 et 2487.

Saint-Nicolas en 1566 (n. 1782-1784); — de demi-ostade, de tripe de velours, de velours, à Saint-Bernard et à Saint-Nicolas en 1563 et 1566, à Larrivour en 1662 et à la Cathédrale en 1700[1]; — de droguet, à Saint-Loup en 1651 (n. 2504); — de tapisserie, à Saint-Loup en 1651 (n. 2503) et à Saint-Remy en 1700 (n. 2014); — de ligature, de tabis d'argent à fleurs d'or, à Saint-Loup en 1662 (n. 899, 8°, et 900, 15°); — de damas, de brocart d'or et d'argent, de taffetas, à la Cathédrale en 1700 (n. 2413, 2456, 2459, 2465).

Beaucoup d'orfrois sont en broderie, comme à Saint-Jean en 1562 (n. 1308), à Saint-Nicolas en 1566 (n. 1772 et 1773), chez les Cordeliers en 1597 (n. 2669), et surtout à Saint-Loup en 1662, où l'on trouve des orfrois à images en broderie d'or uni et d'or nué (n. 898-900). Il en était de même à la Cathédrale en 1700 (n. 2415 et suiv.).

A Saint-Loup, en 1662, un orfroi est bordé de laine de soie (n. 899, 7°).

Chez les Cordeliers, en 1572, il y avait une pièce de satin vert pour refaire les orfrois des chasubles communes (n. 2699).

L'agencement des orfrois sur les ornements, au point de vue des couleurs, mérite d'être signalé en quelques points.

Les orfrois d'or, d'argent et de broderie, s'adaptent à toutes les couleurs.

Les orfrois blancs conviennent aux ornements noirs (n. 1179, 2418, 2486 à 2488) et verts (n. 2865).

Les orfrois rouges s'appliquent aux ornements blancs (n. 1775, 1942, etc.); — aux ornements verts (n. 1944, 2872); — aux ornements jaunes (n. 1133, 1784); — et même aux ornements noirs (n. 1314).

Les orfrois verts se rencontrent sur des ornements blancs (n. 1993 et 1998) et rouges (n. 1449, 2104).

---

[1] N. 1775 à 1777, 1781, 1944, 2159, 2419, etc.

Les orfrois jaunes se trouvent sur le blanc (n. 1999), le bleu (n. 1317, 2003 et 2009), et le vert (n. 2413).

Les orfrois bleus se voient sur des ornements rouges (n. 2476), et sur une chasuble de satin oranger (n. 1780).

Des orfrois violets sont appliqués à un ornement blanc (n. 898, 1º). On voit aussi des orfrois en velours violet sur des chapes en damas de même couleur (n. 2483).

Des orfrois en velours noir, semé de larmes et de têtes de morts en broderie, se voient sur des ornements en damas noir (n. 2419 et 2489).

Des orfrois de tannelle, de soie couleur de tannelle, de futaine blanche de tannelle [1], se voient en 1538 à Notre-Dame-aux-Nonnains sur des ornements rouges (n. 1134), violets (n. 1153), noirs (n. 1093 et 1179). On trouve aussi des orfrois de satin tanné sur une chasuble de damas noir, à Saint-Nicolas, en 1566 (n. 1779).

Notons enfin des orfrois de fil sur une chasuble bleue (n. 1782), aurore et blanc, or et vert, sur des chapes vertes à la Cathédrale en 1700 (n. 2479 et 2480).

Les orfrois ont été quelquefois remplacés, comme à Saint-Pantaléon en 1670, par des passements d'or fin ou d'or faux (n. 1740-1749). A Saint-Loup, en 1662, des chapes sont garnies d'une dentelle d'or fin large de trois doigts, et de frangeons d'or fin ; des chasubles ont des galons, passements, molets et frangeons, également d'or fin (n. 897-900). Les galons remplacent aussi les orfrois à Saint-Remy en 1700 (n. 1988 et 1995).

XI. — Les surplis, *supellicia,* complètent la série des vêtements liturgiques. On en trouve quatre à Notre-Dame-aux-Nonnains, en 1343 (n. 927). A Sainte-Madeleine, en 1595, il y a trois *surpelis,* l'un de lin et deux de chanvre (n. 1688). Chez les Cordeliers, en 1572, il y avait quarante-et-un *serpelis* (n. 2701).

La couleur de tannelle est brune, couleur de tan.

Les enfants de chœur se servaient de surplis pour la messe et les offices. A Saint-Aventin, en 1527, « supelliciis carent, nisi propter parvulos infantes » (n. 2122). A Saint-Bernard et à Saint-Jean, en 1563, il y a quelques petits *serpelis* ou *surpelix* pour les enfants (n. 1952, 2641 et 2646). De même chez les Cordeliers, on trouvait avec les surplis des prêtres, les surplis des novices ou des enfants [1].

Les inventaires de Saint-Loup, de 1651 et 1662, notent que les surplis pour les enfants ou acolytes étaient à longues manches et garnis de dentelles (n. 2534 et 2554).

XII. — Mentionnons enfin les écharpes blanches et rouges, en gros de Naples, garnies de molets et de franges d'or ou d'argent fin, qui, dans l'inventaire de Saint-Loup, en 1662, sont jointes aux ornements (n. 897, 900).

On ne trouve pas une seule mention de la barrette, car on ne peut pas prendre en ce sens les deux *capitegia*, l'un rayé, l'autre de couleur jaune, dont parle en 1429 l'inventaire de la Cathédrale (n. 592).

XIII. **Purificatoires**[2]. — Les purificatoires ne sont désignés sous ce nom, dans nos inventaires, qu'au milieu du XVIIe siècle. Auparavant, ils étaient probablement compris dans les *manutergia altaris* mentionnés en 1343 à Notre-Dame-aux-Nonnains (n. 928).

A Sainte-Madeleine, en 1595, on trouve six corporaliers garnis de leurs corporaux, linges et volets (n. 1680). Ces linges doivent être des purificatoires.

En 1662, il y a quatre-vingts purificatoires à Larrivour (n. 2203). La même année, à Saint-Loup, il y a quatre grands purificatoires à grande dentelle de point

---

[1] N. 2768 et 2769, 2791 et 2795.

[2] Sur les purificatoires, pales et corporaux, voir Lalore : *Mélanges liturgiques,* 1re série, p. 204-210.

coupé, plus vingt autres à grande dentelle et deux douzaines à petite dentelle (n. 2572-2574). De même, en 1664, à Notre-Dame-aux-Nonnains, sur sept douzaines de purificatoires, il y en a une à dentelle (n. 1252).

Quatre purificatoires en toile de lin furent donnés à Saint-Remy en 1672 (n. 2041). Dans la même église, les corporaux et purificatoires étaient serrés ensemble dans une boîte de sapin (n. 2019).

XIV. **Pales ou volets.** — Les volets ou pales apparaissent pour la première fois, dans les inventaires, en 1535 à Sainte-Madeleine, où l'on voit un volet ouvré de fil d'or (n. 1552).

En 1536 au Saint-Esprit, en 1538 à Notre-Dame-aux-Nonnains, et dans toutes les autres églises au XVIᵉ siècle, les corporaliers sont garnis de leurs corporaux et volets en toile de lin[1].

En 1610, chez les Cordeliers, on trouve six volets de calices, dont un avec des anges et les quatre évangélistes en broderie (n. 2773).

Le nom de *pales* se rencontre, pour la première fois, dans l'inventaire de Saint-Loup, en 1651, où l'on trouve dix pales de toile et neuf autres en tabis, damas, camelot, velours, drap d'or et gros de Naples. Ces neuf dernières pales sont des diverses couleurs liturgiques; il y en a même deux noires. La plupart sont ornées d'une croix de passement d'or ou de soie (p. 291, n. 3). — A Notre-Dame-aux-Nonnains, en 1664, il y a treize pales (n. 1259).

A la même époque, à Larrivour, on trouve six volets tant rouges que blancs, un en damas incarnat, un en camelot noir et un autre violet (n. 2154-2169).

---

[1] N. 1896; — 1097 à 1101, 1145 et 1146, 1167 et 1172; — 1324 et 1329; — 1670 et 1680; — 1817; — 2690 et 2691.

XV. Corporaux et Corporaliers. — A Saint-Urbain, en 1277, est mentionnée une *bursa ad reponendum corporalia*[1]. A Saint-Etienne, en 1319, on voit deux corporaliers, *custodes corporalium*, avec crucifix en broderie (n. 334).

En 1343, l'inventaire de Notre-Dame-aux-Nonnains mentionne trente-deux *corporalia altaris*, renfermés dans de petits coffrets (n. 972). Il note également plusieurs corporaliers, qu'il nomme *repositoria ad corporalia reponenda;* deux sont en soie, et, sur l'un, il y a l'image de S. Louis (n. 1027 et 1052).

Dans l'inventaire de la chapelle de Champigny, en 1402, on voit un *étui à corporaux,* bordé de drap d'or, avec images sur le couvercle (n. 2389), et deux *pièces de corporaux* (n. 2380).

A la Cathédrale, en 1429, le corporalier porte le nom de *repositorium corporalium* et celui de *bourse* (n. 513 et 591).

A Saint-Aventin, en 1527, les corporaliers sont appelés *corporalium thecæ* (n. 2119, note 4); à l'Hôtel-Dieu, en 1514, *étuis à corporaux* (n. 2905); à Saint-Nizier, en 1535, *capsæ corporalium* (n. 2105).

Les corporaux, dans toutes les églises, au XVIe siècle, sont en toile de lin, comme les pales [2].

Les corporaliers du Saint-Esprit, en 1536, sont en drap d'or, en satin, en damas; il y en a deux rouges, un blanc et un bleu. Tous sont ornés de belles images en broderie (n. 1892-1896)[3]. Dans la petite chapelle de Souleaux, il y a un petit corporalier de bois peint, à

---

[1] Lalore, *Cartul. de Saint-Urbain*, p. 295, n. 19.

[2] N. 1099, 1669 et 1670. — A Saint-Jean, on écrit : *un corporot* (n. 1329).

[3] Il en est de même en 1538 à Notre-Dame-aux-Nonnains (n. 1101, 1145 à 1147), et à Sainte-Madeleine en 1535 (n. 1505 à 1508). On en voit même un qui est garni de petites perles (n. 1506). Voir aussi à Saint-Loup, en 1544 (n. 733).

couvercle coulant (n. 1929). — On trouve aussi plusieurs corporaliers de bois, en 1538, à Notre-Dame-aux-Nonnains (n. 1097 et 1167).

En 1566, à Saint-Nicolas, il y a cinq corporaliers, deux rouges, deux bleus et un noir, en damas, satin et velours (n. 1817).

A Sainte-Madeleine, en 1595, un petit corporalier est garni d'un petit *cuissinet* de damas blanc (n. 1681); un autre, en drap d'or, servant probablement à porter le saint Viatique, était muni d'un étui de cuir (n. 1681).

Chez les Cordeliers, en 1627, il y a vingt-sept boîtes pour bourses et corporaux (n. 2787). A Larrivour, en 1662, on trouve des corporaliers en broderie, en damas incarnat, en camelot noir, etc. (n. 2152-2169). A Saint-Loup, à la même date, il y a plusieurs corporaliers en tabis à fleurs, en damas, satin, velours, et un de frise d'or, tous garnis de passements et franges d'or, d'argent ou de soie (n. 897-900). Notons aussi une bourse d'un vert mourant (n. 2516). Aux jours de fêtes, on mettait les beaux corporaliers sur l'autel, pour l'orner, comme à Saint-Jean en 1562 (n. 1330), et ailleurs.

A Saint-Loup, les corporaux étaient garnis de passement, de dentelle ou de petite neige (n. 2543, 2567-2569). Déjà, en 1595, à Sainte-Madeleine, on voit « un *corporau* de toile de lynompe, brodé façons et ouvrages » (n. 1669).

Le corporalier est appelé *bourse de corporalier* à Notre-Dame-aux-Nonnains, en 1664 (n. 1232 et 1240), et simplement *bourse* à Saint-Remy, en 1700 (n. 2032).

Le soin des corporaux était confié à un clerc. Plusieurs fois, dans les visites capitulaires de 1526-1527, on note que les corporaux ne sont pas assez propres, *non satis munda* (n. 1967), ou que les linges sacrés sont en mauvais état, *lintea sordida* (n. 2092), et qu'à Saint-Remy, par exemple, il faudrait les laver à peu près tous les mois, à cause du grand nombre de messes (n. 1967). A Saint-Denis, les délégués du Chapitre prescrivent de les purifier chaque année, et de les donner dans ce but aux religieuses de Foissy ou à d'autres (n. 2092)[1]. Mais, dans certaines autres églises, comme à Saint-Frobert, les nappes, corporaux et autres linges sacrés, sont resplendissants de propreté, *munditie splendida* (n. 2077)[2].

XVI. **Voiles de calice.** — Jusqu'au milieu du XVIe siècle, on n'en voit pas trace dans nos inventaires, à moins que les deux *cooperturæ* de soie, *ad calicem cooperiendum,* mentionnées en 1343 à Notre-Dame-aux-Nonnains, ne soient des voiles de calice (n. 1024 et 1025). En 1572, chez les Cordeliers, on trouve « dix serviettes à porter le calice », qui nous semblent être des voiles de calice (n. 2703).

Mais, au XVIIe siècle, on trouve des voiles dans tous les inventaires : en 1627, chez les Cordeliers (n. 2783-2786); en 1662, à Saint-Loup (n. 897-900), et à Larrivour (n. 2155, 2168 et 2169); en 1664, à Notre-Dame-aux-Nonnains (n. 1219-1240); en 1700, à Saint-Remy (n. 2007 et 2032); en 1734, à la Cathédrale (n. 2499).

Le voile était, naturellement, de même couleur et de même étoffe que l'ornement. Souvent, comme à Saint-Loup et à Notre-Dame-aux-Nonnains, ils étaient richement brodés et garnis de galons, passements et franges d'or, d'argent ou de soie.

---

[1] Lalore, *Mélanges liturgiques,* 1re série, p. 204-210. — Les religieuses de Foissy étaient autorisées, par un indult du 28 février 1502, à laver les corporaux.

[2] Dans les Statuts synodaux de Troyes, de 1207 à 1374, on lit : « Les linceaulx de l'autel, especialement les corporaulx, doyvent souvent estre lavés et tenus netz pour la reverence de Nostre Seigneur. » Lalore, *Ancienne Discipline du diocèse de Troyes,* t. II, p. 47. — Les Statuts synodaux de 1647 et de 1652 recommandent aux prêtres « d'être soigneux de changer leurs corporaux tous les mois, et purificatoires tous les huit jours. » Id., *Ibid.,* t. III, p. 151 et 173.

XVII. — Tous les *habits d'autel* et *aornements*, comme on disait à Saint-Loup au xvie siècle (n. 735 et 778), étaient soigneusement gardés à la sacristie dans des coffres ou des armoires[1]. A Saint-Urbain, par exemple, en 1468, on trouve des *rochets* de toile pour envelopper les chasubles et les chapes[2]. A Saint-Aventin, en 1527-1536, ils sont « honeste deposita in loculis, in capsis ligneis » (n. 2119). A Notre-Dame-aux-Nonnains, en 1343, une belle chasuble de soie à griffons d'or était recouverte « de quadam camisia telæ pro ipsa casula custodienda » (n. 917). A Saint-Jean, en 1562, on voit trois belles chapes garnies de leurs *toilettes* (n. 1307). A Saint-Remy, en 1700, trois chapes en drap d'or sont accompagnées d'une couverture (n. 1996).

L'ornement complet prenait, au xve siècle, le nom de *chapelle,* comme on le voit par le testament de Louis Raguier, évêque de Troyes, qui lègue à la Cathédrale, en 1485, trois chapelles en damas, en velours noir et en drap d'or, comprenant chacune trois chapes, une chasuble, une tunique et une dalmatique, trois aubes et trois amicts parés, et un dessus ou devant d'autel[3]. Le même nom de *chapelle* se trouve en ce sens chez les Cordeliers, en 1610 (n. 2740-2746).

A Saint-Loup, en 1662, le *complément* comprenait, pour chaque couleur, le dessus et le devant d'autel, une ou même plusieurs chasubles, deux tuniques, trois chapes, un voile de calice et un corporalier, des rideaux et mantelets, un pavillon et un dais pour le Saint-Sacrement, une écharpe, un coussin, des bannières, etc. (n. 897-900). — Voir aussi à la Cathédrale en 1700 (n. 2412-2420).

---

[1] *Armalia* (n. 129); *Armariola* (n. 1069); *armoires, armaires, aumaires,* au xvie siècle; *mect* à couvercle plat (n. 1960); *buffet des beaux ornements* (n. 2375); etc.

[2] Lalore, *Cartul. de Saint-Urbain,* p. 336-340, n. 43, 69, 73, 75.

[3] Lalore, *Obituaires,* p. 187.

Par l'inventaire de l'Hôtel-Dieu en 1514, on voit que l'on faisait faire à Lyon les ornements d'église, même ceux qui étaient achetés à Troyes (n. 2858).

XVIII. — Quelques insignes épiscopaux ou abbatiaux sont aussi mentionnés dans nos inventaires. Ce sont :

1º L'*anneau*. Outre un anneau de fer, qui avait appartenu à S. Thomas de Cantorbéry (n. 36), le trésor de Saint-Etienne possédait, en 1319, deux anneaux pontificaux en or, avec pierres précieuses (n. 35), un anneau d'or, avec saphir, de maître Jean de Montmaur (n. 37), et plusieurs autres anneaux d'or, d'argent et de fer (n. 40, 229 et 2259). — A Saint-Loup, en 1662, il y avait un anneau antique, avec grenat de grand prix, sur la couverture du texte donné par Henri le Libéral (n. 836); cet anneau, dont nous avons parlé plus haut[1], était celui de Marie de France, femme du comte Henri. Il y avait, en outre, un grand anneau d'abbé, fort ancien, d'argent doré, avec plusieurs pierreries (n. 864).

2º La *crosse*[2]. L'inventaire de Saint-Etienne ne mentionne pas de crosse; il parle seulement du bâton de S. Thomas de Cantorbéry, qui était recouvert d'argent (n. 333 et 432). — A la Cathédrale, en 1429, il y avait un bâton pastoral en cuivre (n. 606). A Montier-la-Celle, en 1499, la crosse abbatiale était très belle et de grande valeur (n. 2124). A Saint-Loup, en 1544, la grande crosse de l'abbé se démontait à vis en quatre morceaux (n. 709); elle était en vermeil ciselé et émaillé, et ·pesait quatorze marcs quatre onces (plus de sept livres); il en était fait mention dans un ancien titre de 1435 (n. 861). En 1343, à Notre-Dame-aux-Nonnains, il y avait deux crosses d'abbesse; les bâtons étaient de bois, et les

---

[1] P. CXXXVI.

[2] Voir, au trésor de la Cathédrale, les crosses des évêques Hervée, Nicolas de Brie et Pierre d'Arcis.

volutes *(croçonni)* de cuivre (n. 1021). Mais, en 1664, cette simplicité n'était plus de mise; la crosse de l'abbesse était en vermeil et pesait douze marcs (n. 1202).

3⁰ La *mitre*. Il y avait plusieurs mitres à Saint-Etienne en 1319; l'une était en samit, avec des anges brodés en or, et couverte de pierres précieuses (n. 335); une autre était en futaine avec orfrois (n. 336); la troisième, non décrite, avait appartenu à Pierre de Reims (n. 337). — A la Cathédrale, en 1429, il y avait huit mitres épiscopales antiques, de médiocre valeur (n. 605). Le Chapitre prêtait quelquefois crosse et mitre à l'évêque, comme il fit à l'évêque Caracciole, à l'occasion de son sacre et en d'autres circonstances[1]. — Saint-Loup gardait, en 1544, la mitre de son dernier abbé régulier, Nicolas Prunel (n. 734).

4⁰ Les *gants (cerotecæ)*. La Cathédrale avait, en 1429, une paire de gants épiscopaux (n. 607).

5⁰ Les *bas (caligæ)*. Ceux que l'on conservait à la Cathédrale, en 1429, étaient de soie bleue, brodée de fleurs de lys et d'étoiles, de soie rouge à fleurs de lys, de soie bleue à vignettes *(vignotatæ)* ou à griffons (n. 599-602).

6⁰ Les *sandales (sotulares)*. Il y en avait deux paires à la Cathédrale, toutes deux en soie, et l'une à nœuds ou boucles d'argent (n. 603 et 604).

7⁰ Les *bâtons de chantre*. En 1343, à Notre-Dame-aux-Nonnains, la sœur *cantrix* avait un bâton en bois, de cuivre à l'extrémité supérieure (n. 1022). — A la Cathédrale, en 1611, le bâton du chantre était couvert d'argent, semé de fleurs de lys et de clefs; le nœud était en cristal; au sommet, il y avait une statuette de S. Pierre en argent doré (n. 698). — A Saint-Loup, le P. de Montroquon fit faire, vers l'an 1652, un bâton de

---

[1] Archives de l'Aube, G. 1284.

chantre en forme de fleur de lys en vermeil; cette fleur se mettait sur le bâton de la croix de procession (n. 862)[1].

§ IX

Vases aux saintes huiles.
Ustensiles liturgiques[2].
Autres objets servant à l'église.

I. **Vases aux saintes huiles.** — Nous trouvons à Notre-Dame-aux-Nonnains, en 1343, trois burettes ou pixides rondes, en argent, renfermées dans un étui de cuir bouilli, qui devaient être des vases aux saintes huiles, contenant le saint chrême, l'huile sainte et l'huile des infirmes (n. 1014)[3].

En 1468, à Saint-Urbain, « les unctions pour baptiser et enulier » étaient renfermées dans une petite châssette de bois, déposée « en l'aulmaire de l'autel de Requiem[4]. »

Au XVIe siècle, les saintes huiles sont dans des vases d'étain, quelquefois de cuivre doré, ou même de vermeil[5], qui portent les noms de *capsellæ* (n. 1964 et 2079), *capsæ* seu *loculamenta* (n. 2096), *vascula unctionum* (n. 2108), *vaisseaux* (n. 1289 et 1341), *étuis* ou *capses* (n. 1816). A Sainte-Madeleine, en 1536, l'huile sainte était dans un joyau d'argent en forme de pyramide

---

[1] M. l'abbé Coffinet a légué au trésor de la Cathédrale un bâton de chantre, sur lequel est une statuette de S. Sébastien, attaché à un arbre et percé de flèches.

[2] Le nom d'*ustancilles* se trouve en 1536 dans l'inventaire du Saint-Esprit (p. 219).

[3] Cfr. l'invent. de la Cath. de Châlons, en 1410, dans les *Mém. de la Soc. d'agric. de la Marne*, 1886-1887, p. 292, n. 70.

[4] Lalore, *Cartul. de Saint-Urbain*, p. 345, n. 114.

[5] Etain : n. 1816, 1964, 2108; — cuivre doré : n. 1341 et 2625; — vermeil : n. 1289.

(n. 2808, note 2). A Saint-Jean, en 1585-1586, on trouve
un reliquaire d'argent doré « à porter la sainte onxion[1]. »

Elles sont déposées, tantôt dans la margelle des fonts
baptismaux, *in labro lapideo marginis ipsorum fontium*[2],
tantôt dans une petite armoire de bois encastrée dans le
mur voisin des fonts [3], tantôt dans les fonts eux-mêmes
qui étaient alors recouverts de tapis (n. 2108), tantôt
enfin dans le tabernacle (n. 2808, note 2). A Saint-
Remy, le saint chrême et l'huile sainte étaient dans la
margelle des fonts, l'huile des infirmes dans la fenêtre
du mur (n. 1964).

A Lirey, au xvie siècle, il n'y avait que l'huile des
infirmes ; l'église n'ayant pas de fonts baptismaux, les
autres *onctions* manquaient (n. 2238). Saint-Loup, en
1662, avait deux boîtes où étaient les vases aux saintes
huiles, en argent bruni (n. 859). En 1700, à la Cathédrale,
les saintes huiles étaient dans trois fioles d'argent
(n. 2444). A Saint-Urbain, en 1790, elles étaient dans un
petit vase de tapisserie montée en argent[4].

II. **Croix.** — Outre les croix-reliquaires dont nous
avons déjà parlé (p. CXLVII), il y avait encore, dans toutes
les églises, des croix d'autel et des croix de procession.

La plus insigne de toutes était assurément le crucifix
de la chapelle du Sauveur, à la Cathédrale (n. 2454). Le
Christ, en bois, avait cinq pieds de haut. Il était attaché
à la croix par quatre clous, et était revêtu d'une grande
robe, toute couverte d'argent. Sur la tête, il portait une
couronne d'or. Dans la poitrine étaient renfermées
plusieurs boîtes, contenant des reliques qui furent
inventoriées en 1779. Sous les pieds, un coffret ren-

---

[1] Rondot, *Les orfèvres de Troyes*, p. 114.

[2] N. 1964 et 2809, note 3.

[3] N. 1964, 2079, 2096, 2809.

[4] Arch. de l'Aube, 1 Q, 336.

fermait d'autres reliques. On appelait ce crucifix *le Sauveur*. — En 1327, la ceinture du Christ fut ornée de perles fines provenant de la mitre de l'évêque Hervée. En 1420, on le peignit en noir, pour en dissimuler la valeur. — Par une délibération capitulaire du 30 juin 1536, on voit qu'à cette époque on attribuait le don de ce crucifix à la libéralité de Charlemagne, par la raison qu'il avait une couronne d'or, et que Charlemagne avait coutume de faire placer, sur les images du Christ, des couronnes d'or au lieu de couronnes d'épines. — Ce qui paraît sûr, c'est qu'il remontait au moins au IXe siècle, et l'on croit que c'était le même crucifix devant lequel Ste Maure, au rapport de S. Prudence, aimait à venir prier. Dans ce cas, il aurait été préservé de l'incendie qui détruisit la Cathédrale le 23 juillet 1188. Des Guerrois le comparait, pour sa forme et son antiquité, au célèbre crucifix de Lucques, connu sous le nom de *Volto santo*. — Ce crucifix était l'objet d'une grande vénération et attirait un nombreux concours de fidèles, ainsi qu'en témoigne Camuzat, qui ajoute que, de longue date, aux jours de processions et de litanies solennelles, le Chapitre s'arrêtait à la chapelle du Sauveur et chantait, à genoux, plusieurs antiennes devant le crucifix. — En 1779, le Chapitre, qui semblait avoir pris à tâche de détruire tous les monuments antiques de la Cathédrale, fit enlever le crucifix du Sauveur, sous prétexte qu'il gênait pour les travaux de décoration du chœur, et, le trouvant vermoulu, il décida de le supprimer, de vendre les feuilles d'argent qui le recouvraient, et d'en employer le prix à la construction d'un nouveau maître-autel. M. de Barral, évêque de Troyes, approuva cette délibération [1].

---

[1] Arch. de l'Aube, G. 1283. — Camuzat, *Promptuarium*, fol. 44 et 48. — Des Guerrois, *Saincteté chrestienne*, fol. 223, r°, et 228, v°. — *Délib. capitul.* des 23 et 28 juillet 1779, au Secrétariat de l'Évêché. — Courtalon, *Topogr. histor.*, t. II, p. 120. — Coffinet,

En 1319, Saint-Etienne possédait, en plus de ses croix-reliquaires, une grande croix d'or, toute chargée de pierreries et de perles (n. 48). Est-ce cette croix qui fut donnée à Charles V, en 1367, et déposée à la Sainte-Chapelle? En tout cas, il y avait, en 1704, une croix en or, haute de vingt-trois pouces, large de treize, qui servait aux fêtes annuelles (n. 440). Elle était travaillée en filigrane d'or sur plaques d'or, et couverte de cent quarante-et-une perles ou pierreries. Au milieu, dans un carré garni de pierres précieuses, sur une plaque d'or remplie d'émail clair, était la figure de Notre Seigneur, en filigrane d'or; ce carré était lui-même accompagné de quatre demi-cercles, dans chacun desquels était une pierre précieuse. Aux quatre extrémités, également sur plaques d'or remplies d'émail clair, il y avait quatre figures, probablement les animaux symboliques, en filigrane d'or. Le derrière de la croix était aussi en plaques d'or à feuillages et autres ornements repoussés, avec un agneau au milieu, et les évangélistes aux quatre extrémités [1].

Il y avait aussi à Saint-Etienne plusieurs croix en

Rapport sur les fouilles faites en 1864 dans le chœur de la Cath. de Troyes, 1866, p. 5. — Boutiot, *Hist. de Troyes*, t. I, p. 474.

Il y avait aussi, à la Cathédrale de Langres, un crucifix tout pareil au nôtre, plus grand que nature, attaché à quatre clous, vêtu en grand-prêtre d'une longue robe avec une ceinture dorée, et tout couvert de lames d'argent. Ce crucifix aurait été donné à Charlemagne par les Pères du second Concile de Nicée, et Louis le Débonnaire en aurait fait don à la Cathédrale de Langres. Dans la poitrine du Christ, il y avait de nombreuses reliques, les unes placées à même, les autres enfermées dans une petite châsse de bois et d'ivoire. Sous les pieds du crucifix, un petit coffre renfermait du sang miraculeux de S. Mammès (Lalore, *Inv. des reliques de la Cath. de Langres en 1709*, p. 20 et 21).

[1] Voir deux autres petites croix d'or à Saint-Etienne (n. 50 et 118), et une grande à la Cathédrale, en 1429 et en 1700 (n. 535 et 2440). Il y en avait deux à Saint-Urbain en 1277 (Lalore, *Cartul. de Saint-Urbain*, p. 294 et 295, n. 10 et 18).

vermeil. L'une, à pied de cuivre doré, était ornée de pierreries et de quatorze émaux, et elle servait tous les jours à l'autel (n. 87). Peut-être est-elle la même que la petite croix d'argent doré qui, en 1704, servait à l'autel aux fêtes semi-doubles et simples? Cette croix, haute de treize pouces et demi sur cinq de large, reposait sur un pied carré, que soutenaient quatre lions, et qui portait quatre émaux enchâssés en forme de trèfle. Au-dessus du pied, la pomme de la croix était garnie de six émaux rouges et verts. Aux quatre croisons, des pierreries et un émail enchâssé. Au milieu, Notre Seigneur portant le nimbe crucifère en émail. Derrière la croix, un agneau et les évangélistes émaillés (n. 495). — Une autre croix en argent doré, ornée de pierres précieuses, est encore notée dans l'inventaire de 1319; elle avait cinq rouelles ou plaques rondes en or, et un émail au milieu (n. 139).

Presque toutes les croix anciennes ressemblent à celles que nous venons de décrire. Mais souvent le Christ, l'agneau, les évangélistes et les animaux symboliques, au lieu d'être sur émail, étaient en argent doré[1]. — A Saint-Etienne, en 1704, les bras et le haut de la croix se terminent par des fleurons (n. 500). Dans la même église, en 1319, une croix double porte d'un côté Notre Seigneur et de l'autre la Sainte Vierge (n. 177)[2].

Dans les inventaires du XVIe siècle, on trouve des croix d'une forme et d'une ornementation différentes. Ainsi, à Sainte-Madeleine, une croix processionnelle était accostée de deux piliers portant la Sainte Vierge

---

[1] N. 444, 670, 1814, etc.

[2] On peut voir, comme spécimens remarquables des croix du moyen-âge, la belle croix de la seconde moitié du XIVe siècle, appartenant à l'Hôtel-Dieu de Troyes, décrite par M. l'abbé Tridon comme étant du XIIIe siècle, et reproduite en chromolithographie dans le *Portef. archéol.* de Gaussen, ch. 7, *Orfèvrerie*, p. 3-5, et la croix processionnelle conservée dans l'église de Beauvoir (Aube), reproduite par Gaussen (*Ibid.*, pl. 5).

et S. Jean ; par derrière était une Ste Madeleine (n. 1489 et 1562). Sur une autre, Ste Madeleine est aux pieds du crucifix (n. 1501 et 1588). Au Saint-Esprit, en 1536, la Sainte Vierge est derrière la croix et Ste Madeleine au pied (n. 1918). A la Cathédrale, en 1611, une croix en vermeil portait Notre Seigneur, la Sainte Vierge et S. Jean, en relief (n. 668). A Larrivour, en 1662, le Père éternel est en haut de la croix, tenant un livre orné de perles (n. 2134).

En 1535, on trouve une croix de fer blanc à Sainte-Madeleine (n. 1544).

Le pied des croix anciennes est assez souvent supporté par des lions ou des griffes[1]. En 1704, le pied d'une croix de Saint-Etienne, à feuillages ciselés, était triangulaire et surmonté d'une tête d'ange de chaque côté. Au bas de la croix était ciselé un vase rond qui, d'après M. Didron, est le calice ou *graal,* qu'on figure très souvent, surtout du XIIe au XIIIe siècle, au pied des crucifix (n. 500)[2]. A Sainte-Madeleine, en 1535, un pied de croix est rond (n. 1485); un autre, en cuivre doré, s'incorpore dans un pied de bois peint garni de plomb (n. 1501). En 1595, on trouve, sous une croix de vermeil, un pied en bois doré, haut d'un pied et demi (n. 1588). A Saint–Loup, en 1662, une petite croix en vermeil, de grande antiquité, avait pour soubassement un aigle de bronze doré émaillé (n. 822). A la Cathédrale, en 1611, un gros pied de cuivre doré porte un grand *Agnus Dei* en vermeil, sur lequel est une croix aussi en vermeil (n. 696). A Saint-Etienne, en 1700, un pied rond, en cuivre doré, d'un pied de diamètre, soutenu par deux serpents et un boudin, sert pour exposer la vraie Croix sur l'autel (n. 2368).

La pomme ou le plombeau de la croix, souvent en

---

[1] N. 444, 495, 666, 668, 1501.

[2] *Annales archéol.*, 1860, t. XX, p. 81, note 1.

cuivre doré, était quelquefois émaillée, comme à Saint-Etienne (n. 495), ou ornée de figures d'argent, comme à Saint-Jean (n. 1275).

Le bâton des croix processionnelles était ordinairement en bois, recouvert de feuilles d'argent, quelquefois fleur-delisé, d'autres fois *estortif* ou à tortilles d'argent doré (n. 2614 et 2626). On trouve aussi quelquefois des bâtons d'argent. Un bâton pour les féries n'a que quatre pieds et demi (n. 511); d'autres, pour les fêtes, ont huit et même dix pieds (n. 510 et 1588).

Les croix-reliquaires servaient souvent de croix à mettre sur l'autel ou à porter en procession[1]. A Saint-Loup, en 1662, le reliquaire-pyramide donné par Etienne de Noyers, en 1136, servait de pied à la Belle-Croix sur le maître-autel, les jours de grandes fêtes (n. 825).

Dans les principales églises, il y avait des croix différentes à mettre sur l'autel, selon le degré des fêtes. A Saint-Etienne, pour les fêtes annuelles, la croix d'or et deux croix de vermeil (n. 440, 444, 497); pour les fêtes doubles, deux grandes croix d'argent (n. 498 et 500); pour les fêtes semi-doubles et simples, une petite croix de vermeil (n. 495)[2]; pour les féries, une petite croix d'argent (n. 499). — A la Cathédrale, en 1429, pour la messe de tous les jours, une petite croix d'argent (n. 542). En 1611, il y avait quatre croix à mettre sur l'autel, et trois à porter en procession (n. 666-672). — Une grande croix en vermeil à mettre sur l'autel, à Notre-Dame-aux-Nonnains, en 1664, pesait plus de quinze livres (n. 1199).

A Saint-Loup, en 1651, on trouve une croix de bois sur le grand autel, et trois sur les petits (n. 2518 et 2519). De même à Larrivour, en 1662, une croix d'ébène

---

[1] Voir n. 444, 497, 819, 1196, 1489 et 1562, 2134, 2440.

[2] L'inventaire dit que le Christ a derrière la tête une croix de chevalier émaillée; c'est tout simplement le nimbe crucifère.

pour le grand autel, et trois pour les trois chapelles (n. 2192 et 2193).

Les mêmes croix servaient de croix d'autel et de croix de procession, pouvant s'adapter à un pied ou à un bâton. On en voit un exemple à Sainte-Madeleine (n. 1588). L'extrémité inférieure allait en s'amincissant et pouvait ainsi s'ajuster soit à un pied, soit à une hampe.

A Saint-Loup, en 1544, on trouve deux petites croix d'argent à porter au calice, à la grand'messe (n. 701). L'une de ces croix est désignée, en 1555, comme petite croix à porter à la main (n. 763). A Saint-Urbain, en 1468, on trouve une petite croix d'argent à porter par le sous-diacre sur le grand autel [1].

A Saint-Jean, en 1562, une petite croix d'argent et de bois, couverte d'argent doré, à pied de cuivre, sert pour conduire les corps au cimetière (n. 2612).

A Saint-Urbain, en 1468 [2], et à Larrivour, en 1662 (n. 2135), on trouve la *croix des malades*.

Enfin, à Saint-Aventin, en 1527, une croix dorée servait à porter le Saint-Sacrement à la Fête-Dieu (n. 2112).

Beaucoup d'autres petites croix, en or, en vermeil, en argent, même en ambre (n. 119) ou en cristal (n. 1277 et 1407), sont renfermées dans des coffrets, ou suspendues à des autels (n. 217), à des reliquaires (n. 166), à de grandes croix (n. 1406), à des statues de la Sainte Vierge (n. 1270, 1420, 1657 et 1658).

Au Saint-Esprit, en 1536, on trouve des étuis de cuir pour mettre les croix d'autel ou de procession (n. 1917 et 1918). A Sainte-Madeleine, en 1535, un étui de bois, couvert de cuivre (n. 1554).

---

[1] Lalore, *Cartul. de Saint-Urbain*, p. 344, n. 100.

[2] Id., *Ibid.*, n. 104.

III. Chandeliers. — La matière des chandeliers est aussi variée que possible. En vermeil : deux à Saint-Etienne en 1319 (n. 49); deux à Sainte-Madeleine au xvi⁰ siècle (n. 1496 et 1559); deux à Saint-Loup en 1662, faisant partie de la chapelle de l'abbé de Modène (n. 845); six grands, pesant près de quarante livres, à Notre-Dame-aux-Nonnains en 1664, donnés par l'abbesse Claude de Choiseul (n. 1197), et deux autres petits (n. 1198). — En argent : à Saint-Urbain, à Saint-Etienne, à Notre-Dame-aux-Nonnains, à la Cathédrale, à Saint-Loup, à Saint-Jean, à Larrivour, à Saint-Pantaléon, à Saint-Remy. — En agate enchâssée dans une monture en vermeil : deux à Notre-Dame-aux-Nonnains en 1664 (n. 1218). — En cristal monté sur cuivre : deux à Saint-Etienne en 1319 (n. 64). — En cuivre avec cristaux : deux à la Cathédrale en 1429 (n. 548). — En cuivre : presque partout, de 1277 à 1700. — En fer : à Saint-Urbain en 1277, à Notre-Dame-aux-Nonnains en 1343 (n. 1071), à l'Hôtel-Dieu en 1514 (n. 2914-2917). — En fer forgé : deux à Saint-Nicolas en 1566 (n. 1795). — En franc potin : un à Saint-Loup, donné par l'abbé Forjot (n. 878). — En étain : six à Saint-Loup en 1662 (n. 882). — En bois noirci : six à Saint-Loup (n. 2517). — En bois argenté : six à la Cathédrale, chapelle Saint-Nicolas (n. 2496).

Anciennement, on ne mettait que deux chandeliers sur l'autel. C'est pour cela que, dans les inventaires, les chandeliers sont presque toujours mentionnés deux par deux. En 1343, à Notre-Dame-aux-Nonnains, on voit deux chandeliers de cuivre « ad ponendum supra altare » (n. 1017); et de même, en 1538, deux grands chandeliers de cuivre servant à l'autel (n. 1142). A Saint-Bernard, en 1563, deux chandeliers de cuivre « servant à chanter messe » (n. 1933). A Larrivour, en 1662, deux chandeliers pour le grand autel et six pour les chapelles (n. 2192 et 2193). A Saint-Remy, en 1700, deux gros chandeliers de cuivre qui demeurent sur le grand autel (n. 2038).

Cependant, au XVIIe siècle, on voit s'introduire l'usage d'avoir six chandeliers sur l'autel. A Saint-Loup, en 1662, on trouve « six chandeliers de cuivre à mettre sur le grand autel (n. 880), six chandeliers d'étain à mettre tous les jours sur le grand autel (n. 882), six chandeliers de bois noirci qu'on met sur l'autel aux offices des morts (n. 2517). » A Notre-Dame-aux-Nonnains, en 1664, l'abbesse donne six grands chandeliers de vermeil (n. 1197). A Saint-Remy, en 1700, on trouve six beaux chandeliers d'argent (n. 1982).

Deux chandeliers d'argent de Saint-Urbain portaient les noms de *Marion* et *Robechon*[1]. On remarquera aussi l'usage des chandeliers d'étain à Saint-Loup, pour les messes quotidiennes (n. 882).

A Saint-Urbain, en 1468, on voit deux chandeliers d'argent « à porter les cierges par les enfants aux fêtes années »[2].

A Notre-Dame-aux-Nonnains, en 1664, il y a deux petits chandeliers de vermeil pour les crédences (n. 1198), et deux chandeliers d'argent, pesant plus de vingt-et-une livres, pour l'élévation (n. 1211).

Le chandelier pascal est mentionné à Saint-Loup en 1662 ; il était haut de cinq pieds, en franc potin, et avait été donné par l'abbé Forjot (n. 878). Le grand chandelier de Saint-Urbain, en 1468, devait servir aussi pour le cierge pascal[3].

A l'Hôtel-Dieu, en 1514, on voit un grand chandelier de fer à treize cierges, probablement pour l'office des Ténèbres (n. 2917).

En 1528, les marguilliers de Sainte-Madeleine firent faire un beau chandelier ou lampier de cuivre, en forme

---

[1] Lalore, *Cartul. de Saint-Urbain*, p. 294, n. 2.

[2] Id., *Ibid.*, p. 344, n. 102.

[3] Id., *Ibid.*, p. 350, n. 158.

d'arbre de Jessé, suspendu devant l'autel de Notre-Dame-la-Blanche (n. 1547)[1].

A Saint-Loup, en 1662, un chandelier à plusieurs branches était devant le Dieu de Pitié (n. 892).

A Notre-Dame-aux-Nonnains, en 1343, on trouve six grands chandeliers de fer « versus majus altare » (n. 1071).

A Saint-Remy, en 1700, il y avait treize chandeliers de cuivre servant à la Dédicace (n. 2045).

Il y a de grands chandeliers, hauts de cinq et six pieds, à cinq et à sept cierges, à Saint-Nicolas en 1566 (n. 1794 et 1796); l'un de ces chandeliers repose sur trois petits lions. En 1514, à l'Hôtel-Dieu, l'inventaire note un grand chandelier de cuivre à cinq cierges, « lequel est de longtemps céans » (n. 2911).

Au point de vue du travail, on trouve à Notre-Dame-aux-Nonnains, en 1343, deux chandeliers de cuivre *de opere Lemovicensi* (n. 1017); — au Saint-Esprit, en 1536, plusieurs chandeliers de cuivre goderonnés (n. 1854 et 1916); — à Sainte-Madeleine, en 1595, deux chandeliers à bosse (n. 1703); — à Saint-Loup, en 1662, deux chandeliers ciselés, en vermeil, à pied en triangle (n. 845), et deux autres en argent bruni, façon de Paris, achetés en 1662 au prix de 554 livres (n. 852); — à Saint-Etienne, en 1704, des chandeliers d'argent,

---

[1] Ces chandeliers étaient de véritables lustres. On en mettait devant les autels, devant les crucifix et les statues des saints. Ainsi l'on voit en 1577, à Saint-Maurice de Salins, devant le maitre-autel, un grand chandelier en cuivre à deux étages, l'un de dix cierges, l'autre de cinq, surmonté d'une statue de la Sainte Vierge; devant le petit autel du chœur, « souloit pendre ung aultre chandelier de lothon »; un chandelier de fer pendait devant la sainte image du Crucifix. A Saint-Anatole de Salins, en 1630, devant le petit autel du chœur, était un grand chandelier de *louton*, dont le fût, formé de six colonnes, supportait douze petits chandeliers. Un autre, à six branches, était devant Notre-Dame du Rosaire. (*Rev. des Soc. sav.*, VIe série, 1876, t. III, p. 147-49 et 556).

poussés en feuillages, avec trois têtes d'anges moulées au pied et à la pomme, qui semblent être des ouvrages du XVIIe siècle (n. 460 et 496).

L'inventaire de Notre-Dame-aux-Nonnains, en 1343, signale les broches ou mèches des chandeliers, *broschia* (n. 1071).

Celui de Sainte-Madeleine, en 1535 et 1595, mentionne les étuis de cuivre où l'on renfermait les deux chandeliers de vermeil (n. 1496 et 1559). Les garnitures de cuivre et laiton des deux grands chandeliers en vermeil donnés à la Cathédrale par l'évêque Parvi devaient être aussi des étuis (n. 661).

IV. Boîte aux pains. — Les hosties pour la messe étaient renfermées, à Saint-Etienne en 1319, à Notre-Dame-aux-Nonnains en 1343, à la Cathédrale en 1366-1379, dans une pixide ou boîte en ivoire, *piscida sive bustia eburnea;* celle de Saint-Etienne était cerclée d'argent (n. 330 et 1007)[1].

A Sainte-Madeleine, en 1535 et 1595, on se servait d'une boîte de cuir noir, également cerclée ou *ferrée* d'argent (n. 1497 et 1587). Il y en avait aussi, en 1595, une autre plus petite, en argent, dorée à l'intérieur, avec couvercle d'argent en forme de chapiteau (n. 1586).

A Saint-Loup, en 1544, outre une boîte d'argent, il y a une boîte d'ivoire garnie d'argent qui devait servir au même usage[2].

En 1562, à Saint-Jean, on trouve deux *capses* en velours pour mettre les hosties (n. 1342).

A la Cathédrale, en 1611 et en 1700, il y a deux boîtes, l'une en vermeil donnée par l'évêque Parvi, l'autre en argent[3]. Trois boîtes d'argent se trouvent aussi chez les

---

[1] V. Rondot, *Les orfèvres de Troyes*, p. 32 et 34.

[2] N. 705 et 708. — V. aussi n. 769 et 770.

[3] N. 659 et 673, 2434 et 2435.

Cordeliers, vers la même époque (n. 2779 et 2782), ainsi qu'une boîte couverte d'émail et garnie d'argent (n. 2783); les couvercles de ces boîtes servaient d'instruments de paix. A Saint-Loup et à Larrivour, en 1662, les boites étaient aussi en argent (n. 846 et 2153).

Le pain pour la messe porte le nom de *panis bene-dictus* à Notre-Dame-aux-Nonnains en 1343 (n. 1007). Partout ailleurs, on lui donne le nom de *pain à chanter*.

On ne trouve de *fers à faire des hosties* qu'à Saint-Nicolas, en 1566. Dans une chambre attenante à la cuisine, où l'on faisait le pain à chanter, il y avait deux fers à grandes hosties, et un fer à petites (n. 2815), ainsi que trois *rongnettes* de fer, emmanchées en bois, pour rogner les hosties (n. 2816). Dans une autre chambre étaient cinq fers, « servant tant à faire pain à chanter qu'à faire gauffres » (n. 2837).

C'était, en effet, l'hôpital Saint-Nicolas qui avait la charge de fournir de pains d'autel les églises de Troyes. En 1425, Jean Genteti, curé d'Avant, lui avait légué tous ses biens, à la charge de distribuer chaque année, en quatre fois, à toutes les églises de Troyes désignées dans son testament, « quinquaginta milliaria pulchrorum alborum panum rotundorum magnæ formæ, non macu-latorum, sed aptorum ad consecrandum. » Cette charge fut plus tard réduite de moitié[1]. En 1517, une religieuse de Saint-Nicolas étant morte de la peste, le Chapitre de la Cathédrale décida que, tant que durerait l'épidémie, on n'enverrait plus les enfants de chœur chercher à cet hôpital le pain à chanter. Il en fut de même, pour un motif semblable, en 1596-1597[2].

Antérieurement, l'évêque fournissait moitié des pains d'autel de la Cathédrale, et la Fabrique l'autre moitié. On trouve dans les comptes de 1379-1380 ce détail :

---

[1] Courtalon, *Topogr. histor.*, t. II, p. 293.

[2] Arch. de l'Aube, G. 1281 et 1606.

« Pour pain à chanter en cuer, pour ung an, duquel Mons. l'evesque doit la moitié, et l'œuvre l'autre, qui monte à vi sols pour an, pour ce l'œuvre paie ou clert dou revestiaire iii s. »[1]

V. Burettes, Passoires, Aiguières. — Les burettes sont appelées *ampullæ* à Saint-Urbain, en 1277[2], et chez les Cordeliers en 1527 (n. 1403), *buretœ* à Saint-Etienne en 1319 (n. 56), à Notre-Dame-aux-Nonnains en 1343 (n. 997 et 1019) et à la Cathédrale en 1429 (n. 545 et 546), *potoz* à la Cathédrale en 1402 (n. 2393), *poteta* à Montier-la-Celle en 1499 (n. 2124), *potelli* à Saint-Frobert en 1533 (n. 2076, note 4), *urceoli* à Lirey au xvie siècle (n. 2249), *potets* à Saint-Urbain en 1468[3], et partout au xvie siècle, *chopinettes* à Saint-Loup en 1651 (n. 2502) et à Larrivour en 1662 (n. 2150 et 2182), *burettes* dans tous les inventaires du xviie siècle.

Presque dans toutes les églises, il y avait des burettes d'argent ou de vermeil pour les fêtes. Celles des jours ordinaires étaient quelquefois en argent, mais ordinairement en étain.

A l'Hôtel-Dieu, en 1514, l'inventaire mentionne deux petits potets d'argent pour les fêtes, qui avaient été commandés par l'abbé Forjot au célèbre orfèvre Jean Papillon (n. 2964).

L'évêque Parvi donna à la Cathédrale deux gros potets de vermeil, ciselés en écailles (n. 659). — Dans l'inventaire de Saint-Etienne, en 1704, on trouve deux burettes en vermeil, de forme antique, d'un travail poussé en godrons, qui servaient aux fêtes annuelles (n. 459). — Deux autres étaient à anses et se fermaient à charnières, avec un bouton sur le couvercle (n. 503).

En 1535, à Sainte-Madeleine, il y avait deux hauts

[1] Gadan, *Bibliophile troyen, Comptes de l'Église de Troyes*, p. 56.

[2] Lalore, *Cartul. de Saint-Urbain*, p. 294, n. 7.

[3] Id., *Ibid.*, p. 345, n. 106.

potets d'argent, *à feraige dorey* (n. 1492). Deux autres furent donnés, en 1534, par la veuve de Pierre de Villeprouvée; sur la burette au vin était une pierre rouge, sur la burette à l'eau une pierre blanche (n. 1493). — A Saint-Etienne, en 1704, étaient gravés, sur la burette au vin, un cep garni de raisins; sur la burette à l'eau, un roseau (n. 2364).

A Notre-Dame-aux-Nonnains, en 1538, deux petits potets d'argent, aux armes de feu Jean Dorigny, étaient dorés sur les bords (n. 1112).

Pour verser le vin de la burette dans le calice, on se servait, à Saint-Etienne, en 1319, d'une *couloire* ou *passoire* en argent, *vas per quod coulatur vinum pro missa* (n. 42)[1].

Nous rapprochons les aiguières des burettes. Nos inventaires mentionnent seulement, à l'Hôtel-Dieu en 1514, une *esguière* en argent à couvercle, où étaient ciselés un S. Barthélemy et une Ste Marguerite (n. 2963), — et à Saint-Nicolas, en 1620, une *esguère* d'argent, avec deux coupes et une écuelle, portant les armes de feu Jean Brodard, maître spirituel (n. 2854-2856).

VI. **Bassins et Gémellions**. — Il y avait des bassins de plusieurs sortes.

Les uns servaient avec les burettes. On le voit au xviie siècle à Saint-Loup (n. 845-849), à Notre-Dame-aux-Nonnains (n. 1208), à Saint-Pantaléon (n. 1765), à Saint-Etienne (n. 2366 et 2367), et probablement à Notre-Dame-en-l'Isle en 1523 (n. 1383).

D'autres servaient au prêtre, pendant la messe, pour se laver les mains. On les appelait *gémellions*, bassins jumeaux, dont l'un, muni d'un goulot ou robinet, tenait lieu de burette à l'eau. On s'en servait principalement

---

[1] La couloire avait la forme d'un petit bassin à manche, dont le milieu était percé de trous très fins. On la plaçait sur le calice pour y verser le vin et l'eau.

les jours de fêtes, mais il y en avait aussi pour tous les jours, comme à Saint-Etienne en 1319. Ils étaient ordinairement en argent, quelquefois en cuivre. — On peut regarder comme des gémellions en argent les deux bassins de Saint-Urbain en 1277[1], les six de Saint-Etienne en 1319 (n. 53-55), les deux *platelli sive pelves* de Notre-Dame-aux-Nonnains en 1343 (n. 995), dont l'un était *cum uno broconno*, c'est-à-dire muni d'un robinet[2]. Probablement aussi il faut voir des gémellions dans quatre petits bassins, *de opere Lemovicensi*, qui servaient au prêtre à la messe, en 1343, à Notre-Dame-aux-Nonnains (n. 1016), et dans deux bassins d'argent de la Cathédrale, dont les bords et le milieu étaient dorés, et qui portaient des écussons (n. 663). — Deux *platiaux* de cuivre, d'ouvrage de Limoges, qu'on voit à Saint-Urbain en 1468, étaient peut-être aussi des gémellions[3]. — Deux des gémellions en argent de Saint-Etienne étaient dorés au milieu (n. 55).

A Sainte-Madeleine, en 1535, quatre bassins d'airain servaient à recevoir les deniers de l'église (n. 1503). A Saint-Etienne, en 1704, trois bassins de cuivre servaient probablement aussi pour recueillir les offrandes, quand on exposait les reliques dans la nef, ainsi que le Jeudi et le Vendredi Saint (n. 2363).

A Saint-Jean, en 1562, trois plats de mort étain servaient pour le jour des Cendres (n. 1343).

A Sainte-Madeleine, en 1535, un petit bassin de cuivre à trois pieds tenait lieu de chandelier; il portait quatre chandelles, et on le plaçait, les jours de fêtes, sur le bureau des marguilliers (n. 1502).

A Saint-Nicolas, en 1566, il y avait un petit bassin de

---

[1] Lalore, *Cartul. de Saint-Urbain*, p. 294, n. 6.

[2] V. Ducange, v° *Brocheronnus;* — Gay, *Glossaire archéol.*, aux mots *Bacin d'autel* et *Gémellions*.

[3] Lalore, *ubi supra*, p. 345, n. 109

cuivre émaillé dans la piscine voisine du maître-autel (n. 1842).

L'usage des autres plats ou bassins dont parlent les inventaires n'est pas indiqué. La plupart devaient servir avec les burettes, comme les beaux bassins ovales, en argent bruni et en vermeil, de Saint-Loup et de Notre-Dame-aux-Nonnains, en 1662 et 1664 (n. 850, 896, 1201), ou comme celui qui fut donné à Saint-Etienne en 1607 (n. 504). Ce dernier était en argent, de forme ovale, à bords en grènetis; au milieu était représenté S. Etienne dans une guirlande de feuillages.

Notons enfin, à Saint-Nicolas, en 1566, un plat d'étain émaillé au milieu (n. 2832), et chez les Cordeliers plusieurs grands bassins de cuivre (n. 2688 et 2775).

VII. Canons d'autel. — Nous ne trouvons de canons qu'à Saint-Loup en 1651, et à Saint-Remy en 1700, où il y avait « quatre canons pour célébrer la messe » (n. 2039 et 2520). On voit aussi à Saint-Remy « un missel raccommodé et le canon de parchemin » (n. 2021); est-ce le canon du missel ou le canon à mettre sur l'autel?[1]

VIII. — Bénitiers et Goupillons. — Le bénitier porte les noms de *situla*, à Saint-Urbain en 1277[2];

---

[1] Dans l'État des ornements de la communauté des imprimeurs de Troyes, en 1693, on trouve « un canon avec l'évangile », probablement le canon pour dire le dernier évangile. (Bibl. de Troyes, ms. 2294. — A. Babeau, *Imprimeurs, libraires et relieurs troyens d'autrefois*, dans l'*Annuaire de l'Aube* de 1884, p. 27. — Jacques Lefebvre, imprimeur à Troyes, dans le premier quart du xviii° siècle, avait en magasin des « impressions de canons à dire la messe » (Babeau, *Ibid.*, p. 16). — A Langres, en 1709, il y avait à la sacristie de la Cathédrale un canon de la messe garni de vingt-quatre plaques d'argent (Lalore, *Inv. des reliques... de Langres*, p. 20).

[2] Lalore, *Cartul. de Saint-Urbain*, p. 295, n. 24. — De *situla* sont venus les mots *seille* et *seau*.

d'*anseellus*, à Saint-Etienne en 1319 (n. 222); d'*ancellus*, à Notre-Dame-aux-Nonnains en 1343 (n. 1001), et à la Cathédrale en 1429, où il est aussi nommé *urceolus* (n. 538); d'*ancel* et *anciau*, à Saint-Urbain en 1468[1]. Au xvie siècle, le nom d'*anceau* est presque le seul employé; on trouve cependant la forme *ancyel* en 1566, à Saint-Nicolas (n. 1797) En 1662, à Larrivour, l'anceau est appelé *benoistier* (n. 2224); la même année, à Saint-Loup, *eau-bénitier* (n. 884). On trouve ensuite le nom de *bénitier* à Notre-Dame-aux-Nonnains (n. 1209 et 1210), à Saint-Pantaléon (n. 1766), à Saint-Etienne en 1704 (n. 2369).

Tous les anciens anceaux, et beaucoup de modernes, sont en argent, sauf l'ancel de cuivre de Saint-Urbain. Mais, au xvie et au xviie siècle, la plupart sont en cuivre, quelquefois avec une anse de fer. A l'Hôtel-Dieu en 1514, et à Saint-Jean en 1562, il y a deux anceaux de mette (n. 2913 et 2623). Au Saint-Esprit, en 1536, un grand anceau, tenant quatre seilles, est en fer fondu (n. 1881).

A Saint-Etienne, en 1704, un anceau d'argent portait, d'un côté, l'image de S. Etienne, et, de l'autre, les armes du Chapitre; deux têtes d'anges massives servaient d'oreillons pour arrêter l'anse, qui était poussée en feuillages, avec une pomme au milieu (n. 509).

Pour faire l'eau bénite, on mettait le sel dans une *navicula, salière* ou *coquille,* qui est d'argent en 1429 à la Cathédrale (n. 539), à Saint-Loup et à Larrivour en 1662 (n. 860 et 2146), à Notre-Dame-aux-Nonnains en 1664 (n. 1209 et 1210), et à Saint-Remy en 1700 (n. 1987).

Le goupillon est nommé *ysopus* à Saint-Etienne en

---

[1] Lalore, *Ibid.*, p. 345, n. 111-113 : « Ung petit ancel de cuyvre à porter l'eau benoiste par les enfants aux dymanches. » — En 1463, on trouve le nom d'*eaubenoistier* (Rondot, *Les orfèvres de Troyes,* p. 49).

1319 (n. 222), *espersorius* à Notre-Dame-aux-Nonnains en 1343 (n. 1001); *baculus ad aspergendam aquam benedictam*, à la Cathédrale en 1429 (n. 538); *esparges* à Sainte-Madeleine en 1535 (n. 1591); *asperges* à la Cathédrale en 1402 (n. 2394), et très communément au xvıe et au xvııe siècle; *aspersoir* au xvııe siècle; *goupillon*, à Saint-Etienne en 1704 (n. 2369)[1]. — Presque tous les goupillons sont en argent; celui de Sainte-Madeleine avait les bouts dorés; celui de Saint-Jean, en 1562, avait un manche de bois (n. 1292). L'*asperges* de la chapelle de Champigny, en 1402, était en étain (n. 2394). Celui de Saint-Etienne, en 1319, avait un anneau pour le suspendre.

Un aspersoir de Saint-Etienne, en 1704, était orné de feuillages en relief, et se terminait par un carré pour tenir le crin[2]. Un autre se terminait par une boule, dans laquelle était une éponge (n. 2369).

L'inventaire de Saint-Nicolas, en 1566, mentionne un petit anceau de cuivre, attaché à la muraille, « proche de l'huys de la cour » (n. 1840).

IX. **Encensoirs**[3] **et Navettes**[4]. — La plupart

---

[1] Dans Rondot, *Les orfèvres de Troyes*, on trouve *espergee* en 1372, *espergeur* en 1378 et 1409, *aspergeois* en 1440, *aspergeoir* en 1627 (p. 33, 34, 41, 44, 127).

[2] Ce détail se trouve dans l'inventaire publié par les *Annales archéol.*, t. XX, 1860, p. 86, n. 86.

[3] *Thuribulum* en 1277 et 1319; — *encençatorius* en 1343; — *thuribulus* en 1343 et 1429; — *encensier* ou *ancencier* en 1418, 1468, et au xvıe siècle; — *ansençoyr* en 1563; — *encensoir* à partir de 1611. — Gaussen a reproduit, dans son *Portef. archéol.*, ch. 7. *Orfèvrerie*, pl. 4, trois encensoirs en cuivre doré, dont un est richement orné et de forme très élégante.
Le trésor de la Cathédrale possède plusieurs encensoirs et navettes du moyen-âge.

[4] *Navicula* en 1319, 1343, 1429; — *nacelle* en 1468, 1523, 1544, 1595, 1662, 1700; — *repositorium thuris, repositoire à mettre l'encens*, en 1527 et 1555; — *navette* en 1527; — *nasse* en 1535; — *navicelle* en 1664.

des encensoirs et des navettes sont en argent. Cependant, on trouve des encensoirs de cuivre en 1343 à Notre-Dame-aux-Nonnains (n. 1018) et en 1563 à Saint-Bernard (n. 1953).

L'encensoir de cuivre de Notre-Dame-aux-Nonnains était *de opere Lemovicensi* (n. 1018), de même qu'une petite *nacelle* de Saint-Urbain en 1468 [1].

Les seuls encensoirs décrits dans les inventaires sont ceux de Saint-Etienne en 1704. Deux grands encensoirs, hauts de dix pouces, sont travaillés en feuillages; ils sont divisés en six pans par six têtes d'anges, et, au milieu de chaque division, est représenté un panier de fleurs et de fruits. Le couvercle est aussi divisé en six parties, et il y a une tulipe dans chaque division. Un autre encensoir, haut de sept pouces et demi, est à huit pans; chaque pan est fait en forme de vitre (n. 501).

Dans l'intérieur de l'encensoir, il y a un bassin ou *platène* de cuivre, en 1552 à Lirey (n. 2257), en 1611 à la Cathédrale (n. 664 et 665).

Les encensoirs sont à chaînes de même métal. En 1535, à Sainte-Madeleine, le couvercle pend à trois chaînes (n. 1494); en 1538, à Notre-Dame-aux-Nonnains, il y en a quatre (n. 1108). Celles de Saint-Etienne, en 1704, ont, les unes trois pieds, les autres seulement dix-huit pouces de long, et sont arrêtées dans le haut à une plaque ronde en feuillages (n. 501). A Saint-Loup, en 1662, il y avait un encensoir sans chaînes (n. 854).

Une navette de Sainte-Madeleine, en 1595, était à pied; le dessus était couvert à moitié et portait des armoiries (n. 1580). Une autre de Saint-Etienne, datée de 1644, était de forme ovale, longue de six pouces et large de trois et demi (n. 502). A Saint-Urbain, en 1790, il y avait une navette d'agate, montée en argent [2].

---

[1] Lalore, *Cartul. de Saint-Urbain*, p. 345, n. 109.

[2] Archives de l'Aube, 1 Q, 336.

A la navette était attachée une petite cuiller, au moyen d'une petite chaîne, comme en 1343 à Notre-Dame-aux-Nonnains (n. 998), où l'on trouve aussi une petite cuiller de cassidoine, destinée peut-être au même usage (n. 1006)[1].

A Saint-Urbain, en 1468, on plaçait sur l'autel, en parement, un petit coffret de bois à mettre l'encens[2].

X. Porte-missels. —

On se servait de coussins pour mettre sous le missel. Tel devait être l'usage des *auricularia* de Saint-Etienne en 1319 (n. 328-331), de Notre-Dame-aux-Nonnains en 1343 (n. 971), et de la Cathédrale en 1429 (n. 558).

En 1468, à Saint-Urbain, il y a un coussinet de bourre, couvert de toile perse, long et étroit, à mettre sous le *messier*[3]. En 1527, chez les Cordeliers, il y a six *coussins* de soie bleue « à mettre dessous les livres à chanter messe » (n. 1475). Partout, on retrouve ces coussins, sous les noms de *cuissins, cuissinets, orilliers* et *carreaux*[4].

Ces coussins, couverts en drap d'or, en soie ou en velours de toutes couleurs, même de couleur noire, sont souvent ornés de figures en tapisserie ou en broderie. Ainsi, chez les Cordeliers en 1527, on trouve sur un coussin S. Louis de Marseille (n. 1473). L'Assomption est brodée sur un autre à Sainte-Madeleine (n. 1509 et 1677).

On en trouve qui sont garnis de quatre boutons de perles aux quatre coins, comme à Sainte-Madeleine en 1535 (n. 1511 et 1514).

[1] V. aussi n. 502, 855, 1207, 2145.

[2] Lalore, *ubi supra*, p. 347, n. 123.

[3] Id., *Ibid.*, n. 128.

[4] V. *supra*, p. ccxlvii.

XI. **Paix**[1]. — A Saint-Etienne, on trouve en 1319, une paix d'ivoire, avec image du crucifix (n. 339). Une paix d'ivoire, enchâssée en cyprès, se trouve aussi à la chapelle de Champigny en 1402 (n. 2381), et une autre en ivoire blanc et doré a été donnée par Jean de Pleurre, en 1538, à Sainte-Madeleine (n. 1552).

En 1343, à Notre-Dame-aux-Nonnains (n. 1050), et en 1468 à Saint-Urbain[2], il y a une paix de bois, couverte d'argent. Cette dernière porte un crucifix d'argent.

Des paix en cuivre doré, avec crucifix, se trouvent à l'Hôtel-Dieu en 1514 (n. 2901), à Saint-Jean (n. 1293), et à Saint-Loup en 1544 (n. 704). Sur cette dernière, il y a un émail de Limoges.

Une paix en laiton se voit au Saint-Esprit en 1536 (n. 1932). Une autre, à Notre-Dame-aux-Nonnains en 1538 (n. 1172). Une en argent et en cuivre ou bronze doré était à Saint-Loup (n. 777 et 858).

En général, les paix du xvie et du xviie siècle sont en argent ou même en vermeil. Quelques-unes sont émaillées, comme à Saint-Nicolas en 1620, où l'émail représente la Nativité (n. 2857), et comme à Saint-Etienne en 1704, où est représentée la Sainte Vierge portant Notre Seigneur, avec S. Jean à son côté (n. 464). Sur ces deux paix, il y a des armoiries.

En 1514, à l'Hôtel-Dieu, une paix porte un S. Sébastien (n. 2915).

En 1627, chez les Cordeliers, on trouve une paix d'agate, historiée de la Cène (n. 2783).

A Larrivour, en 1662, il y avait une paix de verre émaillé, couverte de broderie (n. 2151).

---

[1] Il y a, au trésor de la Cathédrale, deux paix émaillées, dont l'une paraît être du xive siècle, et l'autre du xvie. Sur la première, dont le fond est émaillé à fleurs de lys d'or, le Sauveur en croix, la Sainte Vierge et S. Jean, sont en relief. La seconde est un émail peint, qui représente le même sujet; elle est montée sur broderie en or avec perles.

[2] Lalore, *ubi supra*, p. 345, n. 108.

On remarquera que, jusqu'au xvi⁰ siècle, nos instruments de paix portent toujours un crucifix. A partir
de cette époque, les sujets sont beaucoup plus variés.

En 1583, l'inventaire de Saint-Loup note une paix à
queue d'argent (n. 771).

Chez les Cordeliers, de 1610 à 1627, on voit des boîtes
d'argent dont les couvercles servaient de paix (n. 2718,
2779-2783).

La paix accompagnait souvent le calice, et même elle
se mettait dedans, comme on le voit à Saint-Loup en
1583 et 1651 (n. 777 et 2502).

XII. Sonnettes. — L'inventaire de Saint-Bernard,
en 1563, note douze petites clochettes servant à sonner
(n. 1953). Celui de Saint-Loup, en 1662, mentionne une
cymbale de cuivre, à quatre grillots de mette, servant
au grand autel (n. 890), et dix petites sonnettes pour les
messes basses (n. 891). Enfin, on voit à la sacristie de
Saint-Remy, en 1700, une cloche pour donner le signal
des messes (n. 2033).

XIII. Flabellum[1]. — Le *flabellum ad evitandas
muscas*, que l'on trouve en 1429 à la Cathédrale, était
ouvré de soie et de broderie (n. 549). A Saint-Etienne,
en 1319, il était appelé *muscatorium*; il portait un
S. Etienne et des écussons en broderie, et servait au
maître-autel (n. 332)[2].

Le *flabellum* servait aussi à rendre la chaleur plus
supportable au célébrant. Lorsque cet usage disparut,
on mit des *mouchoirs* au service du prêtre à l'autel. On
trouve à Saint-Jean, en 1562, deux mouchoirs faits de

---

[1] V. Macri, *Hierolexicon;* — Martigny, *Dict. des Antiq. chrét.;*
— Gay, *Gloss. archéol.;* — au mot *Flabellum.*

[2] A Châlons, en 1410, *ad fugandum muscas de circa altare*, le
flabellum était un instrument en bois, terminé par un rond de
parchemin couvert de peintures (*Mém. de la Soc. d'Agric. de la
Marne*, 1886-1887, p. 289, n. 37).

fil d'or et de soie (n. 1324). A Saint-Loup et à Notre-Dame-aux-Nonnains, au xvii⁰ siècle, il y a de nombreux mouchoirs, garnis de glands, pour les prêtres[1].

XIV. Peigne liturgique. — En dehors du peigne d'ivoire ayant appartenu à Saint-Loup (n. 829), nos inventaires ne mentionnent qu'un seul peigne liturgique, aussi en ivoire, à Saint-Etienne en 1329 (n. 338).

XV. Lampes. — Outre celles que nous avons signalées, à la p. ccxv, comme brûlant devant le Saint-Sacrement, mentionnons le beau lampier ou chandelier de cuivre que les marguilliers de Sainte-Madeleine firent faire, en 1528, en forme d'arbre de Jessé, et qui était suspendu devant l'autel de Notre-Dame-la-Blanche (n. 1547).

XVI. Chandeliers de l'Elévation. — Ils ne figurent que dans l'inventaire de Notre-Dame-aux-Nonnains, en 1664. Ils étaient en argent et pesaient vingt-et-une livres (n. 1211).

Notons ici, en passant, le flambeau d'autel, avec mouchettes, en argent bruni, donné par M. d'Aumont à Saint-Loup pour servir aux messes (n. 851).

XVII. Chauffe-mains[2]. — A la Cathédrale, en 1429, on trouve une pomme de cuivre doré, dont le prêtre se servait *ad calefaciendum manus cum igne in hyeme* (n. 55o). Celle de Saint-Urbain, en 1468, était en cuivre doré, « pertuisée à l'entour et garnie de sa pierre pour réchauffer les mains du prêtre en hiver[3]. »

Il y avait, en outre, à Saint-Urbain, une *pesle* (un poêle

---

[1] N. 1254, 2544, 2579, et p. 292, note 1.

[2] Gay, *Gloss. archéol.*, v⁰ Chauffe-mains.

[3] Lalore, *Cartul. de Saint-Urbain*, p. 347, n. 124. — Cfr. *Mém. de la Soc. d'Agric. de la Marne*, 1886-1887, p. 289, n. 38 et 39.

ou réchaud) de fer à trois pieds, pour se chauffer au maître-autel[1]. A Saint-Loup, en 1662, on trouve un grand réchaud et une cassolette de cuivre, mais ce n'était peut-être que pour la sacristie (n. 886 et 887)[2].

XVIII. **Aigles, Lutrins et Pupitres**. — A Saint-Etienne en 1319, et à la Cathédrale en 1429, il y avait, au milieu du chœur, un aigle servant de lutrin (n. 415 et 643). En 1343, à Notre-Dame-aux-Nonnains, le pupitre, *pulpitum,* était en fer (n. 1075). A Saint-Urbain, en 1468, on trouve un *letterey* et des *fers à dire l'évangile*[3].

L'abbé Forjot donna à Saint-Loup un aigle de franc-potin (n. 877) et à l'Hôtel-Dieu un aigle de cuivre (n. 2910); il y avait, en outre, à l'Hôtel-Dieu, un fer servant de pupitre à dire l'évangile (n. 2916).

Au Saint-Esprit, en 1536, le *letteriz* est en bois (n. 1874).

Chez les Cordeliers, en 1610, on se servait d'un aigle pour l'épître et l'évangile (n. 2732); mais, en 1632, il y avait deux pupitres de cuivre pour cet usage (n. 2798).

Ces pupitres étaient recouverts de tapis[4].

XIX. **Vases à mettre sur l'autel**. — Faut-il voir des vases de ce genre dans les quatre vases en argent à côtes de melon, dans les deux caisses et les quatre corbeilles d'argent qui figurent, en 1664, dans l'inventaire de Notre-Dame-aux-Nonnains (n. 1205, 1206 et 1216)?

---

[1] Lalore, *Ibid.*, p. 350, n. 160.

[2] Id., *Comment au bon vieux temps les chanoines n'avaient pas trop froid pendant les offices*. 1877.

[3] Id., *Cartul. de Saint-Urbain*, p. 333, n. 19, et p. 350, n. 159.

[4] V. *supra*, p. CCXLIV.

XX. **Bannières**. — On trouve deux *vexilla seu bannerïæ* de soie à la Cathédrale en 1429, l'une chargée de fleurs de lys, l'autre portant l'image de S. Pierre (n. 559). A Saint-Urbain, en 1468, il y avait aussi deux bannières en cendal, que l'on portait à la procession depuis Pâques jusqu'à la Pentecôte : l'une, qui était pour les fêtes solennelles, représentait S. Urbain, avec les armes d'Urbain IV, de France, de Champagne et de Navarre; l'autre, pour les jours ordinaires, était semée de fleurs de lys vermeilles. Le bâton était en bois doré ou argenté, et le *plommiau* de cuivre doré [1].

En 1526, les marguilliers de Sainte-Madeleine firent faire une bannière en taffetas cramoisi, à franges de soie verte, qui fut peinte par un nommé Parceval. Elle était renfermée dans un meuble (tabernacle) de bois, fait par Simon Collot, menuisier (n. 1545). Il y avait deux autres vieilles bannières de soie bleue (n. 1543).

Sur une bannière en taffetas jaune de Notre-Dame ou Saint-Jacques-aux-Nonnains, en 1538, étaient représentés la Sainte Vierge et S. Jacques (n. 1116). Celle de Saint-Jean, en 1562, était en damas rouge, et portait l'image du saint au milieu de broderies d'or de Chypre (n. 1304). De même, à Saint-Loup en 1662, il y avait deux bannières en damas rouge, avec molets et franges de soie et d'or, sur lesquelles était représenté le saint évêque; la première était couverte de fleurs de lys en broderies d'or et d'argent fin, et doublée de gros de Naples de couleur verte; sur la seconde, S. Loup était peint en toile des deux côtés (n. 900). Enfin, la Cathédrale avait aussi, en 1700, deux bannières de damas rouge : l'une en broderie, l'autre en peinture, celle-ci avec un bâton garni de feuilles d'argent (n. 2446 et 2447).

XXI. **Robes et Manteaux des Saints, Couvre-chefs et Bouche-Saints**. — En 1343, à Notre-Dame-

---

[1] Lalore, *ubi supra*, p. 334-336, n. 29 et 40.

aux-Nonnains, on trouve vingt-trois *orati*, en français *oreys*, en soie, « ad ponendum super capita imaginum » (n. 1015 et 1060). En outre, il y avait des *camisiæ sive cooperturæ* en toile, pour couvrir les statues de la Sainte Vierge et de S. Louis (n. 977). Deux *capitegia*, l'un rayé, l'autre jaune, devaient avoir à la Cathédrale, en 1429, la même destination que les *orati* de Notre-Dame-aux-Nonnains (n. 592).

Au xvi⁰ siècle, les statues les plus vénérées de la Sainte Vierge et des saints sont assez communément revêtues de robes, manteaux et couvre-chefs.

C'est ainsi qu'à Notre-Dame-aux-Nonnains, en 1538, la Notre-Dame du maître-autel et celle du portail de l'église étaient revêtues de manteaux rouges, à parements de menu-vair et bords de letisse [1]. La Sainte Vierge devait porter l'enfant Jésus, car on trouve, avec son manteau, un petit manteau rouge, et avec ses couvre-chefs, l'un en soie rayée blanc et rouge, l'autre en taffetas bleu, un bonnet de velours rouge (n. 1136-1155). — De même, à Sainte-Madeleine, la statue de Notre-Dame-de-Recouvrance, placée devant le bureau des marguilliers, était revêtue d'une robe en velours rouge brun, bordée de passements d'or et enrichie de perles ; sur la tête, elle portait, soit un crêpe jaune, barrollé de plusieurs couleurs, soit un couvre-chef de toile d'argent à passements d'or. L'enfant Jésus, vêtu d'un manteau pareil à la robe de sa mère, avait sur la tête, soit un bonnet de drap d'or avec un bouton de perles, soit un bonnet de velours violet en forme de bonnet carré. En outre, aux jours de fête, on mettait sur la tête de la Sainte Vierge et de l'enfant Jésus deux chapeaux composés de roses de graine de perles (n. 1657-1668).— Dans la même église, il y avait, pour les divers personnages de la Gésine (ce que nous appelons aujourd'hui la Crèche), des robes

---

[1] *Menu-vair*, fourrure faite avec la peau de l'écureuil gris. *Letisse*, peau d'hermine sans mouchetures.

de diverses couleurs, en taffetas, velours et satin; celles
de la Sainte Vierge et de S. Joseph étaient en velours
rouge (n. 1705-1710). — Chez les Cordeliers, en 1610,
la Notre-Dame du maître-autel avait trois robes, une
blanche, une rouge et une grise (n. 2778); les statues
de Notre-Dame-de-Lorette et de Notre-Dame-des-
Anges en avaient aussi trois, deux rouges et une bleue
(n. 2777). On trouve également, en 1627, onze couvre-
chefs de Notre-Dame (n. 2796), comme on y voyait, en
1572, plusieurs serviettes à mettre sur la Sainte Vierge
du grand autel (n. 2703). — La Sainte Vierge de Saint-
Loup, au xviie siècle, avait une robe de taffetas vert
(n. 2594).

Nous avons vu que le S. Joseph de la Gésine, à
Sainte-Madeleine, avait une robe en velours rouge
(n. 1710). A Notre-Dame-aux-Nonnains, en 1538,
S. Jacques avait une chape de taffetas violet, à orfrois
de tannelle (n. 1153). Ste Geneviève, à Saint-Loup,
portait un voile et était vêtue d'une robe en taffetas vert
(n. 2593). Notons aussi les couvre-chefs de soie, un
rouge et deux blancs, qu'on mettait sur le bras de
S. Blaise, à Sainte-Madeleine (n. 1535), et le petit
couvre-chef de crêpe qui couvrait, à la chapelle de
Belley, la chevelure de Ste Marguerite (n. 2841).

Les statues portaient quelquefois des couronnes,
comme les Vierges en vermeil de Lirey en 1418
(n. 2229), et de Notre-Dame-en-l'Isle en 1523 (n. 1393),
comme le S. Etienne de 1585 (n. 461) et le S. Pierre de
la Cathédrale en 1611 (n. 681). Les couronnes mentionnées en 1343 à Notre-Dame-aux-Nonnains (n. 1009 et
1010), et au xvie siècle à Saint-Jean (n. 1278), devaient
servir au même usage. Elles étaient toujours enrichies
de pierreries et de perles.

Au lieu de couronnes, on plaçait parfois des *chapeaux*
d'orfèvrerie et de perles sur la tête des saints. Nous
l'avons vu à Sainte-Madeleine pour Notre-Dame-de-

Recouvrance; on l'y voit également pour Ste Agnès (n. 1487) et pour Ste Madeleine (n. 1555)[1].

En Carême, on couvrait, comme on le fait encore, les statues des saints. On a vu les *camisiæ* en toile de Notre-Dame-aux-Nonnains en 1343 (n. 977). A Saint-Urbain, en 1468, on trouve deux pièces de toile blanche ouvrée pour boucher en carême le S. Urbain du maître-autel et le crucifix du Jubé[2]. A Saint-Jean, en 1563, il y a cinq douzaines de *bouche-saints* pour le carême, dix *courtines* de chanvre et de lin servant à boucher les saints dans le même temps, et trois douzaines et demie de petits *drapelets* servant de bouche-saints (n. 2632, 2649, 2653). Les bouche-saints sont appelés *custodes* à Saint-Bernard en 1563 (n. 1963) et à Saint-Nicolas en 1566 (n. 2821)[3]. Ils étaient toujours en toile. — A Notre-Dame-aux-Nonnains, en 1664, on trouve un voile de taffetas pour la croix de l'autel et la croix de procession[4].

XXII. **Agnus Dei, Cœurs**. — A Saint-Etienne, en 1700, on trouve un *Agnus Dei*, ovale, vitré des deux côtés et bordé d'argent (n. 430).

Chez les Cordeliers, en 1527, un cœur en argent était suspendu au cou d'une statue de Ste Barbe (n. 1416).

XXIII. **Draps mortuaires**. — A Notre-Dame-aux-Nonnains, en 1343, une *culcitra* peinte, en cendal rouge, se mettait sur la sépulture des abbesses à leurs anniversaires (n. 1078). Onze autres *culcitræ* peintes, en cendal de diverses couleurs, servaient probablement pour les religieuses (n. 1077). Pour l'enterrement des converses, il y avait un vieux drap de soie (n. 1082).

---

[1] Cfr. Rondot, *Les orfèvres de Troyes*, p. 68.

[2] Lalore, *Cartul. de Saint-Urbain*, p. 335, n. 35 et 36.

[3] Voir aussi n. 1697, 2060 et 2211.

[4] Archives de l'Aube, 22 H, carton I.

XXIV. **Bâtons de confréries.** — A Saint-Jean, au xvi⁰ siècle, le bâton de la confrérie de l'Immaculée-Conception portait, sur un soubassement de cuivre, une Vierge et deux anges en argent, surmontés d'un chapiteau de cuivre (n. 1295).

A Saint-Nicolas, en 1566, le bâton de la confrérie était une chapelle de bois doré, avec une image de S. Nicolas (n. 1812).

XXV. **Tasses à postcommunier et à quêter.** — Sur les tasses à postcommunier, voir plus haut p. ccxvi. — A Notre-Dame-aux-Nonnains, en 1538, une tasse d'argent, au fond de laquelle était l'image de S. Jacques, servait *à chercher l'œuvre* (n. 1109). A Saint-Jean, en 1565, on fit faire six coupes d'argent doré, pour servir à la table-Dieu et à chercher l'œuvre (n. 2611)[1]. Il y avait, à Saint-Pantaléon, en 1670, une tasse pour quêter aux messes des trépassés (n. 1768).

XXVI. **Baguettes des marguilliers et des bedeaux.** — Au xvi⁰ siècle, il y avait, à Sainte-Madeleine et à Saint-Jean, quatre baguettes ou verges d'os de baleine, les unes avec les bouts et le milieu ferrés d'argent, les autres à garniture de fil d'argent ; elles étaient portées par les marguilliers (n. 1589 et 2613). De même à Saint-Remy en 1700 (n. 2043)[2].

XXVII. **Coussins de Fauteuils.** — A Saint-Urbain, en 1468, quatre *quarriaux* de laine, remplis de bourre, servaient à parer le siège du doyen aux

---

[1] Noter aussi trois tasseaux d'argent, un grand et deux petits, à Saint-Jean (n. 2609 et 2610).

[2] En 1410, à Châlons, on trouve une *virga de balena, munita argento, ad imagines ad lilia*, qu'avait fait faire un certain Phelizet, *ostiarius (Mém. de la Soc. d'agric. de la Marne*, 1886-1887, p. 300, n. 178).

grandes fêtes[1]. A Notre-Dame-aux-Nonnains, en 1664, on voit deux carreaux de velours noir, quatre de velours violet, deux de drap de Hollande, deux de velours rouge cramoisi, pour mettre sur les sièges de l'abbesse et de la coadjutrice (n. 1244).

XXVIII. Formes et Prie-Dieu. — Devant le lutrin, il y avait un banc, quelquefois à dossier, qu'on appelait *forme* ou *forme du chœur,* et plus tard *banc des chapiers,* et qui était recouvert d'un tapis[2]. Beaucoup d'autres bancs ou formes étaient dans le chœur ou contre les murs de l'église, pour servir de sièges ; on en voit à Saint-Bernard, en 1563, qui sont garnis de leurs jubés[3].

En 1566, on note, à Saint-Nicolas, un *priant* de bois (n. 1835), et à la chapelle de Belley un petit *oratoire* de bois, façon de scabelle (n. 2842).

XXIX. Ustensiles et linges de sacristie. — Au revestière ou sacristie, il y avait un lavoir ou une fontaine pour se laver les mains, comme à Saint-Urbain en 1468[4], à Notre-Dame-aux-Nonnains en 1538, où l'on voit un lavoir de cuivre à anse et brosseron (robinet)[5]. A la Cathédrale, en 1700, la fontaine en cuivre rouge, avec un petit bassin, était placée dans une niche incrustée dans le mur (n. 2375).

Les sacristies avaient aussi, pour mettre l'eau, des pots, boogs (brocs) ou seaux, d'étain ou de mette[6].

A Notre-Dame-aux-Nonnains, en 1343, on trouve un

---

[1] Lalore, *Cartul. de Saint-Urbain,* p. 347, n. 129.

[2] Voir n. 1326, 1836, 1879, 2528.

[3] Voir n. 1844, 1956 et 1958. — D'après Lacombe, *Dict. du vieux langage français,* t. 1, p. 287, *jubé* veut dire pupitre.

[4] Lalore, *Cartul. de Saint-Urbain,* p. 350, n. 161.

[5] N. 1159. — Voir aussi n. 2033, 2709, 2912.

[6] N. 1344, 2046, 2711.

cacabus (chaudron) de cuivre, avec une petite chaîne de même métal (n. 1020).

Dans toutes les sacristies, il y a des essuie-mains pour le prêtre avant la messe. On les appelle toailles à essuyer les mains au lavoir[1], touailles à clou, servant à dire messes (n. 1128), toilettes à essuyer les mains à la sacristie (n. 2714), lave-mains (n. 2770) et essuie-mains (n. 2797), tournoires (n. 2576), torchoirs (n. 2202), serviettes du tour qui est à la sacristie (n. 2033).

De ces essuie-mains on peut rapprocher les manuterges, que les inventaires nomment serviettes à laver ou à essuyer les mains à l'église, aux autels (n. 1961, 2705, 2822), essuie-mains d'autel (n. 2577 et 2578), et serviettes de burettes (n. 1253). Au xviie siècle, les manuterges sont souvent à passement.

Ajoutons enfin les *essuie* pour les prédicateurs, dont il y avait deux douzaines et demie en 1664 à Notre-Dame-aux-Nonnains (n. 1260).

XXX. **Etuis à ustensiles.** — Souvent, les ustensiles étaient enfermés dans des étuis. Ainsi, à Notre-Dame-aux-Nonnains, en 1343, trois petites burettes d'argent étaient « in quodam repositorio de corio bullito » (n. 1014). Au xvie siècle, on voit des chandeliers et des croix, même des reliquaires, dans des étuis de cuivre, de cuir, de bois couvert de cuivre[2].

XXXI. **Fonts baptismaux.** — Il est fait mention des fonts baptismaux dans les visites capitulaires de 1526-1533. A Saint-Nizier, les fonts sont auprès de la grande porte, à droite en entrant (n. 2096). A Sainte-Madeleine, ils furent faits en fonte, en 1532, avec un couvercle aussi en fonte, facile à lever et à baisser,

---

[1] Lalore, *Cartul. de Saint-Urbain*, p. 339, n. 68.

[2] Voir n. 1496, 1554, 1559, 1811, 1917 et 1918, etc.

quod surripitur et deprimitur minimo negotio (n. 2809, note 3).

Souvent, comme à Saint-Remy, à Saint-Aventin et à Sainte-Madeleine, les saintes huiles sont déposées, soit dans les fonts eux-mêmes, soit dans leur rebord en pierre ou en fonte (n. 1964, 2108 et 2809, note 3). D'autres fois, elles sont déposées, avec le rituel des baptêmes, dans un placard en bois creusé dans le mur, à proximité des fonts (n. 1964, 2079, 2096, 2809). Les fonts sont fermés au verrou et à clef, et recouverts de tapis (n. 2108).

A Saint-Nizier, outre le placard aux saintes huiles, il y en avait un autre pour se laver les mains quand on avait touché l'huile sainte ou le chrême (n. 2096).

Pour verser l'eau sur la tête des enfants, il y avait un petit vase, *crater, tasse, coquille*, en argent (n. 2107 et 860)[1]. On en voit un autre, à Saint-Aventin, pour recevoir l'eau versée sur la tête des enfants (n. 2107).

A Saint-Denis, on trouve un autre vase, *crater seu discus in quo suscipitur lotium seu urina baptizandorum infantium, si forte egerent* (n. 2079).

XXXII. **Troncs**. — En 1566, à Saint-Nicolas, on constate l'existence d'un tronc, fermant à clef, où l'on trouva 42 sous tournois (n. 1847).

XXXIII. **Cloches**. — Nos inventaires mentionnent deux moyennes cloches et une petite au Saint-Esprit, en 1536 (n. 1883), trois cloches de fonte à Saint-Nicolas, en 1566 (n. 1846), cinq grosses cloches de franche-mette pesant 9.000, 7.000, 5.000, 4.000 et 3.000 livres, dans la tour qui était sur le devant de l'église de Saint-Loup, et quatre plus petites, placées dans la flèche ou petit clocher de la même église, et nommées vulgai-

---

[1] Cfr. Rondot, *Les orfèvres de Troyes*, p. 118.

rement *andoillettes*, parce qu'elles avaient été faites sous l'abbé Pierre Andoillette, mort en 1491 (n. 888 et 889).

Les grosses cloches de Saint-Loup avaient été fondues en 1498 par Jacques et Joachim de la Bouticle, père et fils, qui fondirent également deux cloches du gros clocher de la Cathédrale[1].

Notons aussi l'horloge en fer et cuivre, enchâssée en bois, à contrepoids de plomb, avec une petite cloche, qui était placée sur le devant de l'église du Saint-Esprit (n. 1865).

A Saint-Nicolas, il y avait deux échelles de bois pour monter au clocher (n. 1845).

XXXIV. Seaux à incendies. — Sur les voûtes du portail de Saint-Remy, en 1701, il y avait quatre douzaines de seaux d'ozière (osier) poissé, pour les incendies qui pouvaient survenir en ville (n. 2072).

§ X

Textes et Livres liturgiques.
Livres de bibliothèque.

I. **Textes**. — Les *textes* sont des couvertures de livres liturgiques. Bien que ce nom, pris au sens naturel, s'applique au livre lui-même, l'usage a prévalu de le donner à la riche couverture dont les missels, évangéliaires et psautiers, étaient souvent revêtus.

Le plus ancien texte signalé dans nos inventaires est le texte des Épîtres et Évangiles de toute l'année que le comte Henri offrit à l'abbaye de Saint-Loup, en 1166, à l'occasion de la naissance de son fils Henri, né le 29 juillet, jour de la fête du saint. La couverture était en

---

[1] Assier, *La Champagne encore inconnue, Les Arts et les Artistes*, p. 158.

argent, avec ornements en vermeil. D'un côté, elle était chargée de pierreries, avec un grenat de grand prix enchâssé, au milieu, dans l'anneau de la comtesse Marie. De l'autre côté, était représenté le jeune Henri, offrant le texte à S. Loup (n. 836)[1]. — Ce manuscrit est encore à la Bibliothèque de Troyes, mais la couverture a disparu.

Un autre texte de Saint-Loup, refait par l'abbé Jacques Muette vers 1331, était couvert d'argent, avec un crucifix d'un côté et l'image de S. Loup de l'autre (n. 837).

A Saint-Étienne, en 1319, il y avait des textes en grand nombre et de toute beauté. Outre le grand texte d'or, couvert de pierreries, de perles, d'émaux et de camées (n. 4 et 39), il y avait près d'une vingtaine d'autres tablettes ou couvertures de livres, entourées d'argent ou de vermeil, chargées de pierreries, de camées et d'émaux, et ornées, au milieu, de figures d'ivoire ou d'argent[2]. Les sujets représentés sont : Dieu sur son trône, le Sauveur en croix, avec la Sainte Vierge et S. Jean, la mise au tombeau, S. Étienne et S. Paul. Une couverture porte, au milieu, des reliques de la vraie Croix (n. 233); elle est garnie, sans doute pour ce motif, d'un couvercle à coulisse.

En 1704, les textes de Saint-Étienne n'étaient pas moins riches, et plusieurs semblent être les mêmes qu'en 1319. Le plus beau est le texte d'or, travaillé en filigrane, garni de deux cent quatre-vingt-une perles et pierres précieuses, où étaient représentés, d'un côté, Notre Seigneur et les quatre évangélistes sur émail, de l'autre, la descente de croix en relief sur une plaque d'or

---

[1] Arnaud dit, par erreur, que ce livre fut donné en 1153, et qu'une peinture, placée en tête, représentait le jeune Henri offrant le texte au saint évêque. (*Voy. archéol.*, p. 39). — Cfr. Camuzat *Promptuarium*, fol. 298, v°. — V. supra, p. LXXI, LXXXVI et CXXXVI.

[2] N. 5, 6 et 7, 134 et 135, 219 à 221, 224 à 227, 233. — Au n. 134, l'inventaire note « duæ tabellæ, et in medio imagines eburneæ, *ad modum textoris* ». Nous pensons qu'il faut lire *ad modum textus*, comme au n° 233.

(n. 435). — Mais les autres tableaux ou textes, tout couverts d'émaux et d'agates travaillées en relief, méritent aussi la description que leur consacre l'inventaire[1]. Sur l'un de ces textes étaient représentés S. Etienne et S. Paul en relief (n. 494); sur un autre, S. Laurent et Ste Hoïlde, œuvre de l'orfèvre troyen Henryet Boulanger en 1548 (n. 458)[2].

Notons, en passant, le très beau texte en argent de Notre-Dame-aux-Nonnains, en 1343; il portait les images de Notre-Seigneur et de la Sainte Vierge, et il pesait environ dix livres d'argent (n. 1002). En 1664, le texte ne pesait plus qu'un marc quatre onces (n. 1215).

La Cathédrale avait aussi, en 1429, plusieurs textes en argent ou en vermeil, chargés de pierreries, et ornés de figures en ivoire et en argent repoussé ou estampé. Les sujets représentés étaient Dieu sur son trône, la Nativité, le crucifiement, la descente de croix, S. Pierre et S. Paul, les évangélistes, les animaux symboliques, et un homme tenant deux serpents[3]. L'un de ces textes, représentant S. Pierre, était porté par le sous-diacre aux processions des fêtes solennelles (n. 530). En 1611, les couvertures sont appelées *contenances en forme de textes*. (n. 677, 679, 693).

En 1468, les textes de Saint-Urbain étaient plus ordinaires. L'un était en cuivre, avec le crucifix d'un côté et S. Urbain de l'autre; on le plaçait dans des petits *lodiers* de toile, et on l'enfermait dans un coffret de bois. Deux autres étaient en cuivre doré, avec Notre Seigneur et la Sainte Vierge. Enfin, quatre autres plus petits étaient en bois, mais recouverts de soie[4].

L'hôpital du Saint-Esprit avait aussi deux textes en

---

[1] N. 445, 457 et 458, 474, 482, 494.

[2] V. Rondot, *Les orfèvres de Troyes*, p. 82.

[3] N. 528 à 534, 675 à 679, 693.

[4] Lalore, *Cartul. de Saint-Urbain*, p. 346, n. 120-122.

bois, sur lesquels étaient S. Pierre et S. Jean l'évangéliste, en relief (n. 1891).

II. **Livres liturgiques**. — Voici la liste, par ordre alphabétique, des livres liturgiques mentionnés dans nos inventaires :

Antiphonier : plusieurs à Saint-Etienne en 1319, à la Cathédrale en 1429, et partout au xvi⁰ siècle.

Bréviaire : à la Cathédrale en 1429 ; à Saint-Urbain en 1468 ; à Sainte-Madeleine et à Saint-Jean au xvi⁰ siècle. Le bréviaire commençait au premier samedi de l'Avent. (n. 1358). A l'Hôtel-Dieu en 1514, il y avait deux bréviaires à l'usage de Saint-Etienne (n. 2943 et 2944). — On peut rapporter au bréviaire les gros livres notés qui, à Sainte-Madeleine, servaient à dire les Matines (n. 1539 et 1728).

Collectaire : plusieurs à Saint-Etienne en 1319, et à la Cathédrale en 1429. L'un porte le nom de *Collectarius Missalis* (n. 127). Un autre servait aux évêques (n. 424). Deux *colectoires* à Saint-Urbain en 1468. — La Cathédrale avait encore deux volumes contenant les préfaces et plusieurs oraisons notées (n. 646). A Sainte-Madeleine, un livre enluminé contenait plusieurs oraisons (n. 1605).

Commun des Saints : deux à Saint-Jean en 1562.

Diurnal : à l'Hôtel-Dieu en 1514, et à Saint-Loup, pour le semainier, au xvii⁰ siècle.

Éaudes : à Notre-Dame-aux-Nonnains en 1343, et à Saint-Nicolas en 1566.

Epistolier : plusieurs à Saint-Etienne en 1319, et à la Cathédrale en 1429; un à Saint-Urbain en 1468, à Saint-Jean en 1562, à Sainte-Madeleine en 1595.

Evangéliaire : plusieurs à Saint-Etienne en 1319, à Notre-Dame-aux-Nonnains en 1343, à Saint-Pierre en 1429, à Saint-Urbain en 1468, à Sainte-Madeleine et à Saint-Jean au xvi⁰ siècle, à Saint-Loup en 1662.

Graduel : plusieurs à Saint-Etienne en 1319, à la Cathédrale en 1429, à Saint-Urbain en 1468, et partout au xv1ᵉ siècle, où le Graduel est appelé *Grée, Grey, Grez.* Le nom français de *Graduel* ne se trouve qu'en 1734, à la Cathédrale (n. 2500). — A Saint-Etienne et à Saint-Pierre, il y avait des Graduels pour les enfants de chœur (n. 417, 631, 632, 643).

Hymnaire : à Saint-Loup, il y avait un livre spécial contenant les hymnes et antiennes des offices propres de la Congrégation (n. 2521).

Lectionnaire et *Légendaire :* à Saint-Pierre en 1429, à Saint-Urbain en 1468, et dans plusieurs églises au xv1ᵉ siècle.

Manuel : à Saint-Bernard en 1563.

Martyrologe : à Saint-Urbain en 1468 *(martologe)*, et à l'Hôtel-Dieu en 1514 *(mathologe)*.

Missel : à Saint-Etienne en 1319, à Notre-Dame-aux-Nonnains en 1343, à la Cathédrale en 1429, à Saint-Urbain en 1468 *(messier)*, à Notre-Dame-en-l'Isle en 1523, *(messet)*, partout au xv1ᵉ siècle, sous les noms de *Messel, Messé, Messal.* — A la Cathédrale, en 1429, les Missels sont notés, et il y en a un vieux *ad usum monachorum* (n. 629). Le *Messier* de Saint-Urbain, en 1468, était à l'usage de Troyes ; de même à l'Hôtel-Dieu en 1514, et au Saint-Esprit, en 1536, il y a des missels en papier *à l'usage de Troyes* (n. 1860 et 2923), et on en voit quatre à la Cathédrale, en 1700, *ad usum Trecensem,* deux sur papier et deux sur parchemin (n. 2448 et 2449). A Saint-Remy, en 1700, on se servait tous les jours d'un missel romain (n. 2020), et il y avait, en outre, trois vieux missels troyens (n. 2024). On y voit aussi deux missels de Requiem (n. 2036). A Saint-Jean, en 1562, un livre en parchemin sert aux messes ordinaires (n. 1353).

Ordinaire : deux à Saint-Etienne en 1319, dont un avec le Psautier ; un à la Cathédrale en 1429 ; un à l'usage de Troyes, à Saint-Urbain, en 1468.

Passionnaire : deux à Saint-Etienne en 1319, avec les évangiles du temps; un à l'Hôtel-Dieu en 1514, à Saint-Jean en 1562 et à Sainte-Madeleine en 1595.

Pontifical : On trouve à Saint-Etienne, en 1319, un *liber episcopalis*, qui était peut-être un Pontifical (n. 623). Rapprochons-en le livre abbatial de Saint-Loup en 1544 (n. 717).

Préfacier : voir *Collectaire*.

Processionnaire : à Saint-Urbain en 1468, dans la plupart des églises au XVIᵉ siècle, et à Saint-Loup au XVIIᵉ. Ce dernier était imprimé sous le titre de *Processionale regalis abbatiæ sancti Lupi Trecensis*, Paris, 1658, in-8° (n. 2586).

Psautier (Saulthier) : outre le *Psalterium Comitis*, il y en avait plusieurs à Saint-Etienne en 1319; quatre à la Cathédrale en 1429; deux à l'usage de Troyes, et deux moyens pour le carême, à Saint-Urbain en 1468, et plusieurs « dont on se sert journellement pour matines « et heures canoniales, » dans la plupart des églises au XVIᵉ siècle.

Responsorial : à la Cathédrale, en 1429, on trouve un livre « in quo sunt Responsoria et Alleluia festorum » (n. 644). A Saint-Remy, en 1700, il y avait sur un tableau le répons de S. Remy pour servir aux processions (n. 2023).

Rituel : on ne le trouve sous ce titre qu'à Saint-Loup, en 1651, où il y a un Rituel romain, un Rituel de Reims et un Rituel de Troyes (n. 2525). Mais on le trouve, au XVIᵉ siècle, dans la plupart des églises, en diverses parties contenant les formules du baptême, de l'extrême-onction, de l'eau bénite, les vigiles des Trépassés, les commandises, etc. A la Cathédrale, en 1429, cette dernière partie du rituel porte le nom d'*Agenda mortuorum* (n. 639).

Outre les livres de chant proprement dits, on voit que les missels et le bréviaire de la Cathédrale, en 1429, sont notés (n. 618-621).

Un bon nombre de livres liturgiques, missels, bréviaires, antiphonaires, graduels, légendaires, sont tantôt
en un, tantôt en deux volumes (n. 618-646), ou, comme
on disait en 1343 à Notre-Dame-aux-Nonnains, en une ou
deux pièces, *in una pecia, in duabus peciis* (n. 1054-1055).
Lorsqu'ils sont en deux volumes, un des volumes est
« d'un temps, l'autre de l'autre, » c'est-à-dire que l'un
va de l'Avent à Pâques, l'autre de Pâques à l'Avent [1].
D'autres fois, l'un des volumes servait pour le Propre du
Temps, et l'autre pour le Propre des Saints [2].

L'abbaye de Saint-Loup avait ses offices propres, les
uns manuscrits, les autres imprimés. Nous avons déjà
cité l'hymnaire et le processionnaire. Parmi les autres
livres imprimés, nous citerons les *Officia propria sanctorum ad usum Canonicorum regularium,* in-folio, et les
Officia festorum regalis abbatiæ Sancti Lupi Trecensis,
Trecis, 1657, in-8° (n. 2521-2524, 2583-2586).

L'office de la Sainte Vierge et celui de divers saints
et saintes étaient transcrits ou imprimés sur des livrets
détachés. Ainsi, les matines et la messe de Notre-Dame
à Saint-Nicolas en 1566 (n. 1833); les légendes et ser-
vices de Ste Anne, de S. Joseph, de Ste Madeleine, de
S. Claude, de S. Quirin, de S. Roch, de S. Urse, à
Sainte-Madeleine au XVIe siècle (n. 1530, 1596-1602); le
propre de Ste Geneviève, à Saint-Loup en 1651 (n. 2524).

Notons enfin, à Sainte-Madeleine, en 1595, un papier
en parchemin contenant quelques pardons (n. 1572).

Les enfants de chœur avaient des livres à leur usage :
les uns, comme l'ancienne Règle de la Cathédrale en
1429, pour apprendre à lire (n. 626), les autres, comme
Graduels et Antiphonaires, pour chanter (n. 417, 631,
632 et 643).

Un grand nombre des livres mentionnés dans les inventaires, même après l'invention de l'imprimerie, sont

---

[1] N. 1349 et 1350, 1356 et 1358, 1727-1735.

[2] N. 1351 et 1352, 1729, 1736.

manuscrits sur parchemin, *in membrana seu pergameno
scripti* (n. 2810)[1]. Nous voyons à Sainte-Madeleine, en
1523, que quatre-vingt-quatorze cahiers de parchemin
pour deux antiphoniers coûtaient 64 livres (n. 1544).
Ces deux antiphoniers furent écrits par Claude Prestat,
curé de Fère-Champenoise, au prix de 94 livres, une
livre par cahier. Ils furent enluminés par Felisot de
Neuvy (n. 1544)[2]. Les inventaires du xvie siècle notent
plusieurs autres livres historiés et enluminés[3]. En 1734,
à la chapelle Saint-Nicolas de la Cathédrale, on trouve
encore un graduel de vélin, enrichi de belles enluminures
dorées (n. 2500). Est-il nécessaire de rappeler que le
Psautier du comte Henri est tout entier écrit en lettres
d'or?

Ces livres n'étaient pas toujours correctement écrits,
et les délégués du Chapitre en font la remarque,
en ce qui concerne les légendes des saints, dans leur
visite de Sainte-Madeleine, en 1527 (n. 2810).

Les premiers livres liturgiques en papier que notent
nos inventaires, sont des missels et psautiers du Saint-
Esprit, en 1536, et de Notre-Dame-aux-Nonnains,
en 1538. Au Saint-Esprit, en 1536, on trouve un Psautier en parchemin *en lettre de mosle* (n. 1872). On
appelait ainsi les caractères d'imprimerie ou lettres
fondues dans un moule.

---

[1] Sur les manuscrits en général, voir Le Brun-Dalbanne, dans
le *Portef. archéol.* de Gaussen, ch. 3, *Peintures diverses*, p. 10-16,
où il cite plusieurs livres, actuellement à la Bibliothèque de Troyes,
qui ont été donnés à la Cathédrale par l'évêque Louis Raguier, et
qui portent au bas de la première page : *Ludovicus Raguier Episcopus Trecensis me dedit*, avec les armes de ce prélat.

[2] Vers la même époque, en 1517, messire Rémon, prêtre,
« escrivain de forme », et frère Georges de Fontaine, prieur de
Romilly, écrivent et notent des offices pour Montier-la-Celle, et
travaillent à « recoustrer » tous les livres liturgiques de l'église.
(Lalore, *L'Eglise de l'abbaye de Montier-la-Celle*, page 8, note.)

[3] Voir n. 1537, 1873 et 1874, 2707.

Les livres liturgiques de Saint-Etienne, en 1319, sont couverts en cuir blanc, noir, rouge, rose (n. 418-427). Au xvi⁰ siècle, ils sont toujours *enqueslés* ou *reliés à quesles* en bois et couverts de cuir de diverses couleurs, quelquefois avec de gros *cloz* de cuivre (n. 1873). A Notre-Dame-aux-Nonnains, en 1538, un graduel et deux antiphoniers sont couverts de peau de cerf (n. 1160 et 1162). A Saint-Jean, un évangéliaire est couvert en velours rouge (n. 1345). Les processionnaires imprimés de Saint-Loup, en 1651, sont reliés en papier marbré; un manuscrit est relié en veau marbré (n. 2586 et 2587). — Le seul libraire ou relieur qui soit nommé dans les inventaires est Erard Bidault, en 1523 (n. 1544).

Pour tenir les livres fermés, il y avait, à Saint-Etienne, en 1319, un loquet d'argent, *loquetus* (n. 226 et 227). Au xvi⁰ siècle, on trouve des *fermillets, fermoys* ou *fermetures,* d'argent doré ou émaillé (n. 1345, 1552 et 1593), d'argent (n. 1364 et 1365), de cuivre (n. 1860 et 1872), de cuir (n. 1874). Chez les Cordeliers, en 1610, un missel est garni de six perles sur les *fermets*(n. 2739). — Les bouts ou coins du livre étaient aussi quelquefois garnis d'argent (n. 1364 et 1365).

On trouve deux livres, missel et évangéliaire, *dorés sur la tranchée,* à Sainte-Madeleine, en 1595 (n. 1593 et 1594).

Ces livres avaient des signets, car on voit, dans le compte de la Cathédrale de 1379-1380, acheter dix aunes de ruban blanc, « pour faire enseignes es livres[1] ».

Les livres liturgiques étaient ordinairement, pendant le moyen-âge, enchaînés sur des pupitres, au chœur ou à la sacristie[2]. Cela n'est pas dit dans l'inventaire de

---

[1] Gadan, *Bibliophile troyen, Comptes de la Cath.*, p. 41.

[2] Lalore, *Note sur les mesures prises pour la conservation des manuscrits dans le diocèse de Troyes, du XI⁰ au XVIII⁰ siècle* (dans les *Mémoires de la Soc. Acad. de l'Aube,* t. XL, 1876).— Voir aussi Le Brun-Dalbanne, dans le *Portef. archéol.* de Gaussen, ch. 3, *Peintures diverses,* p. 15.

Saint - Etienne, mais à la Cathédrale, en 1429, la plupart sont enchaînés (n. 619-645), comme l'avait rappelé une décision capitulaire du 27 août 1421, prescrivant de faire un inventaire de tous les livres de l'église et d'enchaîner dans le chœur les livres de dévotion[1].

A Sainte-Madeleine, en 1535, il y avait, pour mettre un bréviaire en sûreté, une cage de fer, qui fut vendue plus tard (n. 1542). A Saint-Nicolas, en 1566, on enfermait les livres liturgiques dans des armoires à clef, pratiquées dans des pupitres longs de neuf à dix pieds, qui étaient de chaque côté du chœur (n. 1821).

Par l'inventaire de Saint-Etienne, en 1319, on voit comment les livres étaient placés dans le chœur :

A gauche :	*A droite :*
Summa Belethi.	. . . .
Summa Isidori.	Papias.
Ordinarium.	Ordinarium.
Duo Collectaria.	Duo Collectaria.
Tria Antiphonaria.	Tria Antiphonaria.
Tria Psalteria.	Tria Psalteria.
Tria Gradalia.	Tria Gradalia.

Sur l'aigle, au milieu du chœur :
Collectarium.

Il en devait être de même, en 1429, à la Cathédrale, où les livres de chœur sont deux par deux (n. 622-639).

III. **Livres de bibliothèque.** — Outre les livres liturgiques, les grandes églises avaient encore des bibliothèques, et quelques-unes étaient assez bien fournies. Telles étaient les bibliothèques ou librairies de Saint-Etienne, de la Cathédrale et de Saint-Loup.

« L'église de Saint-Etienne, écrivait dom Martène en 1717, n'est pas seulement riche en or et en pierres précieuses, elle l'est encore en manuscrits. Les principaux que nous y vimes sont les Epîtres de S. Augustin, ses livres de la Cité de Dieu et de la Trinité, ses Homé-

---

[1] Archives de l'Aube, G. 1275.

lies et ses Sermons; S. Jérôme sur Isaïe, Jérémie, Ezéchiel, Daniel; deux volumes des Sermons de S. Bernard; les livres du Souverain Bien, de S. Isidore; Alcuin sur les Vertus; l'Histoire ecclésiastique d'Eusèbe, de la version de Rufin; l'histoire de Fréculphe; la Tripartite, etc. [1] »

Tous ces ouvrages sont mentionnés dans notre inventaire de 1319 (p. 270 et 271). Parmi les autres, on voit Quinte Curce, Valère Maxime, Macrobe et Aulu Gelle; — la Bible; — des gloses sur plusieurs livres de l'Ancien et du Nouveau Testament;— l'historien Josèphe;— quelques ouvrages de S. Augustin, de S. Jérôme, de S. Isidore, de S. Grégoire le Grand, d'Alcuin et de S. Bernard; — probablement les *Constitutions apostoliques* attribuées à S. Clément; — les œuvres de Papias; — les *Canons évangéliques*, d'Eusèbe de Césarée; — les *Vies des Pères*, de Rufin; — l'*Histoire ecclésiastique* de Cassiodore et d'Anastase le Bibliothécaire; — la *Chronique* de Fréculphe, évêque de Lisieux; — le *Rationale divinorum officiorum*, de Béleth; — la *Somme des Sentences*, d'Hugues de Saint-Victor; — un ouvrage, dont le titre manque, d'Œcumenius [2].

Le *Valère Maxime* de Saint-Etienne avait été copié à Provins, en 1167, par l'écrivain Guillaume l'Anglais, pour le comte Henri le Libéral. Ce beau manuscrit est encore à la Bibliothèque nationale [3].

Le livre *De Civitate Dei*, de S. Augustin, est encore à la Bibliothèque de Troyes. C'est un in-folio sur parchemin, du XIᵉ siècle, composé de 206 feuillets à deux colonnes, où les lignes sont tracées au poinçon sec. Les initiales sont grossièrement coloriées; mais le G initial,

---

[1] *Voyage littéraire*, t. I, p. 90.

[2] N. 400, 402, 408 et 409, 426, 2269 à 2317.

[3] D'Arbois, *Hist. des Comtes de Champagne*, t. III,. p 190.

qui a été reproduit par Gaussen, est magnifique[1].

Un autre ouvrage de Saint-Étienne, *Liber candelæ*, est de Gerland, chanoine et premier prieur régulier de l'abbaye de Saint-Paul de Besançon, mort en 1149. Sa *Candela juris pontificii*, divisée en xxvi livres, est une compilation méthodique de passages de la Bible et des Saints Pères, de canons et de décrétales, sur les matières de foi, de morale et de discipline[2]. Ce manuscrit se trouve encore à la Bibliothèque de Troyes, n. 1082.

Notons enfin, à Saint-Étienne, en 1319, le livre de la grande Règle et celui de l'ancienne Règle (n. 423 et 428), ainsi que le Cartulaire (n. 429).

L'inventaire de la Cathédrale ne mentionne, en 1429, en dehors de la Bible et des livres liturgiques, que trois ou quatre manuscrits : le livre *De contemptu mundi*, d'Innocent III, enchaîné à la sacristie (n. 627); le *Catholicon*, contenant probablement les Epîtres catholiques (n. 640)[3]; le livre *De miraculis B. Mariæ* (n. 645), écrit vers 1100, dit dom d'Achery dans ses notes sur Guibert de Nogent[4]; enfin, l'ancienne Règle (n. 626).

Avant de terminer cet article, notons qu'à Saint-Loup l'inventaire des livres fait, en 1485, par Nicolas Forjot, alors prieur de Saint-Vinebaud, comprenait cent cinquante volumes, dont quinze volumes de la Bible, vingt manuscrits sur les vies des saints, plusieurs

---

[1] Harmand, *Catal. des mss. de la Bibl. de Troyes*, n. 3. — Gaussen, *Portef. archéol.*, ch. 3, *Peintures diverses*, pl. 11 et p. 55.

[2] Dom Bouquet, *Rerum Gallic. Scriptores*, t. XIII, p. 685. — Dom Martène en a inséré la préface dans son *Thesaurus anecdotorum*, t. I.

[3] Il y avait aussi un grand *Catholicum* en papier à l'Hôtel-Dieu, en 1514 (n. 2955).

[4] Migne, *Patr. lat.*, t. CLVI, col. 1044, note 23. — Il y a deux ouvrages sous ce titre : l'un très court, du moine Gauthier de Cluny (Migne, t. CLVII, col. 1379-1386); l'autre, plus volumineux, du moine bénédictin Hervé, dont les œuvres sont au t. CLXXXI de la *Patrologie*.

anciens martyrologes, des commentaires, des ouvrages de théologie, de droit et d'histoire. Pour les loger, Forjot aménagea une bibliothèque, où il fit enchaîner les plus importants de ces ouvrages, pour rendre plus faciles les études des religieux[1].

§ XI

Orfèvrerie, Emaillerie, Pierres précieuses.

I. — Après ce que nous avons dit des reliquaires, des statues, des textes et des vases sacrés, il reste peu de choses à dire au sujet de l'orfèvrerie.

Cependant, il convient de signaler les œuvres si remarquables en filigrane d'or et de vermeil, qui sont mentionnées dans l'inventaire de Saint-Etienne. On n'imagine rien de plus beau que le texte et la croix d'or (n. 435 et 440), ou que les croix en vermeil (n. 444, 479 et 497), où le filigrane servait à faire ressortir des quantités de pierres précieuses et même de superbes émaux translucides. Une œuvre exceptionnelle en ce genre était l'autel portatif de S. Martin (n. 488).

Beaucoup de pièces d'orfèvrerie sont travaillées *au repoussé*. Ne pouvant tout citer, nous indiquerons seulement la Sainte Vierge en relief sur le Psautier du comte Henri (n. 466), les quatre évangélistes *élevés* (en relief) sur la croix en vermeil de Lirey (n. 2227), une descente de croix poussée en relief sur le texte d'or de Saint-Etienne (n. 435), les figures de S. Laurent et de Sᵗᵉ Hoïlde poussées sur un texte d'argent (n. 458), le martyre de S. Etienne sur un reliquaire en argent (n. 477), etc. Sur un grand nombre de pièces d'orfèvrerie, on voit des feuillages et fleurons travaillés au repoussé.

Sur la châsse de S. Vinebaud, faite en 1180 par l'abbé

---

[1] Cousinet, *Thes. antiq. Sancti Lupi*, t. III, fol. 135, rᵒ.

Guitère, les douze apôtres étaient en *demi-bosse* (n. 831).
Sur celle de S. Loup, faite en 1359 par l'abbé Jean de
Chailley, la vie du saint était représentée en basse-taille
ou bas-relief sur six platines d'argent (n. 823). Sur deux
textes de la Cathédrale, S. Pierre et S. Paul et les
quatre évangélistes étaient en demi-bosse (n. 676, 693).

On voit aussi beaucoup de sujets *estampés,* comme les
lames d'argent de la châsse de S. Vinebaud en 1180
(n. 831), la descente de croix et les images de S. Pierre
et S. Paul des textes de la Cathédrale en 1429 (n. 528-
533, 675-679). — Souvent, les reliquaires et les croix
sont en bois ou en cuivre, recouverts d'une feuille
d'argent.

Plusieurs fois, l'inventaire signale des ouvrages
d'orfèvrerie faits d'argent ou d'or *rapporté* et appliqué
sur le fond de la pièce (n. 670, 677, 686).

Au XVI⁰ siècle surtout, on voit des calices et autres
objets *ciselés,* soit en sujets religieux, soit en feuillages.
Des potets en vermeil, donnés par l'évêque Parvi, sont
ciselés en écailles (n. 659).

D'autres pièces sont *goderonnées.* Tantôt l'argent est
poussé en godrons (n. 459), tantôt les godrons sont
ciselés (n. 650).

Plus tard, au XVII⁰ et surtout au XVIII⁰ siècle, un certain nombre de pièces d'orfèvrerie sont *moulées* (n. 489,
etc.).

Signalons aussi l'usage que les orfèvres du moyen-
âge faisaient des figures *en ivoire,* dont ils recouvraient
les reliquaires (n. 136) ou qu'ils enchâssaient en argent
ou en vermeil sur les couvertures de texte (n. 225). Le
Psautier du comte Henri portait ainsi, dans une plaque
d'argent fleurdelisé, les figures en ivoire de Notre-Seigneur et des quatre évangélistes (n. 218 et 466).

Enfin, mentionnons les trois petites œuvres en argent
niellé dont parle, en 1319, l'inventaire de Saint-Etienne
(n. 138, 155 et 180).

Il n'est parlé de *clinquant d'argent* qu'une seule fois ;

il faisait le fond d'un reliquaire de Saint-Etienne, et était recouvert de cuivre doré, travaillé en feuillage (n. 467).

II. — L'émail[1] était une des grandes ressources des orfèvres, qui faisaient des émaux de toutes formes et de toutes couleurs, pour en décorer tous les objets servant au culte, jusqu'aux fermoirs de chapes et de missels.

Les sujets que nous rencontrons le plus souvent sur les émaux de nos inventaires sont : Dieu sur son trône ou en majesté, Notre Seigneur en croix, la Sainte Vierge, les quatre évangélistes, les douze apôtres. Nous trouvons une Nativité (n. 2857) et une Mise au sépulcre (n. 224), deux fois S. Etienne (n. 399 et 463), une fois S. Nicolas (n. 2850) et S. Aventin (n. 463). La vie de S. Loup fut représentée, au xvie siècle, en seize émaux peints (n. 824).

Un seul émail est indiqué comme byzantin, *de opere Græciæ* (n. 57). Plusieurs sont *de opere Lemovicensi* ou *quasi Lemovicensi*[2].

Ces émaux sont les uns sur or[3], d'autres sur argent blanc ou doré[4], d'autres sur bronze ou sur cuivre doré[5]. Un bon nombre, et probablement même la plupart, sont sur cuivre[6]. On en trouve un sur étain (n. 2832). Une fois aussi, l'inventaire mentionne une paix en verre émaillé (n. 2151).

Beaucoup d'émaux anciens, surtout les émaux sur or, sont *cloisonnés*. La cloison était faite de bandelettes en

---

[1] *Esmaillium* (n. 139), *esmaudus* (n. 1009), unus *esmaux* (n. 123), une *esmaille* n. 2832).

[2] N. 81, 137, 141, 224, 704, 1016 à 1018, 2261. — Peut-être quelques-uns de ces objets sont-ils plutôt de l'orfèvrerie que de l'émaillerie limousine.

[3] N. 4, 8, 123 nota, 216, 435, 440, 442, 470, 488, 649.

[4] N. 220, 464; 824, 2850 et 2857.

[5] N. 433, 437, 439, 678, 704, 822, 828, 830, 874 et 875.

[6] N. 5, 115, 492, 1016 à 1018.

filigrane d'or, et, dans les intervalles, la plaque d'or était couverte de ce magnifique émail *clair* ou *translucide* dont il reste, au trésor de la Cathédrale, quatre beaux spécimens représentant les quatre animaux symboliques[1]. Ces émaux clairs se trouvent aussi appliqués sur des plaques d'argent (n. 464).

Nous pensons avec M. Didron que les émaux translucides, cloisonnés d'or, ne sont pas exclusivement byzantins. Du xe au xiiie siècle, on en a fabriqué dans tout l'Occident, et ceux que nous venons de signaler pourraient être de fabrication champenoise, comme ceux qu'on a découverts à Provins un peu avant 1860[2].

D'autres émaux, et sans doute le plus grand nombre, devaient être en *taille d'épargne* ou *champlevés*. Cependant, le mot *épargne* ne se rencontre qu'une fois dans les inventaires. C'est à Saint-Etienne, où est mentionnée une plaque de bronze doré d'épargne, ou, comme dit un autre exemplaire, une plaque de bronze sur un fond de couleur (n. 433). Presque tous les émaux qui restent au trésor de la Cathédrale sont des émaux champlevés.

En 1611, on trouve sur un calice en vermeil douze émaux de *basse-taille* (n. 647), c'est-à-dire dont le métal était d'abord ciselé en bas-relief très plat et recouvert ensuite d'un émail transparent.

A partir du xvie siècle, la plupart des émaux sont des émaux *peints*. Tels sont, au trésor de la Cathédrale, les seize magnifiques émaux de la châsse de S. Loup, œuvre de l'émailleur limousin Nardon Pénicaud.

III. — Les orfèvres nommés dans nos inventaires sont peu nombreux. Ce sont :

Laurent, qui assiste en 1319 à l'inventaire du trésor de Saint-Etienne (p. 4)[3].

---

[1] N. 435, 440, 442, 470, 488.

[2] *Annales archéol.*, 1860, t. XX, p. 10, note 2.

[3] Rondot, *Les orfèvres de Troyes*, p. 31, le cite seulement en 1336, sous le nom de *Lorant*.

Emeric Danricart et Nicolas, son fils, qui ont fait, en 1411, une statue de la Sainte Vierge en vermeil pour Saint-Loup (n. 753)[1].

Jean Guérin, Jean Petit et Nicolas Piné, qui travaillent tous trois à la statue de S. Urse, en 1523 (n. 1481)[2].

Jean Papillon, qui fit en 1514-1517 une statue de la Sainte Vierge et deux burettes pour l'Hôtel-Dieu (n. 2964). Il est l'auteur du chef-reliquaire de S. Loup.

Alain Lespeuvrier, qui fait une statue en argent de S. Quirin en 1559 (n. 1556).

Jacques Roize, qui assiste en 1611 à l'inventaire du trésor de la Cathédrale (p. 81).

En 1633, un orfèvre de Paris, Pierre Mesuyer, fait un ostensoir pour Notre-Dame-aux-Nonnains (n. 1200, note).

En 1662, Saint-Loup achetait deux chandeliers d'argent bruni, façon de Paris (n. 852).

IV. — Nos inventaires enregistrent beaucoup de gemmes ou pierres précieuses. Nous en donnons la liste, en la divisant en quatre catégories, suivant la composition chimique des pierres.

Pierre à base de charbon : le *diamant*. C'est la seule pierre de ce genre. Les diamants étaient peu communs au moyen-âge; on n'en trouve qu'à Saint-Étienne, et encore en petit nombre : huit (n. 461, 478 et 479).

Pierres à base d'alumine. — *Rubis*. Le rubis est un corindon hyalin rouge. Il tient le premier rang parmi les pierres précieuses, et le rubis carré, grand de douze à quinze lignes, qui ornait le chef-reliquaire de S. Loup (n. 824), était estimé, au XVIIIe siècle, plus de 20.000 livres. Il y en avait environ une centaine à Saint-Étienne, dont

---

[1] Arch. de l'Aube, 4 H bis, 16 *(liasse)*. — Rondot ne cite Emeric Danricart que plusieurs pages après Nicolas, son fils (p. 39 et 44).

[2] Rondot, p. 60, 76. — Nicolas Piné doit être celui que Rondot nomme Nicolas Payne, p. 71,

plusieurs de belle grandeur. Un rubis était *couleur de chair* (n. 440); c'était probablement un rubis balais.

Saphir. — Le saphir est un corindon hyalin bleu. Saint-Etienne en possédait près de cent vingt. Plusieurs sont notés comme étant bleus, sept *couleur de ciel*, deux blancs. A la Cathédrale, on voit deux grands cabochons de saphir violet fin (n. 669 et 675) et plusieurs autres saphirs. Un camée bleu (n. 143) serait peut-être un saphir travaillé.

Topaze ou *Chrysolithe.* — La topaze est un corindon hyalin jaune. On trouve à Saint-Etienne une chrysolithe (n. 461) et vingt-huit topazes, dont une est gravée[1]. Il y en avait aussi plusieurs à la Cathédrale.

Améthyste. — L'améthyste est un corindon hyalin violet. Saint-Etienne en avait environ cent quarante, dont une *couleur de chair* et une blanche (n. 440 et 475). La Cathédrale en possédait aussi un certain nombre, que l'inventaire appelle *ématistes.*

Emeraude. — L'émeraude est un corindon hyalin vert. Il y en avait une quarantaine à Saint-Etienne, dont une émeraude sale et deux qui ne sont pas de vieille roche (n. 443 et 438). Plusieurs sont gravées; une est taillée en forme de tête d'ange. Cinq émeraudes mentionnées par l'inventaire de la Cathédrale étaient plutôt des émaux (n. 683).

Béryl. — Le béryl est vert bleuâtre. On trouve sept béryls à Saint-Etienne, dont un, vert foncé, était taillé en forme de tête. Il y avait un grand béryl à Notre-Dame-aux-Nonnains (n. 1004). Le nom de béryl a été donné aussi à un cristal verdâtre; on trouve à Saint-Etienne des pommelles de châsse *de cristallo bericlo* (n. 138), et à Notre-Dame-aux-Nonnains une monstrance *de bericlo* (n. 1008).

---

[1] Sur les pierres gravées, voir p. LXXXII et LXXXIII.

Turquoise. — La turquoise est une pierre opaque, couleur bleu de ciel. Il y en avait vingt-quatre à Saint-Etienne.

Pierres à base de silice pure. — *Cristal de roche.*
Le cristal de roche ou quartz, qui n'a par lui-même que peu de valeur, sert à faire des vases qui peuvent, grâce au travail de l'artiste, acquérir un grand prix. A Saint-Etienne, un bon nombre de reliquaires étaient en cristal de roche.

Peut-être faut-il voir des cristaux de quartz coloré dans plusieurs des rubis, saphirs, améthystes et topazes, mentionnés plus haut.

Opale. — L'opale est irisée. On n'en voit qu'une à Saint-Etienne (n. 438).

Agate. — Dans l'inventaire de Saint-Etienne, en 1319, l'agate est désignée sous le nom de *cassidoine.* La cassidoine ou calcédoine est, en effet, une variété d'agate à une seule teinte; c'est une pierre assez commune, nébuleuse, d'un blanc mat, quelquefois bleuâtre. On en trouve une de cette dernière teinte, *saphirus seu cassidonius grossus* (n. 217); c'est la *saphirine.* Outre plusieurs pierres de cassidoine, l'inventaire note une dizaine de vases de cette pierre précieuse et une cassidoine travaillée en tête d'homme (n. 69)[1].

Dans l'inventaire de Saint-Etienne, en 1704, la cassidoine reprend le nom d'agate. Il y en a un grand nombre, parmi lesquelles l'inventaire en signale cinq blanches, une bleuâtre (n. 488), cinq vertes (n. 440 et 475), trois noires (n. 434 et 479), deux couleur d'écaille de tortue (n. 434), une de plusieurs couleurs (n. 435), une aveugle et une transparente (n. 475). Les agates vertes sont probablement des *chrysoprases* ou des *héliotropes*, l'agate aveugle et les noires des *cacholongs*, les agates couleur.

[1] Voir aussi à la Cathédrale et à Notre-Dame-aux-Nonnains (n. 675 et 1006).

d'écaille de tortue et de plusieurs couleurs seraient des *onyx*.

Deux reliquaires de Saint-Etienne sont en agate orientale (n. 449 et 470). Nombre d'agates orientales sont travaillées, les unes gravées en creux, les autres en relief; les couvertures de textes en étaient richement décorées. Les nombreux camées dont parle l'inventaire devaient être des agates travaillées, comme l'indique la mention de *camaïeux* ou *figures d'agate* (n. 474). Sur une agate orientale blanche était représentée la Sainte Vierge en haut relief (n. 482). Chez les Cordeliers, on voit une paix d'agate, historiée de la Cène (n. 2783). — A Notre-Dame-aux-Nonnains, en 1664, on voit une imitation d'agate : « quatre vases et deux chandeliers, façon d'agate, enchâssée dans de l'argent vermeil doré » (n. 1218).

Cornaline. — La cornaline est une agate à pâte très fine, de couleurs très variées. La plupart des cornalines gravées qui restent aujourd'hui au trésor de la Cathédrale sont d'un rouge plus ou moins foncé. A Saint-Etienne, on voit une gemme nommée *cornelle* ou *ischinus* (n. 65); c'était probablement une cornaline. En 1704, on en trouve près de deux cent trente, dont plus de moitié sont gravées, soit en relief, soit en creux ou en cachet.

Sardoine. — La sardoine, agate d'une couleur foncée, nuance orangée, ne se trouve mentionnée que deux fois (n. 457 et 482).

Jaspe. — Le jaspe est un quartz opaque, à larges bandes de diverses couleurs, généralement rouges et vertes, avec un fond brun. L'autel de S. Martin était une pierre de jaspe (n. 488).

Pierres à base de silice mélangée. — *Hyacinthe.* L'hyacinthe est de couleur rouge brunâtre. On en trouve deux à Saint-Etienne (n. 488).

Grenat. — Le grenat est un composé de silice, d'alumine et de chaux ; sa couleur varie, mais elle est le plus souvent rouge. Il y en avait plus de cinquante à Saint-Etienne, dont un gravé (n. 440). Un camée rouge (n. 168) était peut-être un grenat travaillé. Un grenat de grand prix ornait le texte donné par Henri le Libéral à Saint-Loup (n. 836). On trouve aussi plusieurs grenats à la Cathédrale et à Sainte-Madeleine.

Péridot. — Le péridot, silicate double de magnésie et de fer, est ordinairement vert jaunâtre. On en trouve huit à Saint-Etienne, plus trois pierres jaunes imitant le péridot (n. 488).

Lapis-lazuli. — Cette pierre, d'une si belle couleur bleu de ciel, se trouve deux fois à Saint-Etienne (n. 440 et 475); un de ces lapis est gravé.

Malachite. — Peut-être faut-il voir de la malachite dans le calice *de quodam viridi lapide*, et dans le vase-reliquaire en pierre verte de Saint-Etienne (n. 65 et 203).

Perles. — L'inventaire de Saint-Etienne en compte plus de quatre cents, dont plusieurs fort grosses. Il y en avait jusqu'à cent cinquante-neuf sur le texte d'or, quatre-vingt-dix-huit d'un côté et soixante-et-une de l'autre (n. 435). Sur la Vraie Croix, il y en avait soixante-douze (n. 479). — Une chasuble était couverte de broderie en perles (n. 293). — A Sainte-Madeleine, en 1595, on trouve des roses de graine de perles sur le *chapeau* de Notre-Dame-de-Recouvrance (n. 1664 et 1665). Sur une couronne de cuivre doré, à Saint-Jean, il y avait soixante-douze perles, encadrant douze pierres précieuses (n. 1278).

La *nacre de perle,* ou simplement *nacre,* est nommée à Saint-Etienne et à la Cathédrale.

Corail. — On voit à Saint-Etienne quelques reliquaires en corail (n. 109, 173, 188, 471).

Ambre. — Cette résine fossile, d'une belle couleur jaune citron, a servi à faire deux petits reliquaires et une petite croix à Saint-Étienne (n. 97, 119, 123).

Jayet ou **Jais.** — Avec ce lignite fossile, d'un très beau noir, on avait fait un reliquaire à Saint-Etienne (n. 448).

L'inventaire de Saint-Etienne note encore une gemme, nommée *prassine* (n. 10).

Beaucoup de pierres, surtout à Saint-Etienne, sont désignées simplement par la couleur.

En tout, il y a plus de douze cents pierres précieuses, sans compter les perles, signalées dans l'inventaire de Saint-Etienne.

Souvent, mais surtout dans l'inventaire de Saint-Etienne, on trouve des *doublets* de toutes couleurs, blancs, bleus, verts, jaunes et rouges. Le doublet était un morceau de verre, ou plus exactement de strass, sur lequel on appliquait une plaque mince de la pierre précieuse qu'on voulait imiter, ou même tout simplement une plaque de quartz coloré sans aucune valeur. On fabriquait encore des doublets en intercalant, entre deux plaques de cristal ou de verre, une glu transparente colorée, ou en appliquant à la partie postérieure une feuille de clinquant. L'inventaire de la Cathédrale indique bien la nature des doublets, quand il parle de « doublets en verre de plusieurs couleurs » (n. 681). — Ce même inventaire a soin de signaler les pierres non fines et les pierres fausses (n. 678, 687, etc.)

Les gemmes se mettaient sur les reliquaires, les vases sacrés, les croix, les textes, les mors de chape, les mitres, etc. On en plaçait même sur les chasubles, comme à Saint-Etienne en 1319 (n. 284 et 293).

Le seul lapidaire nommé dans les inventaires est Jacques Roize ou Roaize, en 1611 (p. 81).

§ XII

Etoffes, Tapisseries, Broderies et Dentelles.

I. **Etoffes.** — Les inventaires mentionnent un grand nombre d'étoffes. Nous en donnons la liste, en indiquant l'usage qu'on en faisait et l'époque à laquelle on les employait[1].

Arest, Larest. — Etoffe de soie dont la nature n'est pas bien connue, mais qui ne semble pas avoir été de grande valeur, puisque des parements d'aubes *de aresto* servaient pour tous les jours (n. 307). D'après Ducange, cette étoffe se fabriquait à Arras; d'après M. Francisque Michel et M. Gay, dans une petite ville voisine d'Antioche, nommée *Areth* par les historiens des Croisades. Nos inventaires en parlent en 1319 (n. 237 et 307), et en 1343, *panni de Lareto* (n. 967).

Batiste. — Cette toile fine n'est nommée qu'une fois, en 1664, pour une belle aube et deux amicts (n. 1248).

Boucassin. — Sert de doublure de chasuble en 1429 (n. 594), de croix à un poêle de drap noir en 1562 (n. 1306), de chasuble noire, de doublure, de dessus d'autel en 1595 (n. 1620, 1679, 1721). Etoffe commune, en toile de coton, à poil feutré, du genre des futaines, dont on faisait grand commerce en Crimée[2]. M. Darcel croit que c'était une étoffe lustrée de fil pour doublure[3].

Bouquerant (bouquerantum). — Ornements complets de bouquerant, un noir et un blanc, en 1343 (n. 930 et 936). Etoffe assez précieuse, car l'ornement blanc servait pour les fêtes des vierges et aux fêtes de douze leçons. C'est le *byssus* antique, tissu de lin d'une finesse extrême.

---

[1] Sur toutes ces étoffes, voir le *Gloss. archéol.* de M. Victor Gay.

[2] Peyssonnel, *Traité sur le commerce de la mer Noire*, I, 49.

[3] *Revue des Soc. sav.*, vi⁵ série, t. III, 1876, p. 561.

Bourde. — Chasuble de drap appelé bourde, tissu à oiseaux, en 1402 (n. 2391). C'était un tissu de laine très commun, du genre des boucassins et des futaines[1].

Brocart, étoffe de soie brochée d'or et d'argent, avec mélange de fleurs et ornements d'une ou de plusieurs couleurs. La couleur de fond du brocart varie, ce qui fait dire brocart blanc, brocart rouge, violet, etc. Sert pour les beaux ornements. On le trouve en 1662, 1664 et 1700.

Brocatelle. — En 1662, on trouve des mantelets d'autel en brocatelle d'argent à fleurs (n. 897). En 1664, des devants d'autel en brocatelle (n. 1247). — En général, la brocatelle est une étoffe faite sur les mêmes dessins que le brocart, mais moins riche, la chaîne seule étant de soie, tandis que la trame est de coton ou de laine. Elle produit grand effet, le dessin semblant ressortir en relief sur le fond.

Camelot. — Etoffe assez commune, faite primitivement de poil de chameau, puis de laine et de poil de chèvre; servait aux chasubles et chapes ordinaires, surtout noires et rouges, et aux diverses tentures de l'autel. On en trouve de 1319 (n. 297) à 1700 (n. 2403). — En 1664, on mentionne du camelot noir de Hollande (n. 1247). Ces camelots étaient, en effet, en grande réputation. — L'Italie fabriquait un genre de taffetas, qui fut appelé camelot de soie. — Généralement, le camelot était gauffré au fer chaud, d'où il prenait, suivant le dessin, les noms de camelot ondé (n. 1617) ou cannelé (n. 1626).

Cendal. — Etoffe de soie fine et légère, que l'on croit analogue au taffetas. Servait surtout de doublure aux belles chasubles, en 1319 et 1343 (n. 267, 916, etc.); servait également à envelopper les reliques (n. 12, 114, 180) et à faire des parements et tentures d'autel (n. 266,

[1] Ducange, vº *Borda.* — Gay, *Gloss. archéol.*, vº *Bordat.*

963, 1012), ainsi que des draps mortuaires (n. 1077
et 1078). En 1319, des parements d'aubes, une étole et
un manipule sont en cendal noir (n. 308 et 327).
En 1343, une seule chasuble en cendal rouge, mais
plusieurs chapes (n. 960 et 962). La dernière fois que le
cendal est mentionné, c'est à Saint-Nicolas en 1566 :
« une chape de *taffetas sendal* rouge » (n. 1786)[1].

Crêpe. — Tissu clair et léger, fabriqué comme le
taffetas, mais dont la chaîne et la trame sont en soie
grége. Servait, au xviᵉ siècle, à faire des couvre-chefs
pour les statues des saints (n. 1120, etc.).

Damas. — Etoffe de soie ou de laine, quelquefois
brochée d'or ou d'argent (n. 1311 et 2119), avec ou sans
soie de couleur mélangée (n. 1423, etc.), et ornée de
dessins produits par les différentes armures de l'étoffe.
Le damas se trouve pour la première fois, en 1402, sous
le nom de *drap de damas vermeil* (n. 2378). Depuis
cette époque jusqu'à nos jours, il sert pour les chasubles,
chapes, parements, tentures, bannières, etc. Il est souvent
appelé *damars* au xviᵉ siècle. — En 1536, on trouve du
damas figuré, œuvre de Turquie (n. 1863); en 1566, de
la soie *damanserée*, façon de Turquie (n. 1787); en 1670,
du damas de Gênes (n. 1737). — En 1563, on voit de la
toile jaune damassée de rouge (n. 1946); en 1662, du
satin damassé (n. 898). — En 1670, l'inventaire parle
de damas *caffart* (n. 1748); ce damas n'était pas de soie
pure, mais tantôt il avait la chaîne de soie ou de fleuret
et la trame de fil, tantôt il était tout de fil, et tantôt tout
de laine[2]. Le damas caffart et le satin de Bruges, « qui
sont étoffes fort légères et commodes et de grand usage
et débit, ne se faisoient en France; mais la manufacture

---

[1] Cendal, nom ancien du taffetas (Legrand d'Aussy, *Fabliaux*
I, 177).

[2] Savary, *Dict. du Commerce.*

s'en introduit (1604) en la ville de Troyes en Champaigne et pays circonvoisins [1] ».

Demi-ostade (media ostadina), ostade en petite largeur. — On ne la trouve que de 1534 à 1595; elle sert pour ornements ordinaires et parements d'autel. C'était une étoffe de laine, assez légère.

Drap (pannus). — Ce mot s'applique à toutes sortes d'étoffes; on dit : pannus cendalli (n. 266), pannus sericus (n. 275), drap de damas (n. 2378), drap de soie (n. 2382), drap appelé bourde (n. 2391), drap d'or et d'argent (n. 1227).

Le *drap d'or* est une étoffe de soie ton d'or, lancée en trame de filé d'or. Il servait pour les ornements de grandes fêtes (n. 778, etc.); on en faisait des bourses à reliques (n. 14), de beaux corporaliers (n. 1505, etc.), des parements d'autel, des dais pour le Saint-Sacrement (n. 2425 et 2428). On en trouve dans tous les inventaires depuis 1319, où l'on voit une chasuble et deux tuniques *ondatæ de auro et argento* (n. 269).

En 1402, on voit une chasuble de drap d'or à étoiles (n. 2386); en 1523, des ornements de vieux drap d'or figuré d'oiseaux, de rondeaux et de lions (n. 1377-1379); en 1662, une chasuble d'or de masse, c'est-à-dire, croyons-nous, d'or battu (n. 900, 16°). — En 1662, une pale est à fond d'or, rempli de fleurs rouges et bleues (p. 291, note 3). — En 1700, des chapes sont en drap d'or blanc (n. 2457), à fond blanc et à fond rouge (n. 2460 et 2466); ces deux dernières, données par l'évêque Parvi, sont du xvie siècle.

Le *drap d'argent* servait, en 1595, à faire un corporalier (n. 1680). En 1700, on trouve des parements d'autel (n. 2396), et une chape en drap d'argent à fleurs d'or (n. 2461).

Le *drap* ordinaire servait pour tendre l'église, spécia-

---

[1] Laffemas, *Délib. de l'Assemblée du Commerce, Arch. cur. de l'hist. de Fr.*, série I, t. XIV, p. 232.

lement pour les offices des morts (n. 1726, 2056). En 1595, on mettait un tapis de drap vert sur le bureau des marguilliers (n. 1725). En 1664, des coussins de fauteuils sont recouverts en drap de Hollande (n. 1244). — En 1514, une chasuble est en drap de laine (n. 2869) et une chape en drap de laine et soie (n. 2871).

Un drapier, Jean Persin, est nommé en 1523 (p. 163).

Droguet. — Etoffe commune, toute de laine, ou de laine mélangée de coton, de fil ou de soie. En 1595, elle fait des devants et dessus d'autel (n. 1656 et 1711). En 1651, on s'en sert comme orfroi d'une chasuble de camelot (n. 2504). Bien que cette étoffe soit ordinairement unie et sans dessins, il y avait cependant du droguet figuré (n. 1656).

Fil, Fil et Laine, Fil et Poil. — On trouve, en 1319, une bourse de fil (n. 40); en 1343, deux étoles et un manipule de fil blanc (n. 955 et 958); en 1538, une chasuble de fil rouge, figurée (n. 1166); en 1566, une autre chasuble de fil de diverses couleurs (n. 1785).

En 1536 et 1566, il y a des chasubles de fil et laine (n. 1783, 1864, etc.), et des tapis de fil et poil (n. 1793, 1910, etc.).

Frise d'or. — En 1662, on voit à Saint-Loup un corporalier de frise d'or (n. 897). C'est un drap d'or fait avec le fil d'or frisé et ondulé par la torsion que lui fait subir le moulinage.

Futaine. — On trouve une mitre de futaine en 1319 (n. 336), une chasuble en 1343 (n. 953), et plusieurs autres au xvie siècle (n. 1100, etc.). Toutes les chasubles en futaine sont blanches. Les croix de draps des morts étaient aussi en futaine. — La futaine est une étoffe croisée, dont la chaîne est en fil et la trame en coton. Les futaines de Troyes, où cette fabrication fut introduite par Jean Poterat en 1582, étaient en grande réputation[1].

---

[1] Vallet de Viriville, *Archives histor. de l'Aube,* p. 187.

Gros de Naples, taffetas qui se distingue par son épaisseur et la force de son grain. En 1662, il sert pour écharpes (n. 897 et 900). En 1664, une chape est en gros de Naples à fleurs (n. 1231).

Laine. — On en faisait des marchepieds en 1343 (n. 969), en 1523 (n. 1367 et 1368). — Les tisserands de draps de laine sont nommés en 1536 (n. 1871). — En 1662, un orfroi de chasuble est bordé de *laine de soie* (n. 899, 7°). — En 1514, deux chasubles et une chape sont en laine (n. 2869, etc.).

Larest. — Voir *Arest.*

Ligature, étoffe à gros grain et solide, ayant quelque ressemblance avec la brocatelle. On la rencontre de 1632 à 1670. En 1632, devant d'autel de ligature d'argent et de soie (n. 2805). En 1670, chasubles et chapes de ligature de soie (n. 1749 et 1753).

Linetum, probablement étoffe en fil de lin, dont était faite une chasuble violette en 1429 (n. 594).

Linon, toile de lin très fine, qui diffère de la batiste en ce que les fils ne se touchent pas exactement, et qu'ainsi l'étoffe est un peu transparente, faisant comme une gaze épaisse. En 1595, un corporal est en toile de *lynompe* (n. 1669).

Oripeau. — C'était une étoffe fabriquée avec de la lame de cuivre mince et polie, qui a l'apparence de l'or et qui n'est que du clinquant ; on l'appelle aujourd'hui miroir ou lamé d'or. On trouve, en 1595, une vieille chasuble d'oripeau (n. 1631).

Ostade, Ostadine. Cette étoffe de laine, assez fine, était employée, au xvie siècle, pour faire des chasubles, surtout noires et violettes (n. 1179, 1425 et 1428, 1924).

Pallius, étoffe de soie, ordinairement figurée, servant en 1319 pour étoles et parements (n. 305, 322, etc.).

Peluche. — En 1700, la châsse de Ste Hélène était couverte d'un tapis de peluche rouge (n. 2427), étoffe à longs poils, en soie, en laine ou en coton, qui se fabrique comme le velours. Les tapis en fil et poil, ainsi que les chasubles en fil et laine, dont nous avons parlé plus haut, pourraient bien être de la peluche.

Poil. — Tapis en fil et poil de chèvre, au xvi⁰ siècle (n. 1793, 1910, etc.).

Ruban pour ceintures, en 1664 (n. 1258).

Samit, la plus belle des anciennes étoffes de soie, servant en 1319 et 1343 à la confection des plus riches ornements. Elle était souvent brodée d'or, représentant des figures (n. 235, 261, 335). On ne la rencontre plus après le xiv⁰ siècle [1]. — Cette étoffe devait se fabriquer en Orient, car le beau *Paillius comitis* était en samit, avec figures d'or, *de opere Sarraceno* (n. 235). Les *panni Sarraceni* du n. 370 et les chapes *de opere Sarraceno* (n. 386 et 387) devaient être du samit.

Satin. — Cette belle étoffe, que tout le monde connaît, ne paraît dans les inventaires qu'en 1468 à Saint-Urbain, puis à l'Hôtel-Dieu, en 1514 (n. 2863). A cette époque, on trouve du satin battu à or, c'est-à-dire lamé d'or ; en 1527, du satin broché d'or (n. 1477) ; en 1653, on retrouve du satin blanc, en brocherie d'or (n. 2542). En 1662, un ornement est en satin damassé à ramages de soie verte et d'or fin (n. 898). — Le satin de Burges (Bruges), aussi appelé satin *bruchié,* se rencontre de 1562 à 1700 (n. 1317, 1319, 2012). On le voit appelé satin de Bourges ou satin *burgé* en 1566 (n. 1775, 1777, etc.), en 1595 (n. 812, 1623, etc.), en 1610 (n. 2759) [2]. — En 1664, on trouve du satin blanc de la Chine (n. 1247). — Le satin était souvent à fleurs (n. 897 et 898) ; en 1664, il y a du satin blanc à fleurs Isabelle (n. 1247).

---

[1] D'après Legrand d'Aussy, le samit est le nom ancien du satin *(Fabliaux,* I, 177). Cela nous paraît très vraisemblable.

[2] Nous avons vu, en parlant du damas caffart, que l'on fabriquait à Troyes du satin de Bruges vers 1624. Cette étoffe portait ce nom ou celui de demi-satin, lorsqu'elle était unie ; on l'appelait damas caffart, lorsqu'elle était à dessins.

Sayette. — Au xvie siècle, la sayette, étoffe de laine, quelquefois mélangée de soie, et ayant la même armure que la serge, servait à faire des franges de couleurs mêlées (n. 1899 et 1900), des couvertures d'autel (n. 1150), des tentures (n. 1792).

Serge, Sergeste. — La serge est une étoffe de laine croisée, très commune. On faisait aussi de la serge de soie.

On trouve, en 1343, des serges de laine servant probablement de tapis (n. 970). En 1527, et pendant tout le xvie siècle, les chasubles et chapes en serge, peut-être de soie, sont nombreuses (n. 1426, 1433, etc.). On faisait aussi communément des courtines (n. 1850), des ciels (n. 1156), en serge rouge et verte, rouge et jaune. — En 1664, un tapis de fauteuil était en serge violette de Saint-Lô (n. 1244).

La *sergeste* était la même étoffe, plus légère. On trouve, en 1535, une chasuble bleue de sergeste (n. 1553).

Soie. — Inutile de donner aucun détail sur l'usage de la soie. Disons seulement qu'en 1319, l'inventaire l'appelle *sericum seu tartareum* (n. 340)[1], et qu'en 1343, on trouve deux *panni altaris* de soie de diverses couleurs, de *Lareto vulgariter nuncupati* (n. 967).

Tabis. — Nous ne trouvons le tabis *(taby, tabit)* que dans la seconde moitié du xviie siècle, où il sert à faire des parements d'autel et des ornements, de couleur blanche et surtout violette. Le tabis est une riche étoffe de soie, à effets de moirage et à fleurs (n. 897-899). Un orfroi de chasuble est en tabis d'argent, chargé de fleurs d'or (n. 900).

Taffetas. — Tout le monde connaît le taffetas. On le trouve, pour la première fois, dans un inventaire de 1523 (n. 1370). Mais il y a lieu de croire que le cendal,

---

[1] V. aussi n. 291, *infula de opere de tartaire;* n. 292, *tunica de tartareo viridi;* n. 948, *casula tartara.*

dont le nom est bien plus ancien, n'était pas autre que le taffetas qui, en 1566, est appelé *taffetas sendal* (n. 1786). — Un inventaire de 1662 signale du taffetas de la Chine (n. 897). — On trouve, en 1562, du taffetas renforci (n. 1322); en 1595, du taffetas velouté (n. 1705) et du taffetas à chaînette d'or fin (n. 1706). — Le taffetas était souvent à fleurs, de couleurs différentes du fond (n. 1758, etc.). — On en faisait des ornements, des tentures et parements d'autel, des dais, des bannières, etc.

Toile. — La toile de lin ou de chanvre servait pour les amicts, les aubes, les surplis et les nappes. Les corporaux et purificatoires étaient en toile de lin. La toile de chanvre servait pour les doublures et couvertures d'ornements, les courtines et tentures d'autel, surtout en carème, les draps mortuaires, les bouche-saints, etc. — En 1538, on trouve une chasuble de toile blanche (n. 1118); en 1562 et 1563, plusieurs chasubles de toile rayée (n. 2620 à 2622), de toile riollée ou picotée de diverses couleurs (n. 1952 et 2624), une chape de toile jaune damassée de rouge (n. 1946); à la fin du XVIIe siècle, on trouve encore des étoles et manipules en toile de chanvre (n. 1988 et 1989).

Souvent, la toile est ouvrée, *operata* (n. 984, 2555, etc.). En 1664, l'inventaire parle de serviettes de *petite Venise* (n. 1257); c'était un linge ouvré, d'un dessin de style oriental, fabriqué à Venise. La petite Venise avait des dessins de moindre dimension que la grande. — En 1343, on trouve de la toile peinte (n. 1079); de même en 1595 (n. 1656). — Nous avons parlé plus haut de la toile de batiste et de lynompe.

En 1535, un corporalier est en toile mêlée avec du fil d'or (n. 1534). Une étole, en 1566, et une chasuble, en 1662, sont en *toile d'or* (n. 1788 et 2159).

La *toile d'argent* sert à faire, en 1595, des couvre-chefs pour la Sainte Vierge (n. 1661 et 1668); en 1651 et 1670, deux dais (n. 2540 et 1755); en 1664, des ornements complets, qui sont blancs, rouges ou verts, selon la couleur des fleurs semées sur la toile d'argent (n. 1221 à 1235).

Tripe de velours, ou simplement *Tripe* (n. 1754), sorte de velours ou de panne, dont le poil était de laine et le fond de chanvre ou de lin. Elle est mentionnée, de 1536 à 1700, pour parements d'autels et ornements, le plus souvent noirs, quelquefois rouges ou verts. En 1566, des ornements sont dits en demi-ostade de tripe de velours (n. 1778).

Velours (veluelum, veluctum, velutum, veloux). — On ne trouve pas de velours à Saint-Étienne en 1319; mais en 1343, à Notre-Dame-aux-Nonnains, il y a une chasuble et un sincier de velours (n. 949 et 1074). En 1429, la Cathédrale avait un morceau de velours vert (n. 556). Au xvie siècle et plus tard, le velours est en grand usage pour les chasubles et chapes de toutes couleurs.

En 1527, une chasuble est en velours rouge, similé de plumars d'or, fil d'or, avec fleurs (n. 1450). — En 1556, une autre est en velours *morée,* c'est-à-dire de couleur brune (n. 2666). — On trouve, en 1562, du velours à figures (n. 1307) et du velours en graine (n. 1321); en 1595, du velours figuré, à fond d'or (n. 1609), et du velours figuré à fleurs (n. 1678); en 1662, du velours à la Turque, à fond incarnat et à ramage bleu (n. 900); en 1664, du velours à fond d'argent (n. 1236); en 1700, du velours rouge garni de ramage d'or en tige (n. 2471), et des orfrois de velours à la Turque, blanc et rouge (n. 2473).

II. **Dessins des étoffes.** — Nous nous contentons d'indiquer les divers dessins des étoffes, principalement de celles du moyen-âge.

Signalons, d'abord, ce qui tient à la contexture même ou à l'apprêt de l'étoffe.

De 1319 à 1429, nous trouvons des étoffes de soie à

barres, « de panno serico *barrato* » (n. 389)[1]; — une chape à billettes d'or et d'autres couleurs, « *billetata* de auro et pluribus aliis coloribus » (n. 350); — une autre, dentelée de noir, rouge et or, « *dentelata* de nigro, rubeo et auro » (n. 383); — des chasubles et chapes de samit blanc, noir, jaune, rouge et doré, diaprées, « infula *diaprata*, de samitto nigro *diaprato,* casula *diasperata* de auro, casula inda et *diaspreya* de serico[2] »; — des ornements ondés d'or et d'argent, « *ondata* de auro et argento » (n. 269)[3]; — des étoffes de soie ou de velours à rayons d'or et d'autres couleurs, « tunica nigra radiis indis *radiata*, paumellæ de serico *radiatæ* de auro, panni de serico *radiati* deaurati[4] »; — une chasuble et des tuniques aussi à raies, *regulatæ* (n. 574); — d'autres à vignettes, *vignotatæ* (n. 571, 581)[5].

Au xvie siècle, on trouve souvent de la toile ou de la laine *riollée*, c'est-à-dire picotée de diverses couleurs (n. 1864, 1952, 2624). — Le camelot est quelquefois *cannelé* (n. 1626).

Les dessins proprement dits étaient extrêmement variés sur les étoffes du moyen-âge. En relevant ces diverses *impressuræ* (n. 314), nous trouvons, suivant l'ordre alphabétique des noms latins, les sujets suivants :

---

[1] En 1562, on voit trois chapes *barrées* de drap d'or et de velours à figures (n. 1307).

[2] N. 270 à 296, 361 à 398, 596, 950. — Toutes ces étoffes ont des dessins de couleurs différentes du fond; ainsi, la chasuble noire est semée de molettes et de talents d'or. — On trouve aussi un tassel de chape *diapratus de argento* (n. 378).

[3] On trouve souvent, au xvie siècle, du camelot *ondé* (n. 1617-1652).

[4] N. 276, 340, 553. — En 1536, camelot rouge rayé de noir (n. 1858); en 1562, chasuble de toile rayée (n. 1323).

[5] En 1566, chasuble de damas curichie de vignette de broderie de Chypre (n. 1776), et une autre de futaine, semée d'une vignette de *mal* (n. 1781).

Animalia ; — Aquilæ aureæ habentes duo capita ; —
Arbores ;— Aves ; — Aves indæ ad modum oistardarum ;
— Bestiæ ; — Calcaria ; — Canes ; — Castella ; — Castra ;
— Cerfs (têtes de); — Cherubim et Seraphim ; — Ciconiæ ;
— Circuli ; — Compassus ; — Crescentes ; — Cruces ; —
— Episcoporum capita ; — Equitantes imagines, tenentes
aves in manibus ; — Gerbæ aureæ ; — Gironnes ; —
Gripones, gripones duplices ; — Leones et leunculi ;
— Leopardi ; — Lilia ; — Losangiæ ; — Moletæ ; —
Monstra ; — Mulieres supra leones ; — Oistardæ ; —
Pavones ; — Pectines ; — Picæ ; — Regum parva capita ;
— Roellæ ; — Rondeaux ; — Rosæ ; — Rosetæ ; —
Rotæ ; — Sacerdotes induti ; — Sagittarius sedens supra
gripones ; — Scuta ; — Stellæ ; — Suetæ ; — Talenta
aurea ; - Tourtella ; — Treffilés d'or ; — Triefflæ ; —
Trifolium ; — Viperæ[1].

Les animaux, surtout les oiseaux, les griffons et les
lions, sont souvent enfermés dans des cercles d'or.

En général, quel que soit le fond de l'étoffe, les dessins
sont en or. Cependant, on trouve sur fond rouge un
semé de petites molettes blanches (n. 283), sur fond
noir des rayons bleus (n. 276) et des molettes blanches
(n. 298), sur fond bleu des rayons blancs (n. 277).

A partir du XVIe siècle, ces dessins disparaissent, et
les étoffes n'ont plus guère pour ornements que des
ramages, des fleurs et des feuillages. C'est ainsi qu'on
voit, entre autres, une étoffe à fond d'or *ramagée* de
velours, du satin à ramages de soie et d'or, du tabis à
petit ramage, du tabis à fleurs en bouquets de fraises
(n. 897-900). Du velours rouge est *similé* de plumars
d'or avec fleurs (n. 1450).

III. **Couleurs des étoffes**. — Nous indiquons
seulement les couleurs moins ordinairement employées :

---

[1] Les mêmes sujets sont souvent répétés; on peut voir chacun
de ces mots à la table.

Color adurinus (n. 242) et asurinus (n. 581); — aurore (n. 2476); — brun (n. 2018); — cendré[1]; — croceus, et quasi crocei coloris (n. 368); — fuscus (n. 280, 290)[2]; — griseus (n. 1436); — gris de souris (n. 2002); — incarnat (n. 900); — indus, indus quasi niger (n. 395), indus quasi persus (n. 396); — morée (n. 2666)[3]; — orange, orangé (n. 1622, 1780); — os de sèche (n. 2035); — persus, pers [4]; — ploncatus (plombé ou violet, n. 948); — roseus (n. 1223); — rouge, ardentis coloris (n. 353), sanguineus (n. 1443); cramoisi, de grosso rubeo (n. 356), rouge brun (n. 1625), quasi rubeus (n. 388 et 393); — tanné (n 1626)[5], couleur de tanelle (n. 1093) ou de tallenelles (n. 2874); — virdeant[6]; — violet cramoisi (n. 1614); — soie couleur changeant (n. 1439).

---

[1] Lalore, *Cartul. de Saint-Urbain*, p. 342, n. 86. — On trouve, en 1469, dans les délib. du Chapitre de la Cathédrale, un achat d'étoffe *coloris mortificati* pour le Carême et l'Avent (Arch. de l'Aube, G. 1277).

[2] Cette couleur devait être le violet, qui n'est nommé ni en 1319, ni en 1343. — En 1552, on trouve, dans l'église d'Esclavolles (ancien diocèse de Troyes), une chasuble de serge *reuz* (Arch. de l'Aube, G. 632).

[3] *Morée*, de couleur noire, d'après Ducange. M. Darcel se demande si ce ne serait pas la couleur de mûre; mais il ajoute : « *Moré*, ainsi que l'on dit encore en Normandie des mains ou de la figure salies de suie, et *morure* de la salissure elle-même. » *(Revue des Soc. sav.*, VIe série, t. III, 1876, p. 579). — *Molée*, dit M. Boutiot, suie ou noir de cheminée, dont il était défendu de se servir pour teindre les draps (*Hist. de Troyes*, t. III, p. 259). — Ne pourrait-on pas dire tout simplement que couleur morée signifiait couleur de More?

[4] La couleur perse était le bleu violet (comparer n. 1522 et n. 1674).

[5] Couleur de tan, marron foncé. Elle était fort à la mode au XVIe siècle.

[6] Lalore, *Cartul. de Saint-Urbain*, p. 342, n. 86.

IV. Tapis. — Nous avons parlé plus haut (p. CCXLI-CCXLVI) des tapis et tapisseries dont on décorait l'église. Ces tapis étaient de provenance diverse : en 1527, on trouve trois carreaux de tapisserie figurée à la mode de Turquie (n. 1471); — en 1562 et 1563, plusieurs tapis de Gand[1]; — en 1662 et 1664, plusieurs tapis de Bergame (n. 909 et 1245) et trois tapis de Turquie (n. 906 et 1245).

En 1620, deux coussins de tapisserie sont à point de Hongrie (n. 2848).

V. Broderie. — Les broderies de soie, d'or, et même de perles, qui couvraient les ornements, représentaient, non-seulement des fleurs et des animaux, mais des saints et des scènes de l'Ancien et du Nouveau Testament.

En 1319, on trouve des étoles et manipules *brodata ad losangias de opere Angliæ* (n. 315).

En 1343, un parement d'aube et divers ornements sont en soie, *cum puncto gallice nuncupato plast* ou *plat* (n. 918 et 939). — D'autres ornements en soie sont *cum puncto rotundo* (n. 938 et 945).

En 1566, une chasuble est enrichie de vignette de broderie de Chypre (n. 1776).

En 1662, on voit une broderie à fond d'argent en *point de diamant* (n. 897, 1º). En 1664, deux ornements de point d'Espagne, l'un de rose appliqué sur de la toile d'argent, l'autre de toutes couleurs appliqué sur du satin blanc (n. 1223 et 1224).

A la même époque, on rencontre des broderies d'or et d'argent fin, d'or nué et de bouture, d'or uni (n. 897-900).

En 1670, plusieurs ornements ont des parements de fausse broderie (n. 1739 et 1744). En 1734, on trouve de la broderie en or faux (n. 2499).

---

[1] N. 1303, 1326 et 1327, 1935.

VI. **Dentelle**. — En 1662, on trouve des dentelles d'or fin, larges de trois doigts (n. 897), d'or et d'argent (n. 897 et 900). En 1670, une dentelle de faux argent (n. 1759).

Vers le même temps, un voile est garni d'une dentelle de Milan (n. 2542), et l'on voit de nombreuses dentelles de point coupé (n. 1249-1263, 2546-2580). On note une dentelle au métier (n. 2581). Une autre est faite à l'aiguille (n. 2551).

En 1664, nous remarquons une belle aube de point de Valognes, d'un quartier de haut (n. 1248), et une dentelle de point de Sedan (n. 1264).

Neige. — En 1662, on trouve de la petite neige, au lieu de dentelles, pour garnir des aubes communes, des nappes de communion et des corporaux. Une neige est large de trois doigts (n. 2552-2569).

Passement, Frange, Molets. — Vers la même époque, les aubes sont garnies de passement de Flandre (n. 1249, 1263). Un voile est garni de passement ou dentelle de Milan (n. 2542). Des corporaux, des manuterges, ont aussi du passement (n. 2543 et 2577).

D'autres passements d'or fin, d'argent, de faux or ou de soie, avec ou sans crépines, garnissent les ornements et les tentures d'autel[1]. A Saint-Loup, en 1662, les passements sont accompagnés de molets et franges ou frangeons de soie, de soie et d'or, d'or ou d'argent fin (n. 897-900).

Au xvi° siècle, les franges étaient en soie et en sayette de diverses couleurs (n. 1897-1900).

§ XIII

Iconographie

Au point de vue iconographique, nos inventaires sont assez sobres de détails.

---

[1] N. 1659 à 1661, 1705 à 1709, 1740 à 1752.

Comme représentations de Dieu ou des personnes divines, nous signalerons : Dieu en majesté, c'est-à-dire Dieu sur son trône, *imago Dei in majestate,* ou simplement *majestas*[1] ; — une figure de Dieu le Père, dans un portail-reliquaire de Saint-Etienne (n. 446); — un Père éternel, en haut d'une croix-reliquaire, tenant un livre à la main (n. 2134); — un Saint-Esprit, sous une patène (n. 5o8); — une *imago Dei argentea*, probablement une statue de Notre Seigneur (n. 5r5); — sur une patène, une main bénissante, les deux plus petits doigts pliés, au-dessous d'une figure assise sur un globe (n. 25o2).

Nous laissons de côté toutes les représentations relatives à Notre Seigneur et à la Sainte Vierge, car elles n'ont aucun caractère particulier. Notons seulement le Nom de Jésus peint sur bois (n. 1937).

Les Chérubins et les Séraphins sont représentés sur une chasuble, une étole et un manipule (n. 283 et 318). — On trouve assez souvent des anges en émail ou en argent sur des reliquaires, ou des statues d'anges portant des reliques, des ostensoirs, etc. — Un ange sur un dragon, en émail clair, devait être un S. Michel (n. 442).

De l'Ancien Testament, nous trouvons des sujets de la vie de Joseph brodés sur un parement d'aube (n. 3o1), le jugement de Salomon et l'histoire de Jérémie sur des tapisseries de Saint-Loup (n. 9o3 et 9o4), la généalogie de la Sainte Vierge sur des tapisseries de Notre-Dame-en-l'Isle (n. 1366), l'arbre de Jessé en forme de chandelier (n. 1547).

Les Apôtres sont souvent représentés. Les Evangélistes, plus souvent encore, avec les animaux symboliques.

Parmi les saints et saintes, nous citerons : Ste Agnès, une palme à la main, un agneau à ses pieds (n. 1487); — S. Aventin, tirant une épine à un ours qui est devant

---

[1] N. 141, 179, 220, 227, 528 et 676.

lui (n. 2358); — Ste Barbe, tenant une palme d'une main
et une tour en vermeil de l'autre (n. 1416); — S. Bernardin de Sienne, trois mitres à ses pieds, et dans ses
mains une petite châsse surmontée du Nom de Jésus
(n. 1415); — Ste Catherine, avec une roue brisée (n. 1387),
ou bien tenant une épée d'une main et une église-reli-
quaire de l'autre (n. 1417); — Ste Catherine encore, son
mariage mystique avec Notre Seigneur (n. 914); —
S. Etienne, en diacre, un livre et une palme à la main
gauche, un reliquaire à la main droite, trois grosses
pierres précieuses (deux saphirs et une améthyste)
sur la tête, pour représenter les pierres de la lapidation (n. 461); — Ste Hoïlde, une palme d'une main
et un livre de l'autre (n. 458 et 2356)[1]; — S. Jean-
Baptiste, tenant de la main gauche un agneau surmonté d'un reliquaire (n. 682 et 2230); — S. Jean
l'évangéliste, tenant une palme d'une main, et de l'autre
un tonneau surmonté d'un aigle (n. 1413); — S. Jérôme
et son lion, sur une terrasse où sont trois arbres, à l'un
desquels sont suspendus la robe et le chapeau du saint;
près de lui, six petites boules et un bréviaire (n. 1267);
— S. Laurent, un livre d'une main et un gril de l'autre
(n. 458)[2]; — S. Louis, évêque de Toulouse, la crosse
d'une main, des reliques de l'autre, et une reine à ses
pieds (n. 1414); — S. Loup, sa vie en six bas-reliefs
sur sa châsse (n. 823), en seize émaux sur son chef
(n. 824), sur cinq grandes tapisseries (n. 901); —
Ste Madeleine, un livre d'une main, un reliquaire de
l'autre (n. 1555); — Ste Marguerite sur un dragon
(n. 2842); — S. Paul, son épée à la main (n. 494); —
S. Pierre, une double clef à la main droite, une croix à
la main gauche (n. 677), ou bien tenant un livre (n. 681);
— S. Quirin, tenant une lance d'une main, et une petite
tour-reliquaire de l'autre, avec un collier de l'ordre de

[1] V. Annales archéol., t. XX, 1860, p. 16.

[2] Ibid., p. 15.

Saint-Michel (n. 1490 et 1556); — S. Savinien, son martyre en six bas-reliefs sur son chef-reliquaire (n. 688); — S. Urse, soldat, revêtu d'une cotte de mailles, tenant une épée, une lance et un reliquaire (n. 1481 et 1558).

Les autres saints et saintes, dont nos inventaires mentionnent des statues et des images, n'ont pas de caractéristiques.

Mentionnons encore les représentations de la crèche, sous le nom de Gésine (p. 200 et n. 1925).

La légende de Théophile, peinte sur toile, mérite aussi d'être signalée (n. 1880). De même la Danse macabre, représentée sur les galeries de l'Hôtel-Dieu (p. 320, note 1) [1].

Notons enfin que plusieurs statues sont garnies de leur tabernacle de bois (n. 1143 et 2831), ce qu'il faut entendre sans doute en ce sens qu'elles étaient, comme une statue de Ste Catherine, enfermées dans une sorte de tabernacle en bois (n. 1387) [2].

Cette longue introduction touche à son terme. Nous aurions pu relever encore une liste bien fournie des divers usages liturgiques dont il est fait mention dans les inventaires. Mais il sera facile de s'en rendre compte en parcourant les articles où nous avons parlé des vases et ornements sacrés, du Saint-Sacrement, des ustensiles liturgiques.

Bien des fois, en imprimant les inventaires ou en rédigeant l'introduction, nous nous sommes reproché

---

[1] Sur la Danse macabre, voir Le Brun-Dalbanne, dans le *Portef. archéol.* de Gaussen, ch. 3, *Peintures diverses*, p. 25-28. — Nicolas Lerouge, imprimeur à Troyes, publia, à la fin du xve siècle, la Danse macabre *(Ibid.,* p. 33). — Cfr. Corrard de Breban, *Rech. sur l'imprimerie à Troyes).*

[2] Dans l'inventaire de la chapelle de N.-D.-des-Miracles, à Saint-Omer, en 1559, on trouve « une image de Notre-Dame, avec son tabernacle d'ivoire » (n. 53).

d'y faire entrer trop de détails, et nous avons essayé de pratiquer de nombreux retranchements. Mais, ainsi que le disait M. Darcel à propos d'un autre inventaire, « lorsque nous avons voulu faire cette espèce d'éviscération, comme disent les linguistes, nous avons reconnu qu'elle était rarement possible. Un détail différencie presque toujours un article de celui qui paraît lui ressembler le plus, et ce détail peut être intéressant pour quelqu'un[1] ». Si nous avons été souvent trop long, nous l'avons fait pour ne rien laisser perdre des détails disséminés dans nos inventaires; et si parfois nous avons été trop court, qu'on veuille bien nous pardonner ces lacunes, motivées par le désir d'échapper à d'inutiles longueurs.

---

[1] *Bull. archéol. du Comité des travaux hist. et scientif.*, 1891, n° 2, p. 381.

PUBLICATIONS

DE LA

SOCIÉTÉ ACADÉMIQUE DE L'AUBE

MÉMOIRES

DE LA

SOCIÉTÉ ACADÉMIQUE

D'AGRICULTURE, DES SCIENCES, ARTS ET BELLES-LETTRES
DU DÉPARTEMENT DE L'AUBE
1822-1892. — 56 volumes in-8°, avec planches et cartes

Ces Mémoires sont livrés au public par souscription. Le prix est fixé, par année, à CINQ FRANCS, pour les distributions qui se font à Troyes, — à SIX FRANCS, franc de port, pour la France.

Depuis le 1er janvier 1851, le Règlement impose aux Membres correspondants l'obligation de s'abonner aux Mémoires, au prix de 5 fr. par an, franc de port.

Les Membres associés sont tenus de verser une cotisation annuelle de 10 francs, et reçoivent les Mémoires.

On souscrit, à Troyes, chez M. le Trésorier ou chez M. l'Archiviste de la Société Académique.

Les tables générales des matières contenues dans les deux premières séries des Mémoires ont été imprimées séparément; la table des vingt premières années de la troisième série est également publiée; elles se vendent 1 franc 50 chacune. Adresser les demandes à l'Archiviste de la Société.

COLLECTION
DE DOCUMENTS INÉDITS
RELATIFS A LA VILLE DE TROYES ET A LA CHAMPAGNE MÉRIDIONALE
1878 - 1882 - 1886. — 3 volumes in-8°.
Papier vergé, 8 fr. — Papier vergé supérieur, 12 fr.

IMPRIMERIE DUFOUR-BOUQUOT, A TROYES

CATALOGUES DU MUSÉE DE TROYES

Tableaux...........................	4e éd. PRIX :	**75** cent·
Sculptures	4e éd. PRIX :	**75** cent.
Sigillographie.....................	1re éd. PRIX :	**75** cent.
Emaux peints.....................	1re éd. PRIX :	**50** cent.
Archéologie monumentale..........	1re éd. PRIX :	**75** cent.
Carrelages vernissés, incrustés, historiés et faïencés............	1re éd. PRIX :	**2** fr. **50**

ANNUAIRE DE L'AUBE
1826-1893. — 67 volumes. — Prix : 3 fr. 50; — par la poste, 4 fr.

Depuis l'année 1835, l'*Annuaire de l'Aube* est publié sous les auspices et sous la direction de la Société Académique de l'Aube, et renferme des mémoires historiques, des notices archéologiques et des documents statistiques. — A partir de l'année 1854, l'*Annuaire* est du format in-8°, et contient des lithographies.

Se trouve à l'imprimerie DUFOUR-BOUQUOT, à Troyes.

TROYES — DUFOUR-BOUQUOT, IMPRIMEUR DE LA SOCIÉTÉ ACADÉMIQUE

Imprimé en France
FROC030032110320
23665FR00022B/273

9 782013 488877